FIFA

Editorial

Sie fühlten sich alle überrascht, Deutsche und Ausländer, Gastgeber und Gäste: Diese Weltmeisterschaft hat Deutschland in ein anderes Licht getaucht, in ein freundliches, farbenfrohes, wie in einem Gemälde der Impressionisten.
Die WM beschenkte Deutschland mit heiterer Ausgelassenheit, und die Deutschen nahmen dieses Geschenk dankbar an. Das Fazit des Fußball-Jahres lässt sich schlichtweg in der Erkenntnis zusammenfassen, dass Fußball tatsächlich mehr ist als nur das berühmte 1:0, ein Spiel zwischen 22 Akteuren. Fußball bedeutet Faszination, zumindest in dem Rahmen, den ein großes Turnier oder manchmal allein ein bedeutendes Spiel vermittelt. Das Erlebnis, mit Gleichgesinnten nirgendwo anders als im Stadion oder auf Fan-Meilen eine bewegendere Party feiern zu können, schweißt selbst Anhänger von Gegnern zusammen.
Was wäre es schön, wenn auch die Bundesliga weiterhin derartige Bilder liefern würde!
Wobei bereits seit dem Bau der neuen Stadion-Generation, diesen wunderschönen Arenen, auch im Bundesliga-Alltag eine neue Fan-Kultur Fuß gefasst hat. Mit den höchsten Zuschauerzahlen weltweit. Und mit friedlicher, enthusiastischer Atmosphäre. Die Bundesliga, das Aufwärmbecken für das Ambiente der WM!
Folglich sollten sie gerade jetzt ein höheres Leistungsniveau anstreben, die Profis der Liga, hin zum Niveau der deutschen WM-Spieler. Und in Meisterschaft wie Europa-Cup mit dem Enthusiasmus auflaufen, den wir von Mertesacker bis Klose, von Lahm bis Frings im phantastischen Sommer 2006 bewundern konnten.
Erst dann wird der deutsche Fußball den Stellenwert zementieren, der nach langen Jahren dürrer Vorstellungen durch die WM endlich aufpoliert wurde.

Herzlichst

Ihr Rainer Holzschuh

2006/2007
SPORTMAGAZIN
kicker
Fussball Jahrbuch

T..Com
BAYERN MÜNCHEN
2
SAGNOL

2006/2007

SPORTMAGAZIN

kicker Fussball Jahrbuch

COPRESS SPORT

T-Com
T-Com
adidas
FCB
FCB

Meisterlicher Jubel in blütenweiß: Die Profis des FC Bayern München feiern den 20. Titelgewinn vor einem farbenfrohen Hintergrund in der neuen AllianzArena. Stolz präsentiert Kapitän Oliver Kahn die Meisterschale – das Objekt der Begierde.

Inhalt

Vorwort: Neue Maßstäbe dank der Ära Klinsmann 10

Bundesliga: Technik, Dynamik und das doppelte Double

Saisonrückblick: Finale furioso – Als Assauer die Zigarren in die Tonne kloppte 14
Meister Bayern München: »Alles auf Rot« in der AllianzArena – Rekorde bis zum doppelten Double 17
Werder Bremen: Erlebniswelt Weserstadion – Standort der Torfabrik 22
Hamburger SV: Thomas Doll erlebte sein »Dinner for one« 26
Schalke 04: Der Feierlaune folgte nur noch Frust 29
Bayer Leverkusen: Ein Drehbuch mit neuen Darstellern 32
Hertha BSC: Visionen von Titeln und Triumphen verbieten sich 34
Borussia Dortmund: Das Ende der Demut und der Bescheidenheit 36
1. FC Nürnberg: Der Ausbruch aus dem Teufelskreis 38
VfB Stuttgart: Der »Mister« im Montagsauto an die Wand 40
Borussia Mönchengladbach: Mit Heynckes zurück in die Zukunft 42
Mainz 05: Trotz Höhenflug war der Abgrund ganz nahe 44
Hannover 96: Turbulenzen um Trainer – Chaos ohne Martin Kind 46
Arminia Bielefeld: Konzept-Fußball und ein Rekord-Gewinn, aber wenig Beachtung 48
Eintracht Frankfurt: Boss Bruchhagen und die Politik der ruhigen Hand 50
VfL Wolfsburg: Kontinuität als Fremdwort – Fluktuation als Programm 52
Aufsteiger VfL Bochum: Nach dem Abstieg ist vor dem Aufstieg 54
Aufsteiger Alemannia Aachen: Chance und Risiko nach 36-jähriger Bundesliga-Abstinenz 56
Aufsteiger Energie Cottbus: »Goldstaub« im gallischen Dorf 58
Torjäger der Saison: Miroslav Klose: Rekorde in jeder Hinsicht 60
Trainer der Saison: Hans Meyer: Klarer Blick statt Zauber und Magie 62
Enttäuschung der Saison: Schalkes Tradition: Turbulenzen bis zum großen Knall 64
Das Trainer-Karussell: Der Trend der Liga – Das Thema der Saison 66
Skandal der Saison: Schlammschlacht unterm Bayer-Kreuz beschert nur Verlierer 68
Namen, Daten, Ergebnisse S 70
Die Bundesliga auf einen Blick S 94
Die Bundesliga nach 43 Spieljahren S 95

Zweite Bundesliga: Eine Liga mit Kult und Kampf

Zerrissene Löwen: Lichte Mähne und leere Kassen 98
Greuther Fürth – Vorbildlich, aber in der Zwickmühle? 102
Dresdens Dynamo drehte zu hoch 106
Die 2. Bundesliga auf einen Blick S 109

DFB-Pokal: Same procedure: Wer sonst als die Bayern?
»Let's do it again« – 13. Bayern-Erfolg endete kurz und schmerzlos 112
Statistik DFB-Pokal [S] 115

Europapokal: Krönung für Barca und Frank Rijkaard
Champions League: Königlicher Erfolg für Ronaldinho – Jens Lehmann als tragischer Held 120
Statistik Champions League [S] 125
UEFA-Pokal: FC Sevilla feiert pünktlich zum 100-Jährigen 134
Statistik UEFA-Cup [S] 139

Weltmeisterschaft: Ein Triumph der Squadra Azzurra
Fabio Grosso und die Defensive sicherten Italien den vierten Titel 142

Nationalmannschaft: Die neue deutsche Welle
Jürgen Klinsmann: Ein gefeierter Platz drei als Krönung einer Mission 150

International: Dynamik, Tempo und Power
Fußball in Spanien: Feierstimmung in Barcelona – Zäsur bei Real 156
Fußball in England: Die Liga der außergewöhnlichen Gentlemen 160
Fußball in Italien: Das Jahr null – Moggis »Kuppel der Macht« 163
Fußball in Österreich: Austria zähmt die »Roten Bullen« – Legionäre gegen »Dosengeld« 166
Fußball in der Schweiz: Der sensationelle Last-Minute-Titel für den FC Zürich 168
Die Saison 2005/2006: Fußball in Europa [S] 170

Regionalliga: Jena – ein Aufsteiger marschiert durch
Regionalliga Nord: RWE-Mission geglückt – Aufsteiger Jena schafft die große Sensation 176
Regionalliga Süd: Hopp und topp – Frust in Hoffenheim, Freude in Augsburg und in Koblenz 178
Statistik Regionalliga [S] 180

Frauen-Fußball: Deutschlands Frauen sind das Maß der Dinge
Turbulenzen und die Turbine – Potsdam schockt den FFC Frankfurt 184
Rekordkulisse bei Frankfurts Krönung 185
Frauen-Bundesliga [S] 186
2.Frauen-Bundesliga [S] 187
Frauen-DFB-Pokal [S] 187

Ausblick: Endloser Kreislauf statt Kontinuität – Nichts ist beständiger als der Wechsel 188
Bundesliga: Der Spielplan 2006/2007 190

[S] = Statistik

Versöhnlicher Abschluss: Mit einem überzeugenden 3:1-Sieg über Portugal sichert sich die deutsche Mannschaft im »kleinen« Finale Platz drei bei der Fußball-Weltmeisterschaft 2006.

World Cup™
FIFA WORLD CUP
GERMANY
2006

Neue Maßstäbe dank der Ära Klinsmann

Am Ende stand Platz drei. Ein ansprechendes Resultat im Wettstreit der Weltbesten. Stuttgart feierte am Samstag die »Weltmeister der Herzen« nach einem 3:0-Erfolg über Portugal im kleinen Finale. Tags darauf empfing die Hauptstadt Berlin die »Klinsmänner« wie Weltmeister, auch wenn die wahren erst noch ermittelt wurde.
Die WM war der Höhepunkt des Fußballjahres 2006. Ein Event, das alle Dimensionen sprengte. Zuschauerzahlen in den zwölf Stadien wie selten zuvor (übertroffen nur durch die WM 1950 in Brasilien und 1994 in den USA), eine Begeisterung wie selten erlebt. Ein Farben- und Fahnenmeer überflutete das Land. Faszination um den Fußball allerorten. Kaum jemand konnte sich dem besonderen Flair der 64 Spiele der Endrunde entziehen. Eine WM der Superlative! Dank dem OK-Chef Franz Beckenbauer und seinem Team, Dank den vielen freiwilligen Helfern, Dank der Bevölkerung, die das Motto der Veranstaltung »Die Welt zu Gast bei Freunden« mit Leben füllte.

Sportlich allerdings konnte das Turnier längst nicht alle hochgesteckten Ansprüche erfüllen. Defensive war das charakteristische Merkmal der WM, Torverhinderung war die erste Maßgabe. So war es nicht verwunderlich, dass mit Italien und Frankreich die beiden am besten organisierten Teams das Finale erreichten. Sie gaben sich auch in einem taktisch auf hohem Niveau stehenden Finale kaum eine Blöße, die Tore in den 120 Minuten samt Verlängerung fielen jeweils nach Standards. Im erforderlichen Elfmeterschießen schließlich behielten die Italiener die Oberhand, weil ausgerechnet Frankreichs Italien-Legionär David Trezeguet mit seinem Schuss an der Unterkante der Latte scheiterte. Grenzenloser Jubel im Lager der Azzurri, die damit immerhin eine sportliche Antwort auf den Skandal in der heimischen Serie A gaben. Tristesse dagegen bei den Franzosen, die zwar allen Unrufen zum Trotz mit ihrer »alten Garde« eine beeindruckende WM spielten, die aber in der Verlängerung des Finales ihren Kapitän Zinedine Zidane nach einem unbeherrschten Kopfstoß gegen den provozierenden Marco Materazzi verloren. Ein unwürdiger Abschied des größten Fußballers des letzten Jahrzehnts. In seinem letzten Pflichtspiel erlebte der dreimalige Weltfußballer die Extreme des Fußball: Vom umjubelten Helden nach seinem früh verwandelten Elfmeter degenerierte er zum Sündenbock, weil er seiner Nerven und seines Jähzornes nicht Herr wurde. Ein Abschied, den ein solches Fußball-Genie nicht ver-

Schwarz-rot-goldener Jubel bei den zahllosen Fans: Bei der Weltmeisterschaft standen die deutschen Fans wie ein Mann hinter der deutschen Mannschaft. Identifikation pur mit den »Klins-Männern«.

dient hat, den er aber selbst zu verantworten hat.
Abschied nahm nach zwei Jahren auch Jürgen Klinsmann, der Bundestrainer. Er hat, trotz aller Ecken und Kanten, trotz aller Widrigkeiten, die ihm seitens des Verbandes oder der Medien bereitet wurden, für die deutsche Mannschaft das Optimum herausgeholt. Ehrgeizig und zielstrebig setzte er seine eigene, hochgesteckte Vorgabe (»Wir wollen Weltmeister werden«) fast in die Tat um. Er setzte auf die Jugend, traf vermeintlich unpopuläre Entscheidungen (wie im Fall Kahn) – verfolgte aber seine Zielsetzung mit der ihm eigenen Beharrlichkeit. Vier Wochen lang versetzte Klinsmann mit seiner Mannschaft die Nation in einen Zustand von Glückseligkeit, prägte ein selten da gewesenes »Wir-Gefühl«, das erst vom späteren Weltmeister Italien im Halbfinale von Dortmund gedämpft wurde.
Sein Rücktritt vier Tage nach dem stimmungsvollen Spiel um den dritten Platz entsprach seiner Konsequenz. Dass er schon weit vor diesem Schritt die absolute Tauglichkeit seines Assistenten Joachim Löw pries, zeugt von der Weitsicht des ehemaligen Fußball-Weltenbummlers, der seinen Lebens-Mittelpunkt in Kalifornien längst gefunden hat. Mehr konnte der »ausgebrannte« Klinsmann nicht mehr tun, mehr wollte der »leere« Fußball-Lehrer nicht für den deutschen Fußball tun.
Für seinen Nachfolger und vor allem für den deutschen Fußball geht es jetzt darum, den WM-Erfolg im Alltag zu bestätigen. Dabei war die Entwicklung in der vergangenen Saison alles andere als berauschend. Die Bundesliga hat im internationalen Vergleich immer mehr an Boden verloren. Rangiert in der aktuellen UEFA-Fünfjahreswertung hinter Spanien, Italien, England und Frankreich nur noch auf Rang fünf. Den letzten internationalen Erfolg eines Bundesligisten markierte der FC Bayern München im Jahr 2001 mit dem Gewinn der Champions League. Seither herrscht Ebbe.
Selbst die Münchner Bayern, in der deutschen Eliteliga mit zwei Double-Gewinnen hintereinander absolut dominant, muss die sportliche Unterlegenheit in der europäischen »Königsklasse« akzeptieren. In der vergangenen Saison scheiterten die Bayern im Achtelfinale mehr oder weniger deutlich am AC Mailand. In der gleichen Runde musste auch Werder Bremen die Segel streichen. Die Hanseaten standen immerhin kurz vor der großen Sensation, Juventus Turin zu eliminieren, bevor der bis dato überragende Torhüter Wiese den Hausherren zwei Minuten vor Ende mit seinem schweren Patzer das entscheidende 2:1 gestattete.
Zur gleichen Zeit war der dritte deutsche Vertreter, Schalke 04, schon längst in den UEFA-Cup »abgestiegen«, weil er in der Gruppenphase hinter dem AC Mailand und PSV Eindhoven nur den dritten Platz belegte. Doch auch im UEFA-Cup reichte es für die Königsblauen nur bis ins Halbfinale, in dem man dem späteren Sieger FC Sevilla unterlag. Von den übrigen deutschen Bundesliga-Vertretern im UEFA-Cup ganz zu schweigen. Ob Leverkusen, Mainz, Stuttgart, Hertha oder selbst der HSV – sie trugen im internationalen Geschäft nicht unbedingt zur Wertsteigerung des deutschen Liga-Fußballs bei.
Vielleicht aber schwappt die Welle der Begeisterung, die die »Klinsmänner« bei der Weltmeisterschaft entfachten, auf die Bundesliga-Klubs über. Nicht nur, was die ohnehin schon guten Zuschauerzahlen betrifft, sondern viel mehr bezüglich der Spielfreude, des Willens zur Leistung. Da hat die Ära Klinsmann neue Maßstäbe gesetzt.

Hardy Hasselbruch

Der Held einer ganzen Fußball-Nation: Erfolgs-Trainer Jürgen Klinsmann mit der Bronze-Medaille. Zu wenig für den ehrgeizigen Novizen unter den WM-Trainern. Vier Tage später verkündete Klinsmann seinen Rücktritt.

Technik, Dynamik und das doppelte Double

Das Ziel fest im Visier: Titelverteidiger Bayern München und sein Torjäger Roy Makaay blieben das Maß aller Dinge. Sie beherrschten die deutsche Szenerie, verteidigten den Meistertitel und den DFB-Pokal.

Finale furioso – Als Assauer die Zigarren in die Tonne kloppte

»Finale furioso« hieß es am 34. und letzten Spieltag einer Bundesliga-Saison 2005/06, die eigentlich recht unspektakulär verlaufen war. Dabei ging es zwischen dem HSV und Werder Bremen »nur« noch um Platz zwei, die Vizemeisterschaft, welche die Gäste eroberten und sich damit direkt für die Champions League qualifizierten. Der HSV musste in die Qualifikation. Doch die wichtigste Entscheidung war schon Geschichte.

Rechte Seite: Nord-Duell um die Vize-Meisterschaft: Werders Offensivverteidiger Patrick Owomoyela (links) wird vom Hamburger Piotr Trochowski gestellt – am Ende hatten die Bremen die Nase knapp vorn.

So hatte sich Bayern München bereits eine Woche früher vorzeitig den Meistertitel geholt. Den Pokalsieg hatte der Rekordmeister nach dem 1:0 von Berlin gegen Eintracht Frankfurt ebenfalls in der Tasche. Sie hatten das Double vom Vorjahr wiederholt, sozusagen gedoppelt, das war noch keinem Klub gelungen. 20 Deutsche Meisterschaften und 13 Erfolge im Pokal, sechs Mal das Double geschafft – Bestmarken für die Ewigkeit. Schon zur Winterpause hatte die Truppe für neue Topzahlen gesorgt: 14 Siege und 44 Punkte aus 17 Spielen. Nur am ersten und neunten Spieltag standen sie nicht an der Spitze. Mit 66 412 Zuschauern im Schnitt in der neuen Allianz Arena erreichten sie 98 Prozent Auslastung.
Doch das bayrische Frohlocken hielt sich in Grenzen. Das Ausscheiden im Achtelfinale der Champions League gegen den AC Mailand hatte schon Anfang März lange Schatten geworfen. Auch das

kik
TEXTIL-DISKONT
BUNDES
LIGA
ADIG
HSV

Gegner in der alten Saison, Partner in der neuen: Der Hamburger Sergej Barbarez (rechts) im Zweikampf mit dem Leverkusener Ahmed Madouni. Ab 2006/07 kämpfen sie nebeneinander.

erfolgsorientierte, nicht immer attraktive Spiel war nicht jedermanns Sache, auch nicht in der Münchner Chefetage. Das solle Magath ändern, fordern die Vorstände, da nutzen ihm die nationalen Titel auch nicht viel. Für die Bayern war es kein Finale furioso, allenfalls ein befriedigendes Endergebnis mit dem Doppeltitel.
Gar nicht furios erging es dem FC Schalke 04 in der abgelaufenen Saison. Euphorisch waren sie gestartet, hatten sich mit Kevin Kuranyi einen Hochkaräter für den Sturm geholt. Doch am Ende stand Manager Rudi Assauers Spruch: »Das Jahr kann man in die Tonne kloppen!« Im DFB-Pokal schieden die »Königsblauen« durch ein 0:6 in Frankfurt in der zweiten Runde aus. In der Champions League fehlte ein Tor zum Achtelfinale und in der Liga reichte es nur zu Platz vier, was den ungeliebten UEFA-Pokal-Wettbewerb bringt. Schließlich musste nach internen Querelen auch noch Assauer seine Zigarren einpacken.
Auch Bayer Leverkusen hatte einen Champions-League-Platz anvisiert. Doch dem Aus im UEFA-Cup gegen ZSKA Sofia folgten Monate mit Trainer-Entlassung (Rudi Völler für Klaus Augenthaler), der Wechsel von Völler zu Michael Skibbe und eine Serie von Misserfolgen bis zum Winter. Doch am Ende gab es eine Serie von acht Spielen ohne Niederlage, die Platz fünf und die UEFA-Pokal-Teilnahme brachten. Das verpasste Hertha BSC. Am 32. Spieltag hatte man ausgerechnet gegen Leverkusen im Berliner Olympiastadion 1:5 verloren. Das war's dann mit dem UEFA-Cup. Im Pokal flog die Hertha beim drittklassigen St. Pauli raus, im UEFA-Pokal war Rapid Bukarest Endstation. Und die finanzielle Schieflage wird den Hauptstadtklub noch jahrelang drücken. Leidensfähig wie die Berliner mussten auch die Dortmunder Fans sein. 69 770 im Schnitt besuchten die 17 Heimspiele bei denen es nur acht Siege gab. Auswärts lief auch wenig für die junge Truppe von Trainer Bert van Marwijk. Ganz anders als bei den zuvor beschriebenen waren die Ansprüche des 1. FC Nürnberg. Klassenerhalt war die oberste Prämisse. Doch der schien nach zwölf Spieltagen aufs höchste gefährdet. Die Folge: Trennung von Trainer Wolfgang Wolf und die von Querelen begleitete Suche nach einem Nachfolger. Dann der Geistesblitz. Hans Meyer wurde aus dem Ruhestand geholt und mit dem alten Fuchs gelang ein kleines Wunder. Nürnberg verließ schon vor der Winterpause die Abstiegszone, legte seine Heimschwäche ab und schaffte am Ende Platz acht. Und das obwohl Marek Mintal, Torschützenkönig der Vorjahres zwei Mal den Mittelfuß brach und die ganze Saison ausfiel. Für ihn sprangen Robert Vittek (16 Tore in der zweiten Saisonhälfte) und Ivan Saenko (acht Treffer) in die Bresche. Die beiden hatten unter Wolf keine Rolle gespielt …
Beim VfB Stuttgart wollten sie mit Startrainer Giovanni Trapattoni und Assistent Andreas Brehme eine ganz furiose Saison hinlegen. Pfeifendeckel! Nur 22 Punkte gab's zu hause (21 auswärts). »Trap« und Andy mussten gehen. Armin Veh kam und machte es nicht besser als sein Vorgänger (nur 16 Punkte aus 14 Spielen). Er durfte aber bleiben. Gehen musste Horst Köppel bei Borussia Mönchengladbach nach schwacher Rückrunde und mieser Auswärtsbilanz. Mit Jupp Heynckes, Köppels ehemaligem Mitspieler versucht man sich erfolgreichere Zeiten. An Rhein und Main gab es zum furiosen Abschluss glückliche Gesichter. Mainz 05 hielt die Klasse ebenso wie Eintracht Frankfurt. Auch Hannover, Bielefeld und Wolfsburg hatten zwischendurch zittern müssen, schafften es aber. Weil der 1. FC Kaiserslautern das furiose Finale in Wolfsburg nicht gewinnen konnte (2:2) und die Pfalz wieder mal in ein Meer von Tränen stürzte. Den 1. FC Köln hatte es schon früher erwischt, da konnte auch Nationalspieler Lukas Podolski nichts retten. Und für den MSV Duisburg war die Bundesliga eine Nummer zu groß. Vom neunten Spieltag an standen die »Zebras« auf einem Abstiegsplatz. Da war gar nichts mehr furios.

Johan Strotkötter

Spitzentanz: Schalkes brasilianischer Techniker Lincoln (rechts) gegen den Stuttgarter Routinier Zvonimir Soldo.

»Alles auf Rot« in der AllianzArena – Rekorde bis zum doppelten Double

Gestern Gegner – Partner in der neuen Saison: Der von Köln zu den Bayern gewechselte Nationalspieler Lukas Podolski (links) und sein Kumpel Bastian Schweinsteiger. Zwei, die gemeinsam durch dick und dünn gehen.

»Rekorde«, hat Miroslav Klose kürzlich gesagt, »Rekorde interessieren mich nicht.« Mag sein, dass der aktuelle Bundesliga-Torschützenkönig mit Bestmarken wirklich nichts anfangen kann. Vielleicht spielt der Bremer aber auch nur im falschen Klub, denn Rekorde stellte in der Saison 2005/06 nur ein einziger deutscher Verein auf – der FC Bayern München.

Am 5. August 2005 machte sich der Rekordmeister auf, ein weiteres, eindrucksvolles Kapitel seiner Erfolgsgeschichte zu schreiben. An diesem sonnigen Freitagabend starteten die Bayern mit der Begegnung gegen Borussia Mönchengladbach nicht nur in die 43. Bundesliga-Saison, sondern auch in eine neue Ära: Der Berliner Schiedsrichter Manuel Gräfe pfiff das erste Bundesligaspiel der Münchner in ihrer neuen Heimat an – nach 33 Jahren und unzähligen Erfolgen waren sie ausgezogen aus dem altehrwürdigen Olympiastadion von 1972, umgesiedelt in die 340 Millionen Euro teure Allianz Arena in Fröttmaning im Norden der Stadt. »Alles auf Rot« hieß es nach dem 3:0-Sieg des Titelverteidigers – weil die spektakuläre, aus 2760 rautenförmigen Kissen aus ETFE-Folie geformte Außenhaut des Stadions erstmals bei einem Punktspiel in leuchtendem Rot erstrahlte, aber auch, weil der aus Bremen gekommene neue Innenverteidiger Valérien Ismael in seinem ersten Spiel für Bayern die Gelb-Rote Karte sah. Nur, weil Werder Bremen und Bayer Leverkusen an diesem Wochenende mehr Tore erzielten, standen die Bayern noch nicht da, wo sie ihrer Meinung nach hingehören und wo sie auch 2005/06 wieder ihren Stammplatz hatten: Auf Tabellenrang eins. Durch den brillant herausgespielten 5:2-Sieg in Leverkusen stürmten sie schon eine Woche später an die Spitze und räumten den Platz an der Sonne im Verlauf der gesamten Saison nur noch ein einziges Mal – für genau sieben Tage: Nach dem 1:1 auf Schalke am neunten Spieltag bis zum 4:0 gegen Duisburg in der Woche darauf.

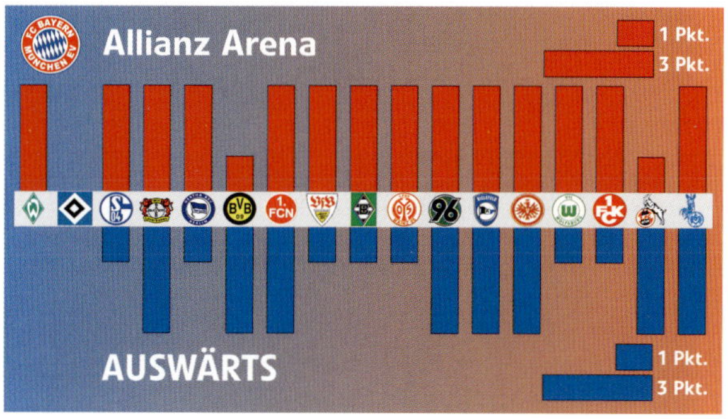

Bis zur Winterpause eilte die Elf von Trainer Felix Magath von Erfolgserlebnis zu Erfolgserlebnis, von Sieg zu Sieg, von Rekord zu Rekord. 14 Siege in 17 Vorrundenspielen (bei nur einer einzigen Niederlage, einem 0:2 in Hamburg am siebten Spieltag) und 44 Punkte insgesamt bedeuteten ebenso neue Bestmarken in 43 Jahren Bundesliga wie die (saisonübergreifende) Serie von 15 Siegen

Protagonisten des Bayern-Erfolgs: Die doppelten Macher umarmen sich. Trainer Felix Magath (links) und Manager Uli Hoeneß. Die beiden Führungsspieler Oliver Kahn (mit dem DFB-Pokal) und Michael Ballack (mit der Meisterschale).

Neuer Anlauf: Mit verlängertem Vertrag ausgestattet hofft der vom Verletzungspech geplagte Sebastian Deisler auf ein erfolgreiches Comeback in der Saison 2006/2007.

in Serie, die 100 Prozent Heimerfolge im Jahr 2005 und die, ebenfalls saisonübergreifend, meisten Auswärtssiege in Folge, acht an der Zahl. Fast müßig zu erwähnen, dass die Bayern auch im DFB-Pokal ins Viertelfinale durchmarschierten und in der Champions League sicher ins Achtelfinale einzogen. »Was die Mannschaft in diesem Jahr geleistet hat, ist überragend«, meinte Felix Magath kurz vor dem Jahreswechsel.
Auch das WM-Jahr selbst begann viel versprechend, schnell bauten die Münchner ihren Sechs-Punkte-Vorsprung vor der Konkurrenz aus Bremen und Hamburg auf zehn Zähler aus. Fast spurlos schien ein schier endloser Vertragspoker an der Mannschaft vorüberzugehen, der die fußballinteressierte Öffentlichkeit ebenso in Atem hielt wie die Vereinsführung des Rekordmeisters: Fast ein Jahr Bedenkzeit brauchte Michael Ballack, der Kapitän der deutschen Nationalmannschaft, ehe er sich im April 2006 endgültig entschloss, seinen auslaufenden Kontrakt in München nicht verlängern, sondern ablösefrei zu Roman Abramovichs FC Chelsea nach England zu wechseln. Im Fahrwasser der Verhandlungen mit Ballack gelang es Sebastian Deisler und dem Franzosen Willy Sagnol, ihre Verträge zu für sie hervorragenden Konditionen zu verlängern; Sagnol, der bei Juventus Turin bereits im Herbst ein (offizell nicht gültiges) Papier unterschrieben hatte, wurde von den Bayern mit Geld »umgedreht«.
Der 8. März 2006, der Tag, der alles veränderte. Nach einem 1:1 im Heimspiel strich der FC Bayern durch eine happige 1:4-Klatsche beim AC Mailand im Achtelfinale der Champions League die Segel. Aus der große Traum von einer Wiederholung des großen Triumphs von 2001, verpasst das ehrgeizige Ziel, dem Double der Saison 2004/05 im Jahr darauf das Triple, Meisterschaft, DFB-Pokal und Gewinn der Champions League, folgen zu lassen. Vor allem, weil die Niederlage im Giuseppe-Meazza-Stadion so unerwartet klar ausfiel, »ein Albtraum«, wie es Karl-Heinz Rummenigge nannte, wurde plötzlich vieles in Frage gestellt in München. Die noch wenige Wochen zuvor über den grünen Klee gelobte Mannschaft erschien dem Vorstandsvorsitzenden nun »auf mehreren Positionen zu schwach besetzt«, und auch die Kritik an Michael Ballack wuchs von Woche zu Woche.

Er sei in all den Jahren nie die erhoffte Führungspersönlichkeit gewesen, so der Bayern-Boss am Ende der Saison, keiner, der die anderen mitgerissen habe wie einst ein Stefan Effenberg. Auch Felix Magath musste sich Kritik wegen der Spielweise seiner Mannschaft anhören. »Bis auf wenige Ausnahmen« sei er mit den Vorstellungen der Bayern in der Rückrunde nicht zufrieden gewesen, erklärte Rummenigge, »zu routiniert und zu mühevoll« nannte er die Auftritte und beklagte »fehlende Spielfreude und Leidenschaft«.

Pfiffe gegen Ballack in der Allianz Arena und ein Absinken der Leistungen der gesamten Mannschaft prägten das letzte Saisondrittel. Mühsam quälten sich die Bayern über die Runden; Niederlagen gegen die Konkurrenten aus Hamburg (1:2 zu Hause) und Bremen (0:3 im Weserstadion) und magere Unentschieden in Wolfsburg und Mainz sowie zu Hause gegen Köln ließen den Vorsprung an der Spitze immer mehr schrumpfen. Doch das angefressene Polster reichte aus: Mit dem 1:1 in Kaiserslautern am vorletzten Spieltag holten sich die Titelhamster von der Säbener Straße ihre 20. Deutsche Meisterschaft; bereits eine Woche zuvor hatten sie sich im Berliner Olympiastadion durch ein mühsames 1:0 gegen Eintracht Frankfurt auch den DFB-Pokal gesichert. Als erste deutsche Mannschaft hatte der FC Bayern das Double erfolgreich verteidigt. »Das ist riesig«, meinte der scheidende Ballack, »niemand kann schließlich erwarten, dass du auch die Champions League gewinnst.«

Dies versucht der Kapitän der Nationalmannschaft nun beim FC Chelsea. In München aber hat sich Magath, der die Erfolge seiner Elf – vielleicht auch seine eigenen – nicht genug gewürdigt sieht und die niedergeprasselte Kritik als »ungerecht« empfindet, daran gemacht, eine neue Mannschaft aufzubauen. Ohne Ballack und den ins Ausland abgewanderten Brasilianer Zé Roberto, dazu ohne Weltmeister Bixente Lizarazu und Jens Jeremies, die ihre Karriere beendet haben. Dafür mit Top-Stürmer Lukas Podolski, den die Bayern nach langem Hickhack für rund zehn Millionen Euro vom 1. FC Köln abwarben, und den Abwehrhünen Daniel van Buyten, der für etwa die gleiche Summe vom Hamburger SV verpflichtet wurde. »Das Spielerische wieder mehr in den Vordergrund« zu stellen, hatte sich Magath vor Beginn der 44. Bundesliga-Saison vorgenommen. »Wir haben die Pflicht, in der Allianz Arena besseren Fußball zu zeigen«, ergänzte Manager Uli Hoeneß.

Und natürlich wollen sie wieder Titel gewinnen, die Unersättlichen. »So viele wie möglich«, hat Magath angekündigt. Vom Gewinn der Champions League aber ist, anders als vor einem Jahr, keine Rede mehr in München. Gerade angesichts der unglaublichen Investitionen, die der FC Chelsea einmal mehr getätigt hat, »kannst du diesen Titel nicht planen«, hat Rummenigge erkannt. Doch wie heißt's so schön: Die Hoffnung stirbt zuletzt.

Harald Kaiser

Der eine kam, der andere ging: Den hünenhaften Belgier Daniel van Buyten (links) verpflichteten die Bayern vom Hamburger SV. Dafür verloren die Münchner Michael Ballack (unten). Den Kapitän der Nationalmannschaft zog es zum FC Chelsea nach London.

Erlebniswelt Weserstadion – Standort der Torfabrik

Der Kahn trug den passenden Namen. »Hanseat« stand auf dem Heck des Bootes, auf dem die Bremer stilecht den krönenden Saisonabschluss feiern. Bei einer feucht-fröhlichen Schiffstour auf der Weser, von Bremen nach Bremerhaven auf einem Partydampfer, begossen die Profis von Werder Bremen den im Foto-Finish erstrittenen zweiten Platz und die damit verbundene Direkt-Qualifikation für die lukrative Champions League.

Auch für diese Fete auf den Weser-Fluten galt, was Klaus Allofs, der überglückliche Manager, für die Siegesfeier der Führungsetage auf der Bremer Partymeile »Schlachte« meinte: »Wir haben diesen zweiten Platz gefeiert wie eine Meisterschaft.« Bremen, wie es siegt und lacht. Gerade nach diesem Finale furioso für den Vizemeister, wie der »kicker« das Saison-Halali bezeichnete. Die Bremer, zwischenzeitlich abgerutscht, am 25. Spieltag hinter Schalke zurückgefallen, hatten sich das Endspiel in Hamburg so sehr gewünscht. Ihr Wunsch wurde erfüllt. In einem begeisternden Endspurt, der parallel lief zu dem Hamburger Einbruch in den letzten vier Spielen, hatte sich Werder herangerobbt an den Nord-Rivalen und hatte das Geschehen wieder in der eigenen Hand. Und in einem faszinierenden Derby, das Werder-Macher Allofs so vorkam, als seien gleich drei Kri-

mis von Hitchcock in den DVD-Rekorder nacheinander eingelegt worden, nutzte die Erfolgself ihre letzte Chance. 2:1 in der AOL-Arena, 2:1 beim härtesten Widersacher, dem Emporkömmling von der Elbe. Auch wenn es nicht der Titel gewesen ist, es war ein dickes Ausrufezeichen, das i-Tüpfelchen unter ein Jahr, das die Hansestädter durchaus auf der Habenseite verbuchen können, nicht nur wegen der garantierten zwölf Millionen Euro dank der Teilnahme an der europäischen Königsklasse. Wie auch Torsten Frings, der heimgekehrte Nationalspieler, unterstrich: »Wir haben eine ausgezeichnete Serie absolviert, teilweise überragend gespielt und auch international gut mitgehalten.«
Eitel Sonnenschein am Weserstrand wo die Beteiligten zugaben, dass sie im finalen Spiel ganz gewiss den Zuspruch der Glücksgöttin Fortuna beanspruchen mussten. Dass sie die Glücklicheren gewesen seien, gab Thomas Schaaf, dieser sympathische Schöpfer der neuen Werder-Erfolgswelle in der Neuzeit, unumwunden zu. »Doch im letzten Spiel da zu sein, ist auch eine Qualität.«

»Wir können gar nicht anders als offensiv zu spielen.« Dies hat mal Miroslav Klose gesagt, vielleicht der Repräsentant des Werder-Sturmwirbels. Es war das Jahr des Nationalspielers, der vom Naturell und seiner Spielweise her zu Bremen passt wie der Roland auf den Marktplatz. Es waren Miros zwölf beeindruckende Monate. Der Torjäger stellte Rekorde auf wie kein zweiter. »King Klose« trumpfte natürlich auch beim Finale in Hamburg auf. In gewohnter Manier: Zunächst bereitete er die Führung seines Partner Ivan Klasnic vor, dann gelang ihm das Tor des Tages, das das Tor zu Werders Glückseligkeit öffnete. Pikant am Rande: Klose traf, wie zuletzt häufiger, mit Links, seinem schwächeren Fuß.
Happy End mit und für Miro Klose, der zwei schwere Verletzungen durchleiden musste. Das Jochbein lädiert, die Schulter zerfetzt, kämpfte er sich heran und gab dem Werder-Team wesentliche Impulse. Im Werder-Team, das Heimkehrer Frings nun als eine »echte Spitzenmannschaft« bewertet, sind viele gute

Erlebniswelt in Grün-Orange: Die Werder-Elf nach dem triumphalen 5:3-Erfolg in Duisburg. Wenn die Bremer in den Bundesliga-Arenen antraten, strahlten sie oft eine besondere Attraktivität aus.

Niemand wollte dem gewissenhaften Coach widersprechen, der auch in der Saison 2005/06 seine Truppe weiter gebildet und geformt hat. In einer Art und Weise, die wirklich Respekt abnötigt. Werder spielt, das ist inzwischen Allgemeingut, den schönsten Fußball in der Liga; Erlebniswelt Weserstadion. Standort der Torfabrik im Fußball-Oberhaus. Rekordverdächtiger Nachweis: 79 erzielte Treffer, Bestmarke in der Spielklasse.

Spieler versammelt. Da ist der große Johan Micoud, der seinen Abschied aus Bremen betreibende Regisseur. Da ist Torsten Frings, der Dampfmacher, und Tim Borowski, der Mittelfeldmann, den sie schon den »Ballack von der Weser« nennen. Da ist neben dem Schlitzohr Ivan Klasnic das Talent Nelson Valdez, das nun sein Glück in Dortmund suchen will. Da ist Frank Baumann, der souveräne Kapitän, dessen Wichtigkeit erst auf-

Ein Prost nach der Vize-Meisterschaft: Ein großes Bier gönnen sich Sport-Direktor Klaus Allofs (rechts) und Patrick Owomoyela.

Rechte Seite: Ein Tor durch den K&K-Sturm: Werders Kroate Ivan Klasnic trifft zum 2:0 gegen den Gladbacher El Fakiri, der vergeblich die Linie absichert.

Aus der Perspektive des Werder-Erfolgs: Nationalspieler Tim Borowski (großes Bild) bringt mit einem Eckstoß Gefahr vor des Gegners Tor. Eines der üblichen Strickmuster.

fällt, wenn er ausfällt. Und da sind auch überdurchschnittliche Abwehrspieler wie der von Jürgen Klinsmann ausgebootete Patrick Owomoyela, der sich steigernde Frank Fahrenhorst, der zuverlässige Petri Pasanen oder Junioren-Nationalspieler Christian Schulz. Als Gewinn entpuppte sich zudem Naldo, der Brasilianer, der sein Potenzial beileibe noch nicht ausgeschöpft hat. Unter seiner Regie bildete sich die Abwehr, in der Hinserie noch gnadenlos kritisiert, zu einem Bollwerk aus. Neun Zu-Null-Spiele in der Rückrunde, mit nur 16 Gegentoren die beste Bilanz von allen in der zweiten Hälfte.
Auch nach dem Abpfiff reüssierte Werder. Mit Womé aus Kamerun, und mit Diego, dem Brasilianer aus Porto, präsentierte Allofs sogleich zwei neue Stars. Womé für die »nicht ausreichend besetzte linke Seite« (Trainer Schaaf) und Diego, mit über sechs Millionen Euro Ablöse der teuerste Einkauf der Vereinsgeschichte, als Micoud-Ersatz – das neue Werder-Team, das auch im nächsten Jahr um den Titel mitmischen sollte, nimmt Gestalt an, zumal mit Hugo Almeida (FC Porto) ein Ersatz für Valdez geholt werden konnte.
»Dreimal ist Bremer Recht«, lautete die Aufschrift auf den grünen Shirts, die alle nach dem Triumph von Hamburg trugen. Dreimal in Folge die Champions League erreicht, Werder untermauerte den Rang als Nummer zwei im deutschen Ranking hinter Bayern. Und zudem haben die Akteure aus der kleineren Hansestadt unter Beweis gestellt, wer die Nummer eins im Norden ist und den gro-

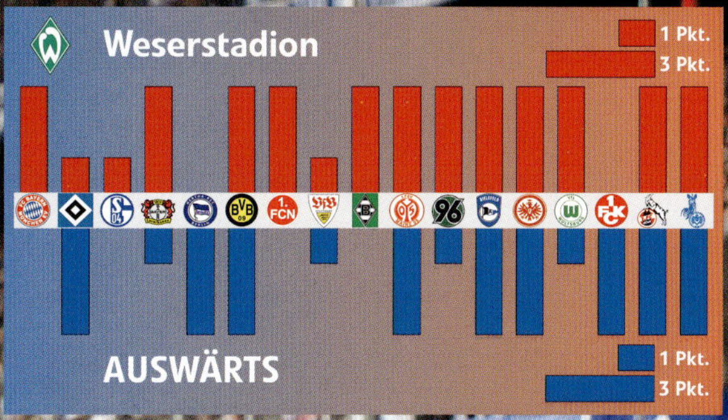

ßen Bruder in den Schatten gestellt. »Heute haben wir es dem HSV gezeigt«, frohlockte Torsten Frings. Wobei für die Bremer dies ohnehin nie in Zweifel gestanden hat. Die Erfolge sprechen für Werder: Drei Meisterschaften, vier Pokalsiege, 1992 der Europacup in den letzten beiden Jahrzehnten stehen dem HSV-Cup-Gewinn 1987 gegenüber. »Wie kann man da nur diesen Anspruch erheben?« rechnete Manfred Müller, der Marketing-Geschäftsführer, vor. Es war Minuten nach dem Abpfiff in dem Hamburger WM-Stadion, der Höhle des Löwen, wo nur Bremen jubilierte und triumphierte, bevor es heim ging zur Feier auf der Weser.

Hans-Günter Klemm

Thomas Doll erlebte sein »Dinner for one«

Alles ist eine Frage des Betrachters. Thomas Doll hoffte nach dem Abpfiff der Spielzeit 2005/2006, »dass noch das Gefühl durchkommt, dass wir eine geile Saison gespielt haben.« Am 34. Spieltag aber fühlte sich Hamburgs Trainer eher wie beim »Dinner for one«.

Entdeckung der Saison: HSV-Trainer Thomas Doll verordnete seiner Elf einen frischen Offensivstil – mit großem Erfolg.

The same procedure as every year – wieder einmal verpasste der Bundesliga-Evergreen HSV sein, wenn auch aufgrund der Erfolgsserie in der Hinrunde nach oben korrigiertes, Saisonziel. Und, wie schon in der Vorsaison ging den Hanseaten auf der Zielgeraden die Puste aus. Drei Niederlagen aus den letzten vier Partien erinnerten auch Thomas Doll, den Aufsteiger unter den Bundesliga-Trainern daran, »dass wir so etwas im Jahr zuvor so ähnlich schon mal erlebt haben.«
2004/2005 verpasste der Bundesliga-Dino den UEFA-Cup und »qualifizierte« sich durch den erdrutschartigen Formverlust im Finish für den UI-Cup – im Rückblick laut Doll ein Glücksfall und der Ursprung des Höhenflugs in der abgelaufenen Serie. »Im UI-Cup haben wir den Grundstein gelegt. Da ist unser neues Team zusammengewachsen.«
Ein Team, das trotz des Verlustes von Platz zwei vielen Fans Spaß machte. Zum Beispiel Fußball-Hamburg, das seine Liebe zum HSV wiederentdeckte und auch Fußball-Deutschland, das verzückt war von den tollen Tricks und Tanzeinlagen des Kameruners Thimothee Atouba, das mitfieberte mit den Doll-Schützlingen, so lange sie ein Bayern-Jäger waren und das einen neuen Star in der Bundesliga bestaunen durfte: Rafael van der Vaart.
Zwei Knöcheloperationen stoppten den Höhenflug des holländischen Regisseurs und bremsten letztlich auch den des gesamten Teams. Imposant liest sich die Bilanz van der Vaarts dennoch: In nur 19 Bundesligaspielen erzielte er neun Tore, bereitete vier vor und glänzte vor allem auch international, traf fünf Mal im UEFA-Cup. Dort schied der Klub zwar im Achtelfinale aus, meldete sich aber immerhin zurück auf der internationalen Bühne. Eine Bühne, auf der der HSV fortan dauerhaft spielen und auch Ausrufezeichen setzen will. »Innerhalb der nächsten fünf Jahre wollen wir in Europas Top 20 und dann in die Top 10. Das muss unser Anspruch sein, das ist machbar«, kündigt Klubboss Bernd Hoffmann an.

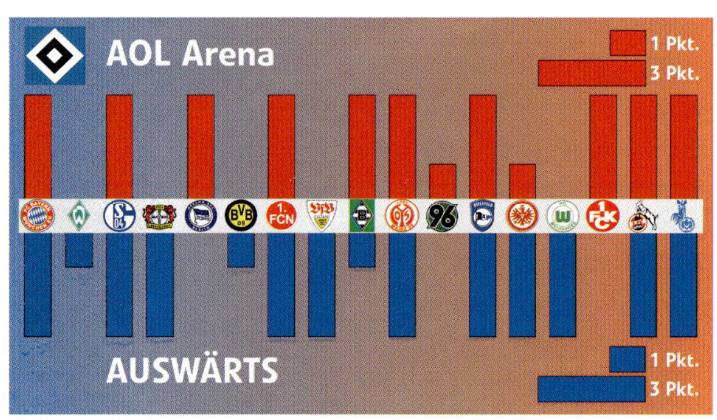

Regisseur der HSV-Offensive: Der Niederländer Rafael van der Vaart (vorn gegen Schalkes Lincoln) hatte mit seinen Toren entscheidenden Anteil am guten Abschneiden der Hanseaten.

Dass für die großen Ziele im internationalen Geschäft die Mentalität nicht ausreichend ist, wird in Hamburg bestritten, obwohl zuletzt zweimal in Folge erst spät die Ziele verfehlt wurden. Zum einen, »weil sich in der abgelaufenen Saison oft gezeigt hat, dass wir tolle Charaktere haben«, wie Thomas Doll zu Recht hervorhebt und zum anderen, weil der nicht weg zu diskutierende Substanzverlust durch 55 Pflichtspiele in dieser vergangenen Spielzeit und die Verletzungen vieler Leistungsträger vor allem in der Rückrunde als Gründe angeführt werden.
Ein weiterer Knackpunkt war fraglos die Problematik im Sturm: Einzig der 34-jährige Bosnier Sergej Barbarez traf zuverlässig, nämlich neun Mal, und glänzte zudem mit 13 Tor-Vorbereitungen. Dessen Kollegen in der Abteilung »Attacke« blieben den Nachweis schuldig, schon reif für ein Topteam zu sein. Immerhin: Benjamin Lauth steigerte sich nach restlos enttäuschender Hinserie, legte in punkto Aggressivität erheblich zu, doch sowohl der im Winter abgegebene Belgier Emile Mpenza (nur ein Tor in zehn Spielen) als auch dessen brasilianischer Nachfolger Ailton (drei Treffer in 13 Partien) ließen in den entscheidenden Momenten die nötige Kaltschnäuzigkeit vor dem gegnerischen Gehäuse vermissen.
Der Trainer wusste früh um seine Schwachstelle in der Offensive. Auch deshalb gab er nach Mpenza (wechselte nach Katar in die Wüste) mit Ailton, dessen Transferrechte noch immer bei Besiktas Istanbul liegen, dem Japaner Takahara (wechselte zu Eintracht Frankfurt) und überraschend auch Barbarez (Bayer Leverkusen) das beinahe komplette Sturmpersonal ab. Wenn auch nicht ohne Wagnis: Barbarez war in sechs Jahren seiner Zeit in Hamburg weit mehr als Top-Verdiener und Scorer. Der Bosnier war auch Streit- und Leitfigur, einer, an dem sich Kollegen rieben und aufrichteten in kritischen Phasen der Saison.
In Hamburg ist Sergej Barbarez dennoch Vergangenheit. Die hat auch der Trainer im WM-Sommer weitestgehend verarbeitet. »Wir haben tolles geleistet«, sagt Thomas Doll, »wir haben zweimal die Bayern und Schalke geschlagen.« Aber am bitteren Ende eben gegen den Verfolger Werder Bremen und damit den wertvollen Platz zwei verloren. Doll gestand deshalb auch mit ein wenig Abstand zum Abpfiff der Saison indirekt ein, dass das Gefühl vom »Dinner for one« irgendwie die Oberhand behalten habe. »Ich kann irgendwie nicht begreifen, dass wir für unsere Saison nicht belohnt wurden. Das tut immer noch weh.« Alles ist eine Frage des Betrachters.

Sebastian Wolff

Und tschüss: Nach sechs Jahren in Hamburg verabschiedete sich der bosnische Publikumsliebling Sergej Barbarez von der Hansestadt und wechselte zu Bayer Leverkusen.

Der Feierlaune folgte nur noch Frust

Da hatten sie noch gut lachen: Schalkes Neuzugänge Kevin Kuranyi (links) und Fabian Ernst erlebten eine enttäuschende Auftaktsaison in blau-weiß – am Ende verpassten die beiden Nationalspieler sogar die Weltmeisterschaft.

Sturm auf die Bayern – so titelte der kicker, als sich Vizemeister Schalke 04 mit einer enorm verstärkten Mannschaft aufmachte, dem Rekordmeister noch enger auf die Pelle zu rücken. Doch wieder jubelten am Ende die Münchner – während man beim Revierklub einsehen musste, beim Streben nach dem ersten Meistertitel seit 1958 nicht alles richtig gemacht zu haben. Ein Wechsel im Management, ein Wechsel auf der Trainerbank, weitere neue Gesichter im Kader – Schalke präsentierte sich weiterhin als Klub im Wandel. Aber eben noch nicht als Spitzenklub.

Die Namen versprachen eine Menge. Kevin Kuranyi. Fabian Ernst. Rafinha. Zlatan Bajramovic. Sören Larsen. Wenn sich ein Vizemeister derart verstärkt, kann das die Euphorie ins Unermessliche steigern. Gerade auf Schalke. 100 000 Menschen kamen zur Saisoneröffnung, um ihre Helden zu feiern. Einer aber war da schon weg – und ausgerechnet sein Fehlen sollte für den frustrierenden Saisonverlauf ausschlaggebender werden, als alle Neuzugänge: Ailton. In seinem ersten und einzigen Jahr auf Schalke hatte der Brasilianer mit 14 Toren wesentlichen Anteil daran, dass der Revierklub den Sprung vom UI-Cup-Starter zum Champions-League-Teilnehmer schaffte. Dennoch fühlte sich der launige Latino nie wohl in Gelsenkirchen – und wurde prompt für 3,5 Millionen Euro gewinnbringend an Besiktas Istanbul weitergereicht. Ein gutes Geschäft? Denkste! Der damalige Trainer Ralf Rangnick hatte gewarnt, dass Schalke Probleme bekommen könnte ohne einen so schnellen Angreifer. Sein Wunsch nach gleichschnellem Ersatz wurde jedoch nicht erfüllt. Die Konsequenz: Schalkes zuvor so temporeiches, überfallartiges Spiel verkam zu einem ermüdenden Quergeschiebe.

Das reichte, um in einer schwachen Bundesliga fast durchgehend auf Platz vier zu stehen – zu mehr aber reichte es nicht. Weil die Mannschaft viel zu wenige Tore, dafür aber viel zu viele Unentschieden produzierte. Der vierte Tabellenplatz bedeutete, dass selbst das Minimalziel verfehlt wurde – die erneute Qualifikation für die Cham-

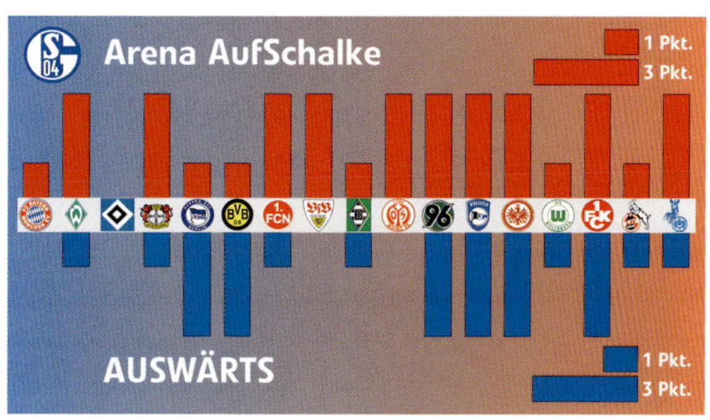

Abschied I: Mit Tränen in den Augen verabschiedet der Ex-Manager Rudi Assauer den dänischen Stürmer Ebbe Sand, der seit 1999 für die Königsblauen auf Torejagd ging.

pions League. Im Pokal und in der Champions League waren die Knappen bereits vor der Winterpause gescheitert. Auch im UEFA-Cup gelang die erhoffte Saison-Kosmetik nicht, gegen den FC Sevilla schied Schalke im Halbfinale aus.
Die Saisonanalyse folgte prompt. Das Ergebnis überraschte nicht: Schalke habe zu langsam gespielt, fasste Manager Andreas Müller die Fakten zusammen. Trainer Rangnick half die Bestätigung seiner Post-Ailton-These nichts mehr. Der Fußball-Lehrer avancierte zwar mit durchschnittlich zwei gewonnenen Punkten pro Spiel zum erfolgreichsten Trainer der Vereinsgeschichte, hatte nach dem 16. Spieltag aber trotzdem gehen müssen, nach einer zuvor an ihm betriebenen beispiellosen Demontage.
Für ein Spiel gab Torwart-Trainer Oliver Reck den Chefcoach. Nach der Winterpause wurde der langjährige Rangnick-Assistent Mirko Slomka zum Cheftrainer befördert. Und auch der Name Müller gewann an Gewicht: Nach den Querelen zwischen Rangnick und Manager Rudi Assauer übertrug der Aufsichtsrat bereits im Winter den sportlichen Bereich an Müller. Assauer wurde für den folgenden Sommer der Wechsel ins Präsidentenamt aufgedrängt. Doch als Assauer nach Saisonende gegen diese Vereinbarung aufbegehrte und zudem über eine Finanz-Affäre stolperte, entzog ihm der Aufsichtsrat komplett das Vertrauen und zwang ihn zum sofortigen Rücktritt.
Seither agierte Müller als Manager des FC Schalke 04 – und scheute sich nicht, gleich die Weichen für eine erfolgreichere Zukunft zu stellen: In Halil Altintop (23, Kaiserslautern) und Peter Lövenkrands (26, Glasgow Rangers) kamen zwei schnelle und torgefährliche Angreifer. Die Ziele bleiben entsprechend anspruchsvoll. Müller: »Wir wollen in den nächsten Jahren dauerhaft in der Bundesliga-spitze und in der Champions League mitspielen.«

Jean-Julien Beer

Abschied II: Provokativ geht Trainer Ralf Rangnick in die Ehrenrunde und verabschiedet sich von den Schalke-Fans. Wenig später musste er gehen – zermürbt von den internen Anfeindungen.

Schwungvolle Ankunft: Der junge Brasilianer Rafinha (links) eroberte sich bei Schalke auf Anhieb einen Stammplatz und lässt hier dem Stuttgarter Nationalspieler Thomas Hitzlsperger das Nachsehen.

Ein Drehbuch mit neuen Darstellern

Torreicher Abschied: Leverkusens bulgarischer Torjäger Dimitar Berbatov erzielte 21 Treffer für Bayer, bevor er zu den Tottenham Hotspurs wechselte. Der Dank von Trainer Michael Skibbe (links) war ihm gewiss.

Drehbuchautoren hätten eine Menge Phantasie aufbringen müssen für die Story, die Bayer Leverkusen lieferte. Enthalten war eigentlich alles: Verschiedene Schauplätze, Spannung, überraschende Wendungen – und natürlich ein Happy-End.

Zum Auftakt sprach vieles für einen Langweiler. Der Sprung ins internationale Geschäft sollte gelingen, vielleicht sogar in die Champions League, wenn alles passt. Diese Ansprüche waren bei Bayer keinesfalls eine Neuheit. Doch schon nach wenigen Wochen nahmen die Darsteller unter dem Bayer-Kreuz Fahrt auf. Vier Punkte aus vier Ligaspielen und das UEFA-Cup-Erstrunden-Aus gegen ZSKA Sofia sorgten für den ersten Paukenschlag: Trainer Klaus Augenthaler musste gehen. Sportchef Rudi Völler schlüpfte wieder einmal in die Rolle des Blitz-Helfers, während er zeitgleich an der Suche nach seinem eigenen Nachfolger beteiligt war. Am Ende kam es zur Wiedervereinigung aus alten Zeiten bei der Nationalmannschaft. Michael Skibbe, einst Völlers Assistent, übernahm das Traineramt.

Die Skeptiker sahen sich zunächst bestätigt. Skibbe holte nur einen Sieg aus zehn Spielen, experimentierte beim Versuch, eine passende Formation zu finden und konnte den zahlreichen Hochkarätern im Kader ihre teilweise launenhaften Auftritte auf dem Rasen nicht austreiben. Ein UEFA-Cup-Platz geriet bis zur Winterpause zunächst außer Reichweite. Die Knalleffekte ereigneten sich indes abseits des Platzes. Jens Nowotny, durch einen Kreuzbandriss aus der Bahn geworfen, verklagte Bayer auf Lohnfortzahlung im Krankheitsfall. Sein Berater klagte auf Auszahlung eines Handgeldes aus dem Jahre 2002. Die Fetzen zwischen den Parteien flogen. Und Geschäftsführer Wolfgang Holzhäuser verkündete schließlich Nowotnys Ende im Leverkusener Trikot: »Er wird nie mehr für Bayer spielen!« Trainieren dürfe er aber weiter mit Mannschaft, so Holzhäuser weiter.

Der in den Schatten der Scheinwerfer abgeschobene Nowotny kehrte schnell auf die Bühne zurück. Michael Skibbe und Rudi Völler hatten Erfolg bei ihren Vermittlungs-Versuchen. Doch Zeit zum Durchatmen blieb den Akteuren von der BayArena nicht. Der frühere Manager Reiner Calmund rückte in den Mittelpunkt des allgemeinen Interesses, vor allem des der Bayer AG und der Bayer Leverkusen Fußball GmbH. Die Vorwürfe hatten es in sich: Untreue, gar Spielmanipulationen standen im Raum. Calmund geriet unter Beschuss, auch wenn die Vorwürfe nach und nach entkräftet werden konnten. Das Kapitel Bayer, seinem »Lebenswerk«, schloss Calmund schon inmitten der Turbulenzen. Für immer.

Je länger die Monate des Jahres 2006 ins Land zogen, desto mehr richteten sich die Kameras wieder der Fußball spielenden Belegschaft zu. Plötzlich stand Bayer für Attraktivität, ja Spektakel. Eine Spielfreude versprühende Einheit, die sich – bis auf zwei Ausnahmen – bei ihrer Aufholjagd in Richtung Spitze von nichts und niemandem stop-

pen ließ. Skibbes Reputation schnellte angesichts der imponierenden Leistungen seiner Mannschaft wieder in die Höhe, und Jens Nowotny, Bestandteil des Höhenflugs, kam der Rückkehr in die Nationalmannschaft immer näher. Den sportlichen Höhepunkt erlebten Skibbe & Co. Am 32. Spieltag:

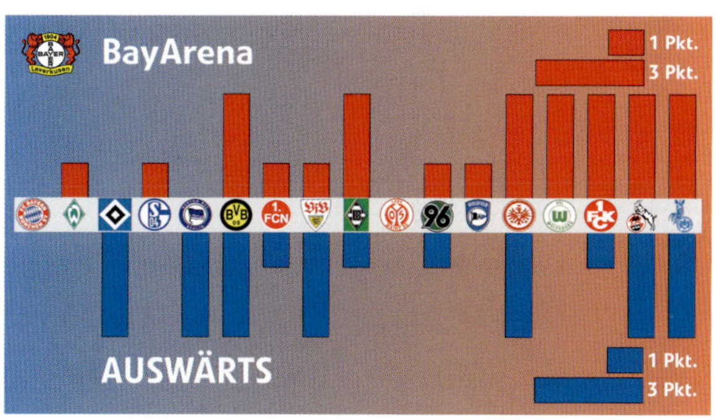

Im direkten Duell um Platz fünf in Berlin schossen die Leverkusener die Hertha 5:1 ab. Ein weiteres Gesicht des Aufschwungs drückte dem Spiel den Stempel auf: Dimitar Berbatov, der mit einer imponierenden Trefferserie in der Rückrunde sein immenses Potenzial unter Beweis stellte und schließlich für knapp 16 Millionen Euro zu Tottenham Hotspur wechselte.
In der kommenden Saison werden neue Gesichter die Szenerie prägen. Nowotny, Berbatov oder auch Krzynowek kehrten Bayer den Rücken zu. Barbarez, Fünf-Millionen-Euro-Einkauf Kießling oder der junge Schweizer Schwegler heißen die neuen Darsteller. Das Drehbuch für die nächste Spielzeit beginnt wieder langweilig: Bayer will ins internationale Geschäft ...

Jan Lustig

Freudentaumel unterm Bayer-Kreuz: 64 Mal durften die Leverkusener Profis in der Saison 2005/06 Tore bejubeln. Am Ende reichte es für einen Platz im UEFA-Cup.

Visionen von Titeln und Triumphen verbieten sich

Ab durch die Beine: Herthas türkischer Techniker Yildiray Bastürk (Nr. 7) trumpfte am Ende der Saison als einer von wenigen Berlinern groß auf. Hier trifft er gegen die Gladbacher Zé Antonio und Keeper Keller.

Die Bundesliga-Saison war längst abgepfiffen, da beherrschte Hertha BSC immer noch die Schlagzeilen. Erst kam heraus, dass der finanziell angeschlagene Klub 44,12 Millionen Euro Verbindlichkeiten aufgetürmt hat. Tage später bezifferte Finanzchef Ingo Schiller die Schulden zum 30. Juni 2006 sogar auf 48,9 Millionen Euro.

Die Berliner hatten eine einigermaßen bizarre Saison mit Platz sechs halbwegs vernünftig zu Ende gebracht, als sie von den Schatten der Vergangenheit eingeholt wurden. Vollstreckungsaufschub des Finanzamtes, Darlehen von Vermarkter Sportfive, Gehaltsstundung der Klub-Bosse – schwierige Zeiten an der Spree, wo sie schwer an dem Gepäck tragen, das sie sich nach dem Erreichen der Champions League 1999 aufluden.

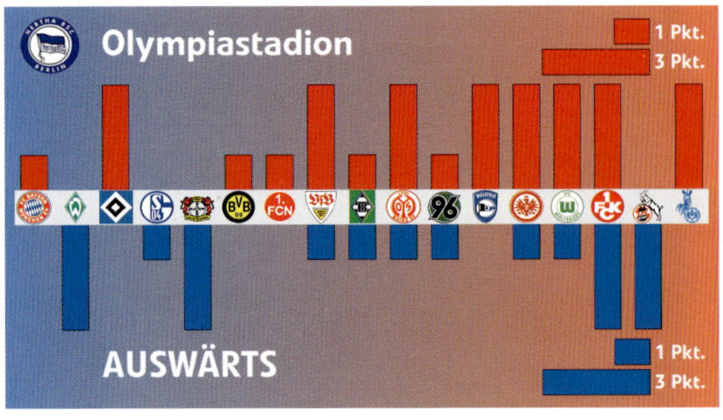

Transfer- und Gehaltskosten explodierten seinerzeit, als Stadion-Umbau und Kirch-Krise die eigenen Kalkulationen torpedierten. Die Hoffnung, sich mit der neuerlichen Qualifikation für die Königsklasse teilweise sanieren zu können, blieb stets unerfüllt. Jetzt sollen durch einen Sparkurs die Verbindlichkeiten bis Ende 2010 auf 20,1 Millionen Euro reduziert werden – Visionen von Titeln und Triumphen verbieten sich da von selbst. Während im Jahr zuvor nur ein Tor zum Erreichen der Champions-League-Qualifikation gefehlt hatte, entfernte sich Hertha in der abgelaufenen Saison ein ganzes Stück von der nationalen Spitze. Dabei hatte das Spieljahr so hoffnungsvoll begonnen. In der Liga vollbrachte die Elf von Trainer Falko Götz den besten Hertha-Start seit 35 Jahren, im UEFA-Cup gelangte sie mühelos in die Gruppenphase. Doch nach Götz' Vertragsverlängerung Ende November stürzte Hertha jäh ab. Im DFB-Pokal und im UEFA-Cup waren der FC St. Pauli und Rapid Bukarest eine Nummer zu groß. In der Liga blieb Hertha neun Spiele in Folge sieglos.

Leidenschaftslose und torarme Auftritte waren im Winter an der Tagesordnung. Die Elf zerfiel in Grüppchen, die Vielzahl an auslaufenden Verträgen drückte auf die Stimmung. »Bei uns herrscht eine Pseudo-Harmonie«, sagte Manager Dieter Hoeneß zur Weihnachtszeit. »Die Spieler sind mit ihrer Eigenverantwortung überfordert.« Die Abwehr, im Vorjahr noch die beste der Liga, schwächelte. Die Führungsspieler waren mit Verletzungen oder Formkrisen beschäftigt. »Unser Blick«, warnte Kapitän Arne Friedrich in jenen tristen Wochen, »muss nach unten gehen.«

Abstieg statt Europacup? So schlimm wurde es dann doch nicht. Die Klub-Führung hielt trotz der Pleitenserie an Falko Götz fest. Der 3:0-Erfolg in Bremen Mitte März geriet zum Befreiungsschlag. Hertha fing sich wieder – und verfehlte am Ende dennoch den angepeilten fünften Platz. Neben dem konstantesten Berliner Yildiray Bastürk, der Marcelinhos monatelanges Abtauchen zu kompensieren versuchte, bewährten sich in den turbulenten Monaten vor allem die Talente: Malik Fathi machte einen abermaligen Leistungssprung, Sofian Chahed kämpfte sich zurück zu den Profis, Kevin-Prince Boateng entpuppte sich auf Anhieb als vollwertige Kraft. »Hinter uns liegen aufregende Monate«, resümierte Manager Hoeneß Ende Mai, »in sportlicher und in wirtschaftlicher Hinsicht.« Herthas Elf war so etwas wie die Wundertüte der Liga: An guten Tagen spielt sie den HSV schwindlig, an schlechten Tagen geht sie gegen den FC St. Pauli unter.

Steffen Rohr

Gute Miene zum bösen Spiel: Hertha-Manager Dieter Hoeneß und Trainer Falko Götz konnten nicht wirklich zufrieden sein mit den Darbietungen ihrer Profis. Am Ende langte es nur zum Erreichen des UI-Cups.

Das Ende der Demut und der Bescheidenheit

Große Sprünge konnten sie nicht machen. Das fällt mit (fast) leerem Beutel auch schwer, und deshalb hielt sich Borussia Dortmund in der vorigen Saison durchgehend in dem Tabellenbereich auf, der keine existenziellen Sorgen aufkommen ließ, aber auch keine ehrgeizigen Ambitionen gestattete.

Im Mittelmaß eben, was Klubchef Dr. Reinhard Rauball (59) mit Missfallen quittierte: »Es war noch nie so einfach, in einen internationalen Wettbewerb einzuziehen.« Weil der BVB mit ärgerlicher Regelmäßigkeit an den entscheidenden Kreuzungen falsch abbog, gastiert er in der Saison 2006/07 in Aachen statt beim FC Arsenal.

Veitstanz der Dortmunder Rasselbande: Besser als erwartet schlug sich die junge Riege des BVB. In der neuen Saison soll mit den Neuverpflichtungen ein besserer Rang als Platz acht herausspringen.

Was im Jahr des Umbruchs, das mit Nuri Sahin, Marc-André Kruska, David Odonkor oder Markus Brzenska begabte Nachwuchskräfte ins Rampenlicht beförderte, von der Öffentlichkeit ohne Murren akzeptiert wurde, würde in der nächsten Runde als Fehlschlag bewertet werden. Wenn im Frühsommer kommenden Jahres Bilanz gezogen wird, muss Dortmund die Startberechtigung für einen der beiden europäischen Wettbewerbe in der Tasche haben. Ohne Wenn und Aber haben KGaA-Geschäftsführer Hans Joachim Watzke (47) und Sportdirektor Michael Zorc (44) dieses Ziel ausgegeben. Ohne dass der Klub in die ruinösen Verhaltensmuster der Ära Niebaum/Meier zurückfallen will, erklärt er die Zeiten von totaler Demut und Bescheidenheit, mit der er die beiden vergangenen Jahre überbrückte, für beendet. Die finanziellen Rahmenbedingungen haben sich erheblich verbessert, in erster Linie durch eine Ende Mai abgeschlossene Transaktion: Nachdem die 5800 Anteilseigner des »Molsiris«-Stadionfonds einem Angebot über 57,2 Millionen Euro zustimmten, traten sie die noch bei ihnen verbliebenen 51,2 Prozent am Stadion an Borussia Dortmund ab. Dem westfälischen Bundesligisten gehört der Signal Iduna Park jetzt wieder zu 100 Prozent. Die jährlich fünf Millionen Euro, die der BVB durch die Neuordnung der Besitzverhältnisse an zusätzlichen Mitteln zur Verfügung hat, werden in Zukunft in Gehälter und Ablösesummen investiert. Damit muss Dortmund seine Personalkosten nicht, wie im Businessplan vorgesehen, ab 2007 bei 24 Millionen Euro pro Saison einfrieren, sondern kann sie anheben, »ohne«, wie Rauball beteuert, »ohne dass hier finanziell Harakiri betrieben wird«. Gleichwohl hat sich in der Chefetage die Ansicht durchgesetzt, dass die unendlich treuen Zuschauer in Dortmund »neben dem Jugendstil auch gehobene Fußballkost« sehen wollen. Und dafür wurden neue Mittel bereitgestellt. »Jetzt können wir die Substanz der Mannschaft wieder verstärken«, jubelt Watzke.

Der anerkannte Sanierer will Fans und Investoren im zweiten Teil seiner Mission wieder eine sportliche Erfolgsstory präsentieren. Die Story von einem Klub, der mit Steven Pienaar (Ajax Amsterdam), Nelson Valdez (Werder Bremen), Alexander Frei (Stade Rennes), Tinga (Internacional Porto Alegre) und Martin Amedick (Eintracht Braunschweig) wieder angreift. Der nicht nur auf fette Werbeverträge (Signal Iduna, RAG), sondern auch auf fußballerische Fortschritte stolz sein kann. Schließlich sind es nicht nur Spieler wie Roman Weidenfeller leid, »in der Woche zu Hause zu sitzen und die Champions League oder den UEFA-Cup vor dem Fernseher zu verfolgen.«

Thomas Hennecke

Ein hoffnungsvoller Youngster für die BVB-Zukunft: Der Türke Nuri Sahin war der jüngste Spieler der Saison 2005/06. Der Mittelfeldspieler trägt in Zukunft noch mehr Verantwortung, weil es den Tschechen Rosicky zum FC Arsenal nach London zog.

Der Ausbruch aus dem Teufelskreis

Die offensiven Erfolgs-Garanten: Mit allein 16 Toren in der Rückrunde trumpfte der Slowake Robert Vittek für den 1. FC Nürnberg sensationell auf. Im kleinen Bild freuen sich die Sturmpartner Stefan Kießling (Mitte) und Igor Saenko (rechts) mit dem Torjäger.

Auf der Stirn des FCN-Präsidenten Michael A. Roth zeichnen sich Falten ab, seinen Kopf stützt er auf der rechten Hand ab, ehe ihm ein entschiedenes »Nein« entfährt. »An so eine Saison kann ich mich beim besten Willen nicht erinnern.«

Aufgebrachte Club-Fans: Nach dem Grusel-Start unter Trainer Wolfgang Wolf ging die eingefleischten Anhänger des 1. FC Nürnberg mal wieder auf die Barrikaden. Da ahnte noch niemand den späteren Höhenflug.

Und wenn der 70-jährige Firmeninhaber so etwas sagt, will dies etwas heißen. Schließlich blickt der Mann auf 16 Jahre an der Spitze eines Traditionsvereins zurück, dessen jüngste Vergangenheit eine äußerst bewegte gewesen ist. Skandale, Fast-Pleiten, Punktabzüge, zahlreiche Ab- und Aufstiege, ebenso zahlreiche Umbrüche, Neuanfänge – keine Frage, Michael A. Roth hat viel, sehr viel durchlebt.

Und doch schlägt die Spielzeit 2005/2006 dem Fass den oft zitierten Boden aus. Optimistische Aufbruchstimmung im Sommer, tiefste Depression im Herbst, zarte Hoffnung im Winter und grenzenlose Euphorie im Frühjahr, in dem der FCN im generellen und die Offensivkräfte Robert Vittek wie Ivan Saenko im speziellen häufig grandiosen Fußball zelebrierten. Und Rekorde purzeln ließ. So spielte der Club mit einem Schnitt von 1,76 Punkten pro Partie seine beste Rückrunde in der Bundesliga – in der Meisterschaftssaison 1967/68 kam er umgerechnet nur auf 1,65.

Oder man nehme die Rekordmarke von sieben Heimerfolgen am Stück, die den Franken scheinbar locker vom Fuß ging. Am Ende nahmen sie die Hürde »Ligaverbleib« mit Rang acht überzeugend und bescherten dem Verein zum ersten Mal seit über einem Jahrzehnt mehr als zwei Jahre Erstklassigkeit. »Ein Meilenstein«, frohlockt Sportdirektor Martin Bader, der dies als den Ausbruch aus dem Teufelskreis eines ständigen Auf und Ab wertet.

Wer all dies Anfang November prophezeit hätte, wäre für verrückt erklärt worden. Rang 18, bei 6 Punkten in 12 Spieltagen, lautete die deprimierende Club-Bilanz am Sonntagabend gegen 19.15 Uhr, dem 6. November. Wenige Minuten zuvor war ein verunsicherter FCN gegen den VfB Stuttgart in eine 0:1-Heimspiel-Niederlage hineingestolpert, und schien unausweichlich dem Abstieg geweiht – auch weil das Umfeld mit der sportlichen Schieflage wetteiferte. Funktionäre verfielen in alte Verhaltensmuster, indem sie mal offen, mal verdeckt übereinander herfielen. Erboste Fans wollten den Tribünen-Innenraum stürmen, blockierten die Stadiontore. Nicht zu vergessen, dass die Suche nach einem Nachfolger für den wenige Tage zuvor geschassten Trainer Wolfgang Wolf zur Farce zu werden drohte. Roths Favorit Lothar Matthäus löste im Frankenland einen Sturm der Entrüstung aus. Der dann ins Auge gefasste Peter Neururer zog unmittelbar nach besagtem 0:1 gegen den VfB seine Zusage stillos per SMS zurück.

Der Verein stand vor einer Zerreißprobe, innen wie außen, als ihm drei Tage nach jenem unglückseligen Sonntag der große Befreiungsschlag glückte. Beziehungsweise Sportdirektor Martin Bader, der mit Hans Meyer den Überraschungscoup aus dem Hut zauberte. Von der ersten Minute an wurde dem Trainer-Routinier als dem Hoffnungsträger schlechthin im übertragenen Sinn auf Schritt und Tritt der rote Teppich ausgerollt. Erwartungen, denen der 63-Jährige wie erwähnt über Gebühr gerecht wurde. Einer der Hauptgründe dafür: Er gab der jungen, zuvor ungeordnet auftretenden Mannschaft Halt, in dem er ihr ein stimmiges taktisches Konzept zu vermitteln wusste. Der Rest ist bekannt.

Christian Biechele

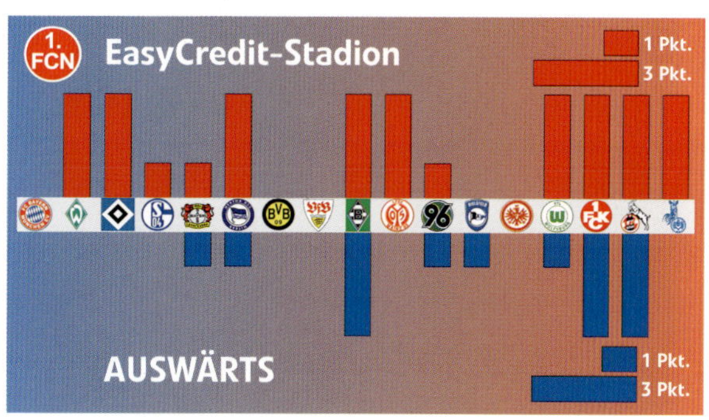

Der »Mister« im Montagsauto an die Wand

Beim Vizemeister von 2003 ist der Lack längst wieder ab. Und nicht nur der. Totalschaden trifft es wohl eher. Nichts mehr zu retten in einer Mannschaft, die, einem Montagsauto gleich, von vorne bis hinten, von oben bis unten eine ungeheure Mängelliste aufwies. Der VfB 2005/06: An die Wand gefahren. Von einer Führung, deren wirtschaftliche Kompetenz die fachliche Inkompetenz nicht ausgleichen konnte. Von einem Übungsleiter, dessen Titel »erfolgreichster Trainer der Welt« hohe Erwartungen schürte und tiefe Depressionen hinterließ. Von einer Mannschaft, die mit großen Namen wie Tomasson, Grönkjaer oder Hitzlsperger, aber kleinen Leistungen aufwartete. Falsch zusammengestellt, falsch aufgestellt, falsch geführt.

Als Giovanni Trapattoni im Sommer 2005 mit einem »Ich schon wieder da« erneut die Bundesliga-Bühne betrat, flogen dem charmanten und weltgewandten Trainer die Herzen zu. Die rot-weiße VfB-Welt in rosarot. Die Abgänge wichtiger Leistungsträger wie Hleb, Lahm oder Kuranyi? Nicht erwähnenswert. Dachte man. Hochmut, der sich rächen sollte. »Habemus Mister« frohlockte Präsident Erwin Staudt, für den der frühere Bayern-Trainer die personifizierte Erfolgsgarantie darstellte. Alle Macht dem Italiener, der die Stutt-

Wie ein Häuflein Elend in sich zusammen gekauert: Der ehemalige Meistertrainer Giovanni Trapattoni scheiterte beim VfB Stuttgart jämmerlich und musste schließlich gehen.

Gespannt blicken sie nach Salzburg. Dort, wo der italienische Maestro in der neuen Saison wirken wird. Wieder mit einem Weltmeister von 1990 an seiner Seite. Matthäus in der Rolle von Brehme, der mit dem »Mister« Giovanni Trapattoni im Sommer 2005 beim VfB angeheuert hatte. Das größte Missverständnis der Stuttgarter Vereinsgeschichte.

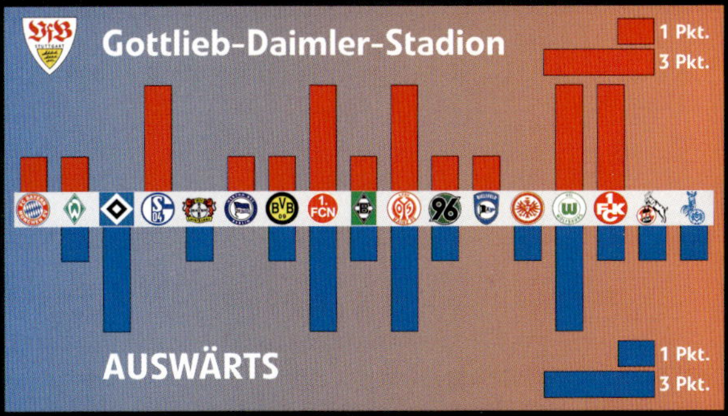

garter wieder in die Champions League führen sollte. Mindestens. »Wir haben uns nach oben kein Limit gesetzt«, verkündete Trapattoni auch selbstbewusst, um sich gleich in Privatscharmützel zu stürzen. Der Coach säte Unverständnis und Ärger, erntete Kritik und Unmut. Kleinkriege mit Führungsspielern wie Hildebrand, dessen langjähriger Torwarttrainer Trautner zu den Amateuren abgeschoben wurde, und Kapitän Soldo, der plötzlich die Bank drücken musste, führten zu unüberbrückbaren Differenzen. Nicht zu kitten. Kein Limit? Es gab wirklich kein Halten. Im negativen Sinne!

Nie in seiner Geschichte war der VfB in der Offensiv so schwach. In jedem ihrer 40 Jahre Bundesliga erzielten die Schwaben mindestens 41 Tore. Diesmal waren es 37. 16 Remis in einer Saison, nur Hannover brachte es auf 17. Bei 19,9 % lag die Chancenverwertung, kein Ligakonkurrent war schlechter. Auch nicht bei Gegentoren nach Standards (6). Der Traum vom Titel wurde verfehlt. 32 Punkte hinter Meister FC Bayern, 27 bzw. 25 zu den Champions-League-Plätzen zwei und drei, 19 zum Mindestziel UEFA-Cup. Welten zwischen Anspruch und Wirklichkeit. Was auch der Trainertausch von Trapattoni zu Armin Veh und der Machtwechsel im Management – der überforderte Herbert Briem wurde durch Horst Heldt ersetzt – nicht zu ändern vermochte.

Dass Veh über den Sommer 2006 hinaus bleiben durfte, hatte der Coach nur mangelnden Alternativen und seinem Fürsprecher Heldt zu verdanken. Beide arbeiten jetzt an einer personellen Runderneuerung des Kaders. Dabei haben sie einen großen Vorteil: Nach so einer Saison kann es eigentlich nur noch besser werden.

George Moissidis

Hilflose Gesten der Stars: Ob Nationaltorhüter Timo Hildebrand oder der dänische Internationale Jesper Grönkjaer – was ihnen gemeinsam blieb, war kollektives Achselzucken.

Mit Heynckes zurück in die Zukunft

Für die große Überraschung sorgte Borussia Mönchengladbach erst nach dem Saisonschluss: Jupp Heynckes kehrt 19 Jahre nach seinem Abschied auf den Trainerstuhl des Traditionsklubs zurück. In den nächsten zwei Jahren soll der Ur-Borusse die Fohlen auf Trab bringen.

Das größte Talent der »Fohlen«: Jung-Nationalspieler Marcell Jansen gilt als hoffnungsvolles Eigengewächs. Der Linksfuß schnupperte zum Saisonausklang schon Weltmeisterschafts-Atmosphäre.

»Wir erwarten keine Wunderdinge von ihm, sondern eine zielstrebige Entwicklung«, sagt Präsident Rolf Königs. Konkreter gefasst sehen die Anforderungen an Heynckes so aus: Er soll der Mannschaft eine Handschrift verleihen, junge Leute fördern und in die Mannschaft einbauen und mit einer sympathisch-attraktiven Spielweise die Lust der Fans nach Kombinations-Fußball befriedigen. Ein großes Paket für Heynckes. Doch der Trainer, der knapp zwei Jahre nach seinem turbulenten Ende bei Schalke 04 die Arbeitspause wegen gesundheitlicher Probleme auch zum Krafttanken nutzte, sieht das Unterfangen keineswegs als unrealistisch an. »Ich glaube, dass ich mit meinem Know-how, meiner Erfahrung einiges bewegen kann«, sagt Heynckes. »Und die Arbeit mit jungen Spielern war immer ein wichtiger Punkt, den ich als Trainer verfolgt habe.«

Den Grundstock hat sein Vorgänger bereits gelegt. Horst Köppel, Mitte der 90er-Jahre Heynckes' Assistent bei Eintracht Frankfurt, führte in der vergangenen Saison einige Youngster heran. Marcell Jansen stieg sogar zum Nationalspieler auf. Eugen Polanski schaffte den Sprung in die Stammformation. Weitere Talente wie Marvin Compper, Robert Fleßers oder Tobias Levels holte Köppel aus dem eigenen Nachwuchs in den Bundesliga-Kader. Am Ende reichte dieser Aspekt ebenso wie Platz zehn in der Endabrechnung nicht für eine Weiterbeschäftigung. Eine Überraschung war Köppels Ausscheiden dennoch nicht. Vielmehr das erwartete Ende nach einer quälend langen Hängepartie in der Saison-Schlussphase. Zu viel war vorgefallen in den Monaten zuvor. Dass Köppel auf der einen Seite, das Präsidium und Sportdirektor Peter Pander auf der anderen, nicht auf einer Wellenlänge funkten, konnte trotz gegenteiliger Behauptungen der Protagonisten niemand verheimlichen. Hinzu kamen kleinere

Der Neuanfang: Trainer Jupp Heynckes übernimmt nach einer Pause von 19 Jahren wieder die Verantwortung bei der Borussia. Präsident Rolf Königs (links) und Sport-Direktor Peter Pander freuen sich über den Coup.

Reibereien zwischen Köppel und einigen Spielen im Saisonverlauf. Als Knackpunkt erwies sich letztlich die sportliche Bilanz und die zum Teil erschreckend schwachen Leistungen der Mannschaft. Nach Platz sieben in der Vorrunde holte die Borussia in der zweiten Hälfte nur noch 17 Punkte. Mehrfach wackelte Köppel bedrohlich, ehe erst nach dem Saisonfinale klare Verhältnisse geschaffen wurden. »Die Tendenz in der Rückrunde hat uns Anlass zur Sorge gegeben«, so Peter Pander. Und auch die seit Jahren chronische Auswärtsschwäche konnte Köppel nicht beseitigen, obwohl der Sieg in Frankfurt am letzten Spieltag die Bilanz ein wenig schönte. »Ich denke, dass mit Platz zehn die Vorgabe erfüllt wurde«, entgegnete Köppel den Kritikern. Schon vor Köppel mussten sich im Saisonverlauf drei weitere, in der Bundesliga bekannte Gesichter von der Borussia verabschieden: Christian Ziege beendete wegen Sprungsgelenksverletzungen seine erfolgreiche Karriere, Giovane Elber wechselte zu Cruzeiro Belo Horizonte und Jörg Böhme.

Jetzt heißt es mit Jupp Heynckes: Zurück in die Zukunft!

Jan Lustig

Kollektives Borussen-Bad: Den zehnten Platz feierten die Gladbach-Profis ausgiebig. Erstmals seit vielen Jahren waren sie nicht in den Abstiegskampf verstrickt.

Mainz 05

Trotz Höhenflug war der Abgrund ganz nahe

Herzliche Umarmung zum Abschied: Mainz-Trainer Jürgen Klopp (vorn) und der Brasilianer Antonio da Silva beim innigen Jubel. Der Mittelfeldspieler verabschiedete sich allerdings in Richtung Stuttgart – ein Wermutstropfen.

Da war jemand sehr gut vorbereitet. Obwohl Mainz 05 bis zum vorletzten Spieltag um den Klassenverbleib bangen musste, präsentierten die Verantwortlichen in Windeseile ihre Neuverpflichtungen. Wenige Tage nach Saisonende schon hatte der neue Kader feste Konturen angenommen: In Bakary Diakité (SV Wehen), Du-Ri Cha (Eintracht Frankfurt), Chadli Amri (1. FC Saarbrücken), Markus Feulner (1. FC Köln) und Ralph Gunesch (FC St. Pauli) waren schnell neue Akteure verpflichtet, mit denen auch das dritte Bundesligajahr in Folge erfolgreich überstanden werden sollte.

Anfangs sah es überhaupt nicht nach einem solchen aus. Und das obwohl der ganze Verein mit einer riesigen Euphorie in die Saison 05/06 startete. Der Grund: Mainz 05 war UEFA-Cup-Starter. Losglück hatte die Mainzer als fairste deutsche Mannschaft in die erste Qualifikationsrunde befördert, wo zunächst die armenische Mannschaft von FK Aschtarak ausgeschaltet wurde. Danach mussten die Isländer von IF Keflavik die Segel streichen, bevor schließlich vor der größten Zuschauerkulisse der Vereinsgeschichte von knapp 34 000 Zuschauern in Frankfurt gegen den späteren UEFA-Cup-Sieger FC Sevilla das Aus kam.

Zu diesem Zeitpunkt standen die Mainzer immer noch auf einem Abstiegsplatz in der Bundesliga. Doch immerhin, nach dem siebten Spieltag hatten sie bereits vier Punkte. Insofern bemerkenswert, da die 05er in den ersten fünf Saisonspielen völlig leer ausgingen. Doch am 21. September 2006 gelang mit einem 2:0-Sieg beim Rivalen in Kaiserslautern der lang ersehnte Befreiungsschlag. »Es gibt nichts Schöneres als ausgerechnet in Kaiserslautern das Ruder herumzureißen«, freute sich Manager Christian Heidel. In der Folge gab es weitere Punkte für das Klopp-Team, doch fast ausschließlich auf heimischen Platz. Dort wurden Leverkusen, Nürnberg und Wolfsburg vorgeführt, doch auswärts gelang den Mainzern fast nichts. Selbst eine 2:0-Führung in Hannover nach 85 Minuten reichte dort nicht zu einem Sieg.

Aber trotz der Auswärtsschwäche und eines biederen Abschlusses der Hinrunde (1:1 zuhause gegen Duisburg) stand man zu Weihnachten auf einem Nichtabstiegsrang. Daran hatte vor allem der exzellente Vorbereiter Antonio da Silva (acht Assists) seinen Anteil. Aber auch die Abwehrtürme Manuel Friedrich und Nikolce Noveski, die hinten eine Bank waren. In der Winterpause freute sich zunächst ganz Mainz über die Signatur von Trainer Jürgen Klopp unter einen weiterführenden Vertrag bis 2008, der auch bei Abstieg Gültigkeit hätte.

Bei Bayern München kam dann zunächst das Aus im DFB-Pokalviertelfinale nach einem großartigen Spiel der 05er (2:3 n. V.). Wenige Tage später wurde Köln mit 4:2 ge-

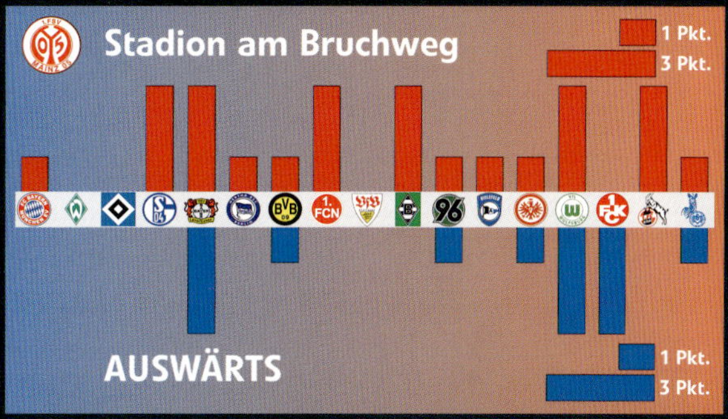

putzt und man dachte, der Ligaverbleib sei schon gesichert. Doch sechs Spiele ohne Sieg katapultierten Mainz wieder auf einen Abstiegsrang. Es kam zu einem Besinnungs-Trainingslager, Klopp änderte die Taktik und gegen Mönchengladbach (3:0) wurde der Bann gebrochen. Danach gab es nur noch eine Niederlage (0:3 in Nürnberg) und am 33. Spieltag nach dem 1:0-Sieg gegen Schalke feierte ganz Mainz den erneuten Ligaverbleib.

Mounir Zitouni

Hoch das Bein zum Höhenflug: Abwehrspieler Manuel Friedrich war einer der Garanten zum Klassenerhalt der Mainzer. Seine Leistungen hievten ihn immerhin in den Kreis der Nationalmannschaft.

Turbulenzen um Trainer – Chaos ohne Martin Kind

Der Jubel am Boden: Nach seinem Treffer freuen sich Hannovers Nationalspieler Per Mertesacker (auf dem Rücken liegend) und Mannschaftskollege Hanno Balitsch.

Als der Abpfiff zur Saison ertönt war, zogen die Verantwortlichen von Hannover 96 Bilanz. Karl- Heinz Vehling, zusammen mit Manager Ilja Kaenzig einer der Geschäftsführer und damit Chef der Profiabteilung, hob die Stimme und ließ seinem Frust freien Lauf.

»Ich höre immer etwas von Niemandsland«, so Vehling. »Ich kann das nicht mehr hören. In der Summe bin ich sehr zufrieden. Natürlich haben wir uns sportlich mehr vorgenommen, trotzdem haben wir Fortschritte gemacht.« In der Tabelle landete Hannover am Ende auf Platz zwölf. Saisonziel verfehlt, einen einstelligen Tabellenplatz hatte man vor der Saison angepeilt.

Da war Ewald Lienen noch Trainer. Am 9. November 2005 war dann Schluss für ihn. Nicht zuletzt, weil sich Lienen immer wieder mit Ilja Kaenzig öffentliche Auseinandersetzungen lieferte. Der Tiefpunkt: Am Abend vor seiner Entlassung fand zwischen Lienen und der sportlichen Leitung ein Gespräch statt, nach dem Lienen davon ausging, weitermachen zu dürfen. Am nächsten Morgen, kurz vor Trainingsbeginn, wurde ihm sein Ende mitgeteilt. Und wenige Stunden später Nachfolger Peter Neururer vorgestellt. Lienen zürnte: »Im Nachhinein empfinde ich das als gigantische Falle, eine Inszenierung hoch drei.«

Unter Neururer herrschte zu Beginn eine neue Euphorie. Eher, weil Neururer mit seinen gewohnt markigen Sprüchen für Unterhaltung außerhalb des Rasens sorgen konnte. Auf dem Spielfeld brannte die Elf selten Feuerwerke ab.

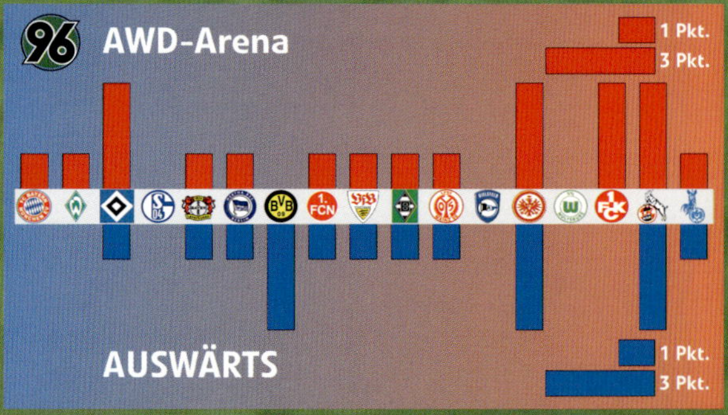

Aber sie verlor zumindest nicht. Zehn Spiele in Folge. Zwischenzeitlich schnupperte 96 sogar UEFA-Cup-Luft.

Der Höhenflug war allerdings schneller als gedacht vorbei. Am 23. Spieltag verlor Hannover mit 1:2 in Wolfsburg, es ging bergab. Bis Saisonende folgte nur ein Sieg (1:0 gegen Köln), und vor allem ein Unentschieden nach dem anderen. 17 waren es am Ende. Und Peter Neururer merkte süffisant an: »Überragend, wir haben einen Platz gut gemacht.« Hintergrund: Als Lienen entlassen wurde, stand Hannover auf Platz 13. Was lief also besser unter Neururer? »Vom Spielerischen her ist eine positive Tendenz festzustellen, doch oftmals haben wir trotz hohen Aufwandes zu wenig eingefahren«, so Neururer. Aber es war nicht nur die mangelnde Effizienz vor dem gegnerischen Tor, die Neururer bemängelte, sondern »die fehlende Siegermentalität«, so der Coach. »Viele sind mit der Situation zufrieden. Sie lehnen sich zurück, sagen, Wir haben nichts mit dem Abstieg zu

tun, werden Neunter oder Achter, wunderbar. Wir haben etwas Großartiges erreicht. Das kann nicht sein.« Nur fünf Spieler klammerte er aus seiner Kritik aus: »Tarnat, Enke, Mertesacker, Balitsch, Dabrowski – das sind Ausnahmen, die wollen mehr.« Freunde bei den anderen machte sich Neururer damit nicht.

Und war die Saison nicht schon turbulent genug, ging es weit nach Saisonende erst richtig los. Martin Kind, von September 1997 bis August 2005 schon Klubchef, kehrte am 17. Juli auf den Posten zurück. Vorangegangen waren Diskussionen um die Kompetenz der Führungsriege, nach denen sich im Anschluss Rechtsanwalt Karl-Heinz Vehling entnervt verabschiedete. Zuvor hatten schon Gesellschafter Carsten Maschmeyer und Vereinsboss Götz von Fromberg das Handtuch geworfen. Ilja Kaenzig, ebenfalls nicht unumstritten, durfte erst einmal bleiben. Kinds Rückkehr war gleichzeitig ein Eingeständnis, dass sein überraschendes Verschwinden aus der Führungsetage ein Fehler war. Kind hatte geglaubt, dass der Verein auf ihn verzichten könnte. Ein Irrtum. Ohne Kind geht es wohl nicht.

Sebastian Karkos

Finstere Miene zum bösen Spiel: Trainer Ewald Lienen verzettelte sich im typischen internen Dickicht bei Hannover 96. Schließlich musste er seinen Stuhl räumen, auf dem dann Peter Neururer Platz nahm.

Konzept-Fußball und ein Rekord-Gewinn, aber wenig Beachtung

Farbe aus Südafrika: In Bielefelds Schüco-Arena verzauberte Sibusiso Zuma die Arminia-Fans. Am Saisonende zahlte der sprintstarke Dribbler allerdings für seine Teilnahme am Afrika-Cup in Ägypten.

Es geschieht alles nahezu heimlich und verborgen. Kaum jemand in der Republik nimmt Notiz davon. Was irgendwie ungerecht ist. Denn eine vergleichbare Erfolgsstory würde anderswo für Schlagzeilen sorgen. Im Fall der Bielefelder Arminia ist dies aber anders.

Das dritte Jahr Bundesliga in Folge wird in Ostwestfalen nicht als selbstverständlich angesehen. Was nicht nur an dem zweifelhaften Ruf einer »Fahrstuhl-Mannschaft« liegt, den sich der DSC Arminia mit sieben Aufstiegen aus der Zweiten Liga in Deutschland erworben hat.
Nein, der Rekordaufsteiger hatte und hat auch mit immensen Wettbewerbsnachteilen gegenüber der Konkurrenz zu kämpfen. Finanziell bewegte sich die Arminia in der Aufstiegssaison 2003/2004 noch am Abgrund. Die Spieler verzichteten auf Teile ihres Gehaltes, weil der Klub klamm war. Doch zumindest die Altlasten sind abgetragen. Zwei Jahre Bundesliga-Fußball sowie das Erreichen des DFB-Pokal-Halbfinales 2005 und 2006 haben den Klub innerhalb von 24 Monaten wirtschaftlich gesunden lassen.

Im Geschäftsjahr 2005 wurde ein Rekordumsatz verzeichnet, 3,3 Millionen Euro Gewinn erwirtschaftet. Ungewohnte Zahlen – nicht nur für Bielefelder Verhältnisse.
Grundlage war und ist natürlich der sportliche Aufschwung. Eingeleitet von Uwe Rapolder hat Thomas von Heesen als Trainer den Konzept-Fußball nach einem Ausverkauf 2005 mit einem stark veränderten Kader eine sofortige

Der Trainer in Siegerpose: Thomas von Heesen leistete als Nachfolger von Uwe Rapolder hervorragende Arbeit. Am Ende der Saison hatte die »Fahrstuhl-Mannschaft« erneut nichts mit dem Abstieg zu tun.

Renaissance erleben lassen. Die Arminia steht weiterhin für Fußball auf taktisch hohem Niveau.

Dies ist auch notwendig. Topstars werden auch künftig nicht den Weg in die SchücoArena finden. Die Arminia muss weiterhin darauf setzen, als mittlerweile anerkannte Durchgangsstation für aufstrebende Profis das Sprungbrett für die Buckleys, Owomoyelas, Finks oder auch Westermanns zu sein.

Der im Winter als Vorgriff auf diese Saison verpflichtete U-21-Nationalspieler Ioannis Masmanidis soll bei und für Arminia Bielefeld einen ähnlichen Weg gehen. Auch von dem ablösefrei geholten Mittelfeldspieler Thorben Marx (24, Hertha BSC), der in Berlin nur noch Reservist war, erhofft man sich eine entsprechende Aufwärtsentwicklung. Stürmer Abdelaziz Ahanfouf (28, ablösefrei), der beim Absteiger MSV Duisburg immerhin neun Treffer erzielte, ist schon so etwas wie ein »Stareinkauf«.

So ließ das Personal des DSC auch vor dieser Saison nicht mehr als die Einschätzung zu, dass die Ostwestfalen zu den Klubs gehören, die mit dem Klassenerhalt ihr Ziel erreicht und eine erfolgreiche Spielzeit absolviert hätten.

Immerhin deutete sich in den Planungen für die Saison 2006/2007 auch so etwas wie personelle Konstanz bei der Arminia an. Standen in der Saison 2004/2005 mit dem Ende der Spielzeit bereits die Abgänge von Skela, Buckley, Owomoyela, Lense und Langkamp fest, so hatte die Arminia 2006 zum gleichen Zeitpunkt einzig den Verlust von Michael Fink, der ablösefrei nach Frankfurt wechselte, zu beklagen. Abgesehen davon sorgte nur noch Dribbelkünstler Sibusiso Zuma für Aufregung, der eine Gehaltserhöhung einforderte und für den Fall eines negativen Bescheids auf eine Ausstiegsklausel im Vertrag verwies. Weitere Stammkräfte standen nicht auf der Kippe.

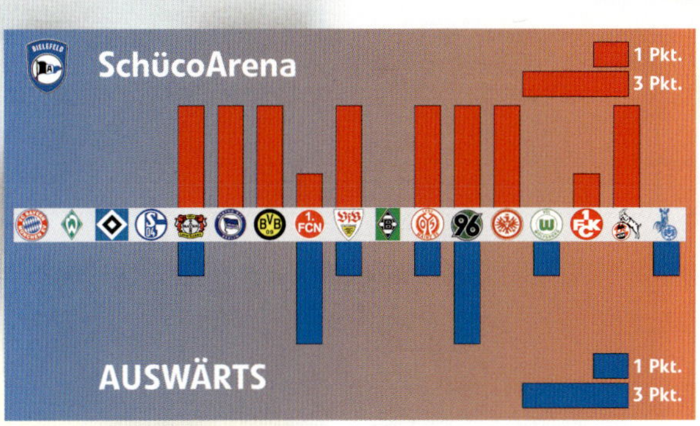

Für die Arminia eine ungewohnt komfortable Situation – und ein weiterer kaum beachteter Erfolg.

Stephan von Nocks

Boss Bruchhagen und die Politik der ruhigen Hand

Die Eintracht bleibt sich auch im zweiten Jahr nach dem Wiederaufstieg ihrer Linie treu. Die Mannschaft soll sukzessive verstärkt werden, zu moderaten Preisen und falls möglich mit jungen, deutschsprachigen Spielern, am besten noch aus der Region.

Verpflichtungen wie die eines Naohiro Takahara bleiben die Ausnahme. Neben dem japanischen Nationalspieler, zuletzt in Diensten des Hamburger SV, waren Michael Fink (Arminia Bielefeld) und Albert Streit (1. FC Köln) die ersten Neuzugänge nach einer erfolgreichen Saison, die bis ins DFB-Pokalfinale und damit in den UEFA-Cup führte. Auch wenn die Zufriedenheit am Ende unter dem Abrutschen in der Rückrunde litt.

Die Baumeister der neuen Eintracht heißen Trainer Friedhelm Funkel und Vorstandsboss Heribert Bruchhagen, die in Ruhe und mit großer Akribie an der Weiterentwicklung des Vereins und der Mannschaft arbeiten, nachdem ihnen für 188 Millionen Euro ein wunderschönes WM-Stadion hingestellt worden war, das neue Vermarktungsmöglichkeiten eröffnet.

2006/07, im zweiten Bundesligajahr, steigt das Saisonbudget von 41 auf 46 Millionen Euro. In der vergangenen Runde bescherte eine klasse Vorrunde (21 Punkte) der Eintracht trotz der mageren Ausbeute in der zweiten Halbserie (mit 15 Zählern Vorletzter der Rückrundentabelle gleichauf mit Schlusslicht Duisburg) den vorzeitigen Klassenerhalt am 33. Spieltag.

Mitaufsteiger MSV und der 1. FC Köln mussten nach nur einem Jahr zurück in die Zweitklassigkeit. Dies bestätigt Bruchhagen in seiner Meinung, dass man auch ohne Trainerwechsel und

Frankfurter Überlebensgarantie: Der griechische Stürmer Ioannis Amanatidis hatte mit zwölf Toren maßgeblichen Anteil am Klassenerhalt der Eintracht. Grund zur Freude hatten die Fans aber besonders im DFB-Pokal, da zogen Köhler und Co. (kleines Bild) sogar bis ins Finale.

ohne Wintereinkäufe über die Runden kommen kann. Mitte der Vorrunde waren auch im Frankfurter Umfeld Rufe nach einer Veränderung auf dem Trainerstuhl laut geworden. Nach acht Spielen war Frankfurt Tabellenletzter.
Bruchhagen und seine Vorstandskollegen sowie der Aufsichtsrat blieben jedoch standhaft und behielten damit Recht. Ähnlich verhielt es sich Ende Januar als die zweite Transferperiode zu Ende ging, ohne dass die Eintracht tätig geworden wäre. Sie war neben dem 1. FSV Mainz 05 der einzige abstiegsbedrohte Verein, der sich diesen Luxus des Verzichts erlaubte. Wobei dafür nicht allein die Überzeugung ausschlaggebend war, sondern auch die Marktsituation. So verhandelte Bruchhagen damals bereits über Takahara, aber der HSV wollte ihn nicht hergeben. Liebend gerne hätte er auch den Brasilianer Rafael Sobis unter Vertrag genommen, doch der Transfer ließ sich aus finanziellen Gründen nicht realisieren.
Die angespannte Personal-Situation hätte sich fast gerächt, als Mitte der Rückrunde Leistungsträger reihenweise ausfielen: Jermaine Jones wegen einer Schienbein-Operation, Chris und Christoph Preuß wegen Bandscheiben-Verletzungen sowie Marko Rehmer wegen einer Knorpelquetschung. In dieser Zeit machten Youngster wie Marco Russ und Daniyel Cimen (beide Jahrgang 1985) von sich reden. Wichtigster Einzelspieler war Stürmer Ioannis Amanatidis mit acht Rückrundentoren. »Wenn er sich im März das Bein gebrochen hätte, wären wir abgestiegen«, weiß Bruchhagen um die Bedeutung seines Torjägers, der in der neuen Saison adäquate Unterstützung (siehe Takahara) erhalten soll.

Michael Ebert

Baumeister bei der Eintracht: Protagonisten der »ruhigen Hand« – Vorstand Heribert Bruchhagen (links) und Trainer Friedhelm Funkel, die mit den Frankfurtern sogar am DFB-Pokal »schnupperten«.

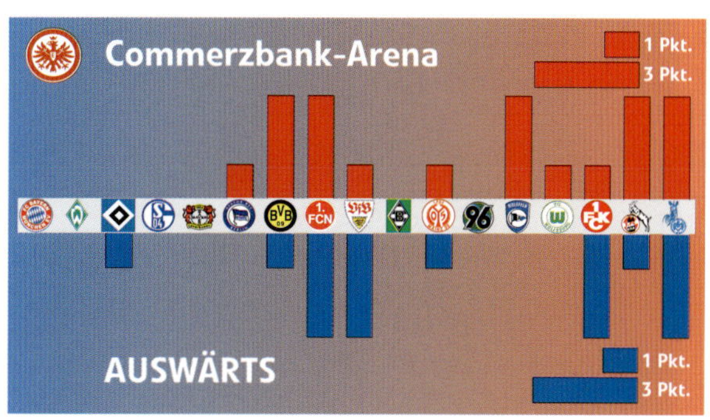

In die Saison 2006/07 startete der VfL Wolfsburg nun zum fünften Mal in Folge mit neuem Trainer. Nach Wolfgang Wolf, Jürgen Röber, Erik Gerets und Holger Fach sollte nunmehr Klaus Augenthaler endlich für den Aufbruch in eine bessere Zukunft stehen. Gemessen am Abschneiden des Teams im ersten Halbjahr unter dem Ex-Profi ein fragwürdiges Unterfangen.

Kontinuität als Fremdwort – Fluktuation als Programm

Weltmeister und WM-Teilnehmer im Duell: Wolfsburgs neuer Trainer Klaus Augenthaler (rechts) beim Training mit Stürmer Mike Hanke, der beim VfL allerdings hinter den Erwartungen zurückblieb.

Fünf Trainer in weniger als drei Jahren, dazu drei Umbesetzungen auf dem Managerposten – damit ist schon zu großen Teilen erklärt, warum es bei den Niedersachsen in den vergangenen Jahren einfach nicht voran ging, stattdessen die letzte Saison mit dem bis zum 34. Spieltag möglichen Abstieg sogar im Desaster zu enden drohte.

Die Fluktuation auf der Führungsebene setzte sich auch im Kader fort. Die Verantwortlichen kamen und gingen, brachten ihre eigenen personellen Vorstellungen mit und hinterließen sie ihren Nachfolgern, die häufig damit nichts anzufangen wussten. Jeder durfte ein bisschen am Gesamtwerk herumdoktern. Kontinuität als Fremdwort bei den Niedersachsen – es regierte die Fluktuation, mit all ihren negativen Auswirkungen.

Bereits nach einem halben Jahr hatten die Mitglieder im mächtigen, von Sponsor Volkswagen diktierten Aufsichtsrat festgestellt, dass mit dem Duo aus Manager Thomas Strunz und Trainer Holger Fach die Zielsetzung, ein Platz im internationalen Geschäft, nicht erreichbar sein würde. Das Gremium um den seit der Demission von

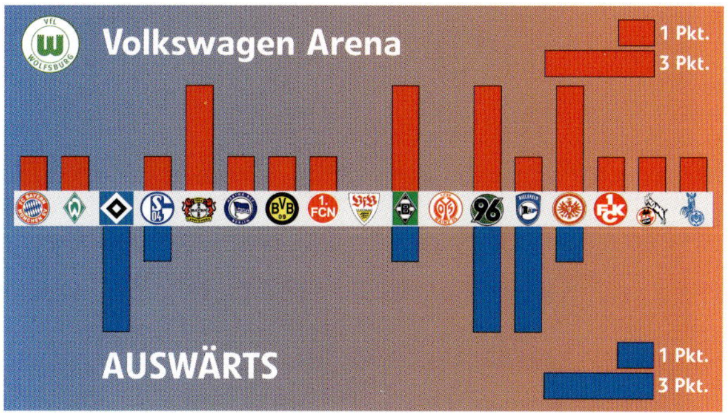

Ex-Manager Pander glücklosen Vorsitzenden Lothar Sander zog die Reißleine, feuerte noch im Dezember 2005 sowohl Fach als auch Strunz. Nach einer wenig souveränen Kandidatensuche landete im Januar 2006 Weltmeister Klaus Augenthaler, zuvor in Leverkusen entlassen, als »Retter« auf der Wolfsburger Trainerbank, unterstützt von Klaus Fuchs, der intern vom Geschäftsführerposten auf den des Sportmanagers wechselte. Den negativen Trend jedoch konnten auch diese zwei nicht stoppen. Augenthaler holte sogar noch weniger Punkte als sein erfolgloser Vorgänger Holger Fach, der VfL blieb am Ende nach einer grauenvollen Saison hauchdünn und »mit zwei blauen Augen«, wie Keeper Simon Jentzsch feststellte, in der Erstklassigkeit.

Deutlich wurde beim Wolfsburger Absturz, dass es der Mannschaft an der notwendigen Substanz in allen Bereichen fehlt. Einkäufe konnten den Verlust der Topstars Petrov und d'Alessandro nicht auffangen, vermeintliche Leistungsträger wie Hofland, Hanke, Karhan, Thiam oder Klimowicz blieben aus den verschiedensten Gründen unter ihren Möglichkeiten. Folge: Nach der personellen Irrfahrt in allen Bereichen musste im Sommer 2006 ein erneuter Umbruch her, mit weitaus weniger Mitteln als in früheren Zeiten.

Denn auch Geldgeber Volkswagen verfolgt die Entwicklung bei seiner 90-prozentigen Fußball-Tochter zunehmend skeptisch. Sportlich wie wirtschaftlich scheint klar: Noch so ein Jahr wie das letzte könnte den Bundesliga-Standort Wolfsburg elementar gefährden.

Michael Richter

»Akrobat schön mit dem bangen Blick«: Wolfsburgs Keeper Simon Jentzsch hatte viele bange Augenblicke zu überstehen. Im Abstiegskampf musste er öfter hinter sich greifen, als ihm lieb war.

Nach dem Abstieg ist vor dem Aufstieg

Tschechischer Wirbelwind im Ruhrpott: Linksfuß Filip Trojan war nach einem Kreuzbandriss schnell wieder hergestellt und gab sogleich Vollgas in Richtung erster Liga.

Es gibt viele Dinge im Fußball, auf die Verlass ist. Das Tor ist 7,32 Meter breit, an den Ecken stehen Fahnen, elf Mann bilden eine Mannschaft. Und wie Sepp Herbergers Weisheiten die Zeiten überdauern, so gilt in Bezug auf den VfL Bochum: Nach dem Abstieg ist vor dem Aufstieg.

Fünf Mal schaffte der VfL auf Anhieb die Rückkehr in die höchste Klasse – und will sich da auf Dauer festsetzen. Wieder mal. Zu stark für die Zweite Liga, zu schwach für die Bundesliga? Erneut unternehmen die einst »Unabsteigbaren« einen Versuch, sich zu etablieren unter den ersten Adressen des deutschen Fußballs. Mit einer Mannschaft, die in der Zweiten Liga trotz kleiner Rückschläge letztlich souverän alle Hürden meisterte, und für viele ist es der nächste Anlauf im Oberhaus. Zdebel, Maltritz, Edu, Misimovic, Meichelbeck, Trojan – sie alle gehörten auch schon zur Abstiegself und halfen mit, den erneuten »Betriebsunfall« zu reparieren.
Zur neuen Runde präsentiert sich der VfL runderneuert und verzichtet dabei auf seine Routiniers. Für die in die Jahre gekommenen Dauerbrenner Rein van Duijnhoven, Dariusz Wosz sowie Sören Colding war kein Platz mehr im Bundesliga-Kader; Ex-Kapitän Wosz gehört wenigstens noch zum erweiterten Aufgebot und soll nebenbei Aufgaben im Marketing-Bereich übernehmen. Wosz prägte über Jahre hinweg das Gesicht der Mannschaft – ebenso wie der frühere Torjäger Stefan Kuntz, der mittlerweile dem Vorstand angehört und in der Führungsetage den sportlichen Bereich abdeckt, gemeinsam mit Trainer Marcel Koller, für den es – wie für viele Spieler – zu einem Comeback in der Bundesliga kommt. Denn bei seinem ersten Versuch mit dem 1. FC Köln erlitt der ehrgeizige Schweizer Schiffbruch, allerdings mit einer Mannschaft, die er erst im Winter übernahm und letztlich nicht mehr retten konnte. »Natürlich ist das auch für mich eine besondere Genugtuung, dass ich jetzt in die Bundesliga zurückkehre«, versichert Koller. Mit seiner zurückhaltenden Art scheint der Schweizer Meistertrainer gut in das Bochumer Umfeld zu passen, in dem es meist etwas unaufgeregter zugeht als in vielen anderen Klubs. Unaufgeregt – aber nicht farblos oder langweilig. Spätestens unter Peter Neururer legte der VfL das Image von der »grauen Maus« der Liga endgültig ab, arbeitete sich bis in den UEFA-Cup vor und schmückte sich vorübergehend sogar mit dem Titel als »Nummer Eins im Revier«, als er die vermeintlich großen Nachbarn Borussia Dortmund und Schalke 04 hinter sich ließ.
Dies aber ist und bleibt der Ausnahmezustand. In der aktuellen Runde wären die Verantwortlichen schon mit etwas weniger zufrieden. Die Parole der nächsten Jahre gab Werner Altegoer im Mai beim offiziellen Empfang der Aufsteiger im Bochumer Rathaus aus. »Wir würden uns alle mal einen großen Pokalsieg oder Erfolge auf internationaler Ebene wünschen«, sprach der Vorsitzende des Aufsichtsrates. »Aber realistisch betrachtet sollten wir zusehen, dass wir hier viele Jahre nicht mehr auftauchen.« Wobei »hier« bedeutet: Bei der Aufstiegsfeier im Rathaus. Denn so stolz sie das Trikot mit der Aufschrift »Rekord-Wiederaufsteiger« trugen, so sehr sind sich alle der Tatsache bewusst, dass dieser sehr zweifelhafte Titel eben nur möglich war, weil Bochum seit 1993 fünf Mal das Klassenziel in der Bundesliga verfehlte.
Nun also muss sich zeigen, ob die Spieler mit den veränderten Bedingungen zu Recht kommen. Denn die Umstellung ist nicht ganz einfach: Nicht mehr geballte Offensive ist gefragt gegen einen Gegner, der sich praktisch einmauert, sondern kompakte Abwehrarbeit. Dafür steht unter anderem Verteidiger Pavel Drsek, der vor einem Jahr noch für seinen kurios anmutenden Wechsel von Aufsteiger Duisburg zu Absteiger Bochum belächelt wurde. Jetzt hat sich das Blatt gewendet. »Nun sieht jeder, dass ich alles richtig gemacht habe«, lacht der kantige Tscheche. Erst recht, wenn der VfL am Ende der Saison nicht schon wieder im Fahrstuhl nach unten steckt.

Oliver Bitter

Glückwunsch zum erneuten Aufstieg: Der Schweizer Trainer Marcel Koller gratuliert dem Verteidiger Heiko Butscher, der sich als Neuzugang von den Stuttgarter Amateuren gut in Szene setzen konnte.

Aufsteiger Alemannia Aachen

Chance und Risiko nach 36-jähriger Bundesliga-Abstinenz

»Rechtschreib-Reform« in Aachen: 36 Jahre der Unterklassigkeit haben ihre Spuren bei den Alemannia-Fans hinterlassen. Die Entwöhnung der Erstklassigkeit schlägt sich schwarz auf gelb nieder.

Die Zahl an sich sagt alles. 36 Jahre dauerte es, bis Alemannia Aachen die Rückkehr in die oberste deutsche Spielklasse gelang. 36 Jahre, die den Jubel der Anhänger umso gewaltiger werden ließen, als es vollbracht war.

Aachen im Freudentaumel. Riesige Konterfeis der Aufstiegshelden werden an der Rathausfassade entrollt. Selbst Karl der Große, der auf dem Rathausplatz jahrein, jahraus dem Wetter trotzt, trägt ein Alemannen-Trikot und betrachtet wohlwollend die jubelnde Menge. Es regiert der Überschwang: »Wir wurden vor dieser Saison nie genannt, wenn es um die Aufsteiger ging. Das ist das größte Kompliment, das man dem Verein und der Mannschaft machen kann«, jubelt Dieter Hecking, der Erfolgstrainer.

Im dritten Anlauf hat es geklappt. Nachdem 2003/2004 der Einzug ins DFB-Pokalfinale vielleicht die entscheidenden Prozentpunkte kostete, und vergangene Saison das Überwintern im UEFA-Cup den Verein zwar wirtschaftlich gesunden ließ, der Mannschaft aber zu viel Kraft und Konzentration im Meisterschaftsrennen nahm. Alemannia ist wieder da. Nur: wie lange? Die Voraussetzungen sind eher ungünstig. Nur 20 Millionen Euro beträgt der gesamte Etat. Kein Wunder, bietet der altehrwürdige Tivoli doch außer englischer Fußball-Atmosphäre nur 3000 Menschen einen Sitzplatz. Gut 20 000 Fans sind als Augenzeugen zugelassen. Logen und Business-Seats sind nur Bestandteile bei der Planung der neuen 30 000-Mann-Arena, die in der Aachener Soers entstehen soll. Vor 2008 wird dort aber nicht gespielt, eher später.

Ob der TSV Alemannia dann noch oder wieder in der Bundesliga antritt? »Jörg Schmadtke und ich wissen, was hier machbar ist«, sagt Trainer Hecking. Eine Aussage, die sich in erster Linie auf die knappen Finanzen bezieht. Doch natürlich hoffen Hecking und der Aachener Sportdirektor, dass auch mit bescheidenen Mitteln in Aachen einiges »machbar« ist.

Der Kader wurde nicht komplett umgekrempelt, sondern auch des Zusammenhalts wegen nur punktuell verstärkt. Mehr Neuzugänge hätte er auch mit mehr Geld nicht verpflichtet, behaup-

tet zumindest Schmadtke, »weil wir unsere Homogenität nicht verlieren dürfen und den Spielern vertrauen, die den Aufstieg geschafft haben.« Der 1. FC Köln, der vergangene Saison trotz eines Etats von rund 50 Millionen Euro und immenser Transferaktivitäten abstieg, dient als warnendes Beispiel. Doch Hecking ist nicht zu beneiden um diese Aufgabe. Nicht zuletzt, weil in Mittelstürmer Eric Meijer und Rechtsverteidiger Willi Landgraf, die beide ihre Karriere nach dem Aufstieg beendeten, zwei Typen und Führungsspieler Abschied nahmen. »Mit ihnen hat die Alemannia auch ein Stück ihrer Identität verloren«, diktierte Präsident Horst Heinrichs schon bei den Feierlichkeiten am Rathausplatz den Reportern in die Blöcke.
Ohnehin muss Hecking auf Bundesliga unerfahrene Spieler setzen oder solche, die beim ersten Anlauf den Durchbruch nicht schafften. Wie Torjäger Marius Ebbers, der im Aufstiegsjahr eine starke Rückrunde spielte, aber zuvor in Köln den Sprung zur Erstliga-Stammkraft nicht gepackt hatte. Oder Christian Fiel, der sich in Bochum nicht durchsetzte. Oder Moses Sichone, in Köln ausgemustert. Oder Sergio Pinto, der in jungen Jahren beim FC Schalke 04 für zu leicht befunden wurde. Oder Alexander Klitzpera, der um die Jahrtausendwende bei Arminia Bielefeld 31 Mal Erstligaluft schnupperte. Oder Sascha Rösler, der mit dem SSV Ulm nur einen Sommer im Oberhaus tanzte. Oder Jan Schlaudraff, der den Sprung in Gladbach nicht schaffte.
Gemeinsam mit den Liga-Neulingen wie Plaßhenrich, Nicht, Noll und Caspers wollen sie sich beweisen. Sportliche Garantien bekommt man mit solchen Namen in der Bundesliga natürlich nicht, finanzielle Drahtseilakte werden aber vermieden. Für die Alemannia stellt die Bundesliga also Chance und Risiko zugleich dar. Aber Letzteres geht der Traditionsklub gerne ein – nach 36 Jahren Erstliga-Abstinenz.

Stephan von Nocks

Bierdusche auf dem Tivoli: Alemannia-Torjäger Marius Ebbers »tauft« den neuen Bundesliga-Trainer Dieter Hecking. Er war gemeinsam mit Manager Jörg Schmadtke der Baumeister der Aufstiegself.

»Goldstaub« im gallischen Dorf

Da war er wieder – der legendäre Drei-Jahres-Rhythmus. Energie hatte ihn einst kreiert. Drei Jahre Regionalliga, drei Jahre Zweite Liga und dann ab 2000 das »Wunder von Cottbus«, drei Jahre Bundesliga. Bis 2003, als die Lausitzer wieder in die Zweitklassigkeit mussten. Doch drei Jahre danach sind sie in die Beletage des deutschen Fußballs zurückgekehrt.

Glücksgriff im »gallischen« Dorf: Der Rumäne Sergiu Radu von National Bukarest entpuppte sich als gefährlichster Neuzugang in der Lausitz, schoss immerhin 12 Tore zum Aufstieg. Der Jubel in Cottbus kannte daraufhin keine Grenzen (kleines Bild).

Der Aufstieg sei »wie Goldstaub für das ganze Land«, jubelte Brandenburgs Ministerpräsident Matthias Platzeck. Ein Triumph gegen die Hoffnungslosigkeit. »Vor einem Jahr hat niemand einen Pfifferling auf uns gesetzt«, sagte Trainer Petrik Sander in der Stunde des Glücks. »Die Leute sollen das als zweites Wunder begreifen.«

Vor zwölf Monaten war Energie nur dank der um einen Treffer besseren Tordifferenz am Abstieg in die Regionalliga vorbeigeschrammt. Die Wunden waren damals nach dem Sturz der Energie-Denkmäler mit Trainer Eduard Geyer, Manager Klaus Stabach und Präsident Dieter Krein noch nicht geheilt. Sander, der immer mehr aus dem Schatten Geyers hervortrat, fand die richtige Mixtur aus Zuckerbrot und Peitsche. Der 45-Jährige, den Ex-Boss Krein noch in den Sattel gehievt hatte, bewies auch das richtige Händchen bei Neuverpflichtungen, wie er es auch schon als Chef-Scout für Geyer praktiziert hatte.

Angreifer Francis Kioyo, damals nach dem Abstieg von München 1860 aus der Bundesliga verdammt und zu Rot-Weiß Essen abgeschoben, wurde zum Glücksfall. Der Kanadier Kevin McKenna der als einziger neben Torhüter Tomislav Piplica schon im Jahr 2000 den Aufstieg miterlebte, kehrte von den Heart of Midlothian nach Cottbus zurück. Der unbekannte Sergiu Radu (National Bukarest) avancierte zum besten Torschützen. Der Brasilianer Sydney (Rot-Weiß Essen) füllte die Lücke auf der linken Abwehrseite. Der junge Daniel Ziebig, im Winter vom Hamburger SV ausgeliehen, sorgte auf der linken Außenbahn für neuen Offensivschwung.

»Es hat alles sensationell zusammengepasst«, urteilt Sander, für den das Kollektiv, die Harmonie und der Zusammenhalt im Team das Wichtigste sind. »Das ist keine gute Mannschaft. Das ist keine sehr gute Mannschaft. Das ist eine besondere Mannschaft.« Kevin McKenna stimmt dem zu: »Wir haben uns den Erfolg als Mannschaft hart erarbeitet und verdient.« Der Brasilianer Vragel da Silva ist »froh, in diesem Team spielen zu dürfen. Jeder motiviert hier jeden.«

Gebratene Tauben werden den Spielern nicht in den Mund fliegen. »Hier kann man nicht mehr das ganz große Geld verdienen«, weiß Torwart-Oldie Tomislav Piplica, »dafür haben alle mehr Spaß.«

Energie knabbert noch an der Verschwendungssucht aus den Bundesliga-Jahren, als für mittelmäßige Kicker das Geld heraus geworfen wurde, der Verein zur Werbe- und Jobmaschine der Stadt hochstilisiert über seine Verhältnisse lebte. Der von Ulrich Lepsch, als Verwaltungsratschef der mächtigste Mann im Verein, und Präsident Michael Stein eingeschlagene Sanierungskurs wird fortgesetzt. Der alte Schuldenberg von rund 4,5 Millionen Euro soll abgebaut werden. 19,7 Millionen Euro beträgt der Jahres-Etat, der kleinste in der Bundesliga.

»Wir werden schön realistisch bleiben. Wir be-greifen die Bundesliga als Chance, aber wir planen vernünftig«, sagt Lepsch. Für Stein »hat Energie früher zu sehr auf Einzelkönner gesetzt. Jetzt steht das Team im Mittelpunkt.« Spektakuläre Verpflichtungen kann sich Energie nicht leisten. »Es wird keinen Umbruch geben, wie es früher jahrelang üblich war«, findet sich Sander mit den finanziellen Realitäten ab.

Energie wird gegen den Abstieg kämpfen. Sander ist überzeugt, »dass die Jungs Erste Liga spielen können.« Der Trainer will Cottbus »in der Bundesliga zum kleinen gallischen Dorf machen, dass sich den Großen der Branche erfolgreich entgegenstellt«. Die Wehrhaftigkeit soll – entsprechend der Energie-Gesetze – drei Jahre betragen. Diesmal mindestens.

Jürgen Nöldner

JAKO
envia M
JAKO

Miroslav Klose: Rekorde in jeder Hinsicht

Namen sind natürlich nicht Schall und Rauch – erst recht nicht im Fußballgeschäft, dem zur Showbranche zählenden Sektor. Namen sind Etikettierungen, die manchmal mehr sagen als tausend Worte.

Namen sind einprägsam wie beispielsweise »King Klose«. So taufte ihn der Boulevard gegen Ende der Spielzeit, der er seinen Stempel aufdrückte. Als er davon hörte, verdrehte Miroslav Klose die Augen. Nein, meinte der Primus der Bundesliga-Profis, diese Titulierung gefalle ihm gar nicht. »Die Könige von Werder«, dies würde er viel lieber lesen. Und er meinte dies auch so. Wer ihn näher kennt, kann dies nachvollziehen. Klose, ein Symphaticus der Zunft, taugt nicht für solche Namen, fühlt sich überall wohl, am meisten natürlich im Strafraum, jedoch nicht auf dem Boulevard.

Der gebürtige Pole, seit zwei Jahren im Kader des Vize-Meisters, dort gereift und gewachsen, ist trotz aller Wertschätzung, trotz seines Aufstiegs, seitdem sein Stern bei der Weltmeisterschaft in Asien aufging, ihn die Fans nicht nur wegen seiner Salti bewundern und kennen, keineswegs abgehoben, sondern mit beiden flinken Beinen auf dem Boden geblieben. »Ich bin der Gleiche geblieben wie früher«, sagt er über sich selbst.

»Immer Mensch bleiben« – ein Motto, das über seiner Karriere stehen könnte. Ein Star sieht anders aus. Miro Klose ist eigentlich der Gegenentwurf. Er ist ein »King« in anderer Hinsicht. Dass einige ihn dennoch so nennen, darf er durchaus als Kompliment auffassen. Noch bis vor kurzem gab es den »King Kahn«, den Titanen im Bayern-Tor. »King Klose« hat ihn abgelöst. Klose – der Stürmer und der Torschützenkönig bei der WM 2006, noch vor Henry, Toni, Ronaldo oder Drogba. Fünf Tore stehen auf seinem jüngsten WM-Konto, wie vor vier Jahren in Asien, als er sich einen Namen gemacht hat.

Die Topform von damals hat er, lange mit einer Ablöse von 5,5 Millionen Euro der teuerste Transfer an der Weser, bei Werder wieder erreicht. 2006, es war das Klose-Jahr in der höchsten deutschen Spielklasse. Rekorde in jeder Hinsicht. 25 Treffer erzielte der Stürmer, wobei er nur in 26 Spielen mitmischen konnte, wegen seiner Verletzungen an Schulter und Kopf. Eine fabelhafte Quote, die an die legendären Zeiten eines Gerd Müller erinnert. 14 Assists standen zudem auf dem Konto, was beweist, dass er mehr ist als ein reiner Torjäger, sondern ein mitspielender Angreifer, der beileibe andere Qualitäten besitzt. Damit steht er gemeinsam mit Johan Micoud, seinem Ex-Kollegen, auch an der Spitze

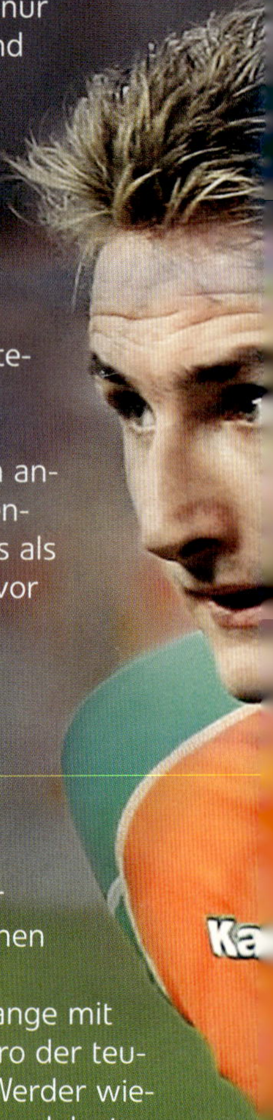

Ehre, wem Ehre gebührt: Für seine 25 Treffer in der Bundesliga erhielt Werders Nationalstürmer Miroslav Klose von kicker-Chefredakteur Rainer Holzschuh die Torjäger-Kanone.

der Liste der besten Vorbereiter und führt auch die Scorer-Wertung an. Weiter geht es mit Bestmarken: Elf Berufungen in die kicker-Elf des Tages, mit einem sagenhaften Schnitt von 2,38 der mit Abstand beste Feldspieler.
Und was sagt Klose? »Rekorde interessieren mich nicht!« Ein solcher Typ sei er nicht, sagt der 27-Jährige, der dennoch stolz darauf war, als er als Torschützenkönig erstmals in seiner Laufbahn die Torjägerkanone des »kicker« in den Händen halten konnte. Es war am letzten Spieltag, nach dem umjubelten 2:1-Sieg beim Hamburger SV. Doch mehr als seinen persönlichen Triumph feierte der Nationalspieler die Glanztat der Werder-Elf, die im Endspurt noch die Direkt-Qualifikation für die Champions League vollbracht hatte. »Ich danke allen«, sagte Klose bei allem Freudentaumel, »den Kollegen, Trainer Thomas Schaaf, den Fans. Ohne sie hätte ich es nicht geschafft.«
Als »komplettesten Stürmer der Liga« stuft ihn Trainer Schaaf ein. Als einen, dessen Entwicklung noch nicht abgeschlossen ist, sehen ihn Experten. Noch will der hanseatische Aufsteiger bei Werder bleiben, seinen Vertrag bis 2008 erfüllen, obwohl er durch seine weltmeisterlichen Leistungen die internationale Klientel auf sich aufmerksam gemacht hat. Irgendwann einmal will er seinen Traum verwirklichen, bei einem großen namhaften Klub zu spielen. »Einmal ins Ausland«, wünscht der »deutsche König«. »King Klose« in Italien oder Spanien oder England – es könnte irgendwann Realität werden.

Hans-Günter Klemm

Der Salto als Markenzeichen: Fast jedes seiner Tore feiert Werder-Torjäger Miro Klose mit der akrobatischen Übung aus dem Kunstturnen.

Hans Meyer: Klarer Blick statt Zauber und Magie

Was nach dem EM-Aus 2004 bei der deutschen Nationalelf recht war, konnte auch beim FCN nur billig sein. Und so kam sie auch beim Club zum Einsatz, die berühmte Trainerfindungs-Kommission.

Sie »tagte« aber nur eine Nacht – unter skurrilen Begleitumständen und in seltsamer Besetzung. Eine gute handvoll Journalisten und Sportdirektor Martin Bader hatten sich zwecks Frustabbau zum Schlummertrunk getroffen. Zwei Stunden zuvor hatte der Verein an jenem ersten Sonntag im November 2005 den absoluten Saison-Tiefpunkt durchlitten. Die Profis zementierten mit einem verkrampften Auftritt zu Hause gegen Stuttgart (0:1) ihren letzten Platz, die Fans gingen auf die Barrikaden, Vereinsfunktionäre aufeinander los.
Kurzum, der Verein glich einem Pulverfass mit glimmender Lunte. Auf Peter Neururer, der die Nachfolge des kurz zuvor beurlaubten Wolfgang Wolf antreten sollte wie wollte, hatte dies einen so abschreckenden Eindruck gemacht, dass er – »stilvoll« per SMS auf Baders Mailbox absagte.
Und so saß der derart vorgeführte Martin Bader mehr oder minder schweigsam inmitten der Journalistenschar, die heftigst über weitere potenzielle Trainer-Kandidaten diskutierte. Und von Lorant bis Köstner, auf einhellige Zustimmung stieß keiner. Irgendwann fiel auch der Name »Hans Meyer«, versehen mit dem Zusatz, dass er einer der ganz wenigen sei, der helfen könnte. Der Konjunktiv war bewusst gewählt, schließlich hatte der Routinier im Frühjahr 2004, nachdem er die Hertha vor dem Abstieg bewahrt hatte, der Trainerbank Adieu gesagt und eine Rückkehr ausgeschlossen.
Martin Baders Kommentar? Ein leichtes Nicken, mehr nicht. Ein viel sagendes, wie sich heraus stellen sollte. Zur Verblüffung aller zauberte er eben mit jenem Hans Meyer die Lösung aus dem Hut, die bei den Franken eine drei Tage zuvor niemals für möglich gehaltene Aufbruchsstimmung auslöste. Und da wir schon Stichwort »zaubern« waren. Meyer, die große Erwartungen in seine Person registrierend, sprach bei seinem Amtsantritt lächelnd davon, dass er nichts garan-

Wenn der kleine Präsident zum großen Trainer aufschauen muss: Club-Präsident Michael A. Roth platzte fast vor Stolz, als er die Vertragsverlängerung mit Hans Meyer verkünden durfte.

tieren könne. Und davon, keinen Zauberstab zu haben.
Wirklich? Am Ende der Saison könnte man beim Blick auf Meyers Bilanz fast diesen Eindruck gewinnen. Von Rang 18 ging's unter seiner Regie hoch auf 8, die beste Platzierung seit 14 Jahren. Der 63-Jährige holte mit dem nahezu gleichen Kader, der in den ersten 12 Partien auf magere 6 Pünktchen kam, in 22 Spielen 38 Zähler. Dabei verkehrte sich die einst chronische Heimschwäche ins Gegenteil: In der Rückrunde feierten die Meyer-Buben im eigenen Stadion sieben Siege in Serie.
Damit nicht genug des Wandels: Vermeintliche Problemfälle wie Ivan Saenko und Robert Vittek, zuvor mit einem Bank- oder Tribünen-Abonnement ausgestattet, entwickelten sich zum Schrecken der gegnerischen Abwehrreihen. Letzterer avancierte in der Rückrunde zum besten Bundesliga-Stürmer mit seinen 16 Toren und 5 Vorlagen. Übrigens, dessen Ausbeute zuvor: Tore 0, Assists 0.
Ein andere, nicht minder frappierende Veränderung ist indes nicht mit Zahlen zu belegen: die Spielweise. Einst fahrig, zusammenhanglos, wurde sie unter Meyer mit durchdachtem Aufbau und schnellen Ball-Stafetten zur Augenweide.
Also doch, Meyer, der Wundermann?! Von wegen, Meyers Schaffen beim FCN mag magisch wirken, hat aber mit Magie nichts zu tun. Der Schlüssel zum Erfolg liegt in der Fähigkeit des Fußballlehrers, nicht nur klare Vorstellungen in Sachen Spielkultur zu haben, sondern sie auch vermitteln zu können.
Ein falscher Laufweg hier, ein Stellungsfehler dort – nichts bleibt seinem erfahrenen Blick verborgen. Und wo andere Trainer sagen, »ihr kommt nicht in die Zweikämpfe«, sagt Meyer, woran dies liegt. Dass seine Spieler dann die Ohren spitzen, versteht sich. Mit dem im Sudetenland geborenen Club-Coach Meyer ist nämlich nur bedingt zu spaßen, auch wenn in der Öffentlichkeit aufgrund seiner Vorliebe für ironische Statements ein anderer Eindruck entstehen mag. Eine absolute Autoritätsperson mit Ecken und Kanten ist er, der seine Sicht der Dinge direkt und ungeschminkt seinem Gegenüber mitteilt. »Angenehm ist da nicht immer«, berichtet Martin Bader. Aber erfolgreich!

Christian Biechele

Linke Seite: Der gestrenge Feldherr mit den klaren Anweisungen: Hans Meyer ist ein hervorragender Analytiker, feiner Pädagoge und Psychologe – der Erfolgstrainer in Nürnberg.

Enttäuschung der Saison

Der Blick ins Leere: Der ehemals starke Mann bei S04 – Rudi Assauer. Am Ende der Saison ging »Stumpen-Rudi« gänzlich der Dampf aus und wurde entmachtet.

Schalkes Tradition: Turbulenzen bis zum großen Knall

Und wieder kam dieser Verein nicht zur Ruhe. Schalke 04 blieb seiner Tradition treu, durch Turbulenzen abseits des Rasens für Schlagzeilen zu sorgen. Die Leistungen der enorm verstärkten Mannschaft waren weniger spektakulär – was das auf hohe Einnahmen angelegte Finanzkonstrukt des Klubs nicht festigte.

In der Summe zeigte sich, dass Schalke wider Erwarten nicht auf dem Sprung ist, den Bayern die Stirn bieten zu können. Im Gegenteil: Bis dato wurde die Stirn nur in Falten gelegt. Meist in Sorgenfalten.
Man kann behaupten, dass Dario Rodriguez, ein gestandener Abwehrspieler aus Uruguay, in seiner Karriere viel erlebt hat. Einmal saß der Nationalspieler sogar im Gefängnis, weil es nach einem Spiel mit seinem früheren Klub Penarol Montevideo zu Schlägereien gekommen war. Seit Sommer 2001 spielt Rodriguez für Schalke – eine Station, die ihm in Sachen Turbulenzen einen neuen Horizont eröffnete. »Auf Schalke ist immer Theater«, sagt der Südamerikaner, »wenn es hier ein kleines Problem gibt, eine Maus, dann wird daraus sofort ein Elefant. Und dann kommt der Klub tagelang nicht zur Ruhe. Das ist der Grund, warum diese Mannschaft keine Titel gewinnt.« Doch viel zu oft waren es, um im Bild zu bleiben, tatsächlich Elefanten.
Dabei sollte alles ganz anders werden. Im Vorjahr zum Vizemeister aufgestiegen und für die Champions League qualifiziert, ermöglichten es die Millionen-Einnahmen, den Kader weiter zu verstärken. Und Schalke kleckerte nicht, sondern klotzte. Knapp sieben Millionen Euro flossen für Kevin Kuranyi nach Stuttgart, fünf Millionen für Rafinha nach Brasilien, 2,5 Millionen kostete der Däne Sören Larsen, hinzu kamen die ablösefreien Nationalspieler Fabian Ernst und Zlatan Bajramovic. Doch alle Ziele wurden verfehlt. Im DFB-Pokal flog Schalke in der zweiten Runde durch ein peinliches 0:6 in Frankfurt raus. In der Champions League gelang es ebenfalls nicht, zu überwintern. Als der UEFA-Cup die Chance bot, die Saison noch irgendwie zu retten, schied Schalke im Halbfinale glanzlos gegen den FC Sevilla aus. Selbst das Minimalziel, die erneute Qualifikation für die Champions League, war schon lange vor Saisonende nicht mehr zu erreichen. Nur Platz vier für Schalke – damit wurde die Chance vertan, den nächsten Schritt auf dem Weg zu einer guten Mannschaft realisieren zu können. Die Zahl der Neuzugänge musste zurückgeschraubt werden, und angesichts der angespannten Finanzlage spielt das aufgemotzte Schalker Team nun um seine eigene Zukunft; nur wenn im kommenden Jahr die Teilnahme an der Champions League gelingt, lässt sich die Mannschaft weiter finanzieren.
Kein Wunder, dass ausgerechnet die Kassenlage am Saisonende für den größten Knall sorgte: Durch einen Bericht des Magazins »Focus« wurde bekannt, dass Schalke zeitweise nur durch Privatkredite in Millionenhöhe über der Runden kam. Nur wenige Tage und eine aufgeregte »Maulwurf-Suche« später zwang der Aufsichtsrat den Manager Rudi Assauer zum sofortigen Rücktritt. Assauer hatte ein Treffen mit dem Magazin zugegeben und zudem sein Ehrenwort gegeben, das Treffen nicht zu verraten. Seither wirkt Andreas Müller als alleiniger Manager. Im Winter zuvor hatte Müller den ersten Riesenknall der Saison nicht verhindern können: Nach einer beispiellosen öffentlichen Demontage hatte Trainer Ralf Rangnick zum Ende der Hinrunde angekündigt, seinen auslaufenden Vertrag nicht verlängern zu wollen, weil er »keinen Bock mehr auf die Possenspiele im Verein« habe. Rangnick, mit durchschnittlich zwei Punkten pro Spiel der erfolgreichste Trainer der Vereinsgeschichte, drehte noch eine umjubelte Ehrenrunde in der Veltins-Arena – was zur Abschiedsrunde wurde. Es folgte die Beurlaubung. Schon da gab es nur Verlierer auf Schalke. Gewinner suchte man dann auch am Saisonende vergeblich.

Jean-Julien Beer

Ein Treffer für die Statistik: Schalkes Gerald Asamoah trifft beim schmucklosen 3:1-Sieg über Arminia Bielefeld. Der Nationalstürmer erzielte in der Saison nur drei Treffer – wenig bei den Ansprüchen.

Der Trend der Liga – Das Thema der Saison

Ein frischer Mann am Regie-Pult: Bei Schalke 04 übernahm der Assistent Mirko Slomka das Amt des Cheftrainers, nachdem sich der Klub von Ralf Rangnick getrennt hatte.

Als ob es Horst Köppel geahnt hätte, schüttelte er während der Saison bei jeder Trainerentlassung aufs Neue den Kopf. »Die Vereine reden immer von Kontinuität und Aufbauarbeit. Aber wie soll das gehen, wenn ständig die Trainer gewechselt werden? Man muss den Trainern auch einmal die Zeit geben, um etwas aufbauen zu können. Das sind Zustände, die normalerweise nicht zu akzeptieren sind«, hielt Köppel ein Plädoyer für seinen Berufsstand.

Das letzte »Tête-à-tête«: Duisburgs Trainer Norbert Meier und sein verhängnisvoller Kopfstoß gegen den Kölner Albert Streit – das Ende einer Dienstreise.

Schließlich erwischte es auch ihn. Am Tag nach dem Saisonfinale, nachdem er mit Borussia Mönchengladbach Rang zehn, die beste Endplatzierung des Klubs seit 1995 erreicht hatte. Auf der anderen Seite musste Köppel mit 17 Zählern die schlechteste Rückrunde seit dem Aufstieg 2001 schlucken. »Diese Tendenz«, argumentierten Borussias Bosse nach der Trennung, »machte uns Sorge« – und holten Jupp Heynckes.
Tendenz bei der Borussia. Trend in der Liga. Die Trainerwechsel waren das Thema der Saison. Acht Übungsleiter erlebten nicht einmal das neue Jahr bei ihren Vereinen – Bundesliga-Rekord. Mit elf Wechseln reichte die Liga zwar nicht an den Höchststand der Saison 2003/04 (14) heran, ver-

Machtlos trotz erfolgreicher Arbeit: In Mönchengladbach wurde Trainer Horst Köppel trotz der besten Platzierung seit Jahren entlassen.

schliss damit aber drei Trainer mehr als in der Spielzeit 2004/05.
Der Eindruck verfestigt sich, dass der Stuhl bereits wackelt, sobald ein Coach einen Vertrag unterschrieben hat. Je höher die Ansprüche der Vereine, desto kürzer der Geduldsfaden der sportlichen Führungen. Unter dem Druck aus dem eigenen Umfeld und dem der Öffentlichkeit entscheiden sich die Präsidenten und Manager zu einem Neubeginn; auch, um sich später nicht den Vorwurf gefallen lassen zu müssen, man habe nicht »alles versucht«, wie es oftmals heißt. Die Trainer akzeptieren die Mechanismen mehr oder minder stillschweigend – mit ihren Gehältern bzw. Abfindungen sind sie immer noch weit besser abgesichert als der Großteil der deutschen Arbeitnehmer.
In einer Hinsicht kann man den Vereinen keinen Vorwurf machen: Ihre Konsequenz behalten sie bei der Neubesetzung der Trainerstellen bei. Da kocht die Liga am liebsten im eigenen Sud. Wer gestern noch bei einem Verein wegen Erfolglosigkeit vor die Tür gesetzt wurde, ist morgen für den nächsten Klub »genau der richtige«. Fehlt es den Klubs an Mut für frische Gesichter? Für Newcomer aus dem Ausland? Oder hat Deutschland gar ein »Nachwuchsproblem« auf dem Trainermarkt?

Tatsache ist, dass sich selten ein Trainerwechsel so zum Volltreffer entwickelt wie beim 1. FC Nürnberg. Wolfgang Wolf sammelte in elf Spielen sechs Punkte. Nachfolger Meyer (38 Punkte in 22 Spielen) führte die Franken aus dem Abstiegskampf in die obere Tabellenhälfte. Respekt! Wolf hingegen, Nachfolger von Michael Henke beim 1. FC Kaiserslautern, stieg mit dem FCK ab. Weil er am letzten Spieltag nicht in Wolfsburg gewann, wo der in Leverkusen entlassene Klaus Augenthaler das Amt von Holger Fach übernommen hatte. In Leverkusen führte Michael Skibbe das Team trotz Startschwierigkeiten in den UEFA-Cup. Dort wäre gerne auch der VfB Stuttgart gelandet. Aber weder mit Giovanni Trapattoni noch mit Armin Veh gelang es. Auch bei Schalke 04 (Mirko Slomka für Ralf Rangnick) und Hannover 96 (Peter Neururer für Ewald Lienen) kam es nicht zu entscheidenden Wenden. Das gleiche gilt für zwei Absteiger, die es insgesamt mit fünf Trainern anpackten. Köln mit Uwe Rapolder und Hanspeter Latour. Duisburg mit Norbert Meier, Jürgen Kohler und Heiko Scholz.
Borussia Mönchengladbach versucht sein Glück nun mit Jupp Heynckes. Er soll bei den Borussen nun die Zeit bekommen, die vieler seiner Kollegen in der vergangenen Saison nicht bekamen.

Jan Lustig

Schlammschlacht unterm Bayer-Kreuz beschert nur Verlierer

Noch mehr schlechte Nachrichten? Die Verantwortungsträger von Bayer Leverkusen – Geschäftsführer Wolfgang Holzhäuser und Sportchef Rudi Völler.

Als die Bayer-Affäre zu Beginn des Jahres 2006 in die Schlagzeilen drängte, erschütterte sie den deutschen Fußball in seinen Grundfesten. Und das ausgerechnet wenige Monate vor der WM.

Auch im Ausland wurde wahrgenommen, welche Schlammschlacht sich über Wochen um Bayer 04 Leverkusen, Ex-Manager Reiner Calmund und die Bayer AG entwickelte. Verdacht auf Spielmanipulationen, Korruption, Verdacht der Untreue, staatsanwaltschaftliche Ermittlungen – die Schlagzeilen spiegelten wochenlang ein hässliches Bild der Bundesliga wider.
Die Meldung des Magazins »Der Spiegel« schlug ein wie eine Bombe: Die Kriminalpolizei Bielefeld ermittle gegen Reiner Calmund wegen des unklaren Verbleibs von 580 000 Euro wegen des Verdachts der Untreue – und die dubiosen

Geldflüsse aus dem Jahr 2003 seien auch der Grund gewesen, warum Calmund 2004 seinen Manager-Posten räumen musste. Was zunächst viele irritierte, wurde von Seiten der Bayer AG prompt in einer mehrseitigen Pressemitteilung bestätigt: Der unklare Verbleib der 580 000 Euro habe schließlich zur Trennung von Calmund geführt.

Damit wurde eine Lawine losgetreten, die alle Handelnden zu überrollen drohte. Täglich gab es neue Enthüllungen, schmutzige, unglaubliche. Mehr noch, als nach wenigen Tagen die Staatsanwaltschaft Köln den Fall an sich riss und medienträchtig ein Ermittlungsverfahren wegen des Verdachts der Untreue einleitete. Sieben Stunden lang musste sich Calmund in einer Vernehmung vor den Staatsanwälten äußern. Der Kölner »Express« titelte am nächsten Tag, Calmund habe in der ganzen Zeit nur ein Brötchen und einen Schokoriegel gegessen. »Es war die Hölle«, berichtete Calmund jedenfalls, er habe »volles Geschütz auffahren müssen«, unterstützt durch einen Anwalt und einen Strafverteidiger.

Das Trio traf auf gut gefütterte Staatsanwälte, gleich aktenweise hatten die Bayer AG und auch die Tochter Bayer 04 um Geschäftsführer Wolfgang Holzhäuser Material zur Verfügung gestellt. »Schlimmer als Stasi-Akten«, beschrieb Calmund später die anfangs brisant erscheinenden Dokumente. Offensichtlich war Calmund sein »Plappermaul« zum Verhängnis geworden. Denn die Bayer-Leute hatten aufgelistet, wann und wo Calmund Andeutungen über Spielmanipulationen gemacht habe und schlossen nun nicht aus, dass Calmund mit den 580 000 Euro – abgehoben in drei Barschecks – den Klassenerhalt 2003 gekauft habe.

Deshalb wurde sogar der Deutsche Fußball-Bund von der Staatsanwaltschaft eingeschaltet. Doch Calmund konnte letztlich glaubhaft versichern, mit diesem Geld lediglich Transferoptionen auf Spieler aus dem Balkan-Raum gekauft zu haben – alles Weitere sei »Stammtisch-Geschwätz« gewesen. Dass er vor seiner Trennung von Bayer durch Funktionäre des Konzerns »verhört« worden war und dabei patzig reagiert hatte, war wohl Calmunds größter Fehler. Er habe seine Gegenüber damals nicht ernst genommen, erklärte »Calli« später. Doch diese nahmen alles äußerst ernst – und trennten sich nicht nur von Calmund, sondern stellten auch die vermeintlich brisanten Akten zusammen, die anfangs die Staatsanwälte aufhorchen ließen.

Holzhäuser sah sich während der Affäre wütenden Protesten der Fans ausgesetzt, weil unglückliche, teils scharfe Äußerungen des Calmund-Nachfolgers die Affäre verschlimmerten. So wurde bekannt, dass ein Bayer-Anwalt einem Calmund-Freund in den USA Geld geboten hatte, wenn dieser belastende Informationen preisgeben würde. Auch Geldflüsse von Calmunds Konten wurden publik. In der Folge brach Calmund frustriert mit Bayer, »auch wenn der Verein mein Lebenswerk war«. Er sprach von einer gezielten Schmutz-Kampagne.

Ob Bayer überreagiert hat? Der Sportbeauftragte der AG, Meinolf Sprink, sagte dazu: »Wenn das Wort Manipulation fällt, hört der Spaß auf. Wir haben nur das nötige zur Aufklärung beigetragen.« Die Staatsanwälte blieben letztlich aber nüchtern und klärten auf. Es gab keine Manipulationen und keine schwere Untreue. Die Bayer-Affäre nahm ein unspektakuläres Ende. Übrig blieben Verlierer – in beiden Lagern.

Jean-Julien Beer

Im Mittelpunkt von vielen Fragen: Bayers ehemaliger XXL-Manager Rainer Calmund sah sich vielen Verdächtigungen ausgesetzt – am Ende aber keine Beweise dafür.

Die Saison 2005/2006 Namen, Daten, Ergebnisse

1. Spieltag

5. August 2005

Bayern München – Bor. M'gladbach 3:0 (1:0)

Bayern: Kahn (3) – Sagnol (2,5), Lucio (3), Ismael (4), Hargreaves (1,5) – Demichelis (2,5) – Deisler (4,5), Salihamidzic (4) – Ballack (4) – Makaay (2), Santa Cruz (3,5) – **Trainer:** Magath
Gladbach: Keller (3,5) – Bögelund (4), Helveg (5), Strasser (5), Jansen (3) – Oude Kamphuis (4) – Broich (4), Kluge (4) – Heinz (4) – Sverkos (4), Neuville (4) – **Trainer:** Köppel
Eingewechselt: 46. Lizarazu (3) für Salihamidzic, 46. Karimi (3) für Deisler, 74. Jeremies (-) für Santa Cruz – 44. Zé Antonio (4) für Helveg, 72. Elber (-) für Broich
Tore: 1:0 Hargreaves (28., Rechtsschuss, Vorarbeit Santa Cruz), 2:0 Makaay (86., Rechtsschuss, Jeremies), 3:0 Makaay (89., Linksschuss, Demichelis)
Chancenverhältnis: 11:4
Eckenverhältnis: 5:9
SR: Gräfe (Berlin) – **Zuschauer:** 66000 (ausverkauft) – **Gelb-Rote Karte:** Ismael (43.) – **Spielnote:** 3

6. August 2005

1. FC Köln – 1. FSV Mainz 05 1:0 (0:0)

FC Köln: Wessels (3) – Sinkiewicz (3,5), Schlicke (2), Matip (4) – Sinkala (4), Grammozis (4), Springer (4) – A. Streit (3,5), Feulner (3) – Madsen (4,5), Podolski (4,5) – **Trainer:** Rapolder
Mainz: Wache (2) – Abel (4,5), M. Friedrich (3,5), Noveski (3), Weigelt (5) – da Silva (2,5), Babatz (4), F. Gerber (5) – Ruman (4,5), Thurk (4) – Auer (4,5) – **Trainer:** Klopp
Eingewechselt: 67. Tököli (-) für Grammozis, 75. Guié-Mien (-) für Madsen, 80. Helmes (-) für Podolski – 64. N. Weiland (-) für F. Gerber, 80. O. Addo (-) für Ruman, 89. Bodog (-) für Weigelt
Tor: 1:0 Schlicke (87., Foulelfmeter, Rechtsschuss, Vorarbeit Tököli)
Chancenverhältnis: 5:2
Eckenverhältnis: 5:2
SR: Rafati (Hannover) – **Zuschauer:** 50000 (ausverkauft) – **Gelbe Karte:** O. Addo – **Spielnote:** 4

6. August 2005

MSV Duisburg – VfB Stuttgart 1:1 (1:1)

Duisburg: G. Koch (2) – Wolters (3), Möhrle (4), Baelum (2,5), Bugera (4) – Grlic (4), Hausweiler (3,5) – Willi (2), Michalke (4) – Kurth (3), Ahanfouf (3) – **Trainer:** Meier
Stuttgart: Hildebrand (3) – Hinkel (3,5), Fernando Meira (3), Babbel (4), Stranzl (4) – Meißner (4), Soldo (4) – Gentner (3,5), Hitzlsperger (4) – Tomasson (5), Cacau (3) – **Trainer:** Trapattoni
Eingewechselt: 71. van Houdt (-) für Michalke, 71. Lavric (-) für Kurth, 89. Rietpietsch (-) für Willi – 64. Grönkjaer (-) für Hitzlsperger, 64. Gomez (-) für Soldo, 76. Streller (-) für Tomasson
Tore: 0:1 Cacau (5., Rechtsschuss, Vorarbeit Soldo), 1:1 Ahanfouf (31., Rechtsschuss, Kurth)
Chancenverhältnis: 4:7
Eckenverhältnis: 5:4
SR: Brych, Dr. (München) – **Zuschauer:** 28443 – **Rote Karte:** Cacau (68., grobes Foulspiel) – **Spielnote:** 3,5

6. August 2005

Hamburger SV – 1. FC Nürnberg 3:0 (2:0)

HSV: Wächter (3) – Klingbeil (3), Demel (3), B. Reinhardt (3), Atouba (3) – Wicky (2,5) – Jarolim (1,5), Beinlich (2) – van der Vaart (4) – Mpenza (3), Barbarez (1,5) – **Trainer:** Doll
Nürnberg: R. Schäfer (4) – B. Lense (4), Cantaluppi (5), Bosacki (5), L. Müller (4,5) – Polak (3) – Mnari (5), Chedli (4,5) – Mintal (4,5) – Vittek (4), Schroth (5) – **Trainer:** Wolf
Eingewechselt: 64. Lauth (-) für Barbarez, 71. Trochowski (-) für van der Vaart, 81. Takahara (-) für Mpenza – 61. Kießling (-) für Schroth, 61. Pinola (-) für Chedli, 76. S. Müller (-) für Mnari
Tore: 1:0 Mpenza (3., Linksschuss, ohne Vorarbeit), 2:0 Barbarez (45., Foulelfmeter, Linksschuss, Jarolim), 3:0 Barbarez (60., Linksschuss, Jarolim)
Chancenverhältnis: 8:3
Eckenverhältnis: 2:4
SR: Merk, Dr. (Otterbach) – **Zuschauer:** 41877 – **Spielnote:** 3

6. August 2005

VfL Wolfsburg – Borussia Dortmund 2:2 (1:0)

Wolfsburg: Jentzsch (3) – Sarpei (3,5), Quiroga (4), Hofland (2,5), van der Heyden (-) – Thiam (3) – Karhan (3), Tskitishvili (3) – d'Alessandro (3,5) – Hanke (4), Klimowicz (3,5) – **Trainer:** Fach
Dortmund: Weidenfeller (3,5) – P. Degen (3,5), Wörns (4), C. Metzelder (4,5), Dede (4) – N. Sahin (3) – Kringe (4), Rosicky (2,5) – Smolarek (3,5), Buckley (4,5), Koller (2,5) – **Trainer:** Van Marwijk
Eingewechselt: 20. Weiser (4) für van der Heyden, 62. Menseguez (-) für Sarpei, 87. Topic (-) für Klimowicz – 81. Gambino (-) für Buckley
Tore: 1:0 Klimowicz (9., Rechtsschuss, Vorarbeit Hanke), 1:1 Smolarek (55., Rechtsschuss, Koller), 1:2 Koller (81., Kopfball, Rosicky), 2:2 Hofland (82., Kopfball, d'Alessandro)
Chancenverhältnis: 5:5
Eckenverhältnis: 5:5
SR: Stark (Ergolding) – **Zuschauer:** 23368 – **Spielnote:** 3,5

6. August 2005

Werder Bremen – Arminia Bielefeld 5:2 (3:2)

Bremen: Reinke (3) – Davala (3,5), Pasanen (3), Naldo (4), C. Schulz (4) – Baumann (3) – Frings (2,5), Borowski (3,5) – Micoud (3) – Klose (1,5), Klasnic (1,5) – **Trainer:** Schaaf
Bielefeld: Hain (4,5) – Korzynietz (4,5), Westermann (4,5), Borges (5), Rau (5) – Fink (4), Dammeier (4,5) – Krupnikovic (3), Küntzel (4,5) – Zuma (3), Vata (4) – **Trainer:** von Heesen
Eingewechselt: 45. Vranjes (4) für Baumann, 61. van Damme (-) für C. Schulz, 84. Owomoyela (-) für Davala – 63. Porcello (-) für Dammeier, 74. Boakye (-) für Zuma, 83. Pinto (-) für Küntzel
Tore: 1:0 Klose (1., Rechtsschuss, Vorarbeit Frings), 1:1 Krupnikovic (12., Linksschuss, Zuma), 2:1 Klasnic (18., Linksschuss), 2:2 Zuma (30., Rechtsschuss, Krupnikovic), 3:2 Baumann (36., Rechtsschuss), 4:2 Klose (81., Kopfball, Micoud), 5:2 Klasnic (83., Rechtsschuss, Klose)
Chancenverhältnis: 10:3
Eckenverhältnis: 5:3
SR: Sippel (München) – **Zuschauer:** 38156 – **Spielnote:** 3

6. August 2005

Hannover 96 – Hertha BSC 2:2 (0:0)

Hannover: Enke (3,5) – Balitsch (3,5), Mertesacker (4), Zuraw (4), Tarnat (2,5) – Lala (3), Dabrowski (3) – Yankov (4) – Stajner (4,5) – Hashemian (5), Brdaric (3,5) – **Trainer:** Lienen
Hertha: Tremmel (3) – van Burik (3), Madlung (3), Simunic (3) – A. Friedrich (3) – N. Kovac (4) – O. Schröder (4), Gilberto (5) – Marcelinho (3,5) – Wichniarek (3,5), Rafael (4) – **Trainer:** Götz
Eingewechselt: – 76. Neuendorf (-) für Wichniarek, 90. Dardai (-) für Marcelinho, 90. Okoronkwo (-) für Rafael
Tore: 0:1 Marcelinho (49., Foulelfmeter, Linksschuss, Vorarbeit A. Friedrich), 0:2 Wichniarek (54., Linksschuss, Rafael), 1:2 Dabrowski (66., Kopfball, Brdaric), 2:2 Tarnat (87., direkter Freistoß, Linksschuss)
Chancenverhältnis: 4:6
Eckenverhältnis: 2:8
SR: Kircher (Rottenburg) – **Zuschauer:** 40473 – **Spielnote:** 4

7. August 2005

FC Schalke 04 – 1. FC Kaiserslautern 2:1 (0:1)

Schalke: F. Rost (3) – Hamit Altintop (3,5), Bordon (4), Krstajic (3), Kobiashvili (2) – Poulsen (4) – F. Ernst (3), Bajramovic (3) – Sand (4) – Asamoah (4), Kuranyi (3) – **Trainer:** Rangnick
K'lautern: Macho (3,5) – Lembi (4,5), Pletsch (3,5), Mettomo (4), Blank (4) – Engelhardt (3), Sforza (4) – Skela (3) – Halil Altintop (2,5), Seitz (5), Jancker (4,5) – **Trainer:** Henke
Eingewechselt: 58. Varela (3,5) für Asamoah, 75. Larsen (-) für Bajramovic – 46. T. Riedl (4) für Halil Altintop, 46. Hertzsch (4) für Lembi, 83. Sanogo (-) für Jancker
Tore: 0:1 Halil Altintop (33., Kopfball, Vorarbeit Skela), 1:1 Larsen (79., Linksschuss, Sand), 2:1 Krstajic (83., Kopfball, Hamit Altintop)
Chancenverhältnis: 9:3
Eckenverhältnis: 12:4
SR: Wack, Dr. (Biberbach) – **Zuschauer:** 61210 – **Spielnote:** 3

7. August 2005

Eintracht Frankfurt – Bayer Leverkusen 1:4 (1:1)

Frankfurt: Pröll (5) – Preuß (5), Vasoski (4,5) – Rehmer (4,5) – P. Ochs (4,5), Spycher (4,5) – Huggel (4,5) – D.-R. Cha (4,5), A. Meier (3,5), Jones (4) – van Lent (4) – **Trainer:** Funkel
Leverkusen: Butt (3) – Castro (3,5), Juan (3,5), Roque Junior (3,5), Athirson (4) – Ramelow (3) – B. Schneider (2,5) – Krzynowek (3) – Freier (3) – Berbatov (2), Voronin (1,5) – **Trainer:** Augenthaler
Eingewechselt: 62. Amanatidis (-) für Preuß – 78. Rolfes (-) für Voronin, 83. Babic (-) für Krzynowek, 86. Barnetta (-) für Freier
Tore: 1:0 Vasoski (7., Kopfball, Vorarbeit A. Meier), 1:1 Berbatov (24., Kopfball, Freier), 1:2 Voronin (48., Kopfball, Athirson), 1:3 B. Schneider (56., Rechtsschuss, Voronin), 1:4 Krzynowek (59., Linksschuss, Voronin)
Chancenverhältnis: 5:8
Eckenverhältnis: 7:3
SR: Meyer (Burgdorf) – **Zuschauer:** 42000 – **Spielnote:** 3

2.Spieltag

13. August 2005

Bayer Leverkusen – Bayern München 2:5 (1:3)

Leverkusen: Butt (5) – Castro (4,5), Juan (5), Roque Junior (5), Athirson (5) – B. Schneider (5), Ramelow (4,5) – Freier (4,5), Krzynowek (4) – Berbatov (3), Voronin (4) – **Trainer:** Augenthaler
Bayern: Kahn (2) – Sagnol (3), Lucio (3), Demichelis (2,5), Lizarazu (3,5) – Hargreaves (2,5) – Salihamidzic (3,5), Karimi (1,5) – Ballack (3) – Makaay (1), Santa Cruz (4,5) – **Trainer:** Magath
Eingewechselt: 65. Barnetta (-) für Freier, 74. Madouni (-) für Roque Junior, 76. Babic (-) für B. Schneider – 46. Ottl (4) für Salihamidzic, 58. Zé Roberto (3) für Karimi, 79. Deisler (-) für Santa Cruz
Tore: 0:1 Ballack (3., Linksschuss, Vorarbeit Salihamidzic), 0:2 Makaay (11., Rechtsschuss, Karimi), 1:2 Berbatov (32., Foulelfmeter, Rechtsschuss, Voronin), 1:3 Karimi (35., Linksschuss, Demichelis), 1:4 Makaay (57., Kopfball, Sagnol), 1:5 Makaay (60., Rechtsschuss, Zé Roberto), 2:5 Babic (82., Linksschuss, Berbatov)
Chancenverhältnis: 6:7
Eckenverhältnis: 8:1
SR: Merk, Dr. (Otterbach) – **Zuschauer:** 22500 (ausverkauft) – **Spielnote:** 2

13. August 2005

Bor. M'Gladbach – VfL Wolfsburg 1:1 (0:1)

Gladbach: Keller (3) – Bögelund (4), Zé Antonio (3), Strasser (4,5), Jansen (4) – Oude Kamphuis (4) – Broich (4), Kluge (4) – Heinz (5) – Sverkos (5), Neuville (4) – **Trainer:** Köppel
Wolfsburg: Jentzsch (3,5) – Karhan (3,5), Quiroga (4), Hofland (3), Weiser (4) – Thiam (3) – Menseguez (4,5), Tskitishvili (3) – d'Alessandro (4,5) – Hanke (4), Klimowicz (5) – **Trainer:** Fach
Eingewechselt: 64. El Fakiri (-) für Broich, 64. Kastrati (-) für Sverkos, 79. Elber (-) für Kluge – 70. Franz (-) für Hanke, 75. Topic (-) für Menseguez, 90. Schnoor (-) für Weiser
Tore: 0:1 Hanke (41., Linksschuss, Vorarbeit Klimowicz), 1:1 Bögelund (90., Rechtsschuss)
Chancenverhältnis: 2:2
Eckenverhältnis: 20:1
SR: Wagner (Kriftel) – **Zuschauer:** 41026 – **Spielnote:** 4

13. August 2005

Borussia Dortmund – FC Schalke 04 1:2 (1:1)

Dortmund: Weidenfeller (4) – P. Degen (5), Wörns (3), C. Metzelder (5), Dede (3) – N. Sahin (4) – Kringe (4), Rosicky (2,5) – Smolarek (4), Buckley (5,5), Koller (4,5) – **Trainer:** Van Marwijk
Schalke: F. Rost (3,5) – Hamit Altintop (3), Bordon (3), Krstajic (2,5), Kobiashvili (4,5) – Poulsen (4) – Varela (2,5), Bajramovic (4) – F. Ernst (2,5) – Sand (3,5), Kuranyi (1,5) – **Trainer:** Rangnick
Eingewechselt: 73. Odonkor (-) für P. Degen, 77. Kruska (-) für N. Sahin, 83. Brzenska (-) für Buckley – 73. Asamoah (-) für Varela, 79. Larsen (-) für Sand, 90. Rodriguez (-) für Bajramovic
Tore: 1:0 Smolarek (17., Rechtsschuss, Vorarbeit Kringe), 1:1 Kuranyi (23., Kopfball, F. Ernst), 1:2 Kuranyi (58., Rechtsschuss)
Chancenverhältnis: 2:4
Eckenverhältnis: 2:3
SR: Fandel (Kyllburg) – **Zuschauer:** 81264 (ausverkauft) – **Spielnote:** 4

13. August 2005

Hertha BSC – Eintracht Frankfurt 2:0 (0:0)

Hertha: Tremmel (3) – A. Friedrich (3,5), van Burik (3,5), Simunic (3), Fathi (4) – N. Kovac (3,5) – O. Schröder (2,5), Gilberto (4) – Marcelinho (4) – Wichniarek (5), Rafael (5) – **Trainer:** Götz
Frankfurt: Pröll (4,5) – P. Ochs (3,5), Rehmer (3,5), Vasoski (3), Spycher (4) – Huggel (4,5), Preuß (4,5) – D.-R. Cha (5), A. Meier (5), Jones (4) – Amanatidis (5) – **Trainer:** Funkel
Eingewechselt: 46. K. Boateng (3) für Fathi, 63. Bastürk (-) für Wichniarek, 85. Madlung (-) für Gilberto – 72. Köhler (-) für Preuß, 76. van Lent (-) für Amanatidis
Tore: 1:0 O. Schröder (52., Rechtsschuss, ohne Vorarbeit), 2:0 van Lent (77., Eigentor, Kopfball, Marcelinho)
Chancenverhältnis: 6:2
Eckenverhältnis: 9:2
SR: Schmidt (Stuttgart) – **Zuschauer:** 49416 – **Spielnote:** 4,5

13. August 2005

1. FC Kaiserslautern – MSV Duisburg 5:3 (2:1)

K'lautern: Macho (4) – Lembi (3), Pletsch (4,5), Mettomo (4,5), Blank (4) – Engelhardt (4), Sforza (3) – Halil Altintop (1), Skela (3), Seitz (4) – Jancker (4) – **Trainer:** Henke
Duisburg: G. Koch (4,5) – Wolters (5), Möhrle (4,5), Baelum (5,5), Bugera (5) – Grlic (3,5), Hausweiler (4,5) – Willi (4,5), Michalke (5) – Kurth (4), Ahanfouf (4,5) – **Trainer:** Meier
Eingewechselt: 55. T. Riedl (4) für Sforza, 62. Sanogo (-) für Jancker, 69. Zandi (-) für Seitz – 41. Rietpietsch (4,5) für Willi, 62. Lavric (-) für Michalke, 81. Lottner (-) für Wolters
Tore: 1:0 Halil Altintop (3., Rechtsschuss, Vorarbeit Sforza), 1:1 Möhrle (21., Rechtsschuss, Kurth), 2:1 Lembi (27., Rechtsschuss, Pletsch), 3:1 Halil Altintop (58., Rechtsschuss), 3:2 Möhrle (63., Linksschuss, Lavric), 3:3 Ahanfouf (66., Linksschuss, Kurth), 4:3 Sanogo (68., Linksschuss), 5:3 Halil Altintop (80., Linksschuss, Skela)
Chancenverhältnis: 13:4
Eckenverhältnis: 4:3
SR: Perl (München) – **Zuschauer:** 30111 – **Spielnote:** 2,5

13. August 2005

1. FC Nürnberg – Hannover 96 1:1 (0:1)

Nürnberg: R. Schäfer (2) – B. Lense (3), Bosacki (4), Cantaluppi (4), L. Müller (3) – Mnari (5), Polak (4,5) – Mintal (4,5) – Vittek (2,5), Saenko (3), Schroth (5) – **Trainer:** Wolf
Hannover: Enke (1,5) – Balitsch (3), Mertesacker (2,5), Zuraw (3,5), Tarnat (3) – Lala (3,5), Dabrowski (3,5) – Yankov (3,5) – Hashemian (4,5), Brdaric (2,5), Stajner (4) – **Trainer:** Lienen
Eingewechselt: 68. Banovic (-) für Mnari, 68. Kießling (-) für Schroth, 82. S. Müller (-) für Bosacki – 69. Vinicius (-) für Hashemian, 87. Dietwald (-) für Yankov
Tore: 0:1 Brdaric (8., Kopfball, Vorarbeit Yankov), 1:1 Mintal (90., Linksschuss, Kießling)
Chancenverhältnis: 5:5
Eckenverhältnis: 4:6
SR: Gagelmann (Bremen) – **Zuschauer:** 28349 – **Spielnote:** 3,5

13. August 2005

Arminia Bielefeld – Hamburger SV 0:2 (0:0)

Bielefeld: Hain (3) – Korzynietz (4), Westermann (3), Borges (3), Rau (3,5) – Fink (3), Porcello (3) – Zuma (4), Krupnikovic (3,5), Küntzel (4,5) – Vata (4) – **Trainer:** von Heesen
HSV: Wächter (3) – Demel (4), van Buyten (3), Boulahrouz (3), Atouba (3,5) – Wicky (3,5) – Jarolim (3,5), Trochowski (4,5) – van der Vaart (3) – Mpenza (4), Barbarez (3) – **Trainer:** Doll
Eingewechselt: 63. Boakye (-) für Krupnikovic, 73. Dammeier (-) für Fink, 85. Pinto (-) für Korzynietz – 45. Lauth (4) für Mpenza, 57. Klingbeil (4) für Demel, 68. Mahdavikia (-) für Trochowski
Tore: 0:1 Barbarez (79., Foulelfmeter, Linksschuss, Vorarbeit Jarolim), 0:2 van der Vaart (90., direkter Freistoß, Linksschuss)
Chancenverhältnis: 6:6
Eckenverhältnis: 2:3
SR: Fleischer, Dr. (Sigmertshausen) – **Zuschauer:** 23425 – **Spielnote:** 4

14. August 2005

VfB Stuttgart – 1. FC Köln 2:3 (0:1)

Stuttgart: Hildebrand (4) – Hinkel (5), Fernando Meira (5), Babbel (5), Magnin (4) – Meißner (4,5), Hitzlsperger (4,5) – Tiffert (3), Grönkjaer (5) – Tomasson (3), Streller (3) – **Trainer:** Trapattoni
FC Köln: Wessels (3) – Grammozis (3,5) – Sinkiewicz (2,5), Matip (3,5) – Lell (3), Springer (4) – Sinkala (3) – A. Streit (2,5), Guié-Mien (4,5), Feulner (3) – Podolski (2) – **Trainer:** Rapolder
Eingewechselt: 49. Gomez (4) für Hitzlsperger, 54. Gentner (4) für Grönkjaer – 69. Scherz (-) für Lell, 80. Benschneider (-) für Guié-Mien, 85. Madsen (-) für A. Streit
Tore: 0:1 Feulner (9., Rechtsschuss, Vorarbeit Springer), 0:2 A. Streit (47., Rechtsschuss, Podolski), 0:3 A. Streit (55., Rechtsschuss), 1:3 Streller (58., Linksschuss, Magnin), 2:3 Tiffert (69., Rechtsschuss, Streller)
Chancenverhältnis: 7:5
Eckenverhältnis: 10:3
SR: Weiner (Hasede) – **Zuschauer:** 49000 (ausverkauft) – **Besonderes Vorkommnis:** S. Wessels hält Foulelfmeter von Meißner (35.) – **Spielnote:** 2,5

14. August 2005

1. FSV Mainz 05 – Werder Bremen 0:2 (0:1)

Mainz: Wache (3) – Abel (4), M. Friedrich (4), Noveski (2,5), Weigelt (4) – da Silva (3,5), Babatz (4), F. Gerber (3,5) – Ruman (5), Thurk (4,5) – Auer (4,5) – **Trainer:** Klopp
Bremen: Reinke (2) – Owomoyela (4), Pasanen (3), Naldo (3), C. Schulz (3,5) – Vranjes (2) – Frings (3), Borowski (2,5) – Micoud (3,5) – Klose (2,5), Klasnic (2,5) – **Trainer:** Schaaf
Eingewechselt: 71. N. Weiland (-) für Thurk, 71. Geißler (-) für Babatz, 77. O. Addo (-) für F. Gerber – 67. Valdez (-) für Klasnic, 78. D. Jensen (-) für Borowski, 88. L. Andreasen (-) für Micoud
Tore: 0:1 Klasnic (21., Linksschuss, Vorarbeit Klose), 0:2 Klose (62., Rechtsschuss, Borowski)
Chancenverhältnis: 4:5
Eckenverhältnis: 5:11
SR: Kinhöfer (Herne) – **Zuschauer:** 20300 (ausverkauft) – **Spielnote:** 3

3. Spieltag

27. August 2005

1. FC Köln – 1. FC Kaiserslautern 2:3 (0:1)

FC Köln: Wessels (2,5) – Lell (4), Sinkiewicz (4,5), Matip (4,5), Springer (5) – Grammozis (5) – Guié-Mien (3,5) – A. Streit (4), Feulner (4,5) – Podolski (5) – Madsen (5,5) – **Trainer:** Rapolder
K'lautern: Macho (1,5) – Lembi (3), Pletsch (3,5), Mettomo (3,5), Blank (4) – Sforza (2,5), Engelhardt (3) – Halil Altintop (1), Skela (2,5), Seitz (4) – Sanogo (2) – **Trainer:** Henke
Eingewechselt: 46. Lurling (3,5) für Matip, 64. Y. Mokhtari (-) für Grammozis, 76. Scherz (-) für Lell – 64. T. Reuter (-) für Seitz, 75. Hertzsch (-) für Sanogo, 85. Zandi (-) für Pletsch
Tore: 0:1 Halil Altintop (19., Kopfball, Vorarbeit Sanogo), 0:2 Halil Altintop (79., Kopfball, Engelhardt), 1:2 Scherz (81., Rechtsschuss, Y. Mokhtari), 1:3 Skela (90., Foulelfmeter, Rechtsschuss, Zandi), 2:3 Podolski (90., Kopfball, A. Streit)
Chancenverhältnis: 7:9
Eckenverhältnis: 11:5
SR: Fleischer, Dr. (Sigmertshausen) – **Zuschauer:** 50000 (ausverkauft) – **Spielnote:** 2,5

27. August 2005

FC Schalke 04 – Bor. M'Gladbach 1:1 (0:1)

Schalke: F. Rost (3) – Hamit Altintop (3,5), Bordon (3,5), Krstajic (3,5), Kobiashvili (3) – Poulsen (3,5) – F. Ernst (4), Bajramovic (4,5) – Varela (4) – Sand (2,5), Kuranyi (4,5) – **Trainer:** Rangnick
Gladbach: Keller (2,5) – Helveg (3), Zé Antonio (2,5), Strasser (4), Daems (4,5) – El Fakiri (3,5), Oude Kamphuis (3,5) – Bögelund (2,5), Jansen (3) – Heinz (5) – Neuville (4) – **Trainer:** Köppel
Eingewechselt: 64. Asamoah (-) für Bajramovic, 81. Rafinha (-) für Hamit Altintop, 81. Larsen (-) für Varela – 65. Sverkos (-) für Heinz, 83. Fukal (-) für El Fakiri, 89. Kastrati (-) für Neuville
Tore: 0:1 Bögelund (41., Rechtsschuss, Vorarbeit Neuville), 1:1 Sand (54., Kopfball, Kobiashvili)
Chancenverhältnis: 6:1
Eckenverhältnis: 6:1
SR: Weiner (Hasede) – **Zuschauer:** 61524 (ausverkauft) – **Spielnote:** 4

27. August 2005

Hamburger SV – Hannover 96 1:1 (1:1)

HSV: Wächter (3) – Demel (4), Boulahrouz (2,5), van Buyten (3,5), Atouba (3,5) – Wicky (3,5) – Mahdavikia (2), Jarolim (3,5) – van der Vaart (4) – Barbarez (4), Lauth (5) – **Trainer:** Doll
Hannover: Enke (3) – Balitsch (4), Mertesacker (2,5), Zuraw (3,5), Tarnat (4) – Lala (3), Dabrowski (3) – Yankov (3,5), Stajner (3) – Hashemian (4), Brdaric (5) – **Trainer:** Lienen
Eingewechselt: 55. Takahara (3,5) für Lauth, 76. Trochowski (-) für van der Vaart –
Tore: 0:1 Stajner (18., Rechtsschuss, Vorarbeit Hashemian), 1:1 Mahdavikia (22., Kopfball, van der Vaart)
Chancenverhältnis: 5:4
Eckenverhältnis: 9:4
SR: Stark (Ergolding) – **Zuschauer:** 48866 – **Spielnote:** 4

27. August 2005

VfL Wolfsburg – Bayer Leverkusen 2:1 (1:1)

Wolfsburg: Jentzsch (2) – Alex (4), Quiroga (4), Hofland (3,5), Sarpei (2,5) – Thiam (2) – Karhan (3), Tskitishvili (3) – d'Alessandro (2,5) – Menseguez (2,5) – Hanke (4) – **Trainer:** Fach
Leverkusen: Butt (3) – Castro (3), Juan (5), Roque Junior (4), Athirson (3,5) – Ramelow (3,5) – Freier (5), Babic (3) – B. Schneider (3) – Voronin (5), Berbatov (3) – **Trainer:** Augenthaler
Eingewechselt: 71. Fischer (-) für Alex, 79. Schnoor (-) für Sarpei, 83. Marlet (-) für Hanke – 63. Barnetta (-) für Freier, 70. Lazovic (-) für Voronin, 81. C. Fritz (-) für Castro
Tore: 0:1 Berbatov (22., Rechtsschuss, Vorarbeit Babic), 1:1 d'Alessandro (39., Kopfball, Sarpei), 2:1 Thiam (54., Kopfball, Menseguez)
Chancenverhältnis: 5:4
Eckenverhältnis: 10:5
SR: Sippel (München) – **Zuschauer:** 18201 – **Gelbe Karte:** d'Alessandro – **Rote Karten:** Roque Junior (76., unsportliches Verhalten), Babic (90., Tätlichkeit) – **Spielnote:** 3

27. August 2005

Werder Bremen – VfB Stuttgart 1:1 (1:0)

Bremen: Reinke (3) – Owomoyela (2,5), L. Andreasen (3), Naldo (2,5), C. Schulz (4) – Baumann (4,5) – Frings (3,5), Borowski (2) – D. Jensen (3) – Klose (3,5), Klasnic (2,5) – **Trainer:** Schaaf
Stuttgart: Hildebrand (1) – Stranzl (3), Fernando Meira (2,5), Babbel (4), Magnin (4,5) – Soldo (3,5) – Meißner (3), Hitzlsperger (4) – Tiffert (3), Grönkjaer (3) – Tomasson (1,5) – **Trainer:** Trapattoni
Eingewechselt: 78. Valdez (-) für Klose, 78. van Damme (-) für C. Schulz, 79. Hunt (-) für Baumann – 46. Gomez (2,5) für Hitzlsperger, 64. Hinkel (-) für Stranzl, 79. Gentner (-) für Tomasson
Tore: 1:0 Klasnic (41., Kopfball, Vorarbeit C. Schulz), 1:1 Tomasson (50., Linksschuss, Stranzl)
Chancenverhältnis: 13:6
Eckenverhältnis: 6:4
SR: Fandel (Kyllburg) – **Zuschauer:** 38440 – **Spielnote:** 2

27. August 2005

Bayern München – Hertha BSC 3:0 (0:0)

Bayern: Kahn (3) – Sagnol (2), Lucio (2,5), Ismael (2,5), Lizarazu (3) – Hargreaves (3) – Karimi (3,5), Zé Roberto (4) – Ballack (2,5) – Makaay (2,5), Pizarro (4,5) – **Trainer:** Magath
Hertha: Tremmel (3) – A. Friedrich (3,5), van Burik (3), Madlung (3,5), Simunic (5) – N. Kovac (3,5) – T. Marx (3,5), Neuendorf (5) – Bastürk (5) – Marcelinho (4,5), Rafael (5) – **Trainer:** Götz
Eingewechselt: 51. Jeremies (3) für Lizarazu, 61. Deisler (-) für Karimi, 81. Scholl (-) für Zé Roberto – 56. Okoronkwo (4,5) für N. Kovac, 68. K. Boateng (-) für T. Marx, 70. Samba (-) für K. Boateng
Tore: 1:0 Ballack (47., direkter Freistoß, Rechtsschuss, ohne Vorarbeit), 2:0 Scholl (85., Kopfball, Ballack), 3:0 Makaay (87., Rechtsschuss)
Chancenverhältnis: 6:1
Eckenverhältnis: 5:3
SR: Kinhöfer (Herne) – **Zuschauer:** 66000 (ausverkauft) – **Spielnote:** 3,5

27. August 2005

Eintracht Frankfurt – 1. FC Nürnberg 1:0 (0:0)

Frankfurt: Nikolov (2,5) – P. Ochs (3,5), Rehmer (3), Vasoski (3), Spycher (3) – Huggel (4), Jones (2,5) – D.-R. Cha (4,5), A. Meier (4,5), Köhler (3) – Amanatidis (3,5) – **Trainer:** Funkel
Nürnberg: R. Schäfer (2,5) – Cantaluppi (4), Nikl (4) – B. Lense (4,5), Pinola (4) – S. Müller

Vorentscheidung: Bayerns Mehmet Scholl trifft per Kopfball zum 2:0 gegen Hertha-Keeper Tremmel.

(4,5), Polak (5) – Saenko (5), Mintal (5), L. Müller (4) – Vittek (5) – **Trainer:** Wolf
Eingewechselt: 81. Chris (-) für Jones, 88. van Lent (-) für Amanatidis, 90. Lexa (-) für D.-R. Cha – 53. Kießling (4,5) für Saenko, 67. Wagefeld (-) für B. Lense, 74. Banovic (-) für Pinola
Tor: 1:0 Jones (68., Linksschuss, Vorarbeit Amanatidis)
Chancenverhältnis: 6:3
Eckenverhältnis: 13:4
SR: Gräfe (Berlin) – **Zuschauer:** 40000 – **Spielnote:** 4

28. August 2005
MSV Duisburg – Borussia Dortmund 1:1 (0:0)
Duisburg: G. Koch (2) – Wolters (3,5), Möhrle (4,5), Baelum (4), A. Meyer (4,5) – Hausweiler (4), Grlic (3,5), Bugera (4,5) – Ahanfouf (5), Kurth (3), Lavric (4) – **Trainer:** Meier
Dortmund: Weidenfeller (2,5) – P. Degen (2,5), Wörns (3), C. Metzelder (4), Dede (3,5) – Kehl (3,5) – Rosicky (1,5), Kringe (3,5) – Ricken (3), Smolarek (5), Koller (5) – **Trainer:** Van Marwijk
Eingewechselt: 65. Beuckert (-) für G. Koch, 67. van Houdt (-) für Lavric, 72. Rietpietsch (-) für Bugera – 62. van der Gun (-) für Smolarek, 83. Odonkor (-) für Ricken, 87. Kruska (-) für Kringe
Tore: 0:1 Ricken (61., Linksschuss, Vorarbeit Rosicky), 1:1 Kurth (80., Rechtsschuss, van Houdt)
Chancenverhältnis: 5:9
Eckenverhältnis: 5:3
SR: Merk, Dr. (Otterbach) – **Zuschauer:** 31502 (ausverkauft) – **Spielnote:** 3,5

28. August 2005
Arminia Bielefeld – 1. FSV Mainz 05 2:0 (2:0)
Bielefeld: Hain (3) – Korzynietz (3), Westermann (3,5), Borges (3,5), Rau (3,5) – Fink (3), Porcello (4) – Zuma (3), Krupnikovic (2), Vata (2,5) – Boakye (4) – **Trainer:** von Heesen
Mainz: Wache (3) – Abel (5), M. Friedrich (3), Noveski (4), Rose (4,5) – F. Gerber (3,5), Babatz (4,5), da Silva (4,5) – Ruman (4,5), Thurk (3), Auer (4,5) – **Trainer:** Klopp
Eingewechselt: 65. Schuler (-) für Boakye, 78. Dalovic (-) für Porcello, 88. Pinto (-) für Zuma – 46. Demirtas (3,5) für Abel, 46. Geißler (3,5) für Babatz, 79. O. Addo (-) für Rose
Tore: 1:0 Krupnikovic (23., Foulelfmeter, Linksschuss, Vorarbeit Vata), 2:0 Krupnikovic (39., Handelfmeter, Linksschuss)
Chancenverhältnis: 3:5
Eckenverhältnis: 3:6
SR: Meyer (Burgdorf) – **Zuschauer:** 18323 – **Spielnote:** 4

4. Spieltag

10. September 2005
Bayer Leverkusen – FC Schalke 04 1:1 (0:0)
Leverkusen: Butt (1) – C. Fritz (2,5), Juan (3), Ramelow (3), Athirson (4,5) – Castro (3,5) – B. Schneider (3), Rolfes (3,5) – Barnetta (4,5) – Voronin (3), Berbatov (2,5) – **Trainer:** Augenthaler
Schalke: F. Rost (1) – Hamit Altintop (3), Bordon (4), Krstajic (5), Kobiashvili (3,5) – Poulsen (2,5), F. Ernst (4,5) – Lincoln (3) – Asamoah (4), Sand (4), Kuranyi (4,5) – **Trainer:** Rangnick
Eingewechselt: 65. Lazovic (-) für Barnetta – 46. Bajramovic (4,5) für Asamoah, 67. Larsen (-) für Sand, 78. Varela (-) für F. Ernst
Tore: 1:0 Berbatov (73., Rechtsschuss, Vorarbeit Juan), 1:1 Larsen (85., Linksschuss, Poulsen)
Chancenverhältnis: 7:8
Eckenverhältnis: 8:6
SR: Stark (Ergolding) – **Zuschauer:** 22500 (ausverkauft) – **Gelbe Karte:** B. Schneider – **Besonderes Vorkommnis:** Butt hält Foulelfmeter von Lincoln (5.) F. Rost hält Foulelfmeter von Berbatov (18.) – **Spielnote:** 2,5

10. September 2005
Borussia M'Gladbach – MSV Duisburg 2:1 (1:1)
Gladbach: Kampa (2,5) – Bögelund (3,5), Helveg (5), Zé Antonio (2,5), Daems (3) – Oude Kamphuis (3,5) – El Fakiri (4,5), Jansen (3) – Lisztes (5) – Kahe (2,5), Neuville (2,5) – **Trainer:** Köppel

Späte Bayer-Führung: Leverkusens Dimitar Berbatov trifft zum 1:0 gegen Schalkes-Keeper Rost.

Duisburg: G. Koch (3) – Wolters (4), Möhrle (3), Baelum (4), A. Meyer (3) – Grlic (4), Bugera (3,5) – Willi (4), van Houdt (4) – Kurth (4), Lavric (3) – **Trainer:** Meier
Eingewechselt: 58. Broich (3) für Lisztes, 70. Fukal (-) für El Fakiri, 89. Kluge (-) für Neuville – 68. Ahanfouf (-) für Kurth, 73. Rietpietsch (-) für Grlic, 81. Tjikuzu (-) für Wolters
Tore: 1:0 Neuville (6., Rechtsschuss, Vorarbeit Kahe), 1:1 Möhrle (9., Rechtsschuss, Kurth), 2:1 Zé Antonio (66., Linksschuss, Oude Kamphuis)
Chancenverhältnis: 7:3
Eckenverhältnis: 7:2
SR: Meyer (Burgdorf) – **Zuschauer:** 48854 – **Besonderes Vorkommnis:** Kampa hält Foulelfmeter von Grlic (23.) – **Spielnote:** 3,5

10. September 2005
1. FC Kaiserslautern – Werder Bremen 1:5 (0:3)
K'lautern: Macho (4) – Lembi (5), Pletsch (5), Mettomo (5), Blank (5,5) – Sforza (4), Engelhardt (4,5) – Seitz (5) – Halil Altintop (3), Skela (4) – Jancker (5) – **Trainer:** Henke
Bremen: Reinke (3) – Owomoyela (3), Naldo (3,5), Pasanen (2,5), C. Schulz (3) – Baumann (3) – Frings (2,5), Borowski (2,5) – Micoud (3) – Klose (1,5), Klasnic (1,5) – **Trainer:** Schaaf
Eingewechselt: 46. T. Reuter (4) für Seitz, 67. Göktan (-) für Jancker – 68. D. Jensen (-) für Frings, 70. Valdez (-) für Klasnic, 76. Vranjes (-) für Micoud
Tore: 0:1 Micoud (31., Rechtsschuss, Vorarbeit Klasnic), 0:2 Klose (44., Rechtsschuss, Klasnic), 0:3 Frings (45., Rechtsschuss, Klasnic), 0:4 Klose (78., Rechtsschuss, Borowski), 1:4 Halil Altintop (84., Rechtsschuss, Skela), 1:5 Vranjes (89., Kopfball, Borowski)
Chancenverhältnis: 4:8
Eckenverhältnis: 2:6
SR: Kircher (Rottenburg) – **Zuschauer:** 32851 – **Spielnote:** 2,5

10. September 2005
1. FC Nürnberg – Bayern München 1:2 (1:1)
Nürnberg: R. Schäfer (2) – B. Lense (4), A. Wolf (3,5), Nikl (3), Pinola (3) – Cantaluppi (3,5) – Polak (5) – Saenko (4,5), Banovic (4) – Kießling (3,5), Daun (4) – **Trainer:** Wolf
Bayern: Kahn (5) – Sagnol (3), Lucio (1,5), Ismael (3,5), Lizarazu (3) – Hargreaves (2) – Karimi (4), Schweinsteiger (3) – Ballack (2,5) – Guerrero (2,5), Pizarro (4) – **Trainer:** Magath
Eingewechselt: 53. T. Paulus (3,5) für A. Wolf, 58. Wagefeld (4) für Polak, 67. Slovak (-) für Saenko – 46. Zé Roberto (3,5) für Karimi, 60. Santa Cruz (4) für Pizarro, 87. Jeremies (-) für Schweinsteiger
Tore: 1:0 Pinola (20., direkter Freistoß, Linksschuss, ohne Vorarbeit), 1:1 Guerrero (21., Rechtsschuss, Lucio), 1:2 Ballack (60., Kopfball, Sagnol)
Chancenverhältnis: 6:8
Eckenverhältnis: 5:10
SR: Weiner (Hasede) – **Zuschauer:** 46939 (ausverkauft) – **Spielnote:** 3

10. September 2005
VfB Stuttgart – Arminia Bielefeld 1:1 (0:0)
Stuttgart: Hildebrand (3) – Hinkel (3,5), Fernando Meira (4), Delpierre (3,5), H. Gerber (4) – Meißner (4,5), Soldo (2,5) – Tiffert (5), Grönkjaer (3,5) – Gomez (5), Tomasson (3,5) – **Trainer:** Trapattoni
Bielefeld: Hain (2,5) – Korzynietz (4), Westermann (3,5), Borges (3), Schuler (4) – Porcello (4,5), Fink (3,5) – Zuma (5), Krupnikovic (4), Vata (3,5) – Boakye (3,5) – **Trainer:** von Heesen
Eingewechselt: 46. Ljuboja (3,5) für Gomez, 58. Stranzl (3,5) für Hinkel – 64. Pinto (-) für Krupnikovic, 72. Dalovic (-) für Zuma, 83. Kucera (-) für Porcello
Tore: 1:0 Tomasson (58., Kopfball, Vorarbeit Meißner), 1:1 Pinto (79., Linksschuss, Hain)
Chancenverhältnis: 6:3s
Eckenverhältnis: 7:3
SR: Rafati (Hannover) – **Zuschauer:** 34000 – **Spielnote:** 4,5

10. September 2005
1. FSV Mainz 05 – Hamburger SV 1:3 (0:1)
Mainz: Wache (4) – Abel (4,5), M. Friedrich (3,5), Noveski (3), Weigelt (4) – Babatz (4,5) – F. Gerber (3), da Silva (4,5) – O. Addo (4), Thurk (5) – Zidan (4,5) – **Trainer:** Klopp
HSV: Wächter (3) – Demel (3), Boulahrouz (3,5), van Buyten (2,5), Atouba (3) – Wicky (2,5) – Mahdavikia (2), Jarolim (3) – van der Vaart (2,5) – Barbarez (3), Lauth (3,5) – **Trainer:** Doll
Eingewechselt: 61. Ruman (-) für O. Addo, 61. Romulo (-) für Thurk, 71. Geißler (-) für Weigelt – 73. Klingbeil (-) für Wicky, 73. Ziegler (-) für Lauth, 89. Trochowski (-) für Jarolim
Tore: 0:1 Wicky (43., Kopfball, Vorarbeit van der Vaart), 0:2 Mahdavikia (56., Rechtsschuss, Jarolim), 1:2 Ruman (69., Kopfball, F. Gerber), 1:3 van der Vaart (71., Rechtsschuss, Lauth)
Chancenverhältnis: 5:9
Eckenverhältnis: 2:9
SR: Sippel (München) – **Zuschauer:** 20300 (ausverkauft) – **Spielnote:** 2,5

10. September 2005
Hannover 96 – Eintracht Frankfurt 2:0 (1:0)
Hannover: Enke (2,5) – Cherundolo (4), Mertesacker (3), Zuraw (4), Tarnat (4) – Lala (4), Dabrowski (3,5) – Yankov (3), Stajner (2) – Hashemian (4), Brdaric (4,5) – **Trainer:** Lienen
Frankfurt: Nikolov (3) – P. Ochs (4,5), Rehmer (4), Vasoski (4), Spycher (4,5) – Huggel (5), Jones (5) – A. Meier (4,5) – D.-R. Cha (5), Köhler (3), Amanatidis (5,5) – **Trainer:** Funkel
Eingewechselt: 77. Hahne (-) für Brdaric, 85. Vinicius (-) für Yankov, 88. Halfar (-) für Stajner – 61. Chris (-) für Rehmer, 63. Lexa (-) für D.-R. Cha, 69. Weissenberger (-) für Jones
Tore: 1:0 Stajner (32., Rechtsschuss, Vorarbeit Hashemian), 2:0 Yankov (63., Rechtsschuss, Stajner)
Chancenverhältnis: 8:5
Eckenverhältnis: 1:6
SR: Merk, Dr. (Otterbach) – **Zuschauer:** 35166 – **Spielnote:** 4,5

10. September 2005
Borussia Dortmund – 1. FC Köln 2:1 (1:0)
Dortmund: Weidenfeller (3) – P. Degen (3,5), Wörns (2,5), C. Metzelder (3,5), Dede (3) – Kehl (2) – Kruska (4), Kringe (4) – Ricken (2), Buckley (4), Smolarek (4) – **Trainer:** Van Marwijk
FC Köln: Wessels (3) – Lell (3,5), Sinkiewicz (4), Alpay (3), Rahn (4,5) – Schlicke (3), Sinkala (4) – A. Streit (4), Y. Mokhtari (2,5), Feulner (3) – Podolski (4) – **Trainer:** Rapolder
Eingewechselt: 40. van der Gun (-) für Buckley, 50. Odonkor (2) für van der Gun, 90. Brzenska (-) für Ricken – 52. Lurling (3) für Rahn, 66. Scherz (-) für Sinkala, 76. Madsen (-) für Lell
Tore: 1:0 Ricken (25., Foulelfmeter, Rechtsschuss, Vorarbeit Smolarek), 2:0 Ricken (73., Kopfball, Odonkor), 2:1 Scherz (90., Rechtsschuss, Alpay)
Chancenverhältnis: 6:5
Eckenverhältnis: 3:2
SR: Brych, Dr. (München) – **Zuschauer:** 78400 – **Spielnote:** 3

10. September 2005
Hertha BSC – VfL Wolfsburg 3:0 (0:0)
Hertha: Fiedler (2,5) – A. Friedrich (3), van Burik (2,5), Simunic (2,5), Fathi (3) – N. Kovac (3,5) – Cairo (4), Gilberto (2) – Marcelinho (4) – Pantelic (2,5), Okoronkwo (5) – **Trainer:** Götz
Wolfsburg: Jentzsch (2,5) – Alex (4), Quiroga (4), Hofland (4), Sarpei (4,5) – Thiam (-) – Karhan (3,5), Tskitishvili (4,5) – d'Alessandro (4,5) – Menseguez (5), Klimowicz (5) – **Trainer:** Fach
Eingewechselt: 66. Rafael (-) für Okoronkwo, 71. Neuendorf (-) für Cairo, 88. Wichniarek (-) für Pantelic – 14. Fischer (3,5) für Thiam, 72. Hanke (-) für Alex, 78. Neziri (-) für Sarpei
Tore: 1:0 A. Friedrich (70., Linksschuss, Vorarbeit Cairo), 2:0 Pantelic (75., Rechtsschuss), 3:0 Gilberto (90., Linksschuss)
Chancenverhältnis: 11:2
Eckenverhältnis: 7:2
SR: Gagelmann (Bremen) – **Zuschauer:** 40754 – **Spielnote:** 3,5

5. Spieltag

17. September 2005
1. FC Köln – Bor' M'Gladbach 2:1 (2:0)
FC Köln: Wessels (3) – Sinkiewicz (3), Schlikke (2,5), Alpay (3,5) – Lell (2), Sinkala (3,5), Lurling (3,5), Rahn (4) – Y. Mokhtari (3) – Scherz (3), Podolski (2) – **Trainer:** Rapolder
Gladbach: Keller (2,5) – Fukal (5), Helveg (5,5), Zé Antonio (4), Daems (5) – Lisztes (5), El Fakiri (4,5), Oude Kamphuis (5), Jansen (4,5) – Neuville (4,5), Kahe (5) – **Trainer:** Köppel
Eingewechselt: 62. Schindzielorz (-) für Lurling, 64. Guié-Mien (-) für Y. Mokhtari, 68. Springer (-) für Rahn – 60. Broich (3) für Lisztes, 70. Sverkos (-) für Helveg, 82. Kastrati (-) für Neuville
Tore: 1:0 Podolski (12., Linksschuss, Vorarbeit Lell), 2:0 Schlicke (30., Kopfball, Y. Mokhtari), 2:1 Neuville (80., Foulelfmeter, Rechtsschuss, Broich)

Chancenverhältnis: 7:5
Eckenverhältnis: 5:12
SR: Merk, Dr. (Otterbach) – **Zuschauer:** 50000 (ausverkauft) – **Spielnote:** 3

17. September 2005
Hamburger SV – Eintracht Frankfurt 1:1 (0:0)
HSV: Wächter (4) – Demel (4), B. Reinhardt (4), van Buyten (3), Atouba (3) – Beinlich (4,5) – Mahdavikia (5), Jarolim (4) – van der Vaart (5) – Lauth (5), Barbarez (5,5) – **Trainer:** Doll
Frankfurt: Nikolov (3) – Rehmer (3,5), Chris (4), Vasoski (2,5) – Spycher (4) – Preuß (4), Jones (2,5) – Lexa (4), A. Meier (4,5), Köhler (4) – Amanatidis (4) – **Trainer:** Funkel
Eingewechselt: 60. Ziegler (5) für Mahdavikia, 70. Trochowski (-) für Jarolim, 83. Takahara (-) für Lauth – 67. P. Ochs (-) für Lexa, 88. van Lent (-) für Chris, 88. D.-R. Cha (-) für Preuß
Tore: 1:0 van Buyten (85., Rechtsschuss, Vorarbeit B. Reinhardt), 1:1 D.-R. Cha (90., Kopfball, Vasoski)
Chancenverhältnis: 5:5
Eckenverhältnis: 6:5
SR: Kinhöfer (Herne) – **Zuschauer:** 48509 – **Spielnote:** 5

17. September 2005
VfL Wolfsburg – 1. FC Nürnberg 1:1 (1:0)
Wolfsburg: Jentzsch (2,5) – Alex (4,5), Quiroga (4,5), Hofland (3,5), Neziri (4) – Sarpei (5) – Karhan (5), Tskitishvili (5) – d'Alessandro (4) – Menseguez (5), Klimowicz (3,5) – **Trainer:** Fach
Nürnberg: R. Schäfer (3,5) – B. Lense (4), T. Paulus (4), A. Wolf (3,5), Pinola (3,5) – Polak (3,5), Cantaluppi (3,5) – Chedli (4), Banovic (4) – Vittek (5), Kießling (4) – **Trainer:** Wolf
Eingewechselt: 64. Marlet (-) für Menseguez, 76. Schnoor (-) für Neziri, 82. Makiadi (-) für Alex – 46. Schroth (3) für Vittek, 56. S. Müller (4) für Chedli, 67. Daun (-) für Banovic
Tore: 1:0 Klimowicz (15., Kopfball, Vorarbeit d'Alessandro), 1:1 Schroth (88., Linksschuss, Kießling)
Chancenverhältnis: 4:10
Eckenverhältnis: 6:3
SR: Kircher (Rottenburg) – **Zuschauer:** 15748 – **Spielnote:** 4

17. September 2005
Werder Bremen – Borussia Dortmund 3:2 (1:1)
Bremen: Reinke (4,5) – Owomoyela (3), L. Andreasen (2), Naldo (2,5), C. Schulz (5) – Baumann (4) – Frings (1), Borowski (3,5) – Micoud (2) – Klose (2), Klasnic (1,5) – **Trainer:** Schaaf
Dortmund: Weidenfeller (2) – P. Degen (4,5), Wörns (4,5), C. Metzelder (4), Dede (4) – Kehl (4,5) – Kringe (3,5), Rosicky (4,5) – Odonkor (2,5), Ricken (5), Smolarek (2,5) – **Trainer:** Van Marwijk
Eingewechselt: 76. D. Jensen (-) für Borowski, 83. Vranjes (-) für Klasnic, 86. van Damme (-) für C. Schulz – 53. Koller (2,5) für Ricken, 75. Kruska (-) für Rosicky
Tore: 0:1 Smolarek (8., Rechtsschuss, Vorarbeit Odonkor), 1:1 Klose (37., Rechtsschuss), 2:1 Klasnic (53., Linksschuss, Micoud), 2:2 Smolarek (69., Rechtsschuss, Koller), 3:2 Micoud (78., Rechtsschuss)
Chancenverhältnis: 17:6
Eckenverhältnis: 15:3
SR: Wack, Dr. (Biberbach) – **Zuschauer:** 40840 – **Gelbe Karte:** Frings – **Spielnote:** 1,5

17. September 2005
Bayern München – Hannover 96 1:0 (1:0)
Bayern: Kahn (3) – Sagnol (3), Lucio (2,5), Ismael (3), Hargreaves (3,5) – Demichelis (2,5) – Deisler (5), Zé Roberto (4) – Karimi (4,5) – Guerrero (5), Makaay (5) – **Trainer:** Magath
Hannover: Enke (3) – Cherundolo (4,5), Mertesacker (2), Zuraw (3), Tarnat (4,5) – Lala (3), Dabrowski (4,5) – Yankov (5,5), Stajner (4) – Brdaric (4,5), Hashemian (5,5) – **Trainer:** Lienen
Eingewechselt: 46. Schweinsteiger (4) für Hargreaves, 70. Scholl (-) für Karimi, 76. Salihamidzic (-) für Deisler – 67. Vinicius (-) für Yankov, 67. Hahne (-) für Hashemian, 85. Halfar (-) für Zuraw
Tor: 1:0 Demichelis (9., Kopfball, Vorarbeit Sagnol)

Chancenverhältnis: 3:2
Eckenverhältnis: 3:3
SR: Wagner (Kriftel) – **Zuschauer:** 66000 (ausverkauft) – **Spielnote:** 5

17. September 2005
1. FSV Mainz 05 – VfB Stuttgart 1:2 (0:0)
Mainz: Wache (3) – Abel (4), M. Friedrich (4,5), Noveski (2,5), Weigelt (4) – Babatz (5) – F. Gerber (3), da Silva (4) – Thurk (2,5), Ruman (4) – Romulo (5) – **Trainer:** Klopp
Stuttgart: Hildebrand (2,5) – Hinkel (3,5), Fernando Meira (2,5), Delpierre (4), H. Gerber (5) – Gentner (5), Soldo (3,5) – Grönkjaer (3), Hitzlsperger (4) – Ljuboja (4,5), Tomasson (3) – **Trainer:** Trapattoni
Eingewechselt: 67. Geißler (-) für Ruman, 80. Jovanovic (-) für Romulo, 90. Zidan (-) für da Silva – 46. Meißner (4) für Gentner, 67. Gomez (-) für Ljuboja, 90. Stranzl (-) für Grönkjaer
Tore: 0:1 Tomasson (76., Linksschuss, Vorarbeit H. Gerber), 1:1 Noveski (77., Kopfball, Geißler), 1:2 Gomez (88., Linksschuss)
Chancenverhältnis: 7:4
Eckenverhältnis: 6:2
SR: Gagelmann (Bremen) – **Zuschauer:** 20300 (ausverkauft) – **Spielnote:** 3

17. September 2005
Arminia Bielefeld – 1. FC Kaiserslautern 0:0
Bielefeld: Hain (3) – Korzynietz (4), Westermann (3), Borges (3), Schuler (4) – Fink (4), Dammeier (4) – Zuma (3,5), Krupnikovic (4), Pinto (5) – Boakye (4,5) – **Trainer:** von Heesen
K'lautern: Macho (3) – Lembi (4), Pletsch (3,5), Mettomo (3,5), Wenzel (4,5) – T. Reuter (4), Sforza (4,5) – Engelhardt (5) – Halil Altintop (5), Skela (5) – Jancker (5) – **Trainer:** Henke
Eingewechselt: 46. Dalovic (5,5) für Boakye, 70. Rau (-) für Pinto, 79. D. Kobylik (-) für Zuma – 80. Göktan (-) für Jancker, 87. Hertzsch (-) für Lembi
Chancenverhältnis: 4:0
Eckenverhältnis: 4:3
SR: Stark (Ergolding) – **Zuschauer:** 16684 – **Spielnote:** 5

18. September 2005
MSV Duisburg – Bayer Leverkusen 1:3 (1:2)
Duisburg: G. Koch (4) – Wolters (4), Möhrle (4,5), Baelum (4,5), A. Meyer (4) – Grlic (4,5), Bugera (3,5) – Willi (3,5), van Houdt (4,5) – Lavric (3), Kurth (4) – **Trainer:** Meier
Leverkusen: Butt (3) – Madouni (3,5), Ramelow (4,5), Juan (3) – C. Fritz (3,5), Castro (4), Rolfes (4), Athirson (1,5) – B. Schneider (4) – Berbatov (3), Voronin (3) – **Trainer:** Völler
Eingewechselt: 58. Lottner (4) für Grlic, 58. Tjikuzu (3,5) für Wolters, 74. Ahanfouf (-) für van Houdt – 88. Lazovic (-) für Voronin, 90. Barnetta (-) für C. Fritz
Tore: 1:0 Lavric (31., Kopfball, Vorarbeit Willi), 1:1 Juan (37., Kopfball, Athirson), 1:2 Berbatov (41., Linksschuss, Athirson), 1:3 Athirson (89., Linksschuss, Lazovic)
Chancenverhältnis: 7:7
Eckenverhältnis: 5:4
SR: Weiner (Hasede) – **Zuschauer:** 24111 – **Spielnote:** 3,5

18. September 2005
FC Schalke 04 – Hertha BSC 0:0
Schalke: F. Rost (3) – Rafinha (3), Bordon (3), Krstajic (4), Kobiashvili (4,5) – Poulsen (3,5) – Hamit Altintop (3,5), F. Ernst (4) – Lincoln (3,5) – Sand (5), Kuranyi (4,5) – **Trainer:** Rangnick
Hertha: Fiedler (1,5) – A. Friedrich (3,5), van Burik (3), Simunic (2,5), Fathi (3,5) – N. Kovac (2,5) – Neuendorf (3), Bastürk (4,5), Gilberto (5) – Marcelinho (3,5) – Pantelic (3) – **Trainer:** Götz
Eingewechselt: 62. Larsen (-) für Kuranyi, 69. Varela (-) für F. Ernst – 54. Dardai (3) für Bastürk, 86. Madlung (-) für Neuendorf, 90. Samba (-) für Marcelinho
Chancenverhältnis: 6:5
Eckenverhältnis: 8:4
SR: Brych, Dr. (München) – **Zuschauer:** 60740 – **Spielnote:** 3,5

6. Spieltag

20. September 2005
Bor. M'Gladbach – Werder Bremen 2:1 (0:1)
Gladbach: Keller (1,5) – Fukal (3,5), Zé Antonio (3,5), Strasser (3,5), Jansen (3) – Oude Kamphuis (4) – Lisztes (5), El Fakiri (3,5) – Broich (3) – Kahe (4,5), Neuville (3) – **Trainer:** Köppel
Bremen: Reinke (3) – Owomoyela (4), L. Andreasen (4,5), Naldo (2,5), van Damme (3) – Baumann (5) – Frings (3,5), Borowski (5) – Micoud (4) – Klasnic (3,5), Klose (3,5) – **Trainer:** Schaaf
Eingewechselt: 46. Kluge (2,5) für Lisztes, 79. Daems (-) für Broich, 82. Sverkos (-) für Neuville – 67. D. Jensen (-) für Borowski, 71. Hunt (-) für Baumann, 82. Vranjes (-) für Owomoyela
Tore: 0:1 van Damme (21., Kopfball, Vorarbeit Frings), 1:1 Broich (53., Linksschuss, Kluge), 2:1 Baumann (60., Eigentor, Rechtsschuss, Jansen)
Chancenverhältnis: 6:9
Eckenverhältnis: 7:6
SR: Gräfe (Berlin) – **Zuschauer:** 40251 – **Spielnote:** 3

20. September 2005
Borussia Dortmund – Arminia Bielefeld 2:0 (1:0)
Dortmund: Weidenfeller (3) – P. Degen (4), Wörns (3), C. Metzelder (3), Dede (3) – Kehl (5) – Kringe (5), Rosicky (3,5) – Ricken (4), Koller (2), Smolarek (3,5) – **Trainer:** Van Marwijk
Bielefeld: Hain (2,5) – Korzynietz (4), Westermann (5), Borges (4), Schuler (4) – Fink (3), Dammeier (4) – Zuma (3,5), Krupnikovic (4), Rau (5) – Porcello (5) – **Trainer:** von Heesen
Eingewechselt: 58. Odonkor (3,5) für Ricken, 84. Kruska (-) für Kringe – 46. D. Kobylik (4,5) für Dammeier, 71. Pinto (-) für Schuler, 79. Boakye (-) für Porcello
Tore: 1:0 Koller (26., Rechtsschuss, Vorarbeit Ricken), 2:0 Smolarek (83., Rechtsschuss, C. Metzelder)
Chancenverhältnis: 8:3
Eckenverhältnis: 8:1
SR: Perl (München) – **Zuschauer:** 62100 – **Spielnote:** 4

20. September 2005
Eintracht Frankfurt – Bayern München 0:1 (0:0)
Frankfurt: Nikolov (2,5) – Rehmer (3), Vasoski (3) – Preuß (3,5), Spycher (3) – Chris (3) – Jones (3) – Köhler (2,5) – A. Meier (4,5) – van Lent (4), Amanatidis (4,5) – **Trainer:** Funkel
Bayern: Kahn (3) – Sagnol (2,5), Lucio (3), Ismael (3), Lizarazu (3,5) – Demichelis (2,5) – Deisler (4), Salihamidzic (4) – Schweinsteiger (3,5), Karimi (2) – Makaay (3,5) – **Trainer:** Magath
Eingewechselt: 64. Weissenberger (-) für A. Meier, 76. P. Ochs (-) für Preuß, 84. Copado (-) für van Lent – 54. Scholl (3) für Deisler, 66. Guerrero (-) für Salihamidzic, 73. Zé Roberto (-) für Karimi
Tor: 0:1 Guerrero (72., Kopfball, Vorarbeit Karimi)
Chancenverhältnis: 4:6
Eckenverhältnis: 3:8
SR: Kircher (Rottenburg) – **Zuschauer:** 50000 – **Spielnote:** 3

20. September 2005
Hannover 96 – VfL Wolfsburg 2:4 (1:4)
Hannover: Enke (4,5) – Cherundolo (4,5), Mertesacker (4,5), Zuraw (6), Tarnat (5) – Lala (4,5), Dabrowski (5) – Yankov (5), Stajner (4) – Hashemian (5), Brdaric (3,5) – **Trainer:** Lienen
Wolfsburg: Jentzsch (2,5) – Alex (3,5), Quiroga (3), Hofland (2), Neziri (3) – Sarpei (3) – Karhan (2,5), Tskitishvili (3,5) – d'Alessandro (2) – Hanke (2), Klimowicz (2,5) – **Trainer:** Fach
Eingewechselt: 46. Hahne (4) für Yankov, 52. Vinicius (3) für Zuraw, 73. Balitsch (-) für Tarnat – 70. Makiadi (-) für Karhan, 75. Schnoor (-) für Hanke, 81. Marlet (-) für d'Alessandro
Tore: 0:1 Hanke (10., Rechtsschuss, Vorarbeit Karhan), 0:2 Hanke (14., Rechtsschuss, d'Alessandro), 0:3 Klimowicz (27., Linksschuss, Sarpei), 1:3 Brdaric (30., Kopfball, Stajner), 1:4 d'Alessandro (33., direkter Freistoß, Linksschuss), 2:4 Brdaric (89., Rechtsschuss, Balitsch)
Chancenverhältnis: 6:7
Eckenverhältnis: 9:0
SR: Schmidt (Stuttgart) – **Zuschauer:** 31517 – **Spielnote:** 2,5

21. September 2005
Bayer Leverkusen – 1. FC Köln 2:1 (1:0)
Leverkusen: Butt (3) – Juan (2), Ramelow (3), Roque Junior (2,5) – C. Fritz (3,5), Castro (3,5), Rolfes (3), Athirson (3) – B. Schneider (3,5) – Voronin (3), Berbatov (4) – **Trainer:** Völler
FC Köln: Wessels (3) – Sinkiewicz (3,5), Schlicke (3,5), Matip (4,5) – Lell (3,5), Sinkala (5,5), A. Streit (4) – Lurling (4), Y. Mokhtari (3) – Podolski (4,5) – Scherz (4,5) – **Trainer:** Rapolder
Eingewechselt: 76. Madouni (-) für Juan, 90. Dum (-) für Voronin – 32. Guié-Mien (4) für Sinkala, 61. Helmes (-) für Lurling, 70. Madsen (-) für A. Streit
Tore: 1:0 Voronin (25., Rechtsschuss, Vorarbeit Castro), 2:0 Rolfes (67., Linksschuss, Athirson), 2:1 Helmes (77., Kopfball, Y. Mokhtari)
Chancenverhältnis: 3:2
Eckenverhältnis: 4:8
SR: Meyer (Burgdorf) – **Zuschauer:** 22500 (ausverkauft) – **Rote Karten:** B. Schneider (89., Tätlichkeit), Scherz (89., Tätlichkeit) – **Spielnote:** 3,5

21. September 2005
Hertha BSC – MSV Duisburg 3:2 (1:1)
Hertha: Fiedler (3) – A. Friedrich (4), van Burik (4,5), Simunic (2,5), Fathi (3,5) – N. Kovac (4) – Cairo (4), Bastürk (4,5), Neuendorf (4,5) – Marcelinho (3,5), Pantelic (3) – **Trainer:** Götz
Duisburg: G. Koch (3) – Tjikuzu (5), Möhrle (4), Biliskov (3), A. Meyer (4) – Baelum (3), Bugera (3,5) – Grlic (2,5), Lottner (4) – Ahanfouf (3,5), Lavric (-) – **Trainer:** Meier
Eingewechselt: 46. Madlung (3,5) für van Burik, 55. Rafael (3,5) für Neuendorf, 89. Samba (-) für N. Kovac – 11. Kurth (4) für Lavric, 74. Anfang (-) für Lottner, 80. van Houdt (-) für Ahanfouf
Tore: 1:0 Pantelic (6., Kopfball, Vorarbeit Marcelinho), 1:1 Grlic (32., Rechtsschuss, Ahanfouf), 1:2 Biliskov (53., Kopfball, Grlic), 2:2 Marcelinho (71., Foulelfmeter, Linksschuss, Fathi), 3:2 Rafael (90., Kopfball, Cairo)
Chancenverhältnis: 6:5
Eckenverhältnis: 6:4
SR: Merk, Dr. (Otterbach) – **Zuschauer:** 30627 – **Spielnote:** 3

21. September 2005
1. FC Kaiserslautern – 1. FSV Mainz 05 0:2 (0:1)
K'lautern: Macho (4) – Hertzsch (5,5), Pletsch (5), Mettomo (4), Wenzel (4,5) – T. Reuter (5), Sforza (5) – Engelhardt (5,5) – Göktan (5), Skela (5) – Halil Altintop (4) – **Trainer:** Henke
Mainz: Wache (3,5) – Abel (4), M. Friedrich (3), Noveski (3), Weigelt (4) – Pekovic (4) – F. Gerber (5), da Silva (3,5) – Thurk (3), Ruman (4,5) – Zidan (5,5) – **Trainer:** Klopp
Eingewechselt: 46. T. Riedl (4) für Göktan, 72. Seitz (-) für Mettomo, 87. Zandi (-) für Engelhardt – 76. Auer (-) für Zidan, 76. Geißler (-) für Ruman, 90. Rose (-) für F. Gerber
Tore: 0:1 Thurk (38., Kopfball, Vorarbeit da Silva), 0:2 Auer (90., Rechtsschuss, Thurk)
Chancenverhältnis: 3:4
Eckenverhältnis: 8:4
SR: Wack, Dr. (Biberbach) – **Zuschauer:** 39123 – **Gelbe Karte:** Pekovic – **Rote Karte:** Sforza (44., grobes Foulspiel) – **Spielnote:** 5

21. September 2005
1. FC Nürnberg – FC Schalke 04 1:1 (1:0)
Nürnberg: R. Schäfer (2) – B. Lense (4), A. Wolf (3), Nikl (3), Pinola (2) – Cantaluppi (3), Polak (3,5) – Vittek (4,5), S. Müller (4) – Kießling (2), Daun (5) – **Trainer:** Wolf
Schalke: F. Rost (3) – Rafinha (3,5), Bordon (3), Krstajic (5), Kobiashvili (3,5), F. Ernst (3), Bajramovic (3,5) – Hamit Altintop (3,5), Lincoln (4), Varela (4,5) – Kuranyi (4) – **Trainer:** Rangnick

Eingewechselt: 46. Schroth (3) für Kießling, 50. T. Paulus (3,5) für A. Wolf, 78. Banovic (-) für Daun – 46. Larsen (2) für Varela, 89. Poulsen (-) für Lincoln
Tore: 1:0 Kießling (21., Kopfball, Vorarbeit Cantaluppi), 1:1 Larsen (65., Rechtsschuss, Kuranyi)
Chancenverhältnis: 5:5
Eckenverhältnis: 4:7
SR: Wagner (Kriftel) – **Zuschauer:** 25910 – **Spielnote:** 3

21. September 2005
VfB Stuttgart – Hamburger SV 1:2 (0:1)
Stuttgart: Hildebrand (3) – Hinkel (4), Fernando Meira (2,5), Delpierre (3), Magnin (4) – Soldo (4), Meißner (5) – Hitzlsperger (5), Grönkjaer (2,5) – Tomasson (4), Cacau (3) – **Trainer:** Trapattoni
HSV: Wächter (4) – Klingbeil (5), Boulahrouz (4,5), van Buyten (3,5), Atouba (4) – Beinlich (3) – Mahdavikia (4), Jarolim (2,5) – van der Vaart (2,5) – Lauth (5), Barbarez (2,5) – **Trainer:** Doll
Eingewechselt: 36. Gomez (2,5) für Hitzlsperger, 46. Gentner (3) für Meißner, 84. Stranzl (-) für Fernando Meira – 37. Trochowski (3,5) für Mahdavikia, 76. B. Reinhardt (-) für Klingbeil, 81. Mpenza (-) für Lauth
Tore: 0:1 van der Vaart (32., Linksschuss, Vorarbeit Barbarez), 1:1 Gomez (53., Rechtsschuss, Grönkjaer), 1:2 Jarolim (88., Rechtsschuss, Barbarez)
Chancenverhältnis: 3:5
Eckenverhältnis: 2:6
SR: Fleischer, Dr. (Sigmertshausen) – **Zuschauer:** 34000 – **Spielnote:** 3,5

7. Spieltag

24. September 2005
MSV Duisburg – 1. FC Nürnberg 1:0 (1:0)
Duisburg: G. Koch (2,5) – Tjikuzu (5), Möhrle (4), Biliskov (2,5), A. Meyer (3) – Baelum (4) – Willi (3), Bugera (3) – Lottner (4) – Kurth (2,5), Ahanfouf (5) – **Trainer:** Meier
Nürnberg: R. Schäfer (3) – B. Lense (4), T. Paulus (3), Nikl (5), Pinola (4) – Cantaluppi (4), Polak (5) – Vittek (5,5), S. Müller (5) – Daun (4), Kießling (4) – **Trainer:** Wolf
Eingewechselt: 46. Wolters (3,5) für Tjikuzu, 72. Rietpietsch (-) für Lottner, 83. van Houdt (-) für Ahanfouf – 46. Schroth (5) für Vittek, 64. Saenko (-) für S. Müller, 69. Chedli (-) für Daun
Tor: 1:0 Kurth (28., Kopfball, Vorarbeit Lottner)
Chancenverhältnis: 4:3
Eckenverhältnis: 4:4
SR: Gagelmann (Bremen) – **Zuschauer:** 19411 – **Spielnote:** 5

24. September 2005
FC Schalke 04 – Hannover 96 2:0 (0:0)
Schalke: F. Rost (3) – Rafinha (3), Bordon (2,5), Rodriguez (3), Krstajic (2,5) – Poulsen (3) – F. Ernst (3), Kobiashvili (2,5) – Lincoln (2,5) – Kuranyi (2), Larsen (3,5) – **Trainer:** Rangnick
Hannover: Enke (1,5) – Cherundolo (5), Vinicius (5), Mertesacker (4), Tarnat (5) – Lala (4,5) – Dabrowski (5), Balitsch (5) – Stajner (5,5) – Brdaric (5,5), Hahne (4,5) – **Trainer:** Lienen
Eingewechselt: 90. Hamit Altintop (-) für Kuranyi, 90. Laumann (-) für Lincoln – 68. Hashemian (-) für Tarnat, 68. Delura (-) für Hahne, 83. Montabell (-) für Brdaric
Tore: 1:0 Lincoln (58., Kopfball, Vorarbeit Krstajic), 2:0 Kuranyi (66., Kopfball, Kobiashvili)
Chancenverhältnis: 12:0
Eckenverhältnis: 7:5
SR: Sippel (München) – **Zuschauer:** 60881 – **Besonderes Vorkommnis:** Enke hält Foulelfmeter von Lincoln (61.) – **Spielnote:** 3,5

24. September 2005
Hamburger SV – Bayern München 2:0 (1:0)
HSV: Wächter (3) – Demel (3), Boulahrouz (2,5), van Buyten (2), Atouba (2,5) – Beinlich (2,5) – Jarolim (2), Trochowski (1,5) – van der Vaart (2,5) – Lauth (3,5), Barbarez (3) – **Trainer:** Doll
Bayern: Kahn (2,5) – Sagnol (3,5), Lucio (4), Ismael (4,5), Lizarazu (4) – Demichelis (4,5) – Salihamidzic (5), Zé Roberto (5) – Ballack (5), Karimi (5) – Makaay (5) – **Trainer:** Magath
Eingewechselt: 68. Mpenza (-) für Lauth, 71. B. Reinhardt (-) für Demel, 82. Ziegler (-) für van der Vaart – 46. Schweinsteiger (3,5) für Salihamidzic, 46. Guerrero (4) für Karimi, 61. Scholl (-) für Lizarazu
Tore: 1:0 van der Vaart (10., Rechtsschuss, Vorarbeit Trochowski), 2:0 Trochowski (62., Rechtsschuss, Barbarez)
Chancenverhältnis: 6:4
Eckenverhältnis: 2:1
SR: Meyer (Burgdorf) – **Zuschauer:** 55800 (ausverkauft) – **Spielnote:** 2,5

24. September 2005
VfL Wolfsburg – Eintracht Frankfurt 1:0 (1:0)
Wolfsburg: Jentzsch (3) – Alex (4), Quiroga (4), Hofland (3), Neziri (3,5) – Thiam (4) – Karhan (4,5), Tskitishvili (4) – d'Alessandro (4,5) – Hanke (5), Klimowicz (4) – **Trainer:** Fach
Frankfurt: J. Zimmermann (3) – Rehmer (5), Chris (4), Vasoski (4) – P. Ochs (3) – Preuß (4), Huggel (4,5) – Lexa (5), Weissenberger (4), Köhler (5) – Amanatidis (5) – **Trainer:** Funkel
Eingewechselt: 45. Menseguez (5) für Tskitishvili, 66. Sarpei (-) für Alex, 79. Schnoor (-) für Thiam – 45. Cimen (3,5) für Rehmer, 70. A. Meier (-) für Huggel, 81. van Lent (-) für Lexa
Tor: 1:0 Klimowicz (35., Rechtsschuss, Vorarbeit Jentzsch)
Chancenverhältnis: 2:1
Eckenverhältnis: 5:5
SR: Drees, Dr. (Mainz) – **Zuschauer:** 17121 – **Spielnote:** 5

24. September 2005
Werder Bremen – Bayer Leverkusen 2:1 (0:0)
Bremen: Reinke (2) – Owomoyela (3), L. Andreasen (3,5), Naldo (2,5), van Damme (4) – Frings (2) – D. Jensen (4), Borowski (4) – Micoud (3) – Klose (2,5), Klasnic (3) – **Trainer:** Schaaf
Leverkusen: Butt (2) – Madouni (4), Ramelow (4,5), Roque Junior (3) – Barnetta (3,5), Castro (2,5), Rolfes (2,5), Athirson (4) – Babic (4) – Berbatov (4), Voronin (4,5) – **Trainer:** Völler
Eingewechselt: 69. Vranjes (-) für Borowski, 69. Hunt (-) für D. Jensen, 90. C. Schulz (-) für Klasnic – 63. C. Fritz (-) für Madouni, 80. Lazovic (-) für Voronin, 80. Krzynowek (-) für Athirson
Tore: 1:0 Klose (47., Rechtsschuss, ohne Vorarbeit), 1:1 Rolfes (54., Linksschuss), 2:1 Klasnic (77., Linksschuss, Hunt)
Chancenverhältnis: 8:5
Eckenverhältnis: 12:4
SR: Merk, Dr. (Otterbach) – **Zuschauer:** 37265 – **Gelbe Karte:** Berbatov – **Spielnote:** 3

24. September 2005
1. FSV Mainz 05 – Borussia Dortmund 1:1 (0:0)
Mainz: Wache (2) – Abel (3,5), M. Friedrich (3), Noveski (2,5), Weigelt (3) – Pekovic (3) – F. Gerber (4,5), da Silva (4) – Ruman (3,5), Thurk (3) – Zidan (2) – **Trainer:** Klopp
Dortmund: Weidenfeller (3) – P. Degen (5), Wörns (4), C. Metzelder (4,5), Dede (3,5) – Kehl (3) – Kringe (4), Rosicky (3,5) – Ricken (4), Koller (4), Smolarek (4) – **Trainer:** Van Marwijk
Eingewechselt: 74. Babatz (-) für Pekovic, 79. O. Addo (-) für Thurk, 85. Demirtas (-) für F. Gerber – 46. Odonkor (3,5) für Ricken, 64. Kruska (-) für Koller
Tore: 1:0 Zidan (64., Foulelfmeter, Rechtsschuss, Vorarbeit Ruman), 1:1 C. Metzelder (90., Rechtsschuss)
Chancenverhältnis: 7:8
Eckenverhältnis: 2:4
SR: Weiner (Hasede) – **Zuschauer:** 20300 (ausverkauft) – **Spielnote:** 2

24. September 2005
Arminia Bielefeld – Bor. M'Gladbach 0:2 (0:1)
Bielefeld: Hain (3) – Korzynietz (4,5), Westermann (5), Borges (4,5), Schuler (5) – Fink (5), Kucera (3) – Zuma (4,5), Krupnikovic (4,5), D. Kobylik (5) – Boakye (5,5) – **Trainer:** von Heesen
Gladbach: Keller (3) – Fukal (2,5), Zé Antonio (3), Strasser (3), Jansen (3) – Oude Kamphuis (3) – El Fakiri (2,5), Kluge (2) – Broich (4) – Kahe (4), Neuville (2,5) – **Trainer:** Köppel
Eingewechselt: 46. Pinto (4,5) für Korzynietz, 46. Porcello (5) für Krupnikovic, 67. Rau (-) für Schuler – 60. Daems (3) für Kluge, 67. Sverkos (-) für Kahe, 82. Lisztes (-) für Neuville
Tore: 0:1 Kluge (32., Linksschuss, Vorarbeit El Fakiri), 0:2 Neuville (68., Rechtsschuss, Oude Kamphuis)
Chancenverhältnis: 1:6
Eckenverhältnis: 6:6
SR: Brych, Dr. (München) – **Zuschauer:** 21731 – **Spielnote:** 4,5

25. September 2005
1. FC Köln – Hertha BSC 0:1 (0:0)
FC Köln: Wessels (1) – Sinkiewicz (3,5), Schlicke (4), Sinkala (5) – Lell (4,5), Schindzielorz (4) – Lurling (4), Rahn (4) – Y. Mokhtari (4) – Madsen (4), Podolski (3,5) – **Trainer:** Rapolder
Hertha: Fiedler (3) – A. Friedrich (3), Madlung (2), Simunic (2,5), Fathi (3) – N. Kovac (3) – Dardai (3,5), Gilberto (3) – Bastürk (2,5) – Marcelinho (2), Pantelic (3) – **Trainer:** Götz
Eingewechselt: 56. A. Streit (4) für Schindzielorz, 56. Feulner (3,5) für Lurling, 66. Helmes (-) für Madsen – 84. Rafael (-) für Pantelic, 90. Samba (-) für Marcelinho, 90. Neuendorf (-) für Bastürk
Tor: 0:1 Madlung (52., Rechtsschuss, Vorarbeit Bastürk)
Chancenverhältnis: 2:10
Eckenverhältnis: 4:6
SR: Stark (Ergolding) – **Zuschauer:** 48000 – **Spielnote:** 3

25. September 2005
VfB Stuttgart – 1. FC Kaiserslautern 1:0 (1:0)
Stuttgart: Hildebrand (3) – Stranzl (5), Fernando Meira (2), Delpierre (3), Magnin (4) – Gentner (4), Soldo (3,5) – Tiffert (3,5), Cacau (4,5) – Ljuboja (4,5), Tomasson (3,5) – **Trainer:** Trapattoni
K'lautern: Macho (3,5) – Hertzsch (4), Pletsch (4), Mettomo (4), Blank (4) – T. Reuter (4), Engelhardt (3) – Göktan (3,5), Skela (3,5), Seitz (5) – Halil Altintop (3,5) – **Trainer:** Henke
Eingewechselt: 46. Grönkjaer (3) für Cacau, 70. Gomez (-) für Ljuboja – 46. Bellinghausen (4) für Seitz, 72. Mikic (-) für Göktan, 83. Zandi (-) für Mettomo
Tor: 1:0 Tomasson (10., Rechtsschuss, Vorarbeit Ljuboja)
Chancenverhältnis: 4:3
Eckenverhältnis: 5:5
SR: Kinhöfer (Herne) – **Zuschauer:** 35000 – **Spielnote:** 4

8. Spieltag

1. Oktober 2005
Bayer Leverkusen – Arminia Bielefeld 1:1 (0:0)
Leverkusen: Butt (3) – C. Fritz (5), Madouni (5), Roque Junior (4), Athirson (3,5) – Ramelow (4) – Castro (4,5), Babic (5) – Voronin

Die Entscheidung im Spitzenspiel in der AOL-Arena: Der ehemalige Bayern-Profi Piotr Trochowski bezwingt Bayerns Torhüter Oliver Kahn mit einem strammen Schuss zum 2:0-Endstand. Lucio (am Boden) und Zé Roberto kommen zu spät.

(3,5) – Lazovic (5), Berbatov (4) – **Trainer:** Völler
Bielefeld: Hain (3) – Korzynietz (3,5), Westermann (3), Borges (4), Schuler (3,5) – Fink (4), Kucera (2,5) – Küntzel (4), D. Kobylik (4,5) – Zuma (3,5) – Boakye (3) – **Trainer:** von Heesen
Eingewechselt: 46. Krzynowek (5) für Lazovic, 46. Freier (3) für C. Fritz, 67. Rolfes (-) für Babic – 63. Pinto (-) für Küntzel, 74. Dalovic (-) für Zuma, 90. Rau (-) für D. Kobylik
Tore: 0:1 Boakye (58., Rechtsschuss, Vorarbeit D. Kobylik), 1:1 Voronin (84., Rechtsschuss, Athirson)
Chancenverhältnis: 7:5
Eckenverhältnis: 7:6
SR: Gagelmann (Bremen) – **Zuschauer:** 20000 – **Spielnote:** 4

1. Oktober 2005
Bor. M'Gladbach – 1. FSV Mainz 05 1:0 (1:0)
Gladbach: Keller (2) – Fukal (4), Zé Antonio (2,5), Strasser (3,5), Jansen (3,5) – Oude Kamphuis (3,5) – El Fakiri (3,5), Kluge (2) – Broich (3,5) – Kahe (5), Neuville (3,5) – **Trainer:** Köppel
Mainz: Wache (2) – Demirtas (3,5), M. Friedrich (4), Noveski (4), Weigelt (3) – F. Gerber (3,5), Pekovic (4), da Silva (3,5) – Ruman (3), Thurk (3,5) – Zidan (4) – **Trainer:** Klopp
Eingewechselt: 52. Compper (3) für Strasser, 62. Sverkos (-) für Kahe, 80. Daems (-) für Broich – 46. Geißler (3) für F. Gerber, 65. Auer (-) für Thurk, 89. N. Weiland (-) für Demirtas
Tor: 1:0 Zé Antonio (32., Kopfball, Vorarbeit Neuville)
Chancenverhältnis: 8:6
Eckenverhältnis: 6:6
SR: Perl (München) – **Zuschauer:** 47026 – **Gelbe Karte:** Ruman – **Spielnote:** 4

1. Oktober 2005
Hertha BSC – Werder Bremen 1:2 (0:0)
Hertha: Fiedler (2) – A. Friedrich (4), Madlung (4), Simunic (3), Fathi (3) – Dardai (2), N. Kovac (3,5) – Bastürk (2), Gilberto (4) – Marcelinho (3) – Pantelic (4) – **Trainer:** Götz
Bremen: Reinke (2,5) – Owomoyela (2,5), Baumann (3), Naldo (3), C. Schulz (4) – Frings (3,5) – Vranjes (4), Borowski (2) – Micoud (3) – Klasnic (3), Valdez (2) – **Trainer:** Schaaf
Eingewechselt: 64. O. Schröder (-) für Fathi, 81. Samba (-) für Pantelic – 72. D. Jensen (-) für Vranjes
Tore: 1:0 Dardai (47., Rechtsschuss, Vorarbeit Pantelic), 1:1 Borowski (85., Rechtsschuss), 1:2 Valdez (89., Kopfball, Micoud)
Chancenverhältnis: 7:12
Eckenverhältnis: 4:4
SR: Wagner (Kriftel) – **Zuschauer:** 64629 – **Spielnote:** 2

1. Oktober 2005
1. FC Nürnberg – 1. FC Köln 2:1 (1:0)
Nürnberg: R. Schäfer (3) – D. Reinhardt (2,5), Bosacki (3), T. Paulus (3), L. Müller (3) – Polak (2,5), Cantaluppi (2) – S. Müller (3), Banovic (3) – Kießling (1,5), Schroth (2,5) – **Trainer:** Wolf
FC Köln: Wessels (3) – Sinkiewicz (4,5), Schlicke (4), Alpay (5) – Lell (5), Rahn (5) – Schindzielorz (3) – Y. Mokhtari (5), Feulner (4) – Madsen (5), Podolski (4) – **Trainer:** Rapolder
Eingewechselt: 58. Daun (3,5) für Bosacki, 87. Szikal (-) für Kießling, 90. Mnari (-) für Banovic – 57. A. Streit (4) für Madsen, 57. Lurling (5) für Y. Mokhtari, 65. Helmes (-) für Alpay
Tore: 1:0 Kießling (32., Rechtsschuss, Vorarbeit Cantaluppi), 2:0 Kießling (67., Rechtsschuss, Banovic), 2:1 Helmes (75., Rechtsschuss, A. Streit)
Chancenverhältnis: 12:2
Eckenverhältnis: 13:2
SR: Kinhöfer (Herne) – **Zuschauer:** 27418 – **Spielnote:** 3

1. Oktober 2005
Bayern München – VfL Wolfsburg 2:0 (0:0)
Bayern: Dreher (3) – Sagnol (3), Lucio (1,5), Ismael (3), Schweinsteiger (3) – Jeremies (3,5) – Deisler (5), Zé Roberto (4) – Karimi (4) – Makaay (4,5), Santa Cruz (3) – **Trainer:** Magath
Wolfsburg: Jentzsch (3) – Alex (3), Quiroga (4), Hofland (3), Neziri (3) – Karhan (3,5), Sarpei (3,5) – d'Alessandro (4) – Hanke (5), Klimowicz (5), Marlet (4) – **Trainer:** Fach
Eingewechselt: 51. Scholl (3) für Karimi, 70. Guerrero (-) für Santa Cruz, 77. Salihamidzic (-) für Zé Roberto – 56. Schnoor (4) für Karhan, 72. Menseguez (-) für Marlet, 79. Makiadi (-) für Klimowicz
Tore: 1:0 Santa Cruz (67., Kopfball, Vorarbeit Scholl), 2:0 Lucio (90., Rechtsschuss, Guerrero)
Chancenverhältnis: 5:1
Eckenverhältnis: 4:4
SR: Merk, Dr. (Otterbach) – **Zuschauer:** 66000 (ausverkauft) – **Spielnote:** 4,5

1. Oktober 2005
Eintracht Frankfurt – FC Schalke 04 0:1 (0:0)
Frankfurt: J. Zimmermann (3) – Chris (3), Preuß (3), Vasoski (2,5) – Huggel (3), Spycher (3,5) – P. Ochs (3), Köhler (4,5) – Weissenberger (4) – Amanatidis (4,5), A. Meier (4) – **Trainer:** Funkel
Schalke: F. Rost (3) – Rafinha (3,5), Rodriguez (2,5), Krstajic (3), Kobiashvili (4) – Poulsen (2,5) – F. Ernst (4,5), Bajramovic (4) – Lincoln (4,5) – Kuranyi (4), Larsen (3,5) – **Trainer:** Rangnick
Eingewechselt: 42. van Lent (4) für Amanatidis, 72. D.-R. Cha (-) für Weissenberger – 46. Hamit Altintop (4) für Bajramovic, 78. Sand (-) für Kuranyi, 90. Varela (-) für Lincoln
Tor: 0:1 Larsen (64., Linksschuss, Vorarbeit Kuranyi)
Chancenverhältnis: 3:4
Eckenverhältnis: 3:8
SR: Stark (Ergolding) – **Zuschauer:** 50000 – **Spielnote:** 3,5

1. Oktober 2005
Hannover 96 – MSV Duisburg 1:1 (1:1)
Hannover: Enke (3) – Balitsch (3,5), Mertesacker (4), Zuraw (4), Tarnat (5) – Lala (4), Dabrowski (4) – Ricardo Sousa (3,5) – Delura (3,5), Brdaric (4), Hashemian (5) – **Trainer:** Lienen
Duisburg: G. Koch (2) – Wolters (4), Möhrle (4), Biliskov (4), A. Meyer (4) – Baelum (4,5) – Willi (3,5), Lottner (4), Bugera (4,5) – Ahanfouf (4), Kurth (5) – **Trainer:** Meier
Eingewechselt: 68. Stajner (-) für Delura, 87. Yankov (-) für Ricardo Sousa, 90. Montabell (-) für Lala – 60. Anfang (4) für Wolters, 69. Rietpietsch (-) für Lottner, 85. Grlic (-) für Ahanfouf
Tore: 1:0 Delura (8., Rechtsschuss, Vorarbeit Mertesacker), 1:1 Ahanfouf (14., Linksschuss, Willi)
Chancenverhältnis: 7:4
Eckenverhältnis: 10:1
SR: Gräfe (Berlin) – **Zuschauer:** 27211 – **Besonderes Vorkommnis:** G. Koch hält Foulelfmeter von Stajner (85.) – **Spielnote:** 3,5

2. Oktober 2005
1. FC Kaiserslautern – Hamburger SV 0:3 (0:1)
K'lautern: Macho (3,5) – Lembi (5), Pletsch (5), Hertzsch (5), Blank (5,5) – T. Reuter (5) – T. Riedl (5), Engelhardt (3,5), Bellinghausen (4,5) – Halil Altintop (4,5), Jancker (5) – **Trainer:** Henke
HSV: Wächter (3) – Boulahrouz (3), van Buyten (3) – Demel (3), Atouba (3) – Wicky (2,5) – Jarolim (2,5), Beinlich (3) – van der Vaart (1) – Barbarez (2), Takahara (3,5) – **Trainer:** Doll
Eingewechselt: 46. Skela (4,5) für Lembi, 64. Göktan (-) für Jancker – 65. Trochowski (-) für Wicky, 73. Mpenza (-) für Takahara, 85. Ziegler (-) für Demel
Tore: 0:1 van der Vaart (36., Rechtsschuss, Vorarbeit Barbarez), 0:2 Barbarez (50., Linksschuss, van der Vaart), 0:3 van der Vaart (82., Linksschuss, Demel)
Chancenverhältnis: 1:10
Eckenverhältnis: 2:6
SR: Schmidt (Stuttgart) – **Zuschauer:** 34775 – **Spielnote:** 3

2. Oktober 2005
Borussia Dortmund – VfB Stuttgart 0:0
Dortmund: Weidenfeller (2) – P. Degen (3), Brzenska (3,5), C. Metzelder (2), Dede (4) – Kehl (3) – Kringe (5), Rosicky (3,5) – Odonkor (3), Ricken (5), Smolarek (4) – **Trainer:** Van Marwijk
Stuttgart: Hildebrand (3,5) – Stranzl (3,5), Fernando Meira (2,5), Delpierre (3), Magnin (4,5) – Soldo (3) – Meißner (4), Hitzlsperger (3) – Tiffert (4), Cacau (3,5), Tomasson (5) – **Trainer:** Trapattoni
Eingewechselt: 74. Kruska (-) für Ricken – 61. Grönkjaer (-) für Cacau
Chancenverhältnis: 4:5
Eckenverhältnis: 4:5
SR: Meyer (Burgdorf) – **Zuschauer:** 73100 – **Rote Karte:** Tomasson (80., Tätlichkeit) – **Spielnote:** 4

9. Spieltag

15. Oktober 2005
FC Schalke 04 – Bayern München 1:1 (0:1)
Schalke: F. Rost (2) – Rafinha (3,5), Bordon (4), Rodriguez (3,5), Krstajic (3,5) – Poulsen (3,5) – F. Ernst (5), Kobiashvili (3,5) – Lincoln (4,5) – Larsen (3,5), Kuranyi (5) – **Trainer:** Rangnick
Bayern: Kahn (3) – Ottl (3), Lucio (2), Ismael (2,5), Schweinsteiger (3,5) – Demichelis (2,5) – Deisler (3,5), Zé Roberto (2) – Ballack (4) – Santa Cruz (3), Makaay (4,5) – **Trainer:** Magath
Eingewechselt: 46. Hamit Altintop (3,5) für F. Ernst, 60. Sand (3,5) für Kuranyi, 80. Varela (-) für Rodriguez – 46. Salihamidzic (4,5) für Zé Roberto, 83. Karimi (-) für Deisler, 90. Pizarro (-) für Santa Cruz
Tore: 0:1 Santa Cruz (19., Rechtsschuss, Vorarbeit Zé Roberto), 1:1 Larsen (90., Foulelfmeter, Linksschuss, Larsen)
Chancenverhältnis: 2:7
Eckenverhältnis: 5:2
SR: Weiner (Hasede) – **Zuschauer:** 61524 (ausverkauft) – **Rote Karte:** Demichelis (90., grobes Foulspiel) – **Spielnote:** 4

15. Oktober 2005
Hamburger SV – VfL Wolfsburg 0:1 (0:1)
HSV: Wächter (3) – Demel (5), Boulahrouz (4), van Buyten (3,5), Atouba (4) – Wicky (3,5) – Jarolim (3), Beinlich (3,5) – van der Vaart (4) – Lauth (5), Barbarez (5) – **Trainer:** Doll
Wolfsburg: Jentzsch (2,5) – Alex (4), Franz (3), Quiroga (1,5), Neziri (3) – Thiam (2,5) – Sarpei (3,5), van der Heyden (3) – d'Alessandro (4) – Hanke (3), Klimowicz (1,5) – **Trainer:** Fach
Eingewechselt: 66. Mahdavikia (-) für Demel, 66. Mpenza (-) für Lauth, 81. Takahara (-) für Wicky – 79. Menseguez (-) für Alex, 90. Schnoor (-) für d'Alessandro
Tor: 0:1 Klimowicz (19., Kopfball, Vorarbeit Quiroga)
Chancenverhältnis: 4:6
Eckenverhältnis: 6:2
SR: Stark (Ergolding) – **Zuschauer:** 55800 (ausverkauft) – **Rote Karten:** Franz (90., Rangelei), van der Vaart (90., Rangelei) – **Spielnote:** 3

15. Oktober 2005
1. FC Kaiserslautern – Borussia Dortmund 3:3 (1:3)
K'lautern: Macho (4) – Hertzsch (5), Pletsch (5,5), Mettomo (5), Wenzel (5,5) – Sforza (4), Engelhardt (5,5) – Halil Altintop (1), Skela (4), Seitz (2,5) – Sanogo (2,5) – **Trainer:** Henke
Dortmund: Weidenfeller (3) – C. Metzelder (5,5), Brzenska (4), Wörns (5), Dede (4,5) – Kehl (3,5) – Rosicky (4), Kringe (4) – Odonkor (3), Ricken (5), Smolarek (1) – **Trainer:** Van Marwijk
Eingewechselt: 46. T. Riedl (3,5) für Mettomo, 46. Zandi (3,5) für Sforza, 74. Nerlinger (-) für Engelhardt – 63. Buckley (-) für Ricken, 81. Kruska (-) für Kringe
Tore: 0:1 Smolarek (7., Linksschuss, ohne Vorarbeit), 1:1 Halil Altintop (13., Rechtsschuss, Sanogo), 1:2 Smolarek (16., Rechtsschuss), 1:3 Smolarek (40., Kopfball, Ricken), 2:3 Halil Altintop (57., Kopfball, Seitz), 3:3 Halil Altintop (78., Rechtsschuss, T. Riedl)
Chancenverhältnis: 8:10
Eckenverhältnis: 7:5
SR: Sippel (München) – **Zuschauer:** 32051 – **Spielnote:** 3

15. Oktober 2005
Werder Bremen – 1. FC Nürnberg 6:2 (3:1)
Bremen: Reinke (2,5) – Owomoyela (3,5), L. Andreasen (4), Naldo (3,5), C. Schulz (4) – Baumann (3) – Frings (2,5) – Borowski (2,5) – Micoud (3) – Klose (1), Klasnic (1,5) – **Trainer:** Schaaf
Nürnberg: R. Schäfer (5) – D. Reinhardt (5), T. Paulus (5), Nikl (5,5), L. Müller (5) – Cantaluppi (4,5) – S. Müller (3), Polak (4), Banovic (5) – Kießling (3), Schroth (3,5) – **Trainer:** Wolf
Eingewechselt: 67. Valdez (-) für Klose, 73. Fahrenhorst (-) für Owomoyela, 81. Vranjes (-) für Borowski – 46. B. Lense (5) für Nikl, 67. Vittek (-) für Banovic, 71. Mnari (-) für Polak
Tore: 1:0 Klose (2., Rechtsschuss, Vorarbeit Borowski), 1:1 Kießling (16., Kopfball, L. Müller), 2:1 Klose (34., Rechtsschuss, Micoud), 3:1 Klose (39., Rechtsschuss, Klasnic), 3:2 Schroth (57., Kopfball, S. Müller), 4:2 Klasnic (66., Rechtsschuss, Frings), 5:2 Borowski (80., Rechtsschuss, Valdez), 6:2 Klasnic (85., Linksschuss, Frings)
Chancenverhältnis: 9:8
Eckenverhältnis: 3:5
SR: Meyer (Burgdorf) – **Zuschauer:** 39542 – **Spielnote:** 2,5

15. Oktober 2005
VfB Stuttgart – Bor. M'Gladbach 1:1 (0:1)
Stuttgart: Hildebrand (3) – Hinkel (5), Fernando Meira (2,5), Delpierre (2), H. Gerber (5) – Soldo (4) – Gentner (4,5), Hitzlsperger (4,5), Grönkjaer (5) – Cacau (4,5), Gomez (3) – **Trainer:** Trapattoni
Gladbach: Keller (2) – Fukal (3), Zé Antonio (2), Strasser (4,5), Jansen (3) – Oude Kamphuis (3) – El Fakiri (2,5), Kluge (2) – Broich (3) – Kahe (4), Neuville (3,5) – **Trainer:** Köppel
Eingewechselt: 53. Streller (4) für Hitzlsperger, 59. Ljuboja (4) für Gomez, 66. Tiffert (-) für Grönkjaer – 67. Sverkos (-) für Kahe, 74. Thijs (-) für Broich, 80. Daems (-) für Kluge
Tore: 0:1 Kluge (17., Rechtsschuss, Vorarbeit El Fakiri), 1:1 Strasser (89., Eigentor, Rechtsschuss, Streller)
Chancenverhältnis: 5:7
Eckenverhältnis: 3:6
SR: Drees, Dr. (Mainz) – **Zuschauer:** 45000 – **Gelbe Karte:** Neuville – **Spielnote:** 3

15. Oktober 2005
1. FSV Mainz 05 – Bayer Leverkusen 3:1 (0:0)
Mainz: Wache (3,5) – Demirtas (2,5), M. Friedrich (3,5), Noveski (3), Weigelt (4) – Pekovic (3,5) – N. Weiland (3), da Silva (2) – Thurk (3,5), Ruman (3,5), Auer (3,5) – **Trainer:** Klopp
Leverkusen: Butt (3) – C. Fritz (5,5), Juan (5), Roque Junior (5), Athirson (4,5) – Ramelow (4) – B. Schneider (4,5), Rolfes (4,5), Krzynowek (5) – Berbatov (4,5), Voronin (4) – **Trainer:** Skibbe
Eingewechselt: 71. O. Addo (-) für N. Weiland, 80. D. Weiland (-) für Thurk, 90. Rose (-) für Ruman – 56. Babic (4,5) für Krzynowek, 65. Freier (-) für C. Fritz, 76. Barnetta (-) für Rolfes
Tore: 1:0 Ruman (56., Linksschuss, Vorarbeit da Silva), 2:0 Thurk (61., Foulelfmeter, Rechtsschuss, Ruman), 3:0 Ruman (75., Kopfball, da Silva), 3:1 Barnetta (79., Rechtsschuss)
Chancenverhältnis: 14:10
Eckenverhältnis: 5:7
SR: Brych, Dr. (München) – **Zuschauer:** 20300 (ausverkauft) – **Spielnote:** 2,5

15. Oktober 2005
Arminia Bielefeld – Hertha BSC 3:0 (2:0)
Bielefeld: Hain (1,5) – Korzynietz (4), Westermann (1,5), Borges (2), Schuler (3) – Fink (3), Kucera (2,5) – Küntzel (3,5), D. Kobylik (2,5) – Zuma (1,5), Boakye (3,5) – **Trainer:** von Heesen
Hertha: Fiedler (4) – A. Friedrich (4), Madlung (5), Simunic (5), Fathi (4) – Dardai (4), N. Kovac (5) – Bastürk (5), Gilberto (3) – Pantelic (4), Marcelinho (3,5) – **Trainer:** Götz
Eingewechselt: 67. Pinto (-) für Fink, 77. Diego Leon (-) für Küntzel, 86. Dammeier (-) für Boakye – 46. Rafael (4,5) für N. Kovac, 49. Neuendorf (5) für Gilberto
Tore: 1:0 Borges (14., Kopfball, Vorarbeit D. Kobylik), 2:0 Westermann (29., Rechtsschuss, Boakye), 3:0 Zuma (52., Rechtsschuss, Fink)
Chancenverhältnis: 5:7
Eckenverhältnis: 0:7
SR: Wack, Dr. (Biberbach) – **Zuschauer:** 20117 – **Spielnote:** 2,5

16. Oktober 2005
1. FC Köln – Hannover 96 1:4 (0:0)
FC Köln: Wessels (3) – Lell (5), Schlicke (5), Sinkiewicz (5), Springer (4,5) – Grammozis (5), Schindzielorz (4) – A. Streit (4), Y. Mokhtari (5), Lurling (4) – Madsen (5) – **Trainer:** Rapolder
Hannover: Enke (2,5) – Balitsch (4), Mertesacker (3), Zuraw (2,5), Tarnat (4,5) – Lala (3), Dabrowski (2,5) – Ricardo Sousa (2,5) – Stajner (1), Halfar (3,5), Brdaric (2) – **Trainer:** Lienen
Eingewechselt: 46. Podolski (5) für Schindzielorz, 72. Epstein (-) für Madsen, 72. Sinkala (-) für Grammozis – 77. Delura (-) für Halfar, 84. Hashemian (-) für Brdaric, 84. Vinicius (-) für Lala
Tore: 1:0 A. Streit (47., Rechtsschuss, Vorarbeit Madsen), 1:1 Stajner (48., Rechtsschuss, Ricardo Sousa), 1:2 Brdaric (53., Linksschuss, Dabrowski), 1:3 Ricardo Sousa (56., Foulelfmeter, Linksschuss, Halfar), 1:4 Brdaric (70., Rechtsschuss, Stajner)
Chancenverhältnis: 5:8
Eckenverhältnis: 4:3
SR: Merk, Dr. (Otterbach) – **Zuschauer:** 50000 (ausverkauft) – **Spielnote:** 3

16. Oktober 2005
MSV Duisburg – Eintracht Frankfurt 0:1 (0:1)
Duisburg: G. Koch (1,5) – Wolters (4), Möhrle (4), Biliskov (4,5), A. Meyer (5) – Baelum (5) – Willi (4,5), Bugera (4,5) – Lottner (5) – Kurth (3,5), Ahanfouf (5) – **Trainer:** Meier
Frankfurt: Nikolov (3) – P. Ochs (3), Rehmer (3,5), Vasoski (3,5), Spycher (4) – Huggel (3) – Chris (3), Köhler (3,5) – A. Meier (2,5) – Copado (3), Amanatidis (2,5) – **Trainer:** Funkel
Eingewechselt: 60. Rietpietsch (5) für Lottner, 60. van Houdt (5) für Wolters, 84. Michalke (-) für Bugera – 66. D.-R. Cha (-) für Copado, 74. Preuß (-) für Köhler, 87. Cimen (-) für Chris
Tor: 0:1 A. Meier (27., Rechtsschuss, Vorarbeit Copado)
Chancenverhältnis: 2:6
Eckenverhältnis: 3:5
SR: Schmidt (Stuttgart) – **Zuschauer:** 24636 – **Spielnote:** 4

10. Spieltag

22. Oktober 2005
Hertha BSC – 1. FSV Mainz 05 3:1 (2:0)
Hertha: Fiedler (1,5) – A. Friedrich (4), van Burik (3), Madlung (3,5), Fathi (2,5) – Dardai (3,5), O. Schröder (3,5) – Bastürk (3,5) – Marcelinho (2) – Rafael (5), Pantelic (2,5) – **Trainer:** Götz
Mainz: Wache (4,5) – Demirtas (4), M. Friedrich (3), Noveski (3,5), Weigelt (4) – Pekovic (3) – O. Addo (4), da Silva (3) – Thurk (3,5), Ruman (4) – Auer (3,5) – **Trainer:** Klopp
Eingewechselt: 68. Samba (-) für Rafael, 81. T. Marx (-) für A. Friedrich, 87. Neuendorf (-) für Bastürk – 71. Zidan (-) für Ruman, 78. Geißler (-) für O. Addo, 84. Jovanovic (-) für Demirtas
Tore: 1:0 Marcelinho (5., direkter Freistoß, Linksschuss, ohne Vorarbeit), 2:0 Marcelinho (34., Linksschuss, Pantelic), 3:0 Pantelic (67., Kopfball, Fathi), 3:1 M. Friedrich (71., Kopfball, da Silva)
Chancenverhältnis: 10:11
Eckenverhältnis: 1:11
SR: Kinhöfer (Herne) – **Zuschauer:** 36392 – **Spielnote:** 2,5

22. Oktober 2005
VfL Wolfsburg – FC Schalke 04 0:0
Wolfsburg: Jentzsch (2,5) – Quiroga (3), Hofland (3,5), van der Heyden (3) – Thiam (3,5), Sarpei (3,5) – Menseguez (4,5), Neziri (4) – d'Alessandro (4,5) – Hanke (4), Klimowicz (4,5) – **Trainer:** Oenning
Schalke: F. Rost (3) – Rafinha (3), Bordon (2,5), Rodriguez (3), Krstajic (3) – Poulsen (3,5) – Hamit Altintop (3,5), Lincoln (3), Kobiashvili (4) – Kuranyi (4), Larsen (5) – **Trainer:** Rangnick
Eingewechselt: 31. Schnoor (4) für van der Heyden, 74. Marlet (-) für Klimowicz – 46. F. Ernst (4) für Krstajic, 46. Varela (4) für Hamit Altintop, 83. Waldoch (-) für Rodriguez
Chancenverhältnis: 4:5
Eckenverhältnis: 6:5
SR: Gräfe (Berlin) – **Zuschauer:** 29046 – **Spielnote:** 4,5

22. Oktober 2005
1. FC Nürnberg – Arminia Bielefeld 2:3 (1:1)
Nürnberg: R. Schäfer (3) – D. Reinhardt (5), A. Wolf (3,5), T. Paulus (3), L. Müller (4,5) – Cantaluppi (4,5), Polak (5) – S. Müller (4,5), Banovic (3,5) – Kießling (2,5), Schroth (4) – **Trainer:** Wolf
Bielefeld: Hain (2) – Korzynietz (3), Westermann (3,5), Borges (3,5), Schuler (3,5) – Fink (3), Kucera (3,5) – Küntzel (4,5), D. Kobylik (5) – Boakye (4), Zuma (2) – **Trainer:** von Heesen
Eingewechselt: 46. Tschauner (3) für R. Schäfer, 61. Vittek (-) für Schroth, 81. Daun (-) für Polak – 67. Pinto (-) für Küntzel, 81. Dalovic (-) für Boakye, 86. Diego Leon (-) für Korzynietz
Tore: 1:0 D. Reinhardt (2., Linksschuss, ohne Vorarbeit), 1:1 Fink (35., Rechtsschuss, Zuma), 2:1 Banovic (83., Kopfball, Daun), 2:2 Diego Leon (88., Linksschuss, Zuma), 2:3 Zuma (90., Rechtsschuss)
Chancenverhältnis: 8:6
Eckenverhältnis: 9:4
SR: Wagner (Kriftel) – **Zuschauer:** 20438 – **Spielnote:** 4

22. Oktober 2005
Bayern München – MSV Duisburg 4:0 (2:0)
Bayern: Kahn (3) – Sagnol (3), Lucio (3), Ismael (3), Schweinsteiger (2,5) – Jeremies (3) – Deisler (3,5), Zé Roberto (2) – Ballack (2) – Makaay (4), Santa Cruz (2) – **Trainer:** Magath
Duisburg: G. Koch (3) – Wolters (5,5), Möhrle (6), Biliskov (5), A. Meyer (5) – Baelum (5) – Tjikuzu (5), Grlic (6), Bugera (4) – van Houdt (5,5), Kurth (5) – **Trainer:** Meier
Eingewechselt: 46. Karimi (3,5) für Ballack, 59. Scholl (3) für Zé Roberto, 69. Pizarro (-) für Santa Cruz – 66. Rietpietsch (-) für Kurth, 66. Ahanfouf (-) für van Houdt, 77. Anfang (-) für Grlic
Tore: 1:0 Ballack (27., Kopfball, Vorarbeit Santa Cruz), 2:0 Zé Roberto (33., Linksschuss), 3:0 Santa Cruz (59., Kopfball, Zé Roberto), 4:0 Pizarro (90., Rechtsschuss, Scholl)
Chancenverhältnis: 12:1
Eckenverhältnis: 3:1
SR: Rafati (Hannover) – **Zuschauer:** 66000 (ausverkauft) – **Spielnote:** 3

22. Oktober 2005
Eintracht Frankfurt – 1. FC Köln 6:3 (4:1)
Frankfurt: Nikolov (3) – P. Ochs (3), Rehmer (3,5), Vasoski (2), Spycher (3,5) – Jones (2,5) – Chris (2,5) – A. Meier (1,5), Köhler (2,5) – Amanatidis (2,5), Copado (2,5) – **Trainer:** Funkel
FC Köln: Wessels (5) – Lell (5), Sinkiewicz (5,5), Alpay (5), Weiser (5) – Grammozis (5,5), Sinkala (5,5) – A. Streit (4), Guié-Mien (5), Lurling (5) – Podolski (5) – **Trainer:** Rapolder
Eingewechselt: 57. Huggel (3,5) für Amanatidis, 85. Preuß (-) für Jones, 88. D.-R. Cha (-) für Copado – 46. Schindzielorz (4) für Sinkala, 46. Schlicke (4) für Weiser, 52. Scherz (4) für Lurling
Tore: 1:0 Amanatidis (2., Rechtsschuss, Vorarbeit Copado), 1:1 A. Streit (5., Rechtsschuss, Grammozis), 2:1 Rehmer (8., Rechtsschuss, Amanatidis), 3:1 Chris (28., Rechtsschuss, A. Meier), 4:1 Köhler (35., Linksschuss, A. Meier), 4:2 Podolski (54., Handelfmeter, Linksschuss), 5:2 A. Meier (78., Rechtsschuss, Köhler), 6:2 D.-R. Cha (89., Rechtsschuss, A. Meier), 6:3 Alpay (90., Kopfball, Lell)
Chancenverhältnis: 12:5
Eckenverhältnis: 6:5
SR: Fandel (Kyllburg) – **Zuschauer:** 47800 – **Spielnote:** 2

22. Oktober 2005
Hannover 96 – Werder Bremen 0:0
Hannover: Enke (3) – Balitsch (4), Zuraw (2,5), Mertesacker (2), Vinicius (4) – Lala (4), Dabrowski (3,5) – Ricardo Sousa (-) – Stajner (3,5), Halfar (4), Brdaric (4,5) – **Trainer:** Lienen
Bremen: Reinke (3) – Owomoyela (3), Fahrenhorst (4), Naldo (2,5), C. Schulz (3,5) – Frings (3) – Vranjes (4), Borowski (4) – Micoud (5,5) – Klasnic (4), Valdez (4) – **Trainer:** Schaaf
Eingewechselt: 12. Yankov (4) für Ricardo Sousa, 75. Delura (-) für Halfar, 81. Hashemian (-) für
Chancenverhältnis: 3:6
Eckenverhältnis: 2:5
SR: Wack, Dr. (Biberbach) – **Zuschauer:** 48627 – **Rote Karte:** Fahrenhorst (82., Handspiel) – **Spielnote:** 3,5

22. Oktober 2005
Bor. M'Gladbach – 1. FC Kaiserslautern 4:1 (3:1)
Gladbach: Keller (3) – Fukal (4), Zé Antonio (3), Strasser (2,5), Jansen (4) – Thijs (3,5) – El Fakiri (2), Kluge (2,5) – Broich (3) – Kahe (4), Neuville (2,5) – **Trainer:** Köppel
K'lautern: Macho (4,5) – T. Riedl (5), Pletsch (4), Wenzel (5), Blank (5) – Nerlinger (5), Engelhardt (4) – Skela (5) – Halil Altintop (3,5), Seitz (5) – Sanogo (3,5) – **Trainer:** Henke
Eingewechselt: 79. Polanski (-) für Broich, 87. Sverkos (-) für Neuville, 89. Daems (-) für Jansen – 46. Schönheim (3,5) für Wenzel, 63. Zandi (-) für Nerlinger, 77. Göktan (-) für Seitz
Tore: 1:0 Strasser (11., Rechtsschuss, Vorarbeit Neuville), 1:1 Sanogo (14., Rechtsschuss, Pletsch), 2:1 El Fakiri (33., Rechtsschuss, Neuville), 3:1 Kluge (45., Linksschuss, El Fakiri), 4:1 Neuville (86., direkter Freistoß, Rechtsschuss)
Chancenverhältnis: 6:4
Eckenverhältnis: 3:8
SR: Gagelmann (Bremen) – **Zuschauer:** 46092 – **Spielnote:** 3

23. Oktober 2005
Bayer Leverkusen – VfB Stuttgart 1:1 (0:0)
Leverkusen: Butt (2) – B. Schneider (3), Juan (5,5), Roque Junior (4), Athirson (4,5) – Castro (3), Barnetta (3) – Freier (5), Babic (4) – Berbatov (5), Voronin (3,5) – **Trainer:** Skibbe
Stuttgart: Hildebrand (2,5) – Stranzl (3,5), Fernando Meira (3), Delpierre (3), Magnin (4,5) – Soldo (4) – Tiffert (4), Hitzlsperger (4) – Ljuboja (3), Cacau (5), Streller (3,5) – **Trainer:** Trapattoni
Eingewechselt: 46. Rolfes (3) für Freier, 79. Krzynowek (-) für Athirson – 64. Grönkjaer (-) für Cacau, 64. Carevic (-) für Hitzlsperger
Tore: 1:0 Barnetta (56., Rechtsschuss, Vorarbeit Athirson), 1:1 Ljuboja (72., Foulelfmeter, Linksschuss, Streller)
Chancenverhältnis: 6:8
Eckenverhältnis: 11:4
SR: Perl (München) – **Zuschauer:** 22500 (ausverkauft) – **Spielnote:** 3,5

23. Oktober 2005
Borussia Dortmund – Hamburger SV 1:1 (0:0)
Dortmund: Weidenfeller (3,5) – Kringe (3), Wörns (3), C. Metzelder (3,5), Dede (3,5) – Kehl (2) – Rosicky (3), N. Sahin (4) – Odonkor (4), Buckley (5,5), Smolarek (4) – **Trainer:** Van Marwijk
HSV: Wächter (2) – Klingbeil (4), Boulahrouz (3), van Buyten (3), Atouba (3,5) – Wicky (4) – Jarolim (4), Beinlich (3) – Trochowski (3,5) – Mpenza (5,5), Barbarez (4,5) – **Trainer:** Doll
Eingewechselt: 57. Ricken (4) für Buckley, 71. Kruska (-) für N. Sahin – 70. Mahdavikia (-) für Wicky, 70. Lauth (-) für Mpenza
Tore: 1:0 C. Metzelder (58., Kopfball, Vorarbeit Odonkor), 1:1 Trochowski (74., Linksschuss, Mahdavikia)
Chancenverhältnis: 6:7
Eckenverhältnis: 6:5
SR: Kircher (Rottenburg) – **Zuschauer:** 75100 – **Spielnote:** 3

11. Spieltag

29. Oktober 2005
1. FC Köln – Bayern München 1:2 (1:0)
FC Köln: Wessels (3,5) – Sinkiewicz (3), Schlicke (3,5), Alpay (3) – Lell (4,5), Matip (4), Rahn (5) – Y. Mokhtari (3) – A. Streit (4), Podolski (5), Scherz (3) – **Trainer:** Rapolder
Bayern: Kahn (2) – Sagnol (2,5), Lucio (2), Ismael (3), Schweinsteiger (4) – Demichelis (3) – Ballack (3,5) – Deisler (3), Zé Roberto (3,5) – Makaay (5), Santa Cruz (5) – **Trainer:** Magath
Eingewechselt: 68. Helmes (-) für Scherz, 79. Grammozis (-) für Matip, 79. Benschneider (-) für Rahn – 46. Pizarro (5) für Santa Cruz, 67. Scholl (-) für Schweinsteiger, 77. Ottl (-) für Deisler
Tore: 1:0 Scherz (28., Rechtsschuss, Vorarbeit Matip), 1:1 Lucio (54., Linksschuss, Schweinsteiger), 1:2 Ballack (74., Kopfball, Deisler)
Chancenverhältnis: 4:7
Eckenverhältnis: 12:3
SR: Wagner (Kriftel) – **Zuschauer:** 50000 (ausverkauft) – **Spielnote:** 3,5

29. Oktober 2005
MSV Duisburg – VfL Wolfsburg 1:0 (0:0)
Duisburg: G. Koch (2) – Möhrle (3), Baelum (3), Biliskov (3,5) – Tjikuzu (3,5), Anfang (2), Bugera (3), A. Meyer (3,5) – Lottner (3) – Kurth (1,5), Ahanfouf (4) – **Trainer:** Meier
Wolfsburg: Jentzsch (3) – Sarpei (5), Quiroga (5), Hofland (3,5), Neziri (4,5) – Thiam (4) – Tskitishvili (3,5) – Menseguez (4), d'Alessandro (5,5) – Marlet (5), Klimowicz (5) – **Trainer:** Fach
Eingewechselt: 78. van Houdt (-) für Ahanfouf, 89. Rietpietsch (-) für Lottner, 90. Wolters (-) für Anfang – 61. Hanke (-) für Marlet, 61. Lamprecht (-) für d'Alessandro, 83. Makiadi (-) für Thiam
Tor: 1:0 Bugera (57., Linksschuss, Vorarbeit Kurth)
Chancenverhältnis: 7:5
Eckenverhältnis: 6:1
SR: Sippel (München) – **Zuschauer:** 18103 – **Spielnote:** 4

29. Oktober 2005
Borussia Dortmund – Bor. M'Gladbach 2:1 (1:0)
Dortmund: Weidenfeller (3) – Kringe (2,5), Wörns (3), Brzenska (3,5), Dede (3) – Kehl (2,5) – Rosicky (4), N. Sahin (3) – Odonkor (3,5), Ricken (5), Smolarek (3) – **Trainer:** Van Marwijk
Gladbach: Keller (4) – Fukal (4), Zé Antonio (4), Strasser (4), Jansen (4,5) – Thijs (5) – El Fakiri (3,5), Kluge (4) – Broich (4) – Kahe (4,5), Neuville (3) – **Trainer:** Köppel
Eingewechselt: 56. Kruska (3) für Rosicky, 65. Buckley (-) für Ricken, 89. P. Degen (-) für Odonkor – 61. Lisztes (-) für Broich, 80. Bögelund (-) für Fukal, 80. Sverkos (-) für Kahe
Tore: 1:0 Kehl (22., Kopfball, Vorarbeit Dede), 2:0 Smolarek (90., Kopfball, P. Degen), 2:1 Neuville (90., Rechtsschuss, Sverkos)
Chancenverhältnis: 5:3
Eckenverhältnis: 4:7
SR: Stark (Ergolding) – **Zuschauer:** 80100 – **Spielnote:** 4

29. Oktober 2005
Hamburger SV – FC Schalke 04 1:0 (1:0)
HSV: Wächter (3) – Mahdavikia (2,5), Boulahrouz (3), van Buyten (3), Atouba (4,5) – Wicky (3) – Jarolim (3), Beinlich (2,5) – Trochowski (3,5) – Mpenza (5), Barbarez (4,5) – **Trainer:** Doll
Schalke: F. Rost (3) – Rafinha (4), Bordon (4), Rodriguez (4), Krstajic (4) – Poulsen (5,5) – Hamit Altintop (4,5), Kobiashvili (5) – Lincoln (4) – Larsen (5,5), Kuranyi (5) – **Trainer:** Rangnick
Eingewechselt: 76. Lauth (-) für Mpenza, 90. Klingbeil (-) für Trochowski – 51. Sand (4,5) für Larsen, 69. F. Ernst (-) für Rafinha, 79. Varela (-) für Rodriguez
Tor: 1:0 Mahdavikia (19., Rechtsschuss, Vorarbeit Barbarez)
Chancenverhältnis: 6:2
Eckenverhältnis: 8:1
SR: Fandel (Kyllburg) – **Zuschauer:** 55800 (ausverkauft) – **Gelb-Rote Karte:** Poulsen (62.) – **Spielnote:** 3,5

29. Oktober 2005
1. FC Kaiserslautern – Bayer Leverkusen 2:2 (1:1)
K'lautern: T. Ernst (3) – T. Riedl (4), Pletsch (5), Schönheim (3), Blank (4,5) – Nerlinger (4) – Zandi (5), Engelhardt (3) – Skela (4,5) – Halil Altintop (5), Sanogo (4) – **Trainer:** Henke
Leverkusen: Butt (3) – Juan (5), Roque Junior (5), Babic (4) – Castro (4), Rolfes (3,5) – Athirson (4) – Freier (4,5), Barnetta (3) – Voronin (3,5), Berbatov (4,5) – **Trainer:** Skibbe
Eingewechselt: 63. Hertzsch (-) für T. Riedl, 76. Seitz (-) für Blank, 84. Göktan (-) für Zandi – 61. C. Fritz (-) für Freier, 67. Krzyno-

wek (-) für Athirson, 90. Lazovic (-) für Voronin
Tore: 1:0 Engelhardt (32., Rechtsschuss, Vorarbeit Nerlinger), 1:1 Barnetta (39., Linksschuss, Freier), 1:2 Voronin (71., Rechtsschuss, Berbatov), 2:2 Göktan (90., Linksschuss, Sanogo)
Chancenverhältnis: 7:8
Eckenverhältnis: 6:5
SR: Fleischer, Dr. (Sigmertshausen) – **Zuschauer:** 27468 – **Spielnote:** 3,5

29. Oktober 2005
Werder Bremen – Eintracht Frankfurt 4:1 (1:1)
Bremen: Reinke (3) – Owomoyela (4), L. Andreasen (3), Naldo (2,5), C. Schulz (3,5) – Baumann (3) – Frings (2), Borowski (1) – Micoud (2) – Klose (2), Klasnic (4) – **Trainer:** Schaaf
Frankfurt: Nikolov (4) – Rehmer (-), Chris (3,5), Vasoski (5) – P. Ochs (4), Huggel (5), Jones (3,5), Spycher (4,5) – A. Meier (3) – Amanatidis (4), Copado (5) – **Trainer:** Funkel
Eingewechselt: 65. Valdez (-) für Klasnic, 70. Vranjes (-) für Frings, 75. Lagerblom (-) für Owomoyela – 20. Preuß (4) für Rehmer, 85. D.-R. Cha (-) für P. Ochs
Tore: 0:1 Amanatidis (18., Linksschuss, Vorarbeit A. Meier), 1:1 Frings (29., Kopfball, Borowski), 2:1 Borowski (52., Rechtsschuss, Klose), 3:1 Klose (61., Rechtsschuss, Micoud), 4:1 Borowski (90., Rechtsschuss, Micoud)
Chancenverhältnis: 11:3
Eckenverhältnis: 11:6
SR: Kircher (Rottenburg) – **Zuschauer:** 41085 – **Spielnote:** 2

29. Oktober 2005
VfB Stuttgart – Hertha BSC 3:3 (0:1)
Stuttgart: Heinen (5) – Stranzl (4), Fernando Meira (4), Delpierre (4), Magnin (3,5) – Meißner (3,5), Soldo (4) – Tiffert (3), Gentner (3) – Ljuboja (2), Streller (4,5) – **Trainer:** Trapattoni
Hertha: Fiedler (3,5) – A. Friedrich (3,5), van Burik (4), Simunic (4), Fathi (4) – Dardai (2,5) – Cairo (3), O. Schröder (4) – Marcelinho (2), T. Marx (4) – Pantelic (5) – **Trainer:** Götz
Eingewechselt: 46. Grönkjaer (3) für Soldo, 46. Cacau (3) für Streller, 78. Gomez (-) für Gentner – 64. Rafael (-) für Pantelic, 69. Neuendorf (-) für O. Schröder
Tore: 0:1 Cairo (8., Rechtsschuss, ohne Vorarbeit), 1:1 Ljuboja (52., Linksschuss, Delpierre), 2:1 Cacau (66., Rechtsschuss), 2:2 Rafael (67., Rechtsschuss, Marcelinho), 2:3 Marcelinho (76., Linksschuss, Fathi), 3:3 Gomez (84., Linksschuss, Tiffert)
Chancenverhältnis: 8:6
Eckenverhältnis: 7:8
SR: Brych, Dr. (München) – **Zuschauer:** 40000 – **Gelbe Karte:** Cairo – **Spielnote:** 2

30. Oktober 2005
1. FSV Mainz 05 – 1. FC Nürnberg 4:1 (3:1)
Mainz: Wache (2,5) – Demirtas (3,5), M. Friedrich (3), Noveski (3,5), Weigelt (3) – Pekovic (3) – F. Gerber (2,5), da Silva (2,5) – Ruman (3), Thurk (2,5) – Auer (2,5) – **Trainer:** Klopp
Nürnberg: R. Schäfer (4) – B. Lense (4), A. Wolf (5), T. Paulus (5), L. Müller (5) – Cantaluppi (4), Polak (4,5) – S. Müller (2,5), Banovic (4) – Kießling (3), Daun (4,5) – **Trainer:** Wolf
Eingewechselt: 46. Rose (3) für Weigelt, 81. D. Weiland (-) für F. Gerber, 80. Romulo (-) für Ruman – 59. Schroth (5) für Banovic, 68. D. Reinhardt (-) für B. Lense, 75. Vittek (-) für S. Müller
Tore: 1:0 T. Paulus (9., Eigentor, Rechtsschuss, Vorarbeit Weigelt), 2:0 Auer (11., Linksschuss, F. Gerber), 2:1 Kießling (13., Rechtsschuss, B. Lense), 3:1 da Silva (45., direkter Freistoß, Linksschuss), 4:1 Thurk (52., Rechtsschuss, F. Gerber)
Chancenverhältnis: 7:5
Eckenverhältnis: 1:7
SR: Gräfe (Berlin) – **Zuschauer:** 20300 (ausverkauft) – **Gelbe Karte:** Pekovic – **Spielnote:** 3

30. Oktober 2005
Arminia Bielefeld – Hannover 96 4:1 (1:0)
Bielefeld: Hain (2) – Korzynietz (2,5), Westermann (3,5), Borges (2,5), Schuler (3,5) – Fink (2,5), Kucera (2,5) – Küntzel (4), D. Kobylik (3) – Boakye (1,5), Zuma (1,5) – **Trainer:** von Heesen
Hannover: Enke (2) – Balitsch (4,5), Mertesacker (5), Zuraw (5), Halfar (4,5) – Dabrowski (4), Lala (4) – Yankov (5) – Hahne (4), Stajner (5), Hashemian (5,5) – **Trainer:** Lienen
Eingewechselt: 63. Vata (-) für Küntzel, 79. Dammeier (-) für Kucera, 87. Pinto (-) für Boakye – 46. Delura (5) für Yankov, 81. Montabell (-) für Hahne
Tore: 1:0 Fink (1., Linksschuss, ohne Vorarbeit), 2:0 Zuma (53., Linksschuss, Boakye), 2:1 Mertesacker (55., Kopfball, Stajner), 3:1 Boakye (69., Kopfball, D. Kobylik), 4:1 Boakye (84., Rechtsschuss, Vata)
Chancenverhältnis: 9:5
Eckenverhältnis: 2:4
SR: Perl (München) – **Zuschauer:** 24986 – **Spielnote:** 2,5

12. Spieltag

5. November 2005
Bayer Leverkusen – Borussia Dortmund 2:1 (1:0)
Leverkusen: Butt (2,5) – C. Fritz (4), Juan (2,5), Roque Junior (3), Castro (2) – Rolfes (3,5) – Barnetta (3), B. Schneider (4), Krzynowek (3) – Voronin (4), Berbatov (3,5) – **Trainer:** Skibbe
Dortmund: Weidenfeller (2) – Kringe (4), Brzenska (4), Wörns (4), Dede (5) – Kehl (4) – Rosicky (4), N. Sahin (4) – Odonkor (3), Buckley (5,5) – Smolarek (4,5) – **Trainer:** Van Marwijk
Eingewechselt: 74. Freier (-) für Krzynowek, 90. Babic (-) für Voronin – 42. Kruska (4) für Brzenska, 46. Ricken (4) für Buckley, 85. P. Degen (-) für Odonkor
Tore: 1:0 Juan (33., Kopfball, Vorarbeit Berbatov), 1:1 Ricken (69., Linksschuss, Odonkor), 2:1 Kringe (86., Eigentor, Rechtsschuss, Barnetta)
Chancenverhältnis: 7:4
Eckenverhältnis: 8:3
SR: Merk, Dr. (Otterbach) – **Zuschauer:** 22500 (ausverkauft) – **Spielnote:** 3

5. November 2005
FC Schalke 04 – MSV Duisburg 3:0 (1:0)
Schalke: Heimeroth (3,5) – Rafinha (3,5), Bordon (3,5), Rodriguez (2), Kobiashvili (4) – Hamit Altintop (4), F. Ernst (1,5) – Lincoln (1,5) – Varela (2,5), Larsen (3,5), Kuranyi (3,5) – **Trainer:** Rangnick
Duisburg: G. Koch (1,5) – Möhrle (4,5), Baelum (5), Biliskov (5) – Tjikuzu (4), Anfang (4,5), Bugera (5), A. Meyer (5) – Lottner (5) – Ahanfouf (3,5), Kurth (4,5) – **Trainer:** Meier
Eingewechselt: 78. Bajramovic (-) für Lincoln, 83. Sand (-) für Larsen, 89. Kläsener (-) für Rafinha – 78. van Houdt (-) für A. Meyer, 83. Rietpietsch (-) für Lottner
Tore: 1:0 Kuranyi (13., Kopfball, Vorarbeit Varela), 2:0 A. Meyer (67., EigenTor, Linksschuss, F. Ernst), 3:0 Rodriguez (86., Linksschuss, Sand)
Chancenverhältnis: 12:4
Eckenverhältnis: 7:6
SR: Drees, Dr. (Mainz) – **Zuschauer:** 61524 (ausverkauft) – **Spielnote:** 3

5. November 2005
Hertha BSC – 1. FC Kaiserslautern 3:0 (1:0)
Hertha: Fiedler (3) – A. Friedrich (3), van Burik (2,5), Madlung (3), Fathi (2,5) – Dardai (2,5) – O. Schröder (3,5), Cairo (3) – Marcelinho (2,5) – Pantelic (2,5), Rafael (2) – **Trainer:** Götz
K'lautern: T. Ernst (3,5) – Lembi (5), Hertzsch (5), Mettomo (5), Schönheim (5) – Nerlinger (4,5) – T. Riedl (5), Engelhardt (5) – Skela (5) – Halil Altintop (4,5), Sanogo (5) – **Trainer:** Henke
Eingewechselt: 67. Okoronkwo (-) für Pantelic, 71. N. Kovac (-) für O. Schröder, 79. Neuendorf (-) für Cairo – 46. Blank (4,5) für Schönheim, 46. T. Reuter (4) für Nerlinger, 85. Zandi (-) für Lembi
Tore: 1:0 Marcelinho (7., Rechtsschuss, Vorarbeit Rafael), 2:0 Pantelic (48., Rechtsschuss), 3:0 Rafael (52., Rechtsschuss, Pantelic)
Chancenverhältnis: 6:2
Eckenverhältnis: 8:3
SR: Rafati (Hannover) – **Zuschauer:** 36656 – **Spielnote:** 3,5

Freistoß-Tor: Frankfurts Copado spitzelt den Ball über die Bielefelder Mauer ins Arminia-Tor.

5. November 2005
VfL Wolfsburg – 1. FC Köln 1:1 (1:0)
Wolfsburg: Jentzsch (3) – Karhan (5), Franz (3), Hofland (3,5), Neziri (4) – Thiam (4) – Sarpei (4), Tskitishvili (4) – Menseguez (4) – Hanke (5), Klimowicz (3) – **Trainer:** Fach
FC Köln: Wessels (3) – Sinkiewicz (5), Schlikke (3), Alpay (3) – Lell (4,5), Matip (4), Rahn (4,5) – A. Streit (3), Y. Mokhtari (3), Podolski (5) – Scherz (-) – **Trainer:** Rapolder
Eingewechselt: 46. Lamprecht (3) für Karhan, 70. Marlet (-) für Hanke, 80. Schnoor (-) für Tskitishvili – 18. Grammozis (4,5) für Scherz, 60. Epstein (3) für Matip, 75. Benschneider (-) für Rahn
Tore: 1:0 Klimowicz (41., Kopfball, Vorarbeit Tskitishvili), 1:1 Epstein (88., Rechtsschuss, Y. Mokhtari)
Chancenverhältnis: 4:5
Eckenverhältnis: 4:4
SR: Schmidt (Stuttgart) – **Zuschauer:** 20631 – **Gelb-Rote Karte:** Hofland (77.) – **Spielnote:** 4,5

5. November 2005
Bayern München – Werder Bremen 3:1 (3:1)
Bayern: Kahn (3) – Sagnol (3), Lucio (4), Ismael (4), Schweinsteiger (2,5) – Demichelis (3) – Deisler (3,5), Zé Roberto (2,5) – Ballack (3) – Pizarro (1), Makaay (3) – **Trainer:** Magath
Bremen: Reinke (4) – Owomoyela (5), L. Andreasen (5), Naldo (5), C. Schulz (4) – Baumann (3,5) – Frings (3), Borowski (1,5) – Micoud (4) – Klose (1,5), Valdez (3) – **Trainer:** Schaaf
Eingewechselt: 55. Jeremies (3,5) für Deisler, 66. Karimi (-) für Ballack, 83. Hargreaves (-) für Schweinsteiger – 33. Vranjes (3,5) für Baumann, 46. Hunt (3) für Valdez
Tore: 0:1 Klose (1., Kopfball, Vorarbeit Borowski), 1:1 Schweinsteiger (3., Rechtsschuss), 2:1 Pizarro (34., Linksschuss, Zé Roberto), 3:1 Makaay (44., Rechtsschuss, Pizarro)
Chancenverhältnis: 9:8
Eckenverhältnis: 7:9
SR: Fandel (Kyllburg) – **Zuschauer:** 66000 (ausverkauft) – **Spielnote:** 1,5

5. November 2005
Eintracht Frankfurt – Arminia Bielefeld 3:0 (1:0)
Frankfurt: Nikolov (3) – P. Ochs (3), Chris (2), Vasoski (2), Spycher (3) – Jones (3) – Preuß (3), Köhler (3) – A. Meier (2) – Amanatidis (3,5), Copado (2) – **Trainer:** Funkel
Bielefeld: Hain (3,5) – Korzynietz (5), Westermann (4), Borges (4), Schuler (4,5) – Fink (4,5), Dammeier (3,5) – Küntzel (5), D. Kobylik (5) – Boakye (5), Zuma (5) – **Trainer:** von Heesen
Eingewechselt: 75. D.-R. Cha (-) für Amanatidis, 83. Lexa (-) für Köhler, 86. Huggel (-) für Jones – 42. Vata (4,5) für Küntzel, 46. Pinto (5) für Dammeier, 72. Diego Leon (-) für Zuma
Tore: 1:0 Copado (36., direkter Freistoß, Rechtsschuss, ohne Vorarbeit), 2:0 A. Meier (49., Rechtsschuss, Köhler), 3:0 A. Meier (55., Kopfball, Copado)
Chancenverhältnis: 9:2
Eckenverhältnis: 9:3
SR: Weiner (Hasede) – **Zuschauer:** 33500 – **Spielnote:** 3

5. November 2005
Hannover 96 – 1. FSV Mainz 05 2:2 (0:1)
Hannover: Enke (3) – Cherundolo (3,5), Mertesacker (4), Zuraw (4), Tarnat (3,5) – Balitsch (4), Lala (5), Dabrowski (5) – Stajner (4,5), Idrissou (5), Brdaric (3,5) – **Trainer:** Lienen
Mainz: Wache (3,5) – Demirtas (4,5), M. Friedrich (3), Noveski (3), Weigelt (4) – Pekovic (4) – F. Gerber (4), da Silva (4) – Ruman (4,5), Thurk (4) – Auer (3,5) – **Trainer:** Klopp
Eingewechselt: 46. Hashemian (4,5) für Idrissou, 46. Delura (5) für Lala – 81. D. Weiland (-) für F. Gerber, 90. Rose (-) für Weigelt, 90. O. Addo (-) für Thurk
Tore: 0:1 M. Friedrich (31., Kopfball, Vorarbeit da Silva), 0:2 Auer (65., Linksschuss, Thurk), 1:2 Brdaric (86., Handelfmeter, Rechtsschuss), 2:2 Tarnat (90., Linksschuss, Zuraw)
Chancenverhältnis: 5:4
Eckenverhältnis: 5:3
SR: Gagelmann (Bremen) – **Zuschauer:** 35433 – **Spielnote:** 4,5

6. November 2005
1. FC Nürnberg – VfB Stuttgart 0:1 (0:1)
Nürnberg: R. Schäfer (3) – B. Lense (4), A. Wolf (4,5), Cantaluppi (3,5), Pinola (3,5) – Polak (3,5) – S. Müller (4,5), L. Müller (4) – Banovic (4) – Daun (5), Kießling (4) – **Trainer:** Lieberwirth
Stuttgart: Hildebrand (3) – Hinkel (4), Fernando Meira (3), Delpierre (3), Magnin (4) – Soldo (3) – Tiffert (3), Gentner (3,5), Hitzlsperger (4) – Tomasson (3,5), Ljuboja (4,5) – **Trainer:** Trapattoni
Eingewechselt: 66. Vittek (-) für S. Müller, 75. Schroth (-) für Daun, 81. D. Reinhardt (-) für B. Lense – 61. Meißner (-) für Gentner, 78. Cacau (-) für Ljuboja
Tor: 0:1 Tiffert (10., Rechtsschuss, Vorarbeit Gentner)
Chancenverhältnis: 3:5
Eckenverhältnis: 6:3
SR: Meyer (Burgdorf) – **Zuschauer:** 25860 – **Spielnote:** 4,5

6. November 2005
Bor. M'Gladbach – Hamburger SV 0:0
Gladbach: Keller (3) – Fukal (3,5), Zé Antonio (4), Strasser (3), Jansen (3) – Thijs (3) – El Fakiri (3,5), Kluge (4) – Polanski (3,5) – Kahe (4), Neuville (3,5) – **Trainer:** Köppel
HSV: Wächter (3) – Mahdavikia (3,5), Boulahrouz (4), van Buyten (3,5), Atouba (3,5) – Wicky (5) – Jarolim (4), Beinlich (4) – Trochowski (5) – Lauth (5), Barbarez (4,5) – **Trainer:** Doll
Eingewechselt: 75. Elber (-) für Kahe, 84. Bögelund (-) für Polanski – 61. Kucukovic (-) für Lauth, 76. Takahara (-) für Trochowski
Chancenverhältnis: 6:2
Eckenverhältnis: 4:5
SR: Brych, Dr. (München) – **Zuschauer:** 53466 (ausverkauft) – **Spielnote:** 3,5

13. Spieltag

19. November 2005
1. FC Köln – FC Schalke 04 2:2 (0:1)
FC Köln: Wessels (3) – Lell (5), Schlicke (4,5), Sinkiewicz (3,5), Benschneider (4) – Alpay (4) – Schindzielorz (3,5) – Y. Mokhtari (5) – A. Streit (3), Podolski (3,5), Scherz (3,5) – **Trainer:** Rapolder
Schalke: Heimeroth (4,5) – Rafinha (2,5), Bordon (3), Krstajic (3), Kobiashvili (4) – F. Ernst (4), Poulsen (3) – Lincoln (3,5) – Hamit Altintop (4,5), Larsen (5), Kuranyi (3) – **Trainer:** Rangnick
Eingewechselt: 46. Epstein (2,5) für Lell, 71. Lurling (-) für Y. Mokhtari, 80. Grammozis (-) für Scherz – 64. Asamoah (-) für Hamit Altintop, 64. Sand (-) für Larsen, 85. Bajramovic (-) für Poulsen
Tore: 0:1 Kuranyi (23., Linksschuss, Vorarbeit Poulsen), 1:1 Benschneider (47., Rechtsschuss, Sinkiewicz), 2:1 Epstein (57., Linksschuss, A. Streit), 2:2 Sand (86., Kopfball, Asamoah)
Chancenverhältnis: 4:7
Eckenverhältnis: 7:11
SR: Kircher (Rottenburg) – **Zuschauer:** 50000 (ausverkauft) – **Gelbe Karte:** Schindzielorz – **Spielnote:** 3

19. November 2005
Bor. M'Gladbach – Bayer Leverkusen 1:1 (1:1)
Gladbach: Keller (2,5) – Fukal (4,5), Zé Antonio (3), Strasser (3), Jansen (3,5) – Thijs (3,5) – El Fakiri (4,5), Kluge (3) – Polanski (2,5) – Kahe (4), Neuville (3,5) – **Trainer:** Köppel
Leverkusen: Butt (3) – C. Fritz (3), Juan (3), Roque Junior (2,5), Castro (3) – Rolfes (3) – B. Schneider (3) – Barnetta (3,5), Krzynowek (4) – Voronin (3,5), Berbatov (4) – **Trainer:** Skibbe
Eingewechselt: 75. Bögelund (-) für El Fakiri, 82. Daems (-) für Kluge, 84. Elber (-) für Kahe – 56. Freier (4) für Barnetta, 76. Babic (-) für Krzynowek, 83. Lazovic (-) für Voronin
Tore: 0:1 Rolfes (5., Linksschuss, Vorarbeit Roque Junior), 1:1 Polanski (15., Linksschuss, El Fakiri)
Chancenverhältnis: 5:6
Eckenverhältnis: 6:4
SR: Wack, Dr. (Biberbach) – **Zuschauer:** 49068 – **Spielnote:** 3,5

19. November 2005
Borussia Dortmund – Hertha BSC 2:0 (2:0)
Dortmund: Weidenfeller (2) – Kringe (3), C. Metzelder (3), Kehl (3), Dede (3) – Kruska (2,5) – Rosicky (2,5), N. Sahin (3) – Odonkor (4), Buckley (4), Smolarek (2) – **Trainer:** Van Marwijk
Hertha: Fiedler (2,5) – A. Friedrich (5), van Burik (5), Simunic (4), Fathi (3) – Dardai (5) – Cairo (5), O. Schröder (3) – Marcelinho (5) – Pantelic (4), Rafael (5) – **Trainer:** Götz
Eingewechselt: 72. P. Degen (-) für Rosicky, 85. Saka (-) für Buckley – 46. Bastürk (4,5) für Cairo, 55. K. Boateng (4) für Dardai, 77. Neuendorf (-) für O. Schröder
Tore: 1:0 Smolarek (39., Rechtsschuss, Vorarbeit Kringe), 2:0 Smolarek (45., Kopfball, Rosicky)
Chancenverhältnis: 5:5
Eckenverhältnis: 6:8
SR: Fandel (Kyllburg) – **Zuschauer:** 70500 – **Spielnote:** 3,5

19. November 2005
1. FC Kaiserslautern – 1. FC Nürnberg 1:3 (1:1)
K'lautern: T. Ernst (5) – Lembi (5,5), Pletsch (5,5), Schönheim (3,5) – Engelhardt (4), Zandi (5) – T. Riedl (4,5), Blank (4) – Skela (5) – Halil Altintop (5), Sanogo (5) – **Trainer:** Henke
Nürnberg: R. Schäfer (3,5) – T. Paulus (3), Cantaluppi (2,5), Nikl (3,5) – Mnari (3,5) – D. Reinhardt (4), L. Müller (3,5) – Banovic (3) – Kießling (4) – Schroth (4), Daun (4) – **Trainer:** Meyer
Eingewechselt: 59. Mikic (5) für T. Riedl, 75. Seitz (-) für Schönheim – 46. A. Wolf (4) für D. Reinhardt, 64. Saenko (-) für Daun, 89. Vittek (-) für Schroth
Tore: 0:1 Banovic (17., direkter Freistoß, Rechtsschuss, ohne Vorarbeit), 1:1 Blank (18., Linksschuss, T. Riedl), 1:2 L. Müller (78., Rechtsschuss), 1:3 Saenko (81., Rechtsschuss, Schroth)
Chancenverhältnis: 4:6
Eckenverhältnis: 5:3
SR: Weiner (Hasede) – **Zuschauer:** 29024 – **Spielnote:** 4,5

19. November 2005
Werder Bremen – VfL Wolfsburg 6:1 (2:0)
Bremen: Reinke (3) – Owomoyela (2,5), Fahrenhorst (3), Naldo (2,5), C. Schulz (3) – Baumann (2) – Frings (3), Borowski (1) – Micoud (3) – Valdez (3), Klose (1) – **Trainer:** Schaaf
Wolfsburg: Jentzsch (3) – Sarpei (5), Franz (5), Quiroga (5,5), Neziri (5) – Thiam (5) – Karhan (5), Tskitishvili (6) – Menseguez (4,5) – Hanke (6), Klimowicz (4,5) – **Trainer:** Fach
Eingewechselt: 69. Hunt (-) für Valdez, 70. D. Jensen (-) für Micoud, 77. Vranjes (-) für Frings – 73. Marlet (-) für Hanke, 73. van der Heyden (-) für Tskitishvili
Tore: 1:0 Baumann (5., Rechtsschuss, Vorarbeit Owomoyela), 2:0 Borowski (43., Rechtsschuss), 3:0 Borowski (52., Rechtsschuss, Klose), 3:1 Klimowicz (57., Linksschuss, Karhan), 4:1 Klose (59., Kopfball, Micoud), 5:1 Naldo (72., Kopfball, Borowski), 6:1 Klose (84., Rechtsschuss)
Chancenverhältnis: 13:3
Eckenverhältnis: 4:9
SR: Fleischer, Dr. (Sigmertshausen) – **Zuschauer:** 37258 – **Spielnote:** 2

19. November 2005
1. FSV Mainz 05 – Eintracht Frankfurt 2:2 (0:2)
Mainz: Wache (2) – Demirtas (3), M. Friedrich (2), Noveski (4), Rose (3) – Pekovic (3) – F. Gerber (4,5), da Silva (2,5) – Ruman (3), Thurk (5) – Auer (5) – **Trainer:** Klopp
Frankfurt: Nikolov (3) – P. Ochs (3,5), Rehmer (2), Vasoski (3), Spycher (4) – Jones (3) – Preuß (3), Köhler (3,5) – A. Meier (2,5) – Amanatidis (4,5), Copado (4) – **Trainer:** Funkel
Eingewechselt: 46. Zidan (3) für Thurk, 60. N. Weiland (5) für F. Gerber, 73. Romulo (-) für Auer – 73. D.-R. Cha (-) für Amanatidis, 84. Huggel (-) für A. Meier, 88. Wiedener (-) für P. Ochs
Tore: 0:1 Noveski (3., Eigentor, Brust, Vorarbeit Copado), 0:2 Noveski (6., Eigentor, Linksschuss, P. Ochs), 1:2 Noveski (70., Kopfball, da Silva), 2:2 Ruman (90., Rechtsschuss, Zidan)
Chancenverhältnis: 8:6
Eckenverhältnis: 10:6
SR: Stark (Ergolding) – **Zuschauer:** 20300 (ausverkauft) – **Spielnote:** 3

19. November 2005
Arminia Bielefeld – Bayern München 1:2 (0:0)
Bielefeld: Hain (2,5) – Korzynietz (3,5), Westermann (4), Borges (3), Schuler (4) – Fink (3), Dammeier (4) – Vata (4), Küntzel (3,5) – Zuma (2), Boakye (3) – **Trainer:** von Heesen
Bayern: Kahn (3) – Sagnol (4,5), Lucio (3), Ismael (3), Lizarazu (3,5) – Demichelis (3,5) – Schweinsteiger (5), Scholl (5), Zé Roberto (5) – Makaay (5), Pizarro (2) – **Trainer:** Magath
Eingewechselt: 46. Rau (3,5) für Schuler, 84. Pinto (-) für Küntzel – 46. Deisler (4) für Schweinsteiger, 63. Lahm (-) für Lizarazu, 78. Guerrero (-) für Scholl
Tore: 1:0 Boakye (60., Rechtsschuss, Vorarbeit Zuma), 1:1 Pizarro (82., Rechtsschuss, Guerrero), 1:2 Pizarro (90., Rechtsschuss, Guerrero)
Chancenverhältnis: 3:4
Eckenverhältnis: 4:4
SR: Meyer (Burgdorf) – **Zuschauer:** 26601 (ausverkauft) – **Spielnote:** 3,5

20. November 2005
Hamburger SV – MSV Duisburg 2:0 (2:0)
HSV: Wächter (3,5) – Mahdavikia (3), Boulahrouz (3), van Buyten (3), Atouba (3,5) – Wicky (3) – Jarolim (3,5), Beinlich (3,5) – van der Vaart (3,5) – Barbarez (3), Lauth (3) – **Trainer:** Doll
Duisburg: G. Koch (3) – Möhrle (4,5), Biliskov (5), Baelum (4,5) – Tjikuzu (4), Grlic (5), Anfang (5), A. Meyer (5) – Willi (4), Rietpietsch (5) – Ahanfouf (5) – **Trainer:** Meier
Eingewechselt: 67. Trochowski (-) für Wicky, 77. Mpenza (-) für Lauth, 81. Ziegler (-) für Jarolim – 64. Kurth (-) für Rietpietsch, 77. van Houdt (-) für Grlic
Tore: 1:0 Barbarez (39., Kopfball, Vorarbeit Mahdavikia), 2:0 Lauth (45., Rechtsschuss, Barbarez)
Chancenverhältnis: 12:1
Eckenverhältnis: 7:3
SR: Kinhöfer (Herne) – **Zuschauer:** 51779 – **Spielnote:** 4

20. November 2005
VfB Stuttgart – Hannover 96 2:2 (1:0)
Stuttgart: Hildebrand (2,5) – Hinkel (4), Fernando Meira (4), Delpierre (3), Magnin (2) – Meißner (4), Soldo (4) – Grönkjaer (-), Hitzlsperger (3) – Ljuboja (4), Tomasson (1,5) – **Trainer:** Trapattoni
Hannover: Enke (3) – Cherundolo (3), Mertesacker (3,5), Zuraw (4), Tarnat (4) – Balitsch (2,5), Dabrowski (3,5) – Yankov (4) – Delura (4), Stajner (4,5), Hashemian (3,5) – **Trainer:** Neururer
Eingewechselt: 16. Cacau (5) für Grönkjaer, 46. Babbel (4) für Delpierre, 72. Streller (-) für Cacau – 46. Schröter (3) für Stajner, 76. Vinicius (-) für Yankov, 84. Idrissou (-) für Delura
Tore: 1:0 Tomasson (11., Linksschuss, Vorarbeit Magnin), 1:1 Hashemian (58., Rechtsschuss, Schröter), 2:1 Tomasson (68., Rechtsschuss, Magnin), 2:2 Yankov (69., Rechtsschuss, Balitsch)
Chancenverhältnis: 6:6
Eckenverhältnis: 4:7
SR: Sippel (München) – **Zuschauer:** 36000 – **Spielnote:** 3

14. Spieltag

26. November 2005
Bayer Leverkusen – Hamburger SV 0:1 (0:0)
Leverkusen: Butt (3) – C. Fritz (3,5), Juan (4), Roque Junior (3), Castro (4,5) – Rolfes (3,5) – Freier (4,5), Barnetta (3), Krzynowek (5) – Berbatov (5), Voronin (3,5) – **Trainer:** Skibbe
HSV: Kirschstein (2) – Mahdavikia (2), Demel (2,5), van Buyten (3), Atouba (3) – Beinlich (3) – Jarolim (3), Trochowski (4,5) – van der Vaart (3,5) – Barbarez (3), Lauth (5,5) – **Trainer:** Doll
Eingewechselt: 58. Athirson (5) für Krzynowek, 85. Lazovic (-) für C. Fritz, 85. Babic (-) für Castro – 65. Ziegler (-) für Lauth, 85. Klingbeil (-) für Trochowski
Tor: 0:1 Jarolim (82., Rechtsschuss, Vorarbeit Barbarez)

Ausgleichs-Tor im West-Duell: Kölns Defensivspieler Roland Benschneider (rechts) gelingt gegen Schalkes Keeper Heimeroth das zwischenzeitliche 1:1. Der Schalker Sören Larsen ist machtlos.

Chancenverhältnis: 4:4
Eckenverhältnis: 4:6
SR: Stark (Ergolding) – **Zuschauer:** 22500 (ausverkauft) – **Spielnote:** 3,5

26. November 2005
FC Schalke 04 – Werder Bremen 2:1 (1:0)
Schalke: F. Rost (2) – Rafinha (4), Bordon (3), Rodriguez (4), Krstajic (2) – Hamit Altintop (4), F. Ernst (3) – Lincoln (3) – Varela (5), Kobiashvili (3), Kuranyi (2) – **Trainer:** Rangnick
Bremen: Reinke (3) – Owomoyela (4,5), Fahrenhorst (4), Naldo (5), C. Schulz (3,5) – Vranjes (3), Baumann (4) – Frings (3,5), Micoud (2,5), Borowski (2,5) – Valdez (2,5) – **Trainer:** Schaaf
Eingewechselt: 58. Asamoah (3,5) für Varela, 88. Sand (-) für Kuranyi, 90. Bajramovic (-) für Lincoln – 70. Hunt (-) für Vranjes
Tore: 1:0 Kuranyi (2., Rechtsschuss, ohne Vorarbeit), 1:1 Valdez (56., Kopfball, Owomoyela), 2:1 Kuranyi (64., Rechtsschuss, Kobiashvili)
Chancenverhältnis: 5:7
Eckenverhältnis: 0:6
SR: Fandel (Kyllburg) – **Zuschauer:** 61524 (ausverkauft) – **Spielnote:** 3

26. November 2005
VfL Wolfsburg – Arminia Bielefeld 0:0
Wolfsburg: Jentzsch (2) – Sarpei (4), Franz (3), Quiroga (4,5), van der Heyden (4) – Thiam (5) – Karhan (5), Tskitishvili (5) – Menseguez (5) – Marlet (4,5), Klimowicz (5) – **Trainer:** Fach
Bielefeld: Hain (3) – Korzynietz (4), Westermann (3), Borges (3,5), Schuler (3,5) – Fink (3), Dammeier (3,5) – Vata (5), Küntzel (4,5) – Boakye (4), Zuma (3) – **Trainer:** von Heesen
Eingewechselt: 46. Lamprecht (3) für Karhan, 69. Hanke (-) für Thiam, 82. Abuda (-) für Menseguez – 32. Pinto (3) für Küntzel, 59. Dalovic (4) für Boakye
Chancenverhältnis: 3:6
Eckenverhältnis: 2:9
SR: Gagelmann (Bremen) – **Zuschauer:** 13996 – **Spielnote:** 4,5

26. November 2005
1. FC Nürnberg – Borussia Dortmund 1:2 (0:2)
Nürnberg: R. Schäfer (3) – T. Paulus (4), Cantaluppi (3,5), Nikl (3), L. Müller (5) – Mnari (4) – Kießling (3,5), Banovic (4) – Vittek (5), Daun (5), Schroth (5) – **Trainer:** Meyer
Dortmund: Weidenfeller (2,5) – Kringe (3), Wörns (3), Kehl (3,5), Dede (4) – Kruska (3) – Rosicky (2,5) – N. Sahin (2) – Odonkor (2), Buckley (3,5), Smolarek (4) – **Trainer:** Van Marwijk
Eingewechselt: 46. S. Müller (4,5) für Vittek, 64. Saenko (-) für Daun – 46. P. Degen (3) für Dede, 90. Saka (-) für Odonkor
Tore: 0:1 Odonkor (13., Rechtsschuss, Vorarbeit Rosicky), 0:2 N. Sahin (42., Linksschuss, Odonkor), 1:2 Kießling (88., Rechtsschuss, Mnari)
Chancenverhältnis: 7:7
Eckenverhältnis: 7:5
SR: Merk, Dr. (Otterbach) – **Zuschauer:** 25928 – **Spielnote:** 3

26. November 2005
Bayern München – 1. FSV Mainz 05 2:1 (1:1)
Bayern: Kahn (2) – Sagnol (3), Lucio (3,5), Ismael (3,5), Lizarazu (3,5) – Demichelis (4,5) – Deisler (2,5), Schweinsteiger (2) – Karimi (4) – Makaay (3), Pizarro (1,5) – **Trainer:** Magath
Mainz: Wache (2) – Demirtas (3,5), M. Friedrich (3,5), Noveski (5), Weigelt (4) – Pekovic (2,5) – Ruman (4), da Silva (2) – Thurk (4,5), Zidan (3,5), Auer (2,5) – **Trainer:** Klopp
Eingewechselt: 46. Hargreaves (3) für Demichelis, 46. Lahm (2,5) für Lizarazu, 78. Jeremies (-) für Karimi – 68. F. Gerber (-) für Pekovic, 68. Geißler (-) für Ruman, 84. Romulo (-) für Demirtas
Tore: 1:0 Pizarro (28., Rechtsschuss, Vorarbeit Makaay), 1:1 Auer (34., Linksschuss), 2:1 Pizarro (55., Kopfball, Schweinsteiger)
Chancenverhältnis: 10:6
Eckenverhältnis: 7:8
SR: Kinhöfer (Herne) – **Zuschauer:** 66000 (ausverkauft) – **Gelbe Karte:** Auer – **Spielnote:** 2,5

26. November 2005
Hannover 96 – 1. FC Kaiserslautern 5:1 (2:0)
Hannover: Enke (4) – Cherundolo (3), Mertesacker (3), Zuraw (3,5), Tarnat (2) – Balitsch (3), Lala (3), Dabrowski (3) – Delura (2), Hashemian (3), Brdaric (2) – **Trainer:** Neururer
K'lautern: Macho (5) – Lembi (6), Pletsch (5), Skela (5), Hertzsch (5) – T. Reuter (5,5), Engelhardt (5) – Halil Altintop (4,5), Zandi (5,5), Mikic (5) – Sanogo (4,5) – **Trainer:** Wolf
Eingewechselt: 62. Stajner (-) für Delura, 67. Yankov (-) für Dabrowski, 77. Schröter (-) für Brdaric – 33. Bellinghausen (5) für Lembi, 60. Seitz (5) für Mikic, 82. T. Riedl (-) für Zandi
Tore: 1:0 Tarnat (13., Linksschuss, Vorarbeit Delura), 2:0 Tarnat (26., Linksschuss, Delura), 3:0 Brdaric (62., Kopfball, Delura), 3:1 Sanogo (69., Rechtsschuss, Halil Altintop), 4:1 Brdaric (73., Linksschuss, Stajner), 5:1 Hashemian (83., Rechtsschuss, Mertesacker)
Chancenverhältnis: 10:1
Eckenverhältnis: 9:1
SR: Brych, Dr. (München) – **Zuschauer:** 31443 – **Gelbe Karte:** Yankov – **Spielnote:** 3,5

27. November 2005
Hertha BSC – Bor. M'Gladbach 2:2 (0:2)
Hertha: Fiedler (2,5) – A. Friedrich (3,5), van Burik (4), Simunic (4) – N. Kovac (2,5) – Cairo (4), K. Boateng (4) – Bastürk (3) – Marcelinho (3,5) – Rafael (5), Pantelic (4,5) – **Trainer:** Götz
Gladbach: Keller (2,5) – Bögelund (4), Zé Antonio (4), Strasser (4), Jansen (3,5) – Thijs (4,5) – El Fakiri (3,5), Kluge (4) – Polanski (4,5) – Kahe (4), Neuville (4) – **Trainer:** Köppel
Eingewechselt: 61. Neuendorf (-) für Rafael, 87. Madlung (-) für N. Kovac – 80. Broich (-) für El Fakiri, 89. Sverkos (-) für Neuville, 89. Fukal (-) für Bögelund
Tore: 0:1 Kahe (7., Rechtsschuss, Vorarbeit Neuville), 0:2 A. Friedrich (12., Eigen**Tor**, Rechtsschuss, El Fakiri), 1:2 Bastürk (68., Rechtsschuss, Simunic), 2:2 N. Kovac (76., Kopfball, Marcelinho)
Chancenverhältnis: 9:4
Eckenverhältnis: 5:4
SR: Perl (München) – **Zuschauer:** 38438 – **Spielnote:** 3,5

27. November 2005
Eintracht Frankfurt – VfB Stuttgart 1:1 (1:0)
Frankfurt: Nikolov (3) – Chris (2,5) – Rehmer (3), Vasoski (3,5) – Preuß (3), Jones (2,5), Huggel (4), Spycher (3) – A. Meier (4) – Amanatidis (3,5), Copado (3,5) – **Trainer:** Funkel
Stuttgart: Hildebrand (3) – Stranzl (3,5), Fernando Meira (3,5), Delpierre (3), Magnin (4) – Meißner (4), Soldo (3) – Tiffert (3,5), Hitzlsperger (2,5) – Tomasson (3,5), Ljuboja (2,5) – **Trainer:** Trapattoni
Eingewechselt: 46. Cimen (4) für Preuß, 76. D.-R. Cha (-) für Rehmer, 82. van Lent (-) für Amanatidis – 46. Carevic (3,5) für Meißner, 56. Gomez (4) für Stranzl
Tore: 1:0 Amanatidis (19., Kopfball, Vorarbeit Copado), 1:1 Ljuboja (62., Linksschuss, Hitzlsperger)
Chancenverhältnis: 3:4
Eckenverhältnis: 9:4
SR: Rafati (**Hannover**) – **Zuschauer:** 41500 – **Spielnote:** 3

6. Dezember 2005
MSV Duisburg – 1. FC Köln 1:1 (1:1)
Duisburg: G. Koch (3) – Wolters (4), Möhrle (5), Baelum (5), A. Meyer (4) – Tjikuzu (3,5), Bugera (-) – Willi (4,5), Lottner (3) – Ahanfouf (4), Kurth (4,5) – **Trainer:** Meier
FC Köln: Wessels (3) – Schlicke (5), Sinkiewicz (4), Matip (2,5), Benschneider (3) – Grammozis (4), Schindzielorz (3,5) – A. Streit (4), Podolski (3,5), Rahn (2,5) – Scherz (5) – **Trainer:** Rapolder
Eingewechselt: 10. Anfang (4) für Bugera, 76. van Houdt (-) für Anfang, 90. Grlic (-) für Lottner – 46. Lell (4,5) für Schlicke, 89. Szabics (-) für Podolski, 90. Lurling (-) für Rahn
Tore: 1:0 Ahanfouf (5., Linksschuss, Vorarbeit Lottner), 1:1 Podolski (30., Linksschuss, Rahn)
Chancenverhältnis: 5:6
Eckenverhältnis: 6:4
SR: Gräfe (Berlin) – **Zuschauer:** 30295 – **Rote Karte:** A. Streit (85., unsportliches Verhalten) – **Spielnote:** 4

15. Spieltag

3. Dezember 2005
Bor. M'Gladbach – 1. FC Nürnberg 0:1 (0:0)
Gladbach: Keller (3) – Bögelund (5), Zé Antonio (4), Strasser (3,5), Daems (4) – Thijs (4,5) – El Fakiri (5), Kluge (4) – Polanski (4,5) – Kahe (5), Neuville (4) – **Trainer:** Köppel
Nürnberg: R. Schäfer (3) – A. Wolf (3,5), Cantaluppi (2,5), Nikl (3,5) – Mnari (4) – Pinola (4,5) – Polak (3,5) – Saenko (3), Banovic (4) – Kießling (3,5), Schroth (4) – **Trainer:** Meyer
Eingewechselt: 68. Broich (-) für Thijs, 68. Sverkos (-) für El Fakiri, 83. Kastrati (-) für Polanski – 70. T. Paulus (-) für Banovic, 78. Wagefeld (-) für Polak, 87. Bosacki (-) für Kießling
Tor: 0:1 Nikl (62., Linksschuss, Vorarbeit Cantaluppi)
Chancenverhältnis: 5:4
Eckenverhältnis: 7:7
SR: Fandel (Kyllburg) – **Zuschauer:** 38343 – **Rote Karte:** Bosacki (90., grobes Foulspiel) – **Spielnote:** 4

3. Dezember 2005
Borussia Dortmund – Hannover 96 0:2 (0:1)
Dortmund: Weidenfeller (3) – P. Degen (5), Wörns (3), C. Metzelder (4), Kringe (3) – Kruska (4) – Rosicky (4), N. Sahin (3) – Odonkor (5), Buckley (4), Smolarek (4,5) – **Trainer:** Van Marwijk
Hannover: Enke (2,5) – Cherundolo (2,5), Mertesacker (2), Zuraw (3), Tarnat (2,5) – Lala (3) – Balitsch (3), Dabrowski (2) – Delura (5), Hashemian (4), Brdaric (4,5) – **Trainer:** Neururer
Eingewechselt: 74. Saka (-) für Odonkor, 80. M. Steegmann (-) für Buckley – 46. Stajner (2,5) für Delura, 71. Schröter (-) für Cherundolo, 81. Vinicius (-) für Hashemian
Tore: 0:1 Cherundolo (16., Rechtsschuss, Vorarbeit Hashemian), 0:2 Dabrowski (85., Rechtsschuss, Stajner)
Chancenverhältnis: 5:2
Eckenverhältnis: 5:3
SR: Schmidt (Stuttgart) – **Zuschauer:** 72200 – **Spielnote:** 4

3. Dezember 2005
Hamburger SV – 1. FC Köln 3:1 (1:0)
HSV: Kirschstein (3) – Mahdavikia (3), Demel (3,5), van Buyten (3), Atouba (3,5) – Beinlich (2,5) – Jarolim (3,5), Trochowski (4) – van der Vaart (-) – Lauth (4), Barbarez (1,5) – **Trainer:** Doll
FC Köln: Wessels (5) – Sinkiewicz (4), Schlikke (5), Alpay (5), Benschneider (4) – Schindzielorz (3,5), Matip (4,5) – A. Streit (5), Podolski (4,5), Epstein (4) – Szabics (5) – **Trainer:** Rapolder
Eingewechselt: 17. Laas (4) für van der Vaart, 75. Ziegler (-) für Trochowski, 89. Takahara (-) für Lauth – 74. Scherz (-) für Podolski, 74. Y. Mokhtari (-) für Alpay, 84. Lell (-) für Szabics
Tore: 1:0 Atouba (43., Linksschuss, ohne Vorarbeit), 2:0 Lauth (54., Rechtsschuss, Barbarez), 2:1 Schlicke (58., Kopfball, Podolski), 3:1 Barbarez (73., Kopfball, Beinlich)
Chancenverhältnis: 5:2
Eckenverhältnis: 6:2
SR: Drees, Dr. (Mainz) – **Zuschauer:** 55800 (ausverkauft) – **Spielnote:** 3,5

3. Dezember 2005
Werder Bremen – MSV Duisburg 2:0 (0:0)
Bremen: Reinke (5) – Owomoyela (3,5), Fahrenhorst (2,5), L. Andreasen (4), C. Schulz (4) – Baumann (2) – Vranjes (3,5), Borowski (2) – Micoud (2) – Valdez (3), Hunt (2,5) – **Trainer:** Schaaf
Duisburg: G. Koch (2) – Möhrle (5), Baelum (4,5), A. Meyer (4) – Tjikuzu (3,5), Bugera (3) – Willi (4), Lottner (3,5), van Houdt (3) – Ahanfouf (4), Kurth (3) – **Trainer:** Meier
Eingewechselt: 81. D. Jensen (-) für Vranjes, 85. Pasanen (-) für Owomoyela – 85. Michalke (-) für van Houdt
Tore: 1:0 Valdez (63., Rechtsschuss, Vorarbeit Hunt), 2:0 Borowski (72., Rechtsschuss, Micoud)
Chancenverhältnis: 12:6
Eckenverhältnis: 3:7
SR: Wagner (Kriftel) – **Zuschauer:** 38079 – **Spielnote:** 3

3. Dezember 2005
Arminia Bielefeld – FC Schalke 04 0:1 (0:0)
Bielefeld: Hain (2,5) – Korzynietz (4), Fink (3,5), Westermann (3), Schuler (5) – Krupnikovic (4), Dammeier (3) – Pinto (5), D. Kobylik (4,5) – Boakye (4), Zuma (3,5) – **Trainer:** von Heesen
Schalke: F. Rost (3) – Rafinha (3), Bordon (3,5), Rodriguez (2,5), Krstajic (3) – Poulsen (2), F. Ernst (3) – Lincoln (3) – Varela (4,5), Kobiashvili (3), Kuranyi (4,5) – **Trainer:** Rangnick
Eingewechselt: 65. Dalovic (-) für D. Kobylik, 79. Diego Leon (-) für Krupnikovic – 46. Asamoah (3) für Bordon, 46. Sand (2,5) für Varela, 89. Bajramovic (-) für Kuranyi
Tor: 0:1 Poulsen (51., Kopfball, Vorarbeit Lincoln)
Chancenverhältnis: 2:7
Eckenverhältnis: 4:7
SR: Fleischer, Dr. (Sigmertshausen) – **Zuschauer:** 26601 (ausverkauft) – **Gelbe Karte:** Fink – **Spielnote:** 3,5

3. Dezember 2005
VfB Stuttgart – Bayern München 0:0
Stuttgart: Hildebrand (3) – Stranzl (3), Fernando Meira (3), Delpierre (2,5), Magnin (4) – Soldo (2,5) – Tiffert (3,5), Gentner (4,5), Hitzlsperger (2,5) – Ljuboja (4), Tomasson (4,5) – **Trainer:** Trapattoni
Bayern: Kahn (3) – Sagnol (3), Ismael (2,5), Demichelis (3), Lizarazu (4) – Hargreaves (3) – Deisler (5), Schweinsteiger (4) – Ballack (3,5) – Makaay (5), Pizarro (3,5) – **Trainer:** Magath
Eingewechselt: 64. Grönkjaer (-) für Gentner, 72. Gomez (-) für Tomasson, 79. Carevic (-) für Hitzlsperger – 46. Lahm (3) für Schweinsteiger, 66. Jeremies (-) für Lizarazu, 76. Karimi (-) für Makaay
Chancenverhältnis: 6:3
Eckenverhältnis: 7:2
SR: Merk, Dr. (Otterbach) – **Zuschauer:** 55000 – **Rote Karte:** Deisler (42., Nachtreten) – **Spielnote:** 4

4. Dezember 2005
Bayer Leverkusen – Hertha BSC 1:2 (1:0)
Leverkusen: Butt (3,5) – C. Fritz (4,5), Roque Junior (4,5), Juan (5) – Ramelow (4), Rolfes (4) – Freier (5), Babic (5) – Barnetta (4) – Voronin (4), Berbatov (3,5) – **Trainer:** Skibbe
Hertha: Fiedler (3) – A. Friedrich (3), van Burik (4), Simunic (3), Fathi (3) – N. Kovac (3) – K. Boateng (3), Bastürk (1,5), Gilberto (3,5) – Marcelinho (2,5) – Pantelic (4) – **Trainer:** Götz
Eingewechselt: 69. Krzynowek (-) für Roque Junior, 71. Athirson (-) für Babic, 77. Lazovic (-) für Freier – 74. Neuendorf (-) für Pantelic, 87. T. Marx (-) für K. Boateng, 90. Samba (-) für Marcelinho
Tore: 1:0 Berbatov (20., Rechtsschuss, ohne Vorarbeit), 1:1 Bastürk (58., Linksschuss, Marcelinho), 1:2 Marcelinho (64., Rechtsschuss, Pantelic)
Chancenverhältnis: 5:5
Eckenverhältnis: 7:6
SR: Kircher (Rottenburg) – **Zuschauer:** 22500 (ausverkauft) – **Spielnote:** 3

4. Dezember 2005
1. FSV Mainz 05 – VfL Wolfsburg 5:1 (3:1)
Mainz: Wache (3,5) – Demirtas (3), M. Friedrich (2,5), Noveski (4), Weigelt (3) – F. Gerber (3,5), da Silva (1,5), Ruman (2,5) – Thurk (2), Zidan (1,5), Auer (2) – **Trainer:** Klopp
Wolfsburg: Jentzsch (5) – Franz (4,5), Quiroga (6) – Lamprecht (5), van der Heyden (5) – Thiam (4) – Fischer (5), Tskitishvili (5,5) – Menseguez (4,5) – Marlet (5,5), Klimowicz (3,5) – **Trainer:** Fach
Eingewechselt: 70. Geißler (-) für F. Gerber, 78. Romulo (-) für Auer, 80. O. Addo (-) für Thurk – 45. Neziri (4,5) für Quiroga, 56. Karhan (4,5) für Fischer, 65. Sarpei (-) für Marlet
Tore: 1:0 Thurk (2., Foulelfmeter, Rechtsschuss, Vorarbeit Auer), 1:1 Klimowicz (3., Rechtsschuss), 2:1 Auer (36., Rechtsschuss, Ruman), 3:1 Ruman (45., Rechtsschuss, da Silva), 4:1 Zidan (51., Linksschuss), 5:1 Thurk (77., Rechtsschuss, da Silva)
Chancenverhältnis: 11:3
Eckenverhältnis: 4:1
SR: Wack, Dr. (Biberbach) – **Zuschauer:** 19100 – **Spielnote:** 2,5

14. Dezember 2005
1. FC Kaiserslautern – Eintracht Frankfurt 1:2 (0:0)
K'lautern: Macho (4) – Hertzsch (5), Pletsch (5), Schönheim (4,5), Blank (5,5) – Lembi (4), Engelhardt (5) – Halil Altintop (4,5), Skela (5,5), Bellinghausen (5) – Sanogo (5) – **Trainer:** Wolf
Frankfurt: Nikolov (4) – D.-R. Cha (3), Rehmer (3,5), Vasoski (3), Spycher (3) – Jones (3,5) – Chris (3), Köhler (4) – A. Meier (4) – Copado (2,5), Amanatidis (3,5) – **Trainer:** Funkel
Eingewechselt: 63. Halfar (-) für Bellinghausen, 67. Seitz (-) für Hertzsch, 74. Zandi (-) für Halil Altintop – 41. Weissenberger (2) für A. Meier, 61. Huggel (-) für Köhler, 88. van Lent (-) für Copado
Tore: 0:1 Weissenberger (50., Rechtsschuss, Vorarbeit Chris), 0:2 Copado (58., Rechtsschuss, D.-R. Cha), 1:2 Seitz (85., Rechtsschuss, Sanogo)
Chancenverhältnis: 5:5
Eckenverhältnis: 3:2
SR: Meyer (Burgdorf) – **Zuschauer:** 33815 – **Spielnote:** 3,5

16. Spieltag

10. Dezember 2005
MSV Duisburg – Arminia Bielefeld 1:1 (1:0)
Duisburg: G. Koch (2,5) – Möhrle (4,5), Grlic (3,5), A. Meyer (3,5) – Willi (4,5), Tjikuzu (3,5), Wolters (4) – Lottner (3,5) – Kurth (5), van Houdt (4) – Ahanfouf (2,5) – **Trainer:** Scholz
Bielefeld: Hain (4) – Korzynietz (3,5), Westermann (4), Borges (4), Schuler (3) – Fink (3,5), Dammeier (3) – Vata (3,5), D. Kobylik (4,5) – Zuma (3,5), Boakye (2,5) – **Trainer:** von Heesen
Eingewechselt: 51. Michalke (4,5) für Willi, 77. Rietpietsch (-) für Lottner, 77. El Kasmi (-) für van Houdt – 62. Pinto (-) für D. Kobylik, 79. Rau (-) für Vata
Tore: 1:0 Ahanfouf (42., Kopfball, Vorarbeit van Houdt), 1:1 Vata (53., Rechtsschuss, Boakye)
Chancenverhältnis: 6:6
Eckenverhältnis: 0:3
SR: Weiner (Hasede) – **Zuschauer:** 19143 – **Spielnote:** 4

10. Dezember 2005
FC Schalke 04 – 1. FSV Mainz 05 1:0 (0:0)
Schalke: F. Rost (2,5) – Rafinha (3,5), Bordon (2), Rodriguez (3), Kobiashvili (3,5) – Poulsen (2,5), F. Ernst (4) – Lincoln (3) – Hamit Altintop (4), Asamoah (4) – Kuranyi (4) – **Trainer:** Rangnick
Mainz: Wache (2) – Demirtas (4,5), M. Friedrich (3), Abel (3,5), Weigelt (4,5) – F. Gerber (4), da Silva (4), Ruman (4) – Zidan (4,5), Thurk (4), Auer (4) – **Trainer:** Klopp
Eingewechselt: 77. Varela (-) für Asamoah, 82. Sand (-) für Kuranyi, 87. Bajramovic (-) für Hamit Altintop – 46. Pekovic (5) für Ruman, 56. Romulo (5) für Auer, 74. Geißler (-) für Thurk
Tore: 1:0 Bordon (58., Kopfball, Vorarbeit Lincoln)
Chancenverhältnis: 7:3
Eckenverhältnis: 5:2
SR: Brych, Dr. (München) – **Zuschauer:** 61524 (ausverkauft) – **Besonderes Vorkommnis:** Wache hält Foulelfmeter von Kobiashvili (17.) – **Spielnote:** 4

10. Dezember 2005
Hamburger SV – Hertha BSC 2:1 (2:0)
HSV: Kirschstein (5) – Demel (4), Boulahrouz (3), van Buyten (3), Atouba (3) – Beinlich (2,5) – Mahdavikia (3), Trochowski (4) – Barbarez (3) – Lauth (4), Mpenza (3) – **Trainer:** Doll
Hertha: Fiedler (3) – A. Friedrich (3,5), van Burik (6), Madlung (4), Gilberto (4) – N. Kovac (3,5) – T. Marx (5), K. Boateng (3) – Bastürk (2,5) – Marcelinho (6) – Pantelic (4) – **Trainer:** Götz
Eingewechselt: 59. Ziegler (4) für Lauth, 72. Takyi (-) für Demel, 90. Takahara (-) für Mpenza – 9. Chahed (3) für van Burik, 57. Neuendorf (3,5) für T. Marx, 88. Samba (-) für K. Boateng
Tore: 1:0 van Burik (2., Eigentor, Kopfball, Vorarbeit Beinlich), 2:0 Mahdavikia (8., Foulelfmeter, Rechtsschuss, Mpenza), 2:1 Bastürk (76., Rechtsschuss)
Chancenverhältnis: 7:4
Eckenverhältnis: 6:1
SR: Merk, Dr. (Otterbach) – **Zuschauer:** 54129 – **Spielnote:** 3

10. Dezember 2005
VfL Wolfsburg – VfB Stuttgart 0:1 (0:0)
Wolfsburg: Jentzsch (4) – Franz (3,5), Schnoor (3,5), van der Heyden (4) – Sarpei (4), Thiam (3), Neziri (4) – Menseguez (4), d'Alessandro (4) – Hanke (5), Klimowicz (4,5) – **Trainer:** Fach
Stuttgart: Hildebrand (3) – Stranzl (3,5), Fernando Meira (3,5), Delpierre (3,5), Magnin (4) – Soldo (3,5) – Gentner (3,5), Hitzlsperger (4,5) – Tiffert (3) – Ljuboja (4,5), Cacau (5) – **Trainer:** Trapattoni
Eingewechselt: 76. Marlet (-) für Sarpei, 87. Langkamp (-) für van der Heyden – 58. Meißner (3) für Hitzlsperger, 58. Gomez (3) für Cacau, 84. Hinkel (-) für Gentner
Tor: 0:1 Meißner (62., Rechtsschuss, Vorarbeit Gomez)
Chancenverhältnis: 5:4
Eckenverhältnis: 5:1
SR: Fandel (Kyllburg) – **Zuschauer:** 23686 – **Spielnote:** 4,5

10. Dezember 2005
1. FC Nürnberg – Bayer Leverkusen 1:1 (1:1)
Nürnberg: R. Schäfer (3) – A. Wolf (3), Nikl (3), Cantaluppi (2,5), Pinola (3,5) – T. Paulus (4), Mnari (3,5) – Polak (4) – Saenko (4), Kießling (3,5), Schroth (3) – **Trainer:** Meyer
Leverkusen: Butt (3) – Madouni (4,5), Ramelow (3), Juan (3,5) – C. Fritz (4), Rolfes (3) – Babic (4,5) – B. Schneider (2,5) – Freier (4), Barnetta (4) – Berbatov (4) – **Trainer:** Skibbe
Eingewechselt: 46. Banovic (4) für Schroth, 64. Daun (-) für Polak, 87. S. Müller (-) für A. Wolf – 70. Voronin (-) für Barnetta, 88. Castro (-) für Freier
Tore: 1:0 Schroth (29., Kopfball, Vorarbeit A. Wolf), 1:1 B. Schneider (45., Rechtsschuss, Juan)
Chancenverhältnis: 5:3
Eckenverhältnis: 3:6
SR: Kinhöfer (Herne) – **Zuschauer:** 24928 – **Spielnote:** 3,5

10. Dezember 2005
Hannover 96 – Bor. M'Gladbach 1:1 (0:0)
Hannover: Enke (2) – Schröter (5), Mertesacker (2,5), Zuraw (4), Tarnat (3) – Lala (4) – Yankov (3,5), Balitsch (4) – Stajner (3), Hashemian (3,5), Brdaric (3) – **Trainer:** Neururer
Gladbach: Keller (2) – Fukal (4), Zé Antonio (3,5), Strasser (3), Daems (4) – El Fakiri (4), Polanski (3) – Broich (4) – Neuville (3,5), Kahe (3), Jansen (2) – **Trainer:** Köppel
Eingewechselt: 46. Delura (5) für Schröter, 54. Ricardo Sousa (3) für Yankov, 89. Idrissou (-) für Stajner – 66. Thijs (-) für El Fakiri, 76. Kluge (-) für Broich, 85. Bögelund (-) für Neuville
Tore: 0:1 Kahe (49., Rechtsschuss, Vorarbeit Neuville), 1:1 Stajner (67., Kopfball, Brdaric)
Chancenverhältnis: 7:6
Eckenverhältnis: 4:2
SR: Kircher (Rottenburg) – **Zuschauer:** 39202 – **Spielnote:** 3

10. Dezember 2005
Eintracht Frankfurt – Borussia Dortmund 2:0 (1:0)
Frankfurt: Nikolov (2,5) – D.-R. Cha (3), Rehmer (3), Vasoski (3), Spycher (3) – Jones (3) – Chris (2,5), Köhler (2,5) – A. Meier (3,5) – Copado (2,5), Amanatidis (3) – **Trainer:** Funkel
Dortmund: Weidenfeller (1,5) – P. Degen (4), C. Metzelder (5), Kehl (4), Kringe (4) – Kruska (4,5) – Rosicky (5), N. Sahin (4) – Odonkor (3), Buckley (5,5), Smolarek (5) – **Trainer:** Van Marwijk
Eingewechselt: 73. Huggel (-) für Rehmer, 83. van Lent (-) für Köhler, 85. Cimen (-) für Copado – 57. Gambino (3) für Buckley, 84. Saka (-) für Odonkor
Tore: 1:0 Copado (9., Rechtsschuss, Vorarbeit Köhler), 2:0 Amanatidis (84., Kopfball, A. Meier)
Chancenverhältnis: 14:6
Eckenverhältnis: 7:7
SR: Gagelmann (Bremen) – **Zuschauer:** 47800 – **Gelb-Rote Karte:** Rosicky (72.) – **Spielnote:** 2

11. Dezember 2005
1. FC Köln – Werder Bremen 1:4 (1:1)
FC Köln: Wessels (4,5) – Sinkala (4), Sinkiewicz (2,5), Matip (3,5), Benschneider (3) – Grammozis (4), Schindzielorz (5) – Scherz (4), Y. Mokhtari (4), Rahn (3,5) – Szabics (3) – **Trainer:** Rapolder
Bremen: Reinke (4,5) – Owomoyela (3,5), Fahrenhorst (4), Naldo (2), L. Andreasen (4) – Baumann (4) – Vranjes (3,5), Frings (3) – Micoud (1,5) – Klose (2), Valdez (3) – **Trainer:** Schaaf
Eingewechselt: 30. Lurling (4) für Szabics, 53. Epstein (5) für Rahn, 53. Guié-Mien (3,5) für Grammozis – 72. Klasnic (-) für Valdez
Tore: 1:0 Szabics (24., Rechtsschuss, Vorarbeit Y. Mokhtari), 1:1 Naldo (34., direkter Freistoß, Rechtsschuss), 1:2 Klose (50., Rechtsschuss, Micoud), 1:3 Klose (90., Linksschuss, Klasnic), 1:4 Micoud (90., Rechtsschuss, Frings)
Chancenverhältnis: 4:7
Eckenverhältnis: 4:3
SR: Stark (Ergolding) – **Zuschauer:** 50000 (ausverkauft) – **Spielnote:** 3

11. Dezember 2005
Bayern München – 1. FC Kaiserslautern 2:1 (1:1)
Bayern: Kahn (2) – Sagnol (3), Lucio (3), Ismael (2,5), Lahm (3,5) – Demichelis (3,5) – Karimi (4,5), Zé Roberto (3) – Ballack (2,5) – Makaay (3,5), Pizarro (3,5) – **Trainer:** Magath
K'lautern: Macho (3,5) – Hertzsch (4,5), Pletsch (4,5), Schönheim (4), Blank (4) – Lembi (3,5), Engelhardt (4) – Halil Altintop (3,5), Skela (5), Bellinghausen (3) – Sanogo (3) – **Trainer:** Wolf
Eingewechselt: 69. Schweinsteiger (-) für Karimi, 74. Jeremies (-) für Zé Roberto, 90. Guerrero (-) für Pizarro – 83. Halfar (-) für Bellinghausen
Tore: 1:0 Ballack (26., Kopfball, Vorarbeit Karimi), 1:1 Sanogo (39., Linksschuss, Bellinghausen), 2:1 Makaay (54., Foulelfmeter, Rechtsschuss, Zé Roberto)
Chancenverhältnis: 10:2
Eckenverhältnis: 10:1
SR: Gräfe (Berlin) – **Zuschauer:** 66000 (ausverkauft) – **Besonderes Vorkommnis:** Kahn hält Foulelfmeter von Skela (59.) – **Spielnote:** 3

17. Spieltag

17. Dezember 2005
Bayer Leverkusen – Hannover 96 0:0
Leverkusen: Butt (3) – C. Fritz (4), Juan (4), Madouni (3,5), Castro (4,5) – Rolfes (4) – Barnetta (4), Babic (3) – B. Schneider (3) – Voronin (5), Berbatov (4) – **Trainer:** Skibbe
Hannover: Enke (1,5) – Balitsch (4), Mertesacker (3), Zuraw (3) – Tarnat (4) – Lala (4) – Dabrowski (3,5) – Ricardo Sousa (5) – Stajner (4), Hashemian (4), Brdaric (5) – **Trainer:** Neururer
Eingewechselt: 60. Freier (3) für Voronin, 85. J. Tadic (-) für Barnetta – 64. Delura (-) für Ricardo Sousa, 81. Yankov (-) für Brdaric, 83. Idrissou (-) für Stajner
Chancenverhältnis: 5:4
Eckenverhältnis: 5:4
SR: Drees, Dr. (Mainz) – **Zuschauer:** 22500 (ausverkauft) – **Spielnote:** 4

17. Dezember 2005
Bor. M'Gladbach – Eintracht Frankfurt 4:3 (1:2)
Gladbach: Keller (3) – El Fakiri (3), Zé Antonio (3,5), Strasser (4), Daems (4) – Polanski (3), Kluge (4) – Broich (4) – Neuville (1,5), Kahe (3,5), Jansen (2) – **Trainer:** Köppel
Frankfurt: Nikolov (2,5) – D.-R. Cha (4,5), Rehmer (4), Vasoski (3,5), Spycher (3,5) – Preuß (4) – Chris (3,5), Chaftar (4) – Weissenberger (2) – Copado (1,5), Amanatidis (4) – **Trainer:** Funkel
Eingewechselt: 68. Sverkos (-) für Kluge, 86. Compper (-) für Broich – 46. van Lent (4) für Amanatidis, 61. Köhler (-) für Chaftar, 76. Huggel (-) für Copado
Tore: 0:1 Copado (16., Rechtsschuss, Vorarbeit Weissenberger), 0:2 Copado (21., Kopfball, Weissenberger), 1:2 Jansen (45., Linksschuss, El Fakiri), 2:2 Neuville (77., Kopfball, El Fakiri), 3:2 Neuville (82., direkter Freistoß, Rechtsschuss), 4:2 Sverkos (88., Rechtsschuss, Neuville), 4:3 Chris (90., Rechtsschuss, Köhler)
Chancenverhältnis: 8:6
Eckenverhältnis: 6:3
SR: Merk, Dr. (Otterbach) – **Zuschauer:** 47598 – **Besonderes Vorkommnis:** Nikolov hält Foulelfmeter von Neuville (75.) – **Spielnote:** 1,5

17. Dezember 2005
Borussia Dortmund – Bayern München 1:2 (0:0)
Dortmund: Weidenfeller (3) – P. Degen (3,5), Hünemeier (3,5), C. Metzelder (4), Kringe (2,5) – Kehl (2) – Kruska (3), N. Sahin (4) – Odonkor (3,5), Buckley (4,5), Smolarek (4) – **Trainer:** Van Marwijk
Bayern: Kahn (4) – Sagnol (3,5), Lucio (2), Ismael (3), Lizarazu (4) – Demichelis (3) – Hargreaves (4,5), Zé Roberto (3) – Karimi (3) – Makaay (5), Pizarro (2) – **Trainer:** Magath
Eingewechselt: 65. Gambino (-) für Buckley, 86. Saka (-) für Odonkor – 38. Ottl (2,5) für Demichelis, 63. Schweinsteiger (-) für Hargreaves, 88. Jeremies (-) für Karimi
Tore: 0:1 Karimi (53., Rechtsschuss, Vorarbeit Pizarro), 0:2 Pizarro (73., Linksschuss, Zé Roberto), 1:2 Kringe (79., Kopfball, N. Sahin)
Chancenverhältnis: 4:3
Eckenverhältnis: 5:3
SR: Fandel (Kyllburg) – **Zuschauer:** 81000 (ausverkauft) – **Gelbe Karte:** Gambino – **Rote Karte:** Saka (89., Notbremse) – **Spielnote:** 3

17. Dezember 2005
1. FC Kaiserslautern – VfL Wolfsburg 3:2 (1:0)
K'lautern: Macho (3) – Hertzsch (5), Pletsch (4), Schönheim (4), Bellinghausen (3,5) – Lembi (2), Engelhardt (4,5) – Mikic (3,5), Skela (5), Halil Altintop (1) – Sanogo (3) – **Trainer:** Wolf
Wolfsburg: Jentzsch (3) – Franz (5), Hofland (5), Neziri (5) – Sarpei (5), Thiam (5), Tskitishvili (5) – Menseguez (3), d'Alessandro (5) – Hanke (4), Klimowicz (4) – **Trainer:** Fach
Eingewechselt: 70. Halfar (-) für Mikic, 89. T. Riedl (-) für Halil Altintop – 70. Karhan (-) für Sarpei, 76. van der Heyden (-) für Neziri, 79. Quiroga (-) für Franz
Tore: 1:0 Halil Altintop (45., Rechtsschuss, Vorarbeit Sanogo), 1:1 Klimowicz (47., Rechtsschuss, Sarpei), 1:2 Hanke (54., Rechtsschuss, Menseguez), 2:2 Halil Altintop (61., Rechtsschuss, Sanogo), 3:2 Halil Altintop (83., Linksschuss, Halfar)
Chancenverhältnis: 10:6
Eckenverhältnis: 7:5
SR: Wagner (Kriftel) – **Zuschauer:** 23244 – **Spielnote:** 3,5

17. Dezember 2005
VfB Stuttgart – FC Schalke 04 2:0 (0:0)
Stuttgart: Hildebrand (3) – Fernando Meira (2), Delpierre (2) – Stranzl (4), Magnin (4) – Meißner (3,5), Soldo (2) – Tiffert (4), Hitzlsperger (3,5) – Gomez (2,5), Ljuboja (3) – **Trainer:** Trapattoni
Schalke: F. Rost (3) – Rodriguez (5), Krstajic (4) – Rafinha (4), Bajramovic (5) – Poulsen (3,5), F. Ernst (4) – Lincoln (4,5) – Asamoah (5), Varela (3,5), Kuranyi (5) – **Trainer:** Reck
Eingewechselt: 63. Gentner (-) für Meißner, 83. Streller (-) für Gomez, 90. Carevic (-) für Ljuboja – 69. Sand (-) für Asamoah, 69. Larsen (-) für Varela
Tore: 1:0 Gomez (48., Rechtsschuss, ohne Vorarbeit), 2:0 Ljuboja (66., Linksschuss, Gentner)
Chancenverhältnis: 5:2
Eckenverhältnis: 2:4
SR: Stark (Ergolding) – **Zuschauer:** 48000 – **Gelb-Rote Karte:** Bajramovic (77.) – **Spielnote:** 3,5

17. Dezember 2005
1. FSV Mainz 05 – MSV Duisburg 1:1 (1:0)
Mainz: Wache (3) – Demirtas (4), M. Friedrich (4), Noveski (5), Weigelt (5) – Pekovic (5) – F. Gerber (4,5), da Silva (3) – Thurk (4,5), Zidan (4,5) – Auer (4,5) – **Trainer:** Klopp
Duisburg: G. Koch (4) – Wolters (4,5), Möhrle (2,5), Baelum (4,5), A. Meyer (4,5) – Tjikuzu (3,5), Bodzek (4) – Lottner (4) – Willi (4,5), van Houdt (5) – Rietpietsch (5) – **Trainer:** Scholz
Eingewechselt: 65. Ruman (-) für Zidan, 81. Abel (-) für Demirtas, 89. Romulo (-) für

Frust und Freude: Kölns Marvin Matip und der Mainzer Torschütze Michael Thurk (rechts).

Thurk – 77. Ivanovic (-) für Rietpietsch, 77. El Kasmi (-) für Wolters, 83. Stegmann (-) für van Houdt
Tore: 1:0 da Silva (27., direkter Freistoß, Linksschuss, ohne Vorarbeit), 1:1 Möhrle (86., Rechtsschuss, Tjikuzu)
Chancenverhältnis: 7:7
Eckenverhältnis: 2:1
SR: Schmidt (Stuttgart) – **Zuschauer:** 20000 – **Spielnote:** 4

17. Dezember 2005
Arminia Bielefeld – 1. FC Köln 3:2 (0:1)
Bielefeld: Hain (3) – Korzynietz (3), Westermann (3,5), Borges (4), Schuler (2,5) – Fink (1,5), Dammeier (2) – Vata (3,5), D. Kobylik (1,5) – Zuma (3,5), Boakye (3,5) – **Trainer:** von Heesen
FC Köln: Wessels (5) – Schlicke (6), Sinkiewicz (4), Matip (4), Benschneider (4,5) – Schindzielorz (4,5), Springer (4) – A. Streit (3,5), Lurling (5), Rahn (5) – Scherz (3) – **Trainer:** Rapolder
Eingewechselt: 73. Rau (-) für Schuler, 78. Pinto (-) für Fink, 84. Dalovic (-) für Boakye – 57. Grammozis (3,5) für Springer, 57. Y. Mokhtari (3,5) für Lurling, 67. Epstein (-) für Rahn
Tore: 0:1 Springer (1., Linksschuss, Vorarbeit A. Streit), 1:1 D. Kobylik (52., Rechtsschuss), 2:1 Fink (54., Rechtsschuss, Schuler), 3:1 Fink (59., Kopfball, Dammeier), 3:2 Scherz (72., Kopfball, Y. Mokhtari)
Chancenverhältnis: 5:5
Eckenverhältnis: 9:2
SR: Brych, Dr. (München) – **Zuschauer:** 26601 (ausverkauft) – **Spielnote:** 4

18. Dezember 2005
Hertha BSC – 1. FC Nürnberg 1:1 (0:0)
Hertha: Fiedler (3) – A. Friedrich (2,5), Samba (5), Madlung (2,5), Fathi (3,5) – N. Kovac (4) – K. Boateng (4,5), Bastürk (3,5), Gilberto (4) – Neuendorf (3,5) – Pantelic (4) – **Trainer:** Götz
Nürnberg: R. Schäfer (2,5) – D. Reinhardt (3,5), Cantaluppi (3), Nikl (3,5), Pinola (4) – A. Wolf (4) – Mnari (4) – Polak (4,5), Banovic (3) – Saenko (3), Schroth (5) – **Trainer:** Meyer
Eingewechselt: 64. Cairo (-) für N. Kovac, 71. Okoronkwo (-) für Fathi, 79. Dejagah (-) für Pantelic – 46. Vittek (3,5) für Polak, 66. S. Müller (-) für Banovic, 74. T. Paulus (-) für Mnari
Tore: 0:1 Saenko (55., Rechtsschuss, Vorarbeit Banovic), 1:1 Madlung (86., Kopfball, Neuendorf)
Chancenverhältnis: 11:4
Eckenverhältnis: 10:4
SR: Rafati (Hannover) – **Zuschauer:** 30149 – **Spielnote:** 3,5

18. Dezember 2005
Werder Bremen – Hamburger SV 1:1 (1:0)
Bremen: Reinke (2) – Owomoyela (2,5), Pasanen (3), Naldo (4), L. Andreasen (3) – Baumann (3) – Frings (3,5), Vranjes (3) – Micoud (2) – Valdez (4), Klose (2) – **Trainer:** Schaaf
HSV: Kirschstein (3,5) – Mahdavikia (3), Demel (4), van Buyten (2,5), Atouba (3) – Wicky (4,5) – Jarolim (4), Beinlich (3,5) – Trochowski (4) – Lauth (5,5), Barbarez (4) – **Trainer:** Doll
Eingewechselt: 71. Klasnic (-) für Valdez, 80. D. Jensen (-) für Vranjes – 66. Takahara (-) für Lauth, 66. Kucukovic (-) für Trochowski, 87. Klingbeil (-) für Jarolim
Tore: 1:0 Micoud (45., direkter Freistoß, Rechtsschuss, ohne Vorarbeit), 1:1 Kucukovic (67., Rechtsschuss, Takahara)
Chancenverhältnis: 10:5
Eckenverhältnis: 6:6
SR: Meyer (Burgdorf) – **Zuschauer:** 42100 (ausverkauft) – Besonderes Vorkommnis: Kirschstein hält Foulelfmeter von Micoud (39.) – **Spielnote:** 2

18. Spieltag

27. Januar 2006
Bor. M'Gladbach – Bayern München 1:3 (0:1)
Gladbach: Keller (3,5) – Fukal (5), Zé Antonio (5), Strasser (5), Daems (4,5) – El Fakiri (5) – Kluge (4), Jansen (4) – Polanski (4) – Sonck (3,5), Neuville (5) – **Trainer:** Köppel
Bayern: Kahn (3) – Sagnol (2,5), Lucio (2,5), Ismael (3), Lizarazu (2,5) – Demichelis (2,5) – Schweinsteiger (3,5), Zé Roberto (3) – Ballack (2) – Pizarro (3), Makaay (1) – **Trainer:** Magath
Eingewechselt: 68. Broich (-) für El Fakiri, 74. Kahe (-) für Sonck – 54. Salihamidzic (2) für Schweinsteiger, 80. Guerrero (-) für Makaay, 84. Lahm (-) für Zé Roberto
Tore: 0:1 Makaay (13., Rechtsschuss, Vorarbeit Sagnol), 0:2 Ballack (55., direkter Freistoß, Rechtsschuss), 1:2 Sonck (56., Linksschuss, Polanski), 1:3 Makaay (69., Linksschuss, Salihamidzic)
Chancenverhältnis: 3:6
Eckenverhältnis: 2:6
SR: Merk, Dr. (Otterbach) – **Zuschauer:** 54019 (ausverkauft) – **Spielnote:** 3

28. Januar 2006
1. FSV Mainz 05 – 1. FC Köln 4:2 (1:1)
Mainz: Wetklo (3) – Demirtas (3,5), M. Friedrich (3), Noveski (3), Weigelt (4) – Pekovic (3,5) – O. Addo (3,5), da Silva (2,5) – Thurk (1), Zidan (2,5), Auer (2,5) – **Trainer:** Klopp
FC Köln: Wessels (3) – Schlicke (5), Sinkiewicz (5), Zivkovic (5,5), Benschneider (5) – Matip (5,5) – Schindzielorz (5,5), Springer (5) – A. Streit (4), Podolski (4) – Streller (5) – **Trainer:** Latour
Eingewechselt: 66. Ruman (-) für O. Addo, 79. N. Weiland (-) für Zidan, 89. Abel (-) für Thurk – 46. Scherz (3,5) für Springer, 78. Szabics (-) für Streller
Tore: 1:0 Thurk (5., Rechtsschuss, Vorarbeit Auer), 1:1 Podolski (31., Foulelfmeter, Linksschuss, Streller), 1:2 Scherz (48., Rechtsschuss, Podolski), 2:2 Thurk (55., Rechtsschuss, O. Addo), 3:2 Zidan (61., Rechtsschuss, da Silva), 4:2 Auer (87., Rechtsschuss, Thurk)
Chancenverhältnis: 13:2
Eckenverhältnis: 10:1
SR: Perl (München) – **Zuschauer:** 20300 (ausverkauft) – **Spielnote:** 3

28. Januar 2006
VfB Stuttgart – MSV Duisburg 0:1 (0:1)
Stuttgart: Hildebrand (3) – Hinkel (4), Fernando Meira (3,5), Delpierre (4), Magnin (4) – Gentner (4), Meißner (5) – Tiffert (4), Hitzlsperger (3) – Ljuboja (5), Tomasson (5) – **Trainer:** Trapattoni
Duisburg: G. Koch (2,5) – Möhrle (5), Biliskov (4), A. Meyer (3,5) – Caligiuri (2,5), Tararache (3) – Tjikuzu (3,5), Lottner (4,5), Willi (3,5) – Lavric (4), Kurth (4,5) – **Trainer:** Kohler
Eingewechselt: 46. Gomez (3,5) für Meißner, 65. Grönkjaer (-) für Hinkel, 70. Carevic (-) für Tomasson – 48. Baelum (4) für Lottner, 86. Ahn (-) für Lavric, 89. Bodzek (-) für Kurth
Tor: 0:1 Caligiuri (43., Rechtsschuss, Vorarbeit A. Meyer)
Chancenverhältnis: 6:3
Eckenverhältnis: 12:3
SR: Gagelmann (Bremen) – **Zuschauer:** 31000 – **Gelbe Karte:** Caligiuri – **Spielnote:** 4

28. Januar 2006
1. FC Nürnberg – Hamburger SV 2:1 (0:0)
Nürnberg: R. Schäfer (2,5) – D. Reinhardt (2,5), Nikl (2), A. Wolf (4,5), L. Müller (3,5) – Polak (3,5) – S. Müller (4), Banovic (3) – Mintal (-) – Vittek (3,5), Saenko (2,5) – **Trainer:** Meyer
HSV: Wächter (4,5) – Mahdavikia (4,5), Boulahrouz (4), van Buyten (4), Klingbeil (5,5) – de Jong (5) – Jarolim (4,5), Beinlich (5) – Trochowski (4,5) – Ailton (5), Takahara (5) – **Trainer:** Doll
Eingewechselt: 6. Schroth (3) für Mintal, 67. Kießling (-) für S. Müller, 88. T. Paulus (-) für Vittek – 76. Lauth (-) für Klingbeil, 82. Kucukovic (-) für Takahara
Tore: 0:1 A. Wolf (65., Eigen**Tor**, Rechtsschuss, Vorarbeit Trochowski), 1:1 Saenko (67., Linksschuss, Polak), 2:1 Kießling (73., Rechtsschuss, Schroth)
Chancenverhältnis: 7:4
Eckenverhältnis: 3:3
SR: Gräfe (Berlin) – **Zuschauer:** 23928 – **Spielnote:** 3,5

28. Januar 2006
Borussia Dortmund – VfL Wolfsburg 3:2 (2:1)
Dortmund: Weidenfeller (4) – P. Degen (3,5), Wörns (2), C. Metzelder (5), Dede (4) – Kehl (3) – Rosicky (1,5), N. Sahin (3,5) – Odonkor (3), Smolarek (2), Gambino (3,5) – **Trainer:** Van Marwijk
Wolfsburg: Jentzsch (3,5) – Alex (4,5), van der Heyden (4,5), Schnoor (5), Neziri (5) – Lamprecht (4), Karhan (4), Fischer (4,5), Menseguez (4) – Hanke (3,5), Klimowicz (4) – **Trainer:** Augenthaler
Eingewechselt: 41. Brzenska (4) für C. Metzelder, 77. Kruska (-) für N. Sahin, 90. Buckley (-) für Gambino – 41. Makiadi (3) für Lamprecht, 78. Marlet (-) für Karhan
Tore: 0:1 Hanke (13., Linksschuss, Vorarbeit Menseguez), 1:1 Wörns (25., Rechtsschuss, P. Degen), 2:1 Smolarek (31., Rechtsschuss, Rosicky), 3:1 Gambino (67., Rechtsschuss, Smolarek), 3:2 Klimowicz (71., Rechtsschuss, Jentzsch)
Chancenverhältnis: 8:4
Eckenverhältnis: 4:1
SR: Fleischer, Dr. (Sigmertshausen) – **Zuschauer:** 62500 – **Gelbe Karte:** Lamprecht – **Spielnote:** 3

28. Januar 2006
Bayer Leverkusen – Eintracht Frankfurt 2:1 (0:1)
Leverkusen: Butt (1,5) – B. Schneider (4), Juan (3), Madouni (3), Stenman (4,5) – Ramelow (3) – Rolfes (5) – Barnetta (3,5), Athirson (4) – Berbatov (4), Voronin (4,5) – **Trainer:** Skibbe
Frankfurt: Nikolov (2) – Rehmer (3,5), Chris (3), Vasoski (5), Spycher (4) – Jones (3) – Preuß (3,5), A. Meier (4), Köhler (3,5) – Amanatidis (3), Copado (4) – **Trainer:** Funkel
Eingewechselt: 46. Freier (2) für Rolfes, 84. Babic (-) für Voronin, 90. Papadopulos (-) für Berbatov – 57. Weissenberger (4) für Köhler, 78. P. Ochs (-) für Spycher, 82. D.-R. Cha (-) für Preuß
Tore: 0:1 Amanatidis (42., Linksschuss, Vorarbeit Preuß), 1:1 Freier (67., Rechtsschuss, Berbatov), 2:1 Butt (74., Foulelfmeter, Rechtsschuss, Athirson)
Chancenverhältnis: 9:4
Eckenverhältnis: 6:5
SR: Fandel (Kyllburg) – **Zuschauer:** 22500 (ausverkauft) – **Spielnote:** 3

28. Januar 2006
Hertha BSC – Hannover 96 1:1 (0:1)
Hertha: Fiedler (3) – O. Schröder (4), A. Friedrich (3,5), van Burik (3), Fathi (4) – N. Kovac (4,5) – Cairo (4), Bastürk (4,5), Gilberto (-) – Marcelinho (5) – Pantelic (4,5) – **Trainer:** Götz
Hannover: Enke (3) – Cherundolo (4), Vinicius (3), Zuraw (3,5), Tarnat (3,5) – Balitsch (3,5), Dabrowski (3), Lala (5) – Stajner (4,5), Hashemian (4,5), Brdaric (5) – **Trainer:** Neururer
Eingewechselt: 6. K. Boateng (4) für Gilberto, 56. Okoronkwo (5) für N. Kovac, 56. Neuendorf (4,5) für O. Schröder – 46. Yankov (4,5) für Stajner, 63. Delura (-) für Brdaric, 74. Ricardo Sousa (-) für Hashemian
Tore: 0:1 Dabrowski (12., Linksschuss, Vorarbeit Vinicius), 1:1 van Burik (90., Kopfball, Cairo)
Chancenverhältnis: 5:3
Eckenverhältnis: 6:1
SR: Stark (Ergolding) – **Zuschauer:** 33740 – **Gelb-Rote Karte:** Lala (45.) – **Spielnote:** 4,5

29. Januar 2006
Arminia Bielefeld – Werder Bremen 0:1 (0:0)
Bielefeld: Hain (3) – Korzynietz (3), Westermann (3), Borges (3), Rau (3,5) – Fink (3), Dammeier (4) – Vata (4,5), D. Kobylik (4) – Boakye (3,5), Wichniarek (4,5) – **Trainer:** von Heesen
Bremen: Reinke (2,5) – Owomoyela (3,5), Fahrenhorst (3), Naldo (4), C. Schulz (3) – Baumann (4) – Frings (3), Borowski (4) – Micoud (4) – Valdez (4,5), Klasnic (5) – **Trainer:** Schaaf
Eingewechselt: 67. Masmanidis (-) für Wichniarek, 75. Kauf (-) für Dammeier, 78. Dalovic (-) für Rau – 67. D. Jensen (-) für Baumann, 85. Vranjes (-) für Micoud
Tor: 0:1 Fahrenhorst (72., Kopfball, Vorarbeit Micoud)
Chancenverhältnis: 7:2
Eckenverhältnis: 1:2
SR: Wack, Dr. (Biberbach) – **Zuschauer:** 24196 – **Besonderes Vorkommnis:** Kobylik schießt Foulelfmeter an die Latte (25.) – **Spielnote:** 4

29. Januar 2006
1. FC Kaiserslautern – FC Schalke 04 0:2 (0:1)
K'lautern: Macho (3,5) – Höiland (4,5), Béda (4), Pletsch (4,5), Bellinghausen (5) – Lembi (3,5), Engelhardt (4,5) – Mikic (4,5), Skela (5), Halil Altintop (4) – Sanogo (5) – **Trainer:** Wolf
Schalke: F. Rost (3) – Rafinha (3,5), Bordon (3), Rodriguez (3), Krstajic (3,5) – Poulsen (3) – F. Ernst (2,5), Kobiashvili (3) – Lincoln (2,5) – Sand (4), Kuranyi (5) – **Trainer:** Slomka
Eingewechselt: 67. Reinert (-) für Bellinghausen, 78. Halfar (-) für Mikic – 80. Asamoah (-) für Sand, 84. Larsen (-) für Kuranyi, 90. Kläsener (-) für Rafinha
Tore: 0:1 Lincoln (12., Rechtsschuss, Vorarbeit F. Ernst), 0:2 Kobiashvili (78., Foulelfmeter, Linksschuss, Kuranyi)
Chancenverhältnis: 3:5
Eckenverhältnis: 4:5
SR: Sippel (München) – **Zuschauer:** 35549 – **Spielnote:** 4

19. Spieltag

4. Februar 2006
Bayern München – Bayer Leverkusen 1:0 (1:0)
Bayern: Kahn (3) – Sagnol (2,5), Lucio (3), Ismael (3,5), Lizarazu (3) – Demichelis (3) – Salihamidzic (4), Zé Roberto (2,5) – Ballack (2) – Makaay (3), Pizarro (4) – **Trainer:** Magath
Leverkusen: Butt (3) – Juan (4,5), Ramelow (3,5), Madouni (3,5) – B. Schneider (2,5), Rolfes (5), Stenman (3,5) – Voronin (4), Barnetta (5), Athirson (4) – Berbatov (5) – **Trainer:** Skibbe
Eingewechselt: 63. Schweinsteiger (-) für Salihamidzic, 83. Lahm (-) für Zé Roberto, 89. Jeremies (-) für Sagnol – 66. Krzynowek (-) für Athirson, 73. Freier (-) für Ramelow, 85. Papadopulos (-) für Barnetta
Tor: 1:0 Ballack (36., Linksschuss, Vorarbeit Sagnol)
Chancenverhältnis: 9:4
Eckenverhältnis: 6:4
SR: Rafati (Hannover) – **Zuschauer:** 69000 (ausverkauft) – **Spielnote:** 3,5

4. Februar 2006
FC Schalke 04 – Borussia Dortmund 0:0
Schalke: F. Rost (3) – Rafinha (4), Bordon (2,5), Rodriguez (3), Krstajic (3,5) – Poulsen (3) – F. Ernst (4,5), Kobiashvili (4,5) – Lincoln (4) – Sand (3,5), Kuranyi (5) – **Trainer:** Slomka
Dortmund: Weidenfeller (1,5) – P. Degen (3,5), Brzenska (2,5), Wörns (3), Dede (3,5) – Kehl (2,5) – Rosicky (3), N. Sahin (4) – Odonkor (5), Smolarek (4,5), Gambino (4) – **Trainer:** Van Marwijk
Eingewechselt: 57. Asamoah (5) für Sand, 71. Hamit Altintop (-) für F. Ernst, 85. Larsen (-) für Rodriguez – 65. Buckley (-) für Odonkor, 71. Kruska (-) für N. Sahin, 89. C. Metzelder (-) für Gambino
Chancenverhältnis: 4:3
Eckenverhältnis: 8:3
SR: Kircher (Rottenburg) – **Zuschauer:** 61524 (ausverkauft) – **Spielnote:** 4

4. Februar 2006
Eintracht Frankfurt – Hertha BSC 1:1 (0:1)
Frankfurt: Nikolov (5) – Rehmer (4), Chris (3,5), Vasoski (3), Reinhard (4) – Jones (2,5) – Preuß (3,5), Köhler (4,5) – A. Meier (4) – Copado (3,5), Amanatidis (4) – **Trainer:** Funkel
Hertha: Tremmel (1,5) – A. Friedrich (3), Madlung (4), van Burik (4), Fathi (4,5) – N. Kovac (4,5) – Cairo (4), Bastürk (5), K. Boateng (4) – Marcelinho (4,5), Sverkos (5) – **Trainer:** Götz
Eingewechselt: 75. Weissenberger (-) für Köhler – 66. Pantelic (-) für Sverkos, 71. O. Schröder (-) für Cairo, 90. Dardai (-) für Marcelinho
Tore: 0:1 K. Boateng (20., Rechtsschuss, Vorarbeit Marcelinho), 1:1 Jones (58., Rechtsschuss)
Chancenverhältnis: 10:1
Eckenverhältnis: 12:4
SR: Weiner (Hasede) – **Zuschauer:** 30000 – **Spielnote:** 4

4. Februar 2006
MSV Duisburg – 1. FC Kaiserslautern 2:2 (1:0)
Duisburg: G. Koch (2) – Möhrle (4), Biliskov (3,5), A. Meyer (4) – Tjikuzu (5), Caligiuri (4,5), Tararache (2,5) – Lottner (3,5), Willi (3,5) – Kurth (3), Lavric (5) – **Trainer:** Kohler
K'lautern: Macho (3) – Höiland (4), Béda (4), Pletsch (4), Engelhardt (3,5) – Lembi (3), Skela (4) – Reinert (2,5), Bellinghausen (3,5) – Halil Altintop (4,5), Sanogo (4) – **Trainer:** Wolf
Eingewechselt: 46. Ahn (5) für Lavric, 74. Aygün (6) für Lottner, 89. van Houdt (-) für Willi – 58. Mikic (4) für Höiland, 64. Halfar (1) für Bellinghausen, 74. Zandi (-) für Pletsch
Tore: 1:0 Kurth (40., Kopfball, Vorarbeit Lavric), 2:0 Tararache (62., Foulelfmeter, Linksschuss, Caligiuri), 2:1 Halfar (79., Linksschuss), 2:2 Halfar (82., Rechtsschuss, Béda)
Chancenverhältnis: 5:7
Eckenverhältnis: 2:9
SR: Brych, Dr. (München) – **Zuschauer:** 20812 – **Spielnote:** 3,5

4. Februar 2006
1. FC Köln – VfB Stuttgart 0:0
FC Köln: Wessels (2,5) – Sinkiewicz (3,5), Zivkovic (3), Alpay (2) – Scherz (4,5), Cabanas (3), Grammozis (4), Springer (4,5) – A. Streit (3,5), Podolski (4) – Streller (5) – **Trainer:** Latour
Stuttgart: Hildebrand (3) – Hinkel (3), Fernando Meira (2,5), Delpierre (4), Magnin (4) – Gentner (3), Soldo (3) – Grönkjaer (3,5), Hitzlsperger (3,5) – Ljuboja (5), Tomasson (4) – **Trainer:** Trapattoni
Eingewechselt: 78. Schindzielorz (-) für Grammozis – 71. Gomez (-) für Ljuboja, 86. Meißner (-) für Gentner
Chancenverhältnis: 4:5
Eckenverhältnis: 4:3
SR: Wagner (Kriftel) – **Zuschauer:** 47500 – **Spielnote:** 3,5

4. Februar 2006
Werder Bremen – 1. FSV Mainz 05 4:2 (3:2)
Bremen: Reinke (3,5) – Pasanen (3,5), Fahrenhorst (4), Naldo (5), van Damme (4,5) – Baumann (3,5) – Frings (2,5), Borowski (4) – Micoud (3) – Valdez (2), Klasnic (2,5) – **Trainer:** Schaaf
Mainz: Wache (-) – Demirtas (5), M. Friedrich (5), Noveski (4,5), Weigelt (4) – Pekovic (5) – O. Addo (3,5), da Silva (4) – Zidan (3), N. Weiland (2,5) – Auer (4,5) – **Trainer:** Klopp
Eingewechselt: 34. D. Jensen (2) für Naldo, 82. Vranjes (-) für Borowski, 85. Polenz (-) für Valdez – 12. Wetklo (4,5) für Wache, 46. Rose (4) für Weigelt, 61. Babatz (-) für N. Weiland
Tore: 0:1 Zidan (1., Linksschuss, Vorarbeit N. Weiland), 0:2 N. Weiland (13., Linksschuss, O. Addo), 1:2 Valdez (39., Linksschuss, Frings), 2:2 Micoud (45., Kopfball, D. Jensen), 3:2 Klasnic (45., Linksschuss, Frings), 4:2 Valdez (69., Rechtsschuss, Klasnic)
Chancenverhältnis: 15:6
Eckenverhältnis: 11:2
SR: Gräfe (Berlin) – **Zuschauer:** 37717 – **Gelbe Karte:** Auer – **Spielnote:** 3

4. Februar 2006
Hamburger SV – Arminia Bielefeld 2:1 (0:1)
HSV: Wächter (3) – Mahdavikia (3), Boulahrouz (4), van Buyten (4), Wicky (5) – de Jong (4) – Jarolim (3), Trochowski (4) – Barbarez (3,5) – Takahara (5), Ailton (4) – **Trainer:** Doll
Bielefeld: Hain (3,5) – Korzynietz (3,5), Westermann (3), Borges (3), Rau (4,5) – Kauf (3,5), Fink (2,5) – Küntzel (3), D. Kobylik (4) – Vata (-), Boakye (2,5) – **Trainer:** von Heesen
Eingewechselt: 46. Lauth (3) für Takahara, 77. Klingbeil (-) für Ailton, 90. Laas (-) für Trochowski – 19. Wichniarek (4) für Vata, 58. Masmanidis (3) für Wichniarek, 76. Kucera (-) für Westermann
Tore: 0:1 Boakye (26., Rechtsschuss, Vorarbeit Küntzel), 1:1 Trochowski (51., Linksschuss, de Jong), 2:1 Barbarez (72., Linksschuss, Mahdavikia)
Chancenverhältnis: 2:5
Eckenverhältnis: 4:4
SR: Schmidt (Stuttgart) – **Zuschauer:** 50991 – **Gelbe Karte:** Rau – **Spielnote:** 4

5. Februar 2006
Hannover 96 – 1. FC Nürnberg 1:1 (0:0)
Hannover: Enke (3) – Troest (4), Vinicius (4), Zuraw (4), Tarnat (3,5) – Balitsch (4), Dabrowski (3,5) – Stajner (3,5) – Delura (5), Hashemian (4,5), Brdaric (5) – **Trainer:** Neururer
Nürnberg: R. Schäfer (3) – D. Reinhardt (4), A. Wolf (3,5), Nikl (3), Pinola (4) – Polak (4) – Saenko (4), Kießling (3), Banovic (3,5) – Schroth (4,5), Vittek (3,5) – **Trainer:** Meyer
Eingewechselt: 58. Ricardo Sousa (3,5) für Delura, 82. Christiansen (-) für Brdaric – 76. L. Müller (-) für Pinola, 76. Kristiansen (-) für Vittek, 81. S. Müller (-) für Banovic
Tore: 0:1 Vittek (56., Linksschuss, Vorarbeit Kießling), 1:1 Stajner (74., Kopfball, Ricardo Sousa)
Chancenverhältnis: 4:5
Eckenverhältnis: 2:2
SR: Drees, Dr. (Mainz) – **Zuschauer:** 31102 – **Spielnote:** 4

5. Februar 2006
VfL Wolfsburg – Bor. M'Gladbach 2:0 (1:0)
Wolfsburg: Jentzsch (3) – Alex (3), Quiroga (3), Hofland (3), van der Heyden (3,5) – Menseguez (3,5), Karhan (3), van der Leegte (2,5), Neziri (3,5) – Hanke (2), Klimowicz (2,5) – **Trainer:** Augenthaler
Gladbach: Keller (3) – Fukal (3,5), Zé Antonio (4,5), Strasser (4), Jansen (3,5) – Thijs (4) – El Fakiri (5), Kluge (4) – Sonck (5), Rafael (5) – Neuville (4,5) – **Trainer:** Köppel
Eingewechselt: 83. Hoogendorp (-) für Hanke, 87. Makiadi (-) für van der Leegte, 90. Sarpei (-) für Karhan – 65. Polanski (-) für Rafael, 78. Kahe (-) für Neuville, 78. Broich (-) für El Fakiri
Tore: 1:0 Klimowicz (41., Rechtsschuss, Vorarbeit Hanke), 2:0 Hanke (64., Rechtsschuss, van der Leegte)
Chancenverhältnis: 5:1
Eckenverhältnis: 6:3
SR: Kinhöfer (Herne) – **Zuschauer:** 17936 – **Spielnote:** 3,5

20. Spieltag

7. Februar 2006
Borussia Dortmund – MSV Duisburg 2:0 (0:0)
Dortmund: Weidenfeller (2) – P. Degen (2,5), Brzenska (2,5), Wörns (3), Dede (4) – Kehl (4,5) – Rosicky (4), N. Sahin (4,5) – Odonkor (3,5), Gambino (4), Smolarek (4,5) – **Trainer:** Van Marwijk
Duisburg: G. Koch (3) – Baelum (4,5), Möhrle (3), Biliskov (3), A. Meyer (4) – Tjikuzu (3), Caligiuri (3,5), Tararache (3,5) – Lottner (3) – Kurth (4), Lavric (4) – **Trainer:** Kohler
Eingewechselt: 79. Buckley (-) für Odonkor, 79. Kruska (-) für N. Sahin, 88. C. Metzelder (-) für Gambino – 69. van Houdt (-) für Lavric, 76. Willi (-) für Baelum, 83. Aygün (-) für Caligiuri
Tore: 1:0 Brzenska (66., Rechtsschuss, Vorarbeit P. Degen), 2:0 Rosicky (88., Foulelfmeter, Rechtsschuss, P. Degen)
Chancenverhältnis: 6:5
Eckenverhältnis: 6:4
SR: Sippel (München) – **Zuschauer:** 62200 – **Rote Karte:** Willi (88., Notbremse) – **Spielnote:** 4

7. Februar 2006
1. FC Kaiserslautern – 1. FC Köln 2:2 (1:1)
K'lautern: Macho (4) – Höiland (3,5), Béda (4,5), Schönheim (3), Engelhardt (5,5) – Lembi (3) – Skela (5,5) – Reinert (4,5), Bellinghausen (4,5) – Halil Altintop (4,5), Sanogo (3) – **Trainer:** Wolf
FC Köln: Wessels (4) – Sinkiewicz (5,5), Zivkovic (4), Alpay (3,5) – Scherz (5), Cabanas (3,5), Grammozis (3), Springer (5) – A. Streit (5), Podolski (4) – Streller (2) – **Trainer:** Latour
Eingewechselt: 58. Halfar (3,5) für Bellinghausen, 69. Mikic (-) für Reinert, 69. Zandi (-) für Skela – 82. Schröder (-) für Grammozis, 85. Szabics (-) für A. Streit, 90. Lell (-) für Scherz
Tore: 0:1 Streller (37., Linksschuss, Vorarbeit Grammozis), 1:1 Sanogo (42., Handelfmeter, Rechtsschuss), 1:2 Streller (75., Linksschuss, Podolski), 2:2 Schönheim (76., Linksschuss, Höiland)
Chancenverhältnis: 5:5
Eckenverhältnis: 6:3
SR: Wack, Dr. (Biberbach) – **Zuschauer:** 29145 – **Spielnote:** 4,5

7. Februar 2006
Hertha BSC – Bayern München 0:0
Hertha: Tremmel (2) – A. Friedrich (2), van Burik (3), Fathi (3) – Chahed (3,5), N. Kovac (3) – Cairo (4), Bastürk (2,5), K. Boateng (3) – Marcelinho (4,5) – Sverkos (4) – **Trainer:** Götz
Bayern: Kahn (1,5) – Salihamidzic (3,5), Lucio (4), Ismael (3,5), Lahm (2,5) – Demichelis (4) – Deisler (4,5), Schweinsteiger (4,5) – Ballack (4,5) – Pizarro (4,5), Makaay (4,5) – **Trainer:** Magath
Eingewechselt: 67. Pantelic (-) für Sverkos, 73. T. Marx (-) für Cairo – 59. Karimi (5) für Deisler, 66. Guerrero (-) für Makaay, 85. Ottl (-) für Schweinsteiger
Chancenverhältnis: 8:5
Eckenverhältnis: 8:4
SR: Fandel (Kyllburg) – **Zuschauer:** 72940 – **Spielnote:** 3

7. Februar 2006
1. FSV Mainz 05 – Arminia Bielefeld 1:1 (0:0)
Mainz: Wetklo (4,5) – Demirtas (4), M. Friedrich (5), Noveski (4,5), Rose (4) – Pekovic (4,5) – Babatz (5,5), da Silva (5) – Thurk (4,5), Zidan (4,5), Auer (5) – **Trainer:** Klopp
Bielefeld: Hain (3) – Korzynietz (4,5), Westermann (4), Borges (5), Schuler (3,5) – Kauf (3), Fink (3,5) – Küntzel (3,5), D. Kobylik (5) – Boakye (3), Masmanidis (3,5) – **Trainer:** von Heesen
Eingewechselt: 65. Geißler (-) für Babatz, 77. N. Weiland (-) für Zidan – 68. Wichniarek (-) für D. Kobylik, 88. Pinto (-) für Boakye
Tore: 1:0 Zidan (50., Foulelfmeter, Rechtsschuss, Vorarbeit Thurk), 1:1 Boakye (57., Rechtsschuss, Fink)
Chancenverhältnis: 2:4
Eckenverhältnis: 0:6
SR: Gagelmann (Bremen) – **Zuschauer:** 19500 – **Spielnote:** 5,5

8. Februar 2006
Bor. M'Gladbach – FC Schalke 04 0:0
Gladbach: Keller (2,5) – Bögelund (3,5), B. Svensson (3), Zé Antonio (2,5), Jansen (3,5) – Polanski (3) – El Fakiri (4), Kluge (4) – Broich (4) – Kahe (4,5), Neuville (4) – **Trainer:** Köppel
Schalke: F. Rost (2,5) – Rafinha (2), Bordon (2,5), Krstajic (3,5), Kobiashvili (3,5) – F. Ernst (4) – Varela (4,5), Bajramovic (4) – Lincoln (3,5) – Kuranyi (4,5), Sand (3,5) – **Trainer:** Slomka
Eingewechselt: 70. Sonck (-) für Neuville, 74. Oude Kamphuis (-) für Polanski –
Chancenverhältnis: 3:2
Eckenverhältnis: 7:6
SR: Fleischer, Dr. (Sigmertshausen) – **Zuschauer:** 51026 – **Spielnote:** 3,5

8. Februar 2006
Hannover 96 – Hamburger SV 2:1 (0:0)
Hannover: Enke (3) – Troest (4), Vinicius (3), Zuraw (2,5), Tarnat (3) – Yankov (4), Balitsch (3), Dabrowski (3,5) – Ricardo Sousa (5) – Stajner (4), Hashemian (3,5) – **Trainer:** Neururer

HSV: Wächter (3) – Mahdavikia (4,5), Boulahrouz (4), van Buyten (4,5), Atouba (3) – de Jong (4) – Jarolim (4,5), Beinlich (5) – Trochowski (5) – Barbarez (5), Ailton (-) – **Trainer:** Doll
Eingewechselt: 62. Brdaric (-) für Ricardo Sousa, 82. Delura (-) für Hashemian, 87. Hahne (-) für Yankov – 29. Takahara (5) für Ailton, 64. Lauth (-) für Beinlich
Tore: 1:0 Zuraw (48., Kopfball, Vorarbeit Stajner), 2:0 Hashemian (72., Rechtsschuss, Yankov), 2:1 Barbarez (81., Kopfball, Jarolim)
Chancenverhältnis: 4:2
Eckenverhältnis: 1:9
SR: Kircher (Rottenburg) – **Zuschauer:** 40053 – **Spielnote:** 4,5

8. Februar 2006
Bayer Leverkusen – VfL Wolfsburg 4:0 (1:0)
Leverkusen: Butt (2,5) – Juan (2,5), Ramelow (3), Madouni (2) – B. Schneider (3,5), Rolfes (3,5), Stenman (3) – Voronin (3,5), Barnetta (2,5), Athirson (4) – Berbatov (3) – **Trainer:** Skibbe
Wolfsburg: Jentzsch (4) – Alex (4,5), Quiroga (5), Hofland (4), Neziri (4) – Karhan (5), van der Leegte (4) – Menseguez (5), Tskitishvili (5) – Klimowicz (4,5), Hanke (5) – **Trainer:** Augenthaler
Eingewechselt: 67. Freier (-) für Athirson, 78. C. Fritz (-) für Barnetta, 80. Nowotny (-) für Juan – 38. Thiam (3,5) für Karhan, 46. Sarpei (5) für Tskitishvili, 70. Hoogendorp (-) für Hanke
Tore: 1:0 Berbatov (44., Rechtsschuss, Vorarbeit Voronin), 2:0 Barnetta (55., Rechtsschuss, Stenman), 3:0 B. Schneider (71., direkter Freistoß, Rechtsschuss), 4:0 Madouni (75., Kopfball, Rolfes)
Chancenverhältnis: 8:2
Eckenverhältnis: 8:3
SR: Brych, Dr. (München) – **Zuschauer:** 20000 – **Spielnote:** 3,5

8. Februar 2006
VfB Stuttgart – Werder Bremen 0:0
Stuttgart: Hildebrand (2,5) – Hinkel (3,5), Fernando Meira (3), Delpierre (3), Magnin (3,5) – Meißner (4), Soldo (3) – Tiffert (4), Hitzlsperger (4) – Ljuboja (5), Gomez (4,5) – **Trainer:** Trapattoni
Bremen: Reinke (3) – Pasanen (3,5), Fahrenhorst (2,5), Naldo (2,5), C. Schulz (3) – Frings (2,5) – Vranjes (4,5), D. Jensen (4,5) – Micoud (3) – Valdez (3,5), Klasnic (4) – **Trainer:** Schaaf
Eingewechselt: 60. Tomasson (3,5) für Gomez, 66. Gentner (-) für Hitzlsperger, 70. Stranzl (-) für Hinkel – 59. Owomoyela (3) für Vranjes, 82. Wiese (-) für Reinke
Chancenverhältnis: 2:6
Eckenverhältnis: 2:5
SR: Stark (Ergolding) – **Zuschauer:** 30000 – **Spielnote:** 4

8. Februar 2006
1. FC Nürnberg – Eintracht Frankfurt 0:1 (0:1)
Nürnberg: R. Schäfer (2,5) – D. Reinhardt (3,5), A. Wolf (4), Nikl (3,5), Pinola (3,5) – Polak (3,5) – Saenko (3), Kießling (3), S. Müller (4,5) – Vittek (3), Schroth (4) – **Trainer:** Meyer
Frankfurt: Nikolov (2,5) – P. Ochs (3,5), Rehmer (3,5), Vasoski (3,5), Reinhard (4) – Jones (3) – Preuß (3,5), Köhler (3) – A. Meier (2,5) – Copado (3), Amanatidis (2) – **Trainer:** Funkel
Eingewechselt: 60. Kristiansen (4) für S. Müller, 66. Cantaluppi (-) für Schroth, 79. Daun (-) für Polak – 69. Huggel (-) für Jones, 76. D.-R. Cha (-) für Copado, 90. Weissenberger (-) für Köhler
Tor: 0:1 Amanatidis (43., Rechtsschuss, Vorarbeit A. Meier)
Chancenverhältnis: 5:4
Eckenverhältnis: 8:9
SR: Merk, Dr. (Otterbach) – **Zuschauer:** 22621 – **Spielnote:** 2,5

21. Spieltag

11. Februar 2006
FC Schalke 04 – Bayer Leverkusen 7:4 (3:1)
Schalke: F. Rost (2,5) – Rafinha (2,5), Bordon (5), Krstajic (4), Kobiashvili (5) – Poulsen (3,5) – F. Ernst (4), Bajramovic (2) – Lincoln (1,5) – Kuranyi (3), Larsen (1,5) – **Trainer:** Slomka
Leverkusen: Butt (5,5) – Juan (5), Ramelow (5,5), Madouni (6) – B. Schneider (3), Rolfes (4), Stenman (4,5) – Voronin (2), Barnetta (5), Athirson (5) – Berbatov (2) – **Trainer:** Skibbe
Eingewechselt: 74. Asamoah (-) für Kuranyi, 80. Sand (-) für Larsen, 84. Boenisch (-) für Bajramovic – 29. Freier (5) für Athirson, 46. Krzynowek (3) für Ramelow, 83. C. Fritz (-) für Barnetta
Tore: 1:0 Larsen (9., Linksschuss, Vorarbeit F. Rost), 2:0 Krstajic (17., Linksschuss, Bordon), 3:0 Bajramovic (34., Kopfball, Rafinha), 3:1 Voronin (40., Kopfball, B. Schneider), 3:2 Berbatov (50., Kopfball, B. Schneider), 4:2 Kuranyi (55., Rechtsschuss, Lincoln), 5:2 Larsen (63., Linksschuss, Rafinha), 5:3 Voronin (64., Rechtsschuss), 5:4 Krzynowek (70., Linksschuss, B. Schneider), 6:4 Lincoln (76., direkter Freistoß, Rechtsschuss), 7:4 Asamoah (81., Rechtsschuss)
Chancenverhältnis: 10:8
Eckenverhältnis: 2:5
SR: Meyer (Burgdorf) – **Zuschauer:** 61524 (ausverkauft) – **Spielnote:** 1

11. Februar 2006
MSV Duisburg – Bor. M'Gladbach 1:1 (1:1)
Duisburg: G. Koch (3) – Möhrle (3,5), Biliskov (3), A. Meyer (3,5) – Tjikuzu (3,5), Caligiuri (3), Tararache (3), Bugera (4) – Lottner (5) – Kurth (3,5), Lavric (2,5) – **Trainer:** Kohler
Gladbach: Keller (2) – Bögelund (4), B. Svensson (2,5), Zé Antonio (3,5), Strasser (3,5) – Polanski (3,5) – El Fakiri (4), Kluge (3,5) – Broich (4) – Kahe (5), Neuville (4) – **Trainer:** Köppel
Eingewechselt: 46. Anfang (4) für Lottner, 68. van Houdt (-) für Bugera, 83. Aygün (-) für Kurth – 60. Rafael (4,5) für Kahe, 69. Thijs (-) für Broich, 86. Fukal (-) für Neuville
Tore: 1:0 Lavric (4., Rechtsschuss, Vorarbeit Bugera), 1:1 B. Svensson (20., Rechtsschuss)
Chancenverhältnis: 6:2
Eckenverhältnis: 6:3
SR: Fandel (Kyllburg) – **Zuschauer:** 30020 – **Spielnote:** 3,5

11. Februar 2006
VfL Wolfsburg – Hertha BSC 1:1 (0:1)
Wolfsburg: Jentzsch (4) – Alex (4), Franz (4,5), Hofland (2,5), van der Heyden (3,5) – Karhan (3), van der Leegte (4) – Menseguez (3,5), Neziri (4,5) – Hanke (2,5), Klimowicz (4) – **Trainer:** Augenthaler
Hertha: Fiedler (4) – A. Friedrich (5), van Burik (-), Madlung (3,5), Fathi (5) – N. Kovac (3) – Cairo (4), Bastürk (4,5), Neuendorf (4) – Marcelinho (4,5) – Sverkos (4,5) – **Trainer:** Götz
Eingewechselt: 46. Sarpei (3,5) für Alex, 58. Hoogendorp (4) für Neziri, 66. Thiam (-) für Franz – 19. Chahed (3,5) für van Burik, 61. T. Marx (-) für Neuendorf, 71. Dardai (-) für Sverkos
Tore: 0:1 Marcelinho (32., Foulelfmeter, Linksschuss, Vorarbeit Sverkos), 1:1 Hofland (63., Kopfball, Karhan)
Chancenverhältnis: 7:2
Eckenverhältnis: 9:3
SR: Merk, Dr. (Otterbach) – **Zuschauer:** 16121 – **Rote Karten:** Fathi (53., grobes Foulspiel), A. Friedrich (78., Notbremse) – **Spielnote:** 3,5

11. Februar 2006
Werder Bremen – 1. FC Kaiserslautern 0:2 (0:0)
Bremen: Wiese (3,5) – Pasanen (3,5), Fahrenhorst (3,5), Naldo (4,5), C. Schulz (4) – Baumann (3,5) – Frings (3), Borowski (5) – Micoud (5) – Valdez (4), Klasnic (5) – **Trainer:** Schaaf
K'lautern: Macho (2,5) – Hertzsch (3), Béda (3), Schönheim (3) – Borbely (4), Lembi (3,5), Engelhardt (4) – Skela (3) – Halil Altintop (5), Zandi (5) – Sanogo (2,5) – **Trainer:** Wolf
Eingewechselt: 62. D. Jensen (-) für Borowski, 64. Owomoyela (-) für Pasanen, 71. Polenz (-) für Klasnic – 55. Mikic (3) für Halil Altintop, 63. Reinert (-) für Borbely, 67. Halfar (-) für Zandi
Tore: 0:1 Sanogo (71., Kopfball, Vorarbeit Halfar), 0:2 Skela (88., Rechtsschuss, Sanogo)
Chancenverhältnis: 9:3
Eckenverhältnis: 15:1
SR: Kinhöfer (Herne) – **Zuschauer:** 36218 – **Spielnote:** 4

11. Februar 2006
Arminia Bielefeld – VfB Stuttgart 2:1 (1:1)
Bielefeld: Hain (3) – Korzynietz (3,5), Westermann (3), Borges (3), Schuler (3,5) – Kauf (2,5), Fink (3) – Küntzel (3,5), D. Kobylik (4) – Boakye (1,5), Masmanidis (3) – **Trainer:** von Heesen
Stuttgart: Hildebrand (2,5) – Beck (3,5), Stranzl (3,5), Delpierre (4), Magnin (4,5) – Fernando Meira (4,5), Soldo (4) – Tiffert (5), Tomasson (5), Gentner (5) – Gomez (4,5) – **Trainer:** Veh
Eingewechselt: 75. Pinto (-) für Küntzel, 85. Wichniarek (-) für D. Kobylik, 90. Dalovic (-) für Boakye – 46. Grönkjaer (3) für Gentner, 62. Ljuboja (-) für Gomez, 74. Cacau (-) für Tiffert
Tore: 1:0 Boakye (31., Rechtsschuss, Vorarbeit Küntzel), 1:1 Magnin (37., Linksschuss), 2:1 Boakye (50., Rechtsschuss, Masmanidis)
Chancenverhältnis: 4:2
Eckenverhältnis: 4:1
SR: Rafati (Hannover) – **Zuschauer:** 17728 – **Spielnote:** 4

Auftakt zum Schützenfest: Schalkes Larsen trifft zum 1:0 gegen Butt – am Ende steht's 7:4.

Eiskalt zum 1:0: Bayerns Makaay bezwingt Nürnbergs Keeper Rafael Schäfer.

11. Februar 2006
Hamburger SV – 1. FSV Mainz 05 1:0 (1:0)
HSV: Wächter (3) – Mahdavikia (2,5), Boulahrouz (3), van Buyten (3), Atouba (3) – Wicky (3) – de Jong (4), Jarolim (2) – Trochowski (5) – Lauth (3,5), Barbarez (4,5) – **Trainer:** Doll
Mainz: Wetklo (4) – Abel (4), M. Friedrich (4,5), Noveski (4), Weigelt (4) – Pekovic (3) – O. Addo (4,5), da Silva (4) – Zidan (4,5), Thurk (4), Auer (5) – **Trainer:** Klopp
Eingewechselt: 77. Klingbeil (-) für Trochowski, 77. Takahara (-) für Lauth – 65. N. Weiland (-) für Zidan, 71. Geißler (-) für O. Addo, 84. Damm (-) für Pekovic
Tor: 1:0 Mahdavikia (6., Rechtsschuss, Vorarbeit de Jong)
Chancenverhältnis: 3:2
Eckenverhältnis: 6:2
SR: Weiner (Hasede) – **Zuschauer:** 52081 – **Spielnote:** 4

11. Februar 2006
Eintracht Frankfurt – Hannover 96 0:1 (0:0)
Frankfurt: Nikolov (3) – D.-R. Cha (4), Rehmer (3), Vasoski (3), Reinhard (3,5) – Jones (2,5) – Preuß (3), Chris (3) – A. Meier (4) – Copado (4,5), Amanatidis (4) – **Trainer:** Funkel
Hannover: Enke (2) – Cherundolo (3), Vinicius (2,5), Zuraw (3), Tarnat (3,5) – Yankov (3), Dabrowski (2,5), Balitsch (4) – Ricardo Sousa (5) – Stajner (4), Hashemian (4,5) – **Trainer:** Neururer
Eingewechselt: 70. Köhler (-) für Copado, 81. Weissenberger (-) für D.-R. Cha, 84. Stroh-Engel (-) für A. Meier – 46. Brdaric (3,5) für Ricardo Sousa, 75. Delura (-) für Hashemian, 83. Troest (-) für Stajner
Tor: 0:1 Yankov (78., Rechtsschuss, Vorarbeit Delura)
Chancenverhältnis: 4:4
Eckenverhältnis: 13:5
SR: Schmidt (Stuttgart) – **Zuschauer:** 26000 – **Spielnote:** 3,5

12. Februar 2006
Bayern München – 1. FC Nürnberg 2:1 (1:1)
Bayern: Kahn (2,5) – Sagnol (3,5), Lucio (3), Ismael (3,5), Lizarazu (3) – Demichelis (3,5) – Schweinsteiger (4,5), Zé Roberto (3) – Ballack (2,5) – Makaay (2,5), Pizarro (3) – **Trainer:** Magath
Nürnberg: R. Schäfer (3) – A. Wolf (4,5), Cantaluppi (2,5), Nikl (3,5) – D. Reinhardt (3,5), Pinola (3,5) – Mnari (3,5) – Saenko (3), Kießling (3,5), Polak (4) – Vittek (3) – **Trainer:** Meyer
Eingewechselt: 46. Lahm (3,5) für Lizarazu, 75. Salihamidzic (-) für Schweinsteiger, 88. Karimi (-) für Makaay – 65. Glauber (-) für Nikl, 76. Schroth (-) für Kießling, 82. Chedli (-) für Polak
Tore: 1:0 Makaay (28., Rechtsschuss, Vorarbeit Pizarro), 1:1 Vittek (36., Rechtsschuss, Saenko), 2:1 Ballack (54., Rechtsschuss, Makaay)
Chancenverhältnis: 6:6
Eckenverhältnis: 12:5
SR: Kircher (Rottenburg) – **Zuschauer:** 69000 (ausverkauft) – **Spielnote:** 2

12. Februar 2006
1. FC Köln – Borussia Dortmund 0:0
FC Köln: Wessels (2,5) – Lell (4), Alpay (3), Zivkovic (3,5), Benschneider (4) – Matip (4), Springer (5) – Cabanas (3) – A. Streit (3,5), Podolski (3,5) – Streller (3,5) – **Trainer:** Latour
Dortmund: Weidenfeller (2,5) – P. Degen (4), Brzenska (3), Wörns (3), Dede (3,5) – Kehl (4) – Rosicky (3,5), N. Sahin (4) – Odonkor (3), Smolarek (4), Gambino (4) – **Trainer:** Van Marwijk
Eingewechselt: 37. Schindzielorz (4) für Springer, 72. Helmes (-) für A. Streit, 87. Sinkiewicz (-) für Lell – 69. Buckley (-) für Gambino, 86. Kruska (-) für N. Sahin
Chancenverhältnis: 6:4
Eckenverhältnis: 4:6
SR: Gräfe (Berlin) – **Zuschauer:** 50000 (ausverkauft) – **Spielnote:** 3,5

22. Spieltag

18. Februar 2006
Bor. M'Gladbach – 1. FC Köln 2:0 (0:0)
Gladbach: Keller (3) – Bögelund (3), B. Svensson (4), Zé Antonio (3,5), Strasser (3) – Kluge (2,5) – El Fakiri (4), Jansen (4) – Broich (2,5) – Sonck (4), Neuville (3,5) – **Trainer:** Köppel
FC Köln: Wessels (3) – Sinkiewicz (4), Zivkovic (3), Alpay (3,5) – Lell (4), Grammozis (3,5), Benschneider (5) – Cabanas (4) – A. Streit (4,5), Podolski (4,5) – Streller (3,5) – **Trainer:** Latour
Eingewechselt: 46. Rafael (4) für Strasser, 77. Thijs (-) für Broich, 87. Daems (-) für Kluge – 46. Bade (3,5) für Wessels, 76. Scherz (-) für Cabanas, 84. Szabics (-) für Lell
Tore: 1:0 Lell (54., Eigentor, Kopfball, Vorarbeit Broich), 2:0 Neuville (74., Rechtsschuss, Broich)
Chancenverhältnis: 5:6
Eckenverhältnis: 4:3
SR: Weiner (Hasede) – **Zuschauer:** 54019 (ausverkauft) – **Rote Karte:** Benschneider (28., grobes Foulspiel) – **Spielnote:** 4

18. Februar 2006
Bayer Leverkusen – MSV Duisburg 3:2 (2:1)
Leverkusen: Butt (4) – C. Fritz (4), Nowotny (3,5), Juan (4) – Rolfes (4), Babic (3) – Barnetta (2), B. Schneider (3) – Freier (2,5), Voronin (3,5), Berbatov (2) – **Trainer:** Skibbe
Duisburg: G. Koch (2,5) – Baelum (5), Möhrle (5), Biliskov (6), A. Meyer (4) – Caligiuri (5), Tararache (5) – Tjikuzu (5), Lottner (4) – Ahn (4), Lavric (2) – **Trainer:** Kohler
Eingewechselt: 65. Callsen-Bracker (-) für Juan, 77. Krzynowek (-) für Babic, 90. Stenman (-) für Voronin – 63. Willi (-) für Tjikuzu, 79. Aygün (-) für Ahn, 83. Kurth (-) für Lottner
Tore: 1:0 Freier (7., Rechtsschuss, Vorarbeit Barnetta), 2:0 Barnetta (9., Rechtsschuss, Berbatov), 2:1 Lavric (42., Rechtsschuss, Ahn), 2:2 Lavric (65., Rechtsschuss, Lottner), 3:2 Berbatov (85., Kopfball, Krzynowek)
Chancenverhältnis: 11:3
Eckenverhältnis: 6:0
SR: Perl (München) – **Zuschauer:** 22500 (ausverkauft) – **Rote Karte:** Biliskov (77., Tätlichkeit) – **Spielnote:** 3

18. Februar 2006
Hertha BSC – FC Schalke 04 1:2 (1:2)
Hertha: Fiedler (3) – Madlung (4,5), van Burik (4), Chahed (4,5) – Dardai (4), N. Kovac (3,5) – Bastürk (5), Marcelinho (4), Gilberto (5) – Pantelic (5), Sverkos (4,5) – **Trainer:** Götz
Schalke: F. Rost (3,5) – Rafinha (4), Bordon (3), Krstajic (3), Kobiashvili (4) – Poulsen (3,5) – F. Ernst (5), Bajramovic (2,5) – Lincoln (4,5) – Asamoah (2,5), Kuranyi (4,5) – **Trainer:** Slomka
Eingewechselt: 69. Samba (-) für Dardai – 81. Sand (-) für Asamoah, 85. Larsen (-) für Kuranyi, 90. Varela (-) für Lincoln
Tore: 0:1 Asamoah (6., Linksschuss, Vorarbeit Poulsen), 1:1 Madlung (33., Rechtsschuss, Sverkos), 1:2 Bajramovic (45., Rechtsschuss, Krstajic)
Chancenverhältnis: 2:5
Eckenverhältnis: 5:5
SR: Wack, Dr. (Biberbach) – **Zuschauer:** 50948 – **Gelb-Rote Karten:** F. Ernst (66.), Gilberto (85.) – **Spielnote:** 3,5

18. Februar 2006
1. FC Nürnberg – VfL Wolfsburg 1:0 (1:0)
Nürnberg: R. Schäfer (3) – Nikl (2,5), Cantaluppi (3), Glauber (3) – D. Reinhardt (3), Mnari (3,5), Pinola (4) – Polak (3,5), Chedli (4) – Saenko (2), Vittek (3) – **Trainer:** Meyer
Wolfsburg: Jentzsch (2,5) – Alex (5), Quiroga (4), Hofland (4), van der Heyden (5) – Karhan (3,5), van der Leegte (4,5) – Menseguez (3,5), Tskitishvili (5) – Hanke (3), Hoogendorp (5,5) – **Trainer:** Augenthaler
Eingewechselt: 60. Schroth (3,5) für Mnari, 69. S. Öztürk (-) für Chedli – 59. Thiam (4,5) für Karhan, 59. Neziri (3,5) für Tskitishvili, 67. Marlet (-) für Hoogendorp
Tor: 1:0 Saenko (16., Linksschuss, Vorarbeit Vittek)
Chancenverhältnis: 6:2
Eckenverhältnis: 3:8
SR: Fandel (Kyllburg) – **Zuschauer:** 16954 – **Spielnote:** 4

18. Februar 2006
Borussia Dortmund – Werder Bremen 0:1 (0:1)
Dortmund: Weidenfeller (2) – P. Degen (4), Brzenska (3,5), Wörns (2,5), Dede (4) – Kehl (3,5) – Kringe (3,5), Rosicky (3,5) – Odonkor (3), Gambino (5), Smolarek (5) – **Trainer:** Van Marwijk
Bremen: Wiese (2) – Owomoyela (3), Fahrenhorst (3,5), Naldo (3,5), C. Schulz (5) – Baumann (4) – Frings (2), Borowski (3) – Micoud (3,5) – Klasnic (3), Valdez (3) – **Trainer:** Schaaf
Eingewechselt: 55. Buckley (3,5) für Gambino – 81. Vranjes (-) für Klasnic
Tor: 0:1 Klasnic (37., Linksschuss, Vorarbeit Valdez)
Chancenverhältnis: 7:6
Eckenverhältnis: 5:8
SR: Merk, Dr. (Otterbach) – **Zuschauer:** 75200 – **Spielnote:** 2,5

18. Februar 2006
Hannover 96 – Bayern München 1:1 (0:0)
Hannover: Enke (2) – Cherundolo (3), Mertesacker (3), Zuraw (4), Tarnat (3) – Vinicius (4) – Balitsch (4), Dabrowski (2,5) – Stajner (3) – Hashemian (3), Brdaric (3,5) – **Trainer:** Neururer
Bayern: Kahn (3) – Sagnol (3), Ismael (2,5), Demichelis (3,5), Lizarazu (4) – Lahm (4) – Karimi (2,5), Zé Roberto (4) – Ballack (3) – Makaay (3), Pizarro (4) – **Trainer:** Magath
Eingewechselt: 64. Lala (-) für Stajner, 81. Delura (-) für Hashemian, 85. Troest (-) für Brdaric – 46. Schweinsteiger (4) für Zé Roberto, 52. Rensing (3) für Kahn, 61. Scholl (-) für Lizarazu
Tore: 1:0 Brdaric (56., Kopfball, Vorarbeit Dabrowski), 1:1 Ballack (89., Kopfball, Sagnol)
Chancenverhältnis: 5:7
Eckenverhältnis: 3:6
SR: Wagner (Kriftel) – **Zuschauer:** 49000 (ausverkauft) – **Spielnote:** 3

18. Februar 2006
1. FC Kaiserslautern – Arminia Bielefeld 2:0 (1:0)
K'lautern: Macho (2) – Hertzsch (4), Béda (3,5), Schönheim (3) – Borbely (4,5), Lembi (3,5), Engelhardt (5,5) – Skela (5,5), Zandi (4) – Halil Altintop (5), Sanogo (2,5) – **Trainer:** Wolf
Bielefeld: Hain (5,5) – Korzynietz (3,5), Westermann (4), Borges (3,5), Kucera (4,5) – Kauf (3,5), Fink (3,5) – Küntzel (4), D. Kobylik (5) – Zuma (5), Boakye (3,5) – **Trainer:** von Heesen
Eingewechselt: 58. Mikic (4,5) für Borbely, 67. Halfar (-) für Halil Altintop, 89. Reinert (-) für Zandi – 46. Vata (4,5) für Zuma, 60. Masmanidis (4,5) für D. Kobylik, 69. Pinto (-) für Küntzel
Tore: 1:0 Sanogo (9., Kopfball, Vorarbeit Zandi), 2:0 Sanogo (88., Linksschuss)
Chancenverhältnis: 2:7
Eckenverhältnis: 1:6
SR: Stark (Ergolding) – **Zuschauer:** 26806 – **Spielnote:** 5

19. Februar 2006
Eintracht Frankfurt – Hamburger SV 1:2 (1:1)
Frankfurt: Nikolov (3) – Chris (4), Preuß (4), Vasoski (3,5) – Huggel (5), Jones (3) – P. Ochs (3,5), Köhler (4,5) – A. Meier (3,5) – Amanatidis (4,5), Copado (4,5) – **Trainer:** Funkel
HSV: Wächter (3,5) – Mahdavikia (3,5), Boulahrouz (3), van Buyten (3), Atouba (3,5) – Wicky (3,5) – de Jong (3,5), Jarolim (3,5) – Trochowski (2,5) – Takahara (4), Barbarez (3) – **Trainer:** Doll
Eingewechselt: 62. Reinhard (-) für Köhler, 69. D.-R. Cha (-) für Huggel – 73. Klingbeil (-) für de Jong, 81. Lauth (-) für Takahara, 87. Laas (-) für Trochowski
Tore: 0:1 Trochowski (20., Rechtsschuss, Vorarbeit Barbarez), 1:1 A. Meier (42., Kopfball, Chris), 1:2 van Buyten (52., Rechtsschuss, Trochowski)
Chancenverhältnis: 3:4
Eckenverhältnis: 5:2
SR: Fleischer, Dr. (Sigmertshausen) – **Zuschauer:** 47500 – **Spielnote:** 3,5

19. Februar 2006
VfB Stuttgart – 1. FSV Mainz 05 2:1 (1:1)
Stuttgart: Hildebrand (3) – Hinkel (4), Fernando Meira (4,5), Delpierre (4), H. Gerber (4) – Soldo (3) – Gentner (3,5), Hitzlsperger (4) – Tiffert (3) – Ljuboja (2,5), Tomasson (3,5) – **Trainer:** Veh
Mainz: Wetklo (2,5) – Abel (4), M. Friedrich (4,5), Noveski (4), Weigelt (4) – Pekovic (3) – Demirtas (3), da Silva (3,5) – N. Weiland (5), Thurk (4), Auer (4) – **Trainer:** Klopp
Eingewechselt: 66. Gomez (-) für Hitzlsperger, 87. Babbel (-) für Tomasson – 68. Rose (-) für Weigelt, 76. F. Gerber (-) für Abel, 76. Zidan (-) für N. Weiland
Tore: 1:0 Ljuboja (7., Linksschuss, Vorarbeit Hinkel), 1:1 da Silva (25., Rechtsschuss, Thurk), 2:1 Tiffert (71., Linksschuss, Tomasson)
Chancenverhältnis: 9:7
Eckenverhältnis: 8:2
SR: Meyer (Burgdorf) – **Zuschauer:** 28000 – **Spielnote:** 3,5

23. Spieltag

25. Februar 2006
1. FC Köln – Bayer Leverkusen 0:3 (0:0)
FC Köln: Bade (3) – Sinkiewicz (5), Zivkovic (5), Alpay (5,5), Lell (4) – Grammozis (5) – Scherz (5), Cabanas (5), A. Streit (4,5) – Streller (5), Podolski (5) – **Trainer:** Latour
Leverkusen: Butt (3) – C. Fritz (3), Juan (3), Nowotny (2,5), Stenman (3) – Rolfes (2) – B. Schneider (2,5), Barnetta (3) – Freier (2,5), Voronin (2) – Berbatov (2,5) – **Trainer:** Skibbe
Eingewechselt: 71. Szabics (-) für Scherz – 82. Krzynowek (-) für Voronin, 87. Ramelow (-) für B. Schneider, 90. Athirson (-) für Barnetta
Tore: 0:1 Berbatov (67., Rechtsschuss, Vorarbeit Freier), 0:2 Voronin (70., Rechtsschuss, Barnetta), 0:3 Krzynowek (83., Linksschuss, B. Schneider)
Chancenverhältnis: 4:9
Eckenverhältnis: 5:7
SR: Kinhöfer (Herne) – **Zuschauer:** 50000 (ausverkauft) – **Spielnote:** 3,5

25. Februar 2006

Werder Bremen – Bor. M'Gladbach 2:0 (2:0)

Bremen: Wiese (3) – Owomoyela (3), Fahrenhorst (2,5), Naldo (2), C. Schulz (4) – Baumann (2,5) – D. Jensen (3,5), Borowski (2,5) – Micoud (2) – Klose (3), Klasnic (3) – **Trainer:** Schaaf
Gladbach: Keller (3) – B. Svensson (3), Strasser (4), Zé Antonio (3,5) – Bögelund (5), El Fakiri (4), Polanski (2,5), Jansen (4,5) – Broich (3,5) – Sonck (3,5), Neuville (4,5) – **Trainer:** Köppel
Eingewechselt: 70. Valdez (-) für Klasnic, 82. Polenz (-) für Klose, 88. Vranjes (-) für Borowski – 63. Thijs (-) für Strasser, 63. Rafael (-) für Bögelund, 74. Kahe (-) für Sonck
Tore: 1:0 Klose (16., Kopfball, Vorarbeit Micoud), 2:0 Klasnic (27., Kopfball, Fahrenhorst)
Chancenverhältnis: 8:2
Eckenverhältnis: 10:6
SR: Sippel (München) – **Zuschauer:** 39900 – **Spielnote:** 3

25. Februar 2006

Arminia Bielefeld – Borussia Dortmund 1:0 (1:0)

Bielefeld: Hain (2) – Korzynietz (3), Westermann (2,5), Borges (3), Schuler (2,5) – Kauf (2,5), Fink (4) – Küntzel (5), Vata (2,5) – Boakye (-), Zuma (4,5) – **Trainer:** von Heesen
Dortmund: Weidenfeller (2) – P. Degen (4), Brzenska (2,5), Wörns (2,5), Dede (3) – Kehl (4) – Rosicky (5), Kringe (4) – Odonkor (5), Buckley (5), Smolarek (5) – **Trainer:** Van Marwijk
Eingewechselt: 23. Masmanidis (5) für Boakye, 66. D. Kobylik (-) für Küntzel, 80. Pinto (-) für Vata – 68. Gambino (-) für Odonkor
Tor: 1:0 Kauf (45., Rechtsschuss, Vorarbeit Korzynietz)
Chancenverhältnis: 5:4
Eckenverhältnis: 7:3
SR: Brych, Dr. (München) – **Zuschauer:** 26601 (ausverkauft) – **Spielnote:** 4,5

25. Februar 2006

1. FSV Mainz 05 – 1. FC Kaiserslautern 0:2 (0:2)

Mainz: Wetklo (3) – Abel (3), M. Friedrich (3,5), Noveski (5), Weigelt (5) – Pekovic (4) – Demirtas (3,5), da Silva (4) – Thurk (4,5), N. Weiland (5) – Auer (4,5) – **Trainer:** Klopp
K'lautern: Macho (2,5) – Hertzsch (4), Béda (3), Schönheim (2,5) – Höiland (4), Borbely (4), Lembi (2,5), Engelhardt (4) – Skela (3,5) – Sanogo (2), Halil Altintop (4) – **Trainer:** Wolf
Eingewechselt: 46. Zidan (3) für Demirtas, 66. O. Addo (-) für Pekovic, 73. Geißler (-) für Weigelt – 43. Fromlowitz (2) für Macho, 70. Reinert (-) für Borbely, 83. Mikic (-) für Halil Altintop
Tore: 0:1 Sanogo (24., Foulelfmeter, Rechtsschuss, Vorarbeit Höiland), 0:2 Sanogo (26., Rechtsschuss, Lembi)
Chancenverhältnis: 11:5
Eckenverhältnis: 8:4
SR: Kircher (Rottenburg) – **Zuschauer:** 20300 (ausverkauft) – **Spielnote:** 3,5

25. Februar 2006

FC Schalke 04 – 1. FC Nürnberg 2:0 (0:0)

Schalke: F. Rost (3) – Rafinha (2), Bordon (2), Krstajic (3), Kobiashvili (4) – Poulsen (3) – Varela (3), Bajramovic (4) – Lincoln (2,5) – Asamoah (2), Kuranyi (3) – **Trainer:** Slomka
Nürnberg: R. Schäfer (4) – A. Wolf (4), Cantaluppi (4), Nikl (4) – D. Reinhardt (4,5), Mnari (4), Pinola (4) – Polak (3,5), Banovic (5) – Vittek (5), Schroth (3,5) – **Trainer:** Meyer
Eingewechselt: 46. Larsen (4) für Bajramovic, 76. Sand (-) für Asamoah, 87. Baumjohann (-) für Lincoln – 66. Kristiansen (-) für Pinola, 74. Pagenburg (-) für Cantaluppi, 74. S. Öztürk (-) für Schroth
Tore: 1:0 Kuranyi (58., Rechtsschuss, Vorarbeit Varela), 2:0 Lincoln (65., direkter Freistoß, Rechtsschuss)
Chancenverhältnis: 9:2
Eckenverhältnis: 7:0
SR: Gräfe (Berlin) – **Zuschauer:** 60729 – **Spielnote:** 3,5

25. Februar 2006

Bayern München – Eintracht Frankfurt 5:2 (3:1)

Bayern: Rensing (3) – Sagnol (3), Lucio (3), Ismael (3,5), Lizarazu (3) – Demichelis (3) – Deisler (2), Schweinsteiger (4) – Ballack (1,5) – Pizarro (2,5), Guerrero (1) – **Trainer:** Magath
Frankfurt: Nikolov (4,5) – P. Ochs (4), Rehmer (5), Vasoski (5), Reinhard (5) – Jones (4) – Preuß (3), Chris (5) – A. Meier (4) – Amanatidis (4), Copado (5) – **Trainer:** Funkel
Eingewechselt: 49. Lahm (3) für Lizarazu, 74. Karimi (-) für Demichelis, 81. Salihamidzic (-) für Sagnol – 67. D.-R. Cha (-) für Amanatidis, 82. Köhler (-) für Copado
Tore: 1:0 Guerrero (21., Rechtsschuss, Vorarbeit Lizarazu), 1:1 Preuß (32., Linksschuss), 2:1 Ballack (33., Linksschuss, Guerrero), 3:1 Guerrero (42., Linksschuss, Deisler), 4:1 Ballack (62., Kopfball, Deisler), 4:2 A. Meier (84., Rechtsschuss, D.-R. Cha), 5:2 Pizarro (85., Rechtsschuss, Guerrero)
Chancenverhältnis: 10:6
Eckenverhältnis: 2:5
SR: Gagelmann (Bremen) – **Zuschauer:** 69000 (ausverkauft) – **Spielnote:** 2

25. Februar 2006

VfL Wolfsburg – Hannover 96 2:1 (1:1)

Wolfsburg: Jentzsch (2) – Alex (3,5), Quiroga (3,5), Franz (4,5), van der Heyden (4) – Karhan (3,5), van der Leegte (4) – Menseguez (2,5), Neziri (3,5) – Klimowicz (4,5), Hanke (3) – **Trainer:** Augenthaler
Hannover: Enke (5) – Cherundolo (3), Mertesacker (4,5), Vinicius (3,5), Tarnat (3,5) – Lala (3,5) – Balitsch (3), Dabrowski (3,5) – Stajner (2,5) – Hashemian (4), Brdaric (3) – **Trainer:** Neururer
Eingewechselt: 56. Lamprecht (4) für Neziri, 66. Thiam (-) für van der Leegte, 79. Schnoor (-) für Franz – 76. Yankov (-) für Lala, 87. Delura (-) für Tarnat
Tore: 1:0 Hanke (9., Kopfball, Vorarbeit Alex), 1:1 Brdaric (17., Linksschuss, Stajner), 2:1 Menseguez (86., Rechtsschuss)
Chancenverhältnis: 6:11
Eckenverhältnis: 8:5
SR: Wack, Dr. (Biberbach) – **Zuschauer:** 21436 – **Spielnote:** 3

26. Februar 2006

MSV Duisburg – Hertha BSC 2:1 (1:0)

Duisburg: G. Koch (3) – Möhrle (3), Aygün (4), A. Meyer (3,5) – Caligiuri (3,5), Tararache (2) – Tjikuzu (4), van Houdt (4) – Lottner (3) – Kurth (4), Lavric (2,5) – **Trainer:** Kohler
Hertha: Fiedler (3) – A. Friedrich (5), Madlung (5), Chahed (4,5) – T. Marx (4), A. Schmidt (4), K. Boateng (3) – Cairo (5), Bastürk (2,5), Marcelinho (4,5) – Sverkos (5) – **Trainer:** Götz
Eingewechselt: 54. Bodzek (4) für Lottner, 72. Ahanfouf (-) für Kurth, 81. Ahn (-) für Lavric – 54. Neuendorf (3,5) für Cairo, 54. Okoronkwo (4) für Sverkos, 76. Samba (-) für Chahed
Tore: 1:0 Tararache (20., Foulelfmeter, Linksschuss, Vorarbeit Lavric), 2:0 Lavric (50., Kopfball, Lottner), 2:1 Bastürk (68., Linksschuss, K. Boateng)
Chancenverhältnis: 8:2
Eckenverhältnis: 2:6
SR: Drees, Dr. (Mainz) – **Zuschauer:** 20131 – **Rote Karte:** Madlung (19., Notbremse) – **Spielnote:** 3,5

26. Februar 2006

Hamburger SV – VfB Stuttgart 0:2 (0:1)

HSV: Wächter (3,5) – Mahdavikia (4,5), Boulahrouz (5), van Buyten (5), Atouba (4,5) – Wicky (5) – Jarolim (5), de Jong (5) – Trochowski (4) – Lauth (6), Barbarez (6) – **Trainer:** Doll
Stuttgart: Hildebrand (3) – Hinkel (3,5), Babbel (3), Delpierre (3), H. Gerber (3,5) – Soldo (3) – Fernando Meira (3), Meißner (2,5) – Tiffert (4), Grönkjaer (3), Ljuboja (4) – **Trainer:** Veh
Eingewechselt: 46. van der Vaart (5) für de Jong, 46. Kucukovic (6) für Barbarez, 70. Demel (-) für Wicky – 81. Gentner (-) für Grönkjaer, 89. Gomez (-) für Ljuboja, 90. Hitzlsperger (-) für Meißner
Tore: 0:1 Meißner (43., Linksschuss, Vorarbeit Grönkjaer), 0:2 Gomez (90., Rechtsschuss)
Chancenverhältnis: 3:5
Eckenverhältnis: 3:1
SR: Merk, Dr. (Otterbach) – **Zuschauer:** 51821 – **Spielnote:** 4,5

24. Spieltag

4. März 2006

Hertha BSC – 1. FC Köln 2:4 (0:0)

Hertha: Fiedler (3) – O. Schröder (4), A. Friedrich (5), Samba (6), Gilberto (5) – N. Kovac (3,5) – K. Boateng (3), Marcelinho (5,5), Bastürk (4) – Pantelic (2,5), Sverkos (5,5) – **Trainer:** Götz
FC Köln: Bade (3) – Sinkiewicz (4), Zivkovic (3), Matip (3,5) – Lell (2), Cullmann (3), Springer (3) – Cabanas (4) – A. Streit (2,5) – Streller (3), Podolski (1,5) – **Trainer:** Latour
Eingewechselt: 44. Neuendorf (5) für N. Kovac, 70. Okoronkwo (-) für Sverkos, 74. Dejagah (-) für Marcelinho – 82. Scherz (-) für Streller, 90. Schindzielorz (-) für Podolski
Tore: 0:1 Podolski (53., Linksschuss, Vorarbeit Lell), 0:2 Streller (54., Linksschuss, Lell), 1:2 Pantelic (56., Rechtsschuss, K. Boateng), 1:3 Podolski (75., Linksschuss), 2:3 Pantelic (83., Rechtsschuss, Bastürk), 2:4 Scherz (87., Linksschuss, Podolski)
Chancenverhältnis: 12:10
Eckenverhältnis: 9:1
SR: Wagner (Kriftel) – **Zuschauer:** 38880 – **Spielnote:** 2,5

4. März 2006

1. FC Nürnberg – MSV Duisburg 3:0 (2:0)

Nürnberg: R. Schäfer (2) – Nikl (2), Cantaluppi (4), Glauber (2,5) – D. Reinhardt (3), Pinola (3) – Mnari (3,5) – Polak (2) – Vittek (1), Saenko (1,5), Schroth (2,5) – **Trainer:** Meyer
Duisburg: G. Koch (4,5) – Bodzek (5,5), Aygün (3,5), Möhrle (5), Wolters (5) – Tjikuzu (5,5), Caligiuri (4,5), Tararache (5), van Houdt (5) – Kurth (5), Lavric (5) – **Trainer:** Kohler
Eingewechselt: 81. Kießling (-) für Saenko, 88. Daun (-) für Schroth, 90. Kristiansen (-) für Polak – 46. Anfang (4) für Bodzek, 46. Ahanfouf (3,5) für Kurth, 75. Ahn (-) für van Houdt
Tore: 1:0 Vittek (8., Linksschuss, Vorarbeit Saenko), 2:0 Vittek (15., Linksschuss, Saenko), 3:0 Vittek (86., Rechtsschuss, Kießling)
Chancenverhältnis: 8:2
Eckenverhältnis: 9:2
SR: Weiner (Hasede) – **Zuschauer:** 43954 – **Gelb-Rote Karte:** Tararache (82.) – **Spielnote:** 3

4. März 2006

Hannover 96 – FC Schalke 04 1:2 (0:2)

Hannover: Enke (3) – Cherundolo (3), Mertesacker (4,5), Zuraw (4), Troest (4,5) – Vinicius (4), Lala (3), Dabrowski (3,5) – Stajner (4) – Brdaric (4,5), Hashemian (5) – **Trainer:** Neururer
Schalke: F. Rost (2,5) – Rafinha (4), Bordon (3), Krstajic (3), Kobiashvili (3) – Poulsen (4) – F. Ernst (4,5), Bajramovic (3) – Azaouagh (4,5) – Asamoah (4), Sand (5) – **Trainer:** Slomka
Eingewechselt: 30. Delura (5) für Troest, 72. Christiansen (-) für Hashemian, 81. Ricardo Sousa (-) für Lala – 66. Rodriguez (-) für Azaouagh, 81. Larsen (-) für Sand, 90. Varela (-) für Asamoah
Tore: 0:1 Poulsen (20., Kopfball, Vorarbeit Kobiashvili), 0:2 Bajramovic (28., Rechtsschuss, Kobiashvili), 1:2 Christiansen (74., Elfmeter im Nachschuß, Linksschuss, Brdaric)
Chancenverhältnis: 7:2
Eckenverhältnis: 6:7
SR: Stark (Ergolding) – **Zuschauer:** 47243 – **Gelb-Rote Karte:** Poulsen (73.) – **Besonderes Vorkommnis:** F. Rost hält Handelfmeter von Brdaric (74.) – **Spielnote:** 3,5

4. März 2006

Bayern München – Hamburger SV 1:2 (0:1)

Bayern: Kahn (5) – Sagnol (4,5), Lucio (3), Ismael (3), Lahm (4,5) – Demichelis (4) – Deisler (5), Salihamidzic (4) – Ballack (4,5) – Pizarro (4,5), Makaay (5) – **Trainer:** Magath
HSV: Wächter (2,5) – Mahdavikia (1,5), Boulahrouz (2,5), Demel (2), Atouba (3) – de Jong (2) – Jarolim (3), Trochowski (3,5) – van der Vaart (2,5) – Takahara (3,5), Barbarez (4) – **Trainer:** Doll
Eingewechselt: 46. Schweinsteiger (4) für Salihamidzic, 46. Karimi (-) für Deisler, 61. Scholl (-) für Karimi – 67. Klingbeil (-) für van der Vaart, 87. Fillinger (-) für Takahara, 90. B. Reinhardt (-) für Trochowski
Tore: 0:1 Demel (16., Rechtsschuss, ohne Vorarbeit), 1:1 Scholl (83., Rechtsschuss, Ballack), 1:2 de Jong (89., Kopfball, Mahdavikia)
Chancenverhältnis: 3:5
Eckenverhältnis: 9:5
SR: Meyer (Burgdorf) – **Zuschauer:** 69000 (ausverkauft) – **Spielnote:** 2,5

4. März 2006

Bayer Leverkusen – Werder Bremen 1:1 (1:1)

Leverkusen: Butt (3) – C. Fritz (2), Nowotny (3), Juan (3,5) – Rolfes (3) – B. Schneider (3,5), Barnetta (2,5), Babic (3,5) – Freier (2,5), Berbatov (2,5), Voronin (3,5) – **Trainer:** Skibbe
Bremen: Wiese (3) – Owomoyela (3,5), Fahrenhorst (3,5), Pasanen (4,5), C. Schulz (3) – Frings (3) – Vranjes (4,5), Borowski (3) – Micoud (4) – Klose (3), Klasnic (4) – **Trainer:** Schaaf
Eingewechselt: 89. Krzynowek (-) für Voronin – 60. D. Jensen (4) für Vranjes, 68. Valdez (-) für Klasnic
Tore: 0:1 Frings (3., Foulelfmeter, Rechtsschuss, Vorarbeit Klose), 1:1 Berbatov (41., Rechtsschuss, Barnetta)
Chancenverhältnis: 6:2
Eckenverhältnis: 3:3
SR: Fandel (Kyllburg) – **Zuschauer:** 22500 (ausverkauft) – **Spielnote:** 3

4. März 2006

Borussia Dortmund – 1. FSV Mainz 05 1:1 (1:0)

Dortmund: Gentenaar (3,5) – P. Degen (4,5), Brzenska (4,5), Wörns (2), Dede (4) – Kehl (4) – Kringe (5), N. Sahin (5) – Odonkor (4), Smolarek (4), Gambino (5) – **Trainer:** Van Marwijk
Mainz: Wetklo (3,5) – Abel (5), M. Friedrich (4), Noveski (3,5), Weigelt (5) – Pekovic (3,5) – Demirtas (4), da Silva (4,5) – Thurk (2,5) – Zidan (4,5), N. Weiland (5) – **Trainer:** Klopp
Eingewechselt: 55. Buckley (3) für Gambino, 72. Kruska (-) für N. Sahin, 81. M. Steegmann (-) für Odonkor – 65. O. Addo (-) für Demirtas, 76. Casey (-) für N. Weiland, 90. Babatz (-) für Thurk
Tore: 1:0 Wörns (27., Rechtsschuss, Vorarbeit Kehl), 1:1 Thurk (53., Linksschuss, Zidan)
Chancenverhältnis: 6:4
Eckenverhältnis: 9:3
SR: Rafati (Hannover) – **Zuschauer:** 66200 – **Besonderes Vorkommnis:** Zidan schießt Foulelfmeter an den Pfosten (58.) – **Spielnote:** 4

5. März 2006

Eintracht Frankfurt – VfL Wolfsburg 1:1 (0:0)

Frankfurt: Nikolov (3) – Rehmer (4), Chris (2), Vasoski (3), P. Ochs (3,5) – Jones (3,5) – Preuß (2,5), Köhler (3,5) – A. Meier (3,5) – Copado (3), Amanatidis (3,5) – **Trainer:** Funkel
Wolfsburg: Jentzsch (1,5) – Alex (4,5), Quiroga (4,5), Hofland (4), van der Heyden (3) – Karhan (4), van der Leegte (4,5) – Menseguez (3), Neziri (5) – Hanke (3,5), Klimowicz (4) – **Trainer:** Augenthaler
Eingewechselt: 63. D.-R. Cha (-) für Jones, 77. Reinhard (-) für Köhler, 90. Huggel (-) für A. Meier – 52. Lamprecht (4) für Neziri, 76. Thiam (-) für Alex, 89. Hoogendorp (-) für Klimowicz
Tore: 0:1 Hanke (58., indirekter Freistoß, Rechtsschuss, ohne Vorarbeit), 1:1 Amanatidis (65., Linksschuss, Rehmer)
Chancenverhältnis: 8:3
Eckenverhältnis: 8:3
SR: Kinhöfer (Herne) – **Zuschauer:** 26000 – **Spielnote:** 3,5

5. März 2006

Bor. M'Gladbach – Arminia Bielefeld 2:0 (1:0)

Gladbach: Keller (3,5) – Bögelund (3,5), B. Svensson (3), Zé Antonio (3), Jansen (2,5) – Polanski (3) – El Fakiri (4), Kluge (3,5) – Broich (3,5) – Neuville (3,5), Sonck (2) – **Trainer:** Köppel
Bielefeld: Hain (2) – Korzynietz (4,5), Westermann (4), Borges (4), Schuler (3) – Kauf (3,5), Fink (4,5) – D. Kobylik (5), Masmanidis (5) – Zuma (3,5), Vata (4) – **Trainer:** Geideck
Eingewechselt: 72. Thijs (-) für Broich, 76. Rafael (-) für Sonck, 86. Kahe (-) für Neuville – 46. Pinto (4) für Masmanidis, 67. Dalovic (-) für D. Kobylik

Tore: 1:0 Jansen (34., Rechtsschuss, Vorarbeit Neuville), 2:0 Sonck (65., Linksschuss)
Chancenverhältnis: 10:4
Eckenverhältnis: 7:2
SR: Perl (München) – **Zuschauer:** 39372 – **Spielnote:** 3,5

7. März 2006
1. FC Kaiserslautern – VfB Stuttgart 1:1 (1:0)

K'lautern: Fromlowitz (2) – Höiland (5), Béda (3,5), Schönheim (2), Blank (3,5) – Borbely (3,5), Lembi (3), Bellinghausen (3,5) – Skela (3) – Halil Altintop (2), Sanogo (4) – **Trainer:** Wolf
Stuttgart: Hildebrand (3) – Hinkel (3), Babbel (4), Delpierre (4), Magnin (3,5) – Soldo (3) – Fernando Meira (2,5), Tiffert (3) – Ljuboja (3), Grönkjaer (2), Tomasson (4,5) – **Trainer:** Veh
Eingewechselt: 55. Reinert (3) für Borbely, 79. Mikic (-) für Höiland, 89. Halfar (-) für Halil Altintop – 59. Gomez (2,5) für Tomasson, 66. Hitzlsperger (-) für Fernando Meira, 87. Cacau (-) für Grönkjaer
Tore: 1:0 Halil Altintop (15., Linksschuss, Vorarbeit Borbely), 1:1 Gomez (90., Rechtsschuss, Delpierre)
Chancenverhältnis: 8:7
Eckenverhältnis: 7:8
SR: Fleischer, Dr. (Sigmertshausen) – **Zuschauer:** 30593 – **Spielnote:** 2

25. Spieltag

11. März 2006
Arminia Bielefeld – Bayer Leverkusen 1:0 (1:0)

Bielefeld: Hain (3) – Korzynietz (3), Westermann (3), Borges (3), Schuler (3) – Kauf (3), Fink (3,5) – Küntzel (4), Vata (2,5) – Zuma (4,5), Dalovic (2,5) – **Trainer:** von Heesen
Leverkusen: Butt (3) – C. Fritz (5), Juan (4), Nowotny (4), Stenman (5) – Rolfes (5) – B. Schneider (5), Barnetta (4,5) – Freier (4,5), Krzynowek (5,5) – Berbatov (5) – **Trainer:** Skibbe
Eingewechselt: 54. Masmanidis (5) für Zuma, 68. D. Kobylik (-) für Küntzel, 88. Kucera (-) für Dalovic – 46. Madouni (4) für Juan, 46. Papadopulos (5,5) für Krzynowek, 60. Babic (4) für Stenman
Tor: 1:0 Dalovic (5., Kopfball, Vorarbeit Vata)
Chancenverhältnis: 3:2
Eckenverhältnis: 7:2
SR: Merk, Dr. (Otterbach) – **Zuschauer:** 18317 – **Spielnote:** 4,5

11. März 2006
1. FSV Mainz 05 – Bor. M'Gladbach 3:0 (0:0)

Mainz: Wetklo (2,5) – Abel (3), M. Friedrich (4), Noveski (3,5), Rose (3) – Pekovic (3) – Demirtas (3,5), da Silva (4) – Thurk (1,5) – Zidan (3,5), Auer (4) – **Trainer:** Klopp
Gladbach: Keller (3,5) – Daems (4,5), B. Svensson (5), Zé Antonio (4,5), Jansen (4,5) – Polanski (4,5) – El Fakiri (5), Kluge (3,5) – Broich (3,5) – Sonck (5), Neuville (4,5) – **Trainer:** Köppel
Eingewechselt: 85. Ruman (-) für Auer, 88. Casey (-) für Zidan, 90. F. Gerber (-) für Thurk – 69. Kahe (-) für El Fakiri, 77. Rafael (-) für Sonck
Tore: 1:0 Thurk (62., Kopfball, Vorarbeit Abel), 2:0 Zidan (68., Rechtsschuss, Auer), 3:0 Thurk (89., Rechtsschuss, Ruman)
Chancenverhältnis: 8:3
Eckenverhältnis: 5:1
SR: Brych, Dr. (München) – **Zuschauer:** 20300 (ausverkauft) – **Spielnote:** 3,5

11. März 2006
VfB Stuttgart – Borussia Dortmund 0:0

Stuttgart: Hildebrand (3) – Hinkel (4), Babbel (4), Delpierre (3), Magnin (4) – Soldo (2,5) – Meißner (3,5), Hitzlsperger (3,5) – Tiffert (4), Grönkjaer (2,5), Tomasson (4,5) – **Trainer:** Veh
Dortmund: Gentenaar (3) – P. Degen (4), Brzenska (3), Wörns (2,5), Dede (3,5) – Kehl (3) – Kringe (4), N. Sahin (4) – Odonkor (4), Buckley (3,5), Smolarek (4,5) – **Trainer:** Van Marwijk
Eingewechselt: 46. H. Gerber (4) für Magnin, 46. Gomez (4) für Hitzlsperger, 79. Gentner (-) für Meißner – 79. C. Metzelder (-) für Dede, 84. Kruska (-) für N. Sahin
Chancenverhältnis: 9:8
Eckenverhältnis: 5:7
SR: Weiner (Hasede) – **Zuschauer:** 45000 – **Spielnote:** 3,5

11. März 2006
Werder Bremen – Hertha BSC 0:3 (0:0)

Bremen: Wiese (5) – Owomoyela (5), Fahrenhorst (5), Naldo (5), C. Schulz (4,5) – Frings (4,5) – D. Jensen (5,5), Borowski (5) – Micoud (5) – Klose (4,5), Klasnic (5) – **Trainer:** Schaaf
Hertha: Fiedler (3) – A. Friedrich (2), van Burik (3), Fathi (3) – Chahed (2) – K. Boateng (2,5), O. Schröder (4), Gilberto (3) – Bastürk (1,5) – Marcelinho (3), Pantelic (4,5) – **Trainer:** Götz
Eingewechselt: 40. Vranjes (6) für Micoud, 63. Valdez (-) für Owomoyela, 82. L. Andreasen (-) für D. Jensen – 77. Sverkos (-) für Pantelic, 84. Neuendorf (-) für Marcelinho, 90. Cairo (-) für Bastürk
Tore: 0:1 K. Boateng (53., Kopfball, Vorarbeit Marcelinho), 0:2 Marcelinho (76., Linksschuss, Chahed), 0:3 Bastürk (83., Rechtsschuss, Fathi)
Chancenverhältnis: 5:9
Eckenverhältnis: 4:1
SR: Fleischer, Dr. (Sigmertshausen) – **Zuschauer:** 37728 – **Gelbe Karte:** Neuendorf – **Spielnote:** 3

11. März 2006
VfL Wolfsburg – Bayern München 0:0

Wolfsburg: Jentzsch (2,5) – Quiroga (3), Hofland (3), van der Heyden (3,5) – Sarpei (4,5), Thiam (4), van der Leegte (3,5), Menseguez (4,5) – Karhan (4,5) – Hanke (5), Hoogendorp (5) – **Trainer:** Augenthaler
Bayern: Kahn (3) – Sagnol (3,5), Lucio (3,5), Ismael (3), Lahm (2,5) – Demichelis (4) – Salihamidzic (4), Schweinsteiger (4,5) – Ballack (3) – Guerrero (5), Pizarro (5) – **Trainer:** Magath
Eingewechselt: 77. Marlet (-) für Hoogendorp, 84. Fischer (-) für Thiam, 86. Lamprecht (-) für Menseguez – 69. Jeremies (-) für Demichelis, 69. Scholl (-) für Salihamidzic
Chancenverhältnis: 2:5
Eckenverhältnis: 0:6
SR: Gräfe (Berlin) – **Zuschauer:** 30000 (ausverkauft) – **Spielnote:** 5

11. März 2006
MSV Duisburg – Hannover 96 0:0

Duisburg: G. Koch (2) – Tjikuzu (3,5), Möhrle (3,5), Baelum (3), A. Meyer (4) – Caligiuri (4), Bodzek (4,5) – Anfang (5), van Houdt (3,5) – Kurth (5), Ahanfouf (5) – **Trainer:** Kohler
Hannover: Enke (2,5) – Cherundolo (4), Mertesacker (3,5), Zuraw (4), Tarnat (3,5) – Lala (4) – Balitsch (3), Dabrowski (4) – Stajner (4), Hashemian (5), Brdaric (5) – **Trainer:** Neururer
Eingewechselt: 87. Ahn (-) für van Houdt – 62. Vinicius (-) für Tarnat, 75. Christiansen (-) für Lala
Chancenverhältnis: 5:5
Eckenverhältnis: 3:9
SR: Sippel (München) – **Zuschauer:** 20000 – **Spielnote:** 5

11. März 2006
1. FC Köln – 1. FC Nürnberg 3:4 (1:3)

FC Köln: Bade (4) – Cullmann (5), Zivkovic (5,5), Alpay (5), Matip (4,5) – Lell (5), Cabanas (5), Grammozis (4), A. Streit (2,5) – Podolski (4), Streller (3) – **Trainer:** Latour
Nürnberg: R. Schäfer (4) – Nikl (4,5), Cantaluppi (4,5), Glauber (4) – D. Reinhardt (4,5), Polak (4), Mnari (4,5), Pinola (4,5) – Vittek (1), Saenko (2,5), Schroth (2,5) – **Trainer:** Meyer
Eingewechselt: 38. Scherz (4,5) für Alpay, 46. Springer (3,5) für Zivkovic, 74. Szabics (-) für Cullmann – 60. Kießling (5,5) für Saenko, 66. L. Müller (-) für Pinola, 77. T. Paulus (-) für Schroth
Tore: 0:1 Vittek (6., Foulelfmeter, Rechtsschuss, Vorarbeit Schroth), 0:2 Vittek (16., Linksschuss, Pinola), 0:3 Vittek (22., Foulelfmeter, Rechtsschuss, Saenko), 1:3 Zivkovic (27., Kopfball, A. Streit), 1:4 Saenko (58., Rechtsschuss, Vittek), 2:4 Matip (61., Kopfball), 3:4 Podolski (62., Linksschuss, A. Streit)
Chancenverhältnis: 7:9
Eckenverhältnis: 9:2
SR: Gagelmann (Bremen) – **Zuschauer:** 47500 – **Spielnote:** 2,5

12. März 2006
Hamburger SV – 1. FC Kaiserslautern 3:0 (0:0)

HSV: Kirschstein (3) – Mahdavikia (3), Boulahrouz (3), van Buyten (3), Atouba (2,5) – Wicky (4) – Jarolim (3), de Jong (3) – van der Vaart (2) – Barbarez (4,5), Takahara (5) – **Trainer:** Doll
K'lautern: Fromlowitz (3) – Hertzsch (3,5), Béda (3), Schönheim (3,5) – Höiland (3,5), Lembi (4), Borbely (5), Engelhardt (4,5) – Skela (5) – Sanogo (5), Halil Altintop (5) – **Trainer:** Wolf
Eingewechselt: 46. Lauth (3) für Takahara, 46. Demel (3) für Wicky, 72. Ailton (-) für Barbarez – 62. Bellinghausen (-) für Borbely, 62. Halfar (-) für Halil Altintop, 76. Mikic (-) für Höiland
Tore: 1:0 Lauth (55., Kopfball, Vorarbeit Demel), 2:0 Schönheim (61., Eigentor, Kopfball, van der Vaart), 3:0 van der Vaart (86., Foulelfmeter, Linksschuss, Jarolim)
Chancenverhältnis: 10:0
Eckenverhältnis: 7:0
SR: Wack, Dr. (Biberbach) – **Zuschauer:** 44460 – **Spielnote:** 3,5

12. März 2006
FC Schalke 04 – Eintracht Frankfurt 2:0 (0:0)

Schalke: F. Rost (3) – Rafinha (2), Bordon (2), Krstajic (2,5), Rodriguez (3,5) – F. Ernst (4) – Bajramovic (2,5), Kobiashvili (4) – Azaouagh (4) – Asamoah (4), Larsen (2,5) – **Trainer:** Slomka
Frankfurt: Nikolov (3) – Rehmer (4,5), Chris (3,5), Vasoski (4) – P. Ochs (4,5), Preuß (4,5), Huggel (4), Köhler (4) – A. Meier (3,5) – D.-R. Cha (5), Copado (4,5) – **Trainer:** Funkel
Eingewechselt: 46. Varela (3) für Bordon, 66. Sand (-) für Azaouagh – 85. Stroh-Engel (-) für D.-R. Cha
Tore: 1:0 Larsen (52., Kopfball, Vorarbeit Rafinha), 2:0 Sand (90., Rechtsschuss, Larsen)
Chancenverhältnis: 4:2
Eckenverhältnis: 6:4
SR: Kircher (Rottenburg) – **Zuschauer:** 61524 (ausverkauft) – **Spielnote:** 3,5

26. Spieltag

18. März 2006
Hannover 96 – 1. FC Köln 1:0 (1:0)

Hannover: Enke (3) – Cherundolo (3,5), Mertesacker (3), Zuraw (3), Tarnat (2,5) – Lala (3) – Balitsch (3,5), Stajner (2), Dabrowski (4) – Hashemian (3), Brdaric (5) – **Trainer:** Neururer
FC Köln: Bade (3) – Alpay (5), Sinkiewicz (4), Matip (5) – Springer (5,5) – Cabanas (5), Schindzielorz (5,5) – Evanilson (5), A. Streit (3,5) – Scherz (5), Szabics (5) – **Trainer:** Latour
Eingewechselt: 69. Christiansen (-) für Brdaric, 77. Schröter (-) für Hashemian, 90. Stendel (-) für Stajner – 56. Grammozis (5) für Schindzielorz, 56. Podolski (5) für Szabics, 81. Epstein (-) für A. Streit
Tor: 1:0 Hashemian (39., Rechtsschuss, Vorarbeit Brdaric)
Chancenverhältnis: 13:2
Eckenverhältnis: 10:3
SR: Perl (München) – **Zuschauer:** 37214 – **Spielnote:** 4,5

18. März 2006
Eintracht Frankfurt – MSV Duisburg 5:2 (3:2)

Frankfurt: Nikolov (3) – P. Ochs (3), Rehmer (4), Vasoski (4), Spycher (3,5) – Huggel (3) – Chris (2,5), Köhler (2,5) – A. Meier (3,5) –Amanatidis (1), Copado (3,5) – **Trainer:** Funkel
Duisburg: G. Koch (4,5) – Möhrle (5,5), Baelum (6), A. Meyer (5) – Bodzek (4) – Tjikuzu (5,5), Tararache (5) – Caligiuri (5), van Houdt (5) – Lavric (4,5), Ahanfouf (5) – **Trainer:** Kohler

Ab durch die Mitte: Nürnbergs Torjäger Robert Vittek verwandelt eiskalt einen Foulelfmeter gegen Kölns Keeper Alexander Bade.

Eingewechselt: 41. Preuß (3) für Rehmer, 76. Russ (-) für Chris, 88. Lexa (-) für Copado – 46. Ahn (5) für van Houdt, 66. Willi (-) für Tjikuzu, 88. Aygün (-) für Ahanfouf
Tore: 1:0 Amanatidis (1., Linksschuss, Vorarbeit A. Meier), 2:0 Köhler (11., Linksschuss), 3:0 Amanatidis (13., Linksschuss, Copado), 3:1 Bodzek (25., Rechtsschuss), 3:2 Lavric (32., Linksschuss, Bodzek), 4:2 Amanatidis (57., Rechtsschuss, A. Meier), 5:2 Copado (79., Handelfmeter, Rechtsschuss)
Chancenverhältnis: 12:3
Eckenverhältnis: 5:2
SR: Merk, Dr. (Otterbach) – **Zuschauer:** 32000 – **Besonderes Vorkommnis:** G. Koch hält Handelfmeter von Copado (35.) – **Spielnote:** 3

18. März 2006
VfL Wolfsburg – Hamburger SV 0:1 (0:1)
Wolfsburg: Jentzsch (3) – Quiroga (4,5), Hofland (3), van der Heyden (3,5) – van der Leegte (3) – Menseguez (4), Karhan (4), Thiam (4,5), Sarpei (4,5) – Hanke (-), Hoogendorp (4,5) – **Trainer:** Augenthaler
HSV: Kirschstein (3) – Mahdavikia (3,5), Boulahrouz (3,5), van Buyten (3), Atouba (4,5) – de Jong (4) – Jarolim (3,5), Trochowski (4,5) – van der Vaart (4) – Lauth (3), Barbarez (3) – **Trainer:** Doll
Eingewechselt: 17. Marlet (6) für Hanke, 57. Hristov (3,5) für Thiam, 67. Klimowicz (-) für Marlet – 65. Wicky (-) für van der Vaart, 72. Ailton (-) für Lauth, 85. B. Reinhardt (-) für Trochowski
Tor: 0:1 Lauth (22., Linksschuss, Vorarbeit Barbarez)
Chancenverhältnis: 2:5
Eckenverhältnis: 4:1
SR: Brych, Dr. (München) – **Zuschauer:** 28095 – **Spielnote:** 4,5

18. März 2006
Borussia Dortmund – 1. FC Kaiserslautern 2:1 (1:1)
Dortmund: Gentenaar (4) – P. Degen (2,5), Brzenska (3), Wörns (3), Dede (1,5) – Kehl (3) – Kringe (3), N. Sahin (4) – Buckley (3), Odonkor (2,5), Smolarek (4) – **Trainer:** Van Marwijk
K'lautern: Fromlowitz (2) – Höiland (5), Hertzsch (5), Béda (4), Bellinghausen (5,5) – Borbely (5), Lembi (5) – Skela (4) – Reinert (5), Halil Altintop (4,5), Sanogo (4,5) – **Trainer:** Wolf
Eingewechselt: 66. Rosicky (-) für N. Sahin, 88. Gambino (-) für Odonkor – 38. Mikic (5) für Borbely, 71. Halfar (-) für Reinert, 76. Zandi (-) für Höiland
Tore: 1:0 Dede (25., Rechtsschuss, Vorarbeit N. Sahin), 1:1 Skela (45., direkter Freistoß, Rechtsschuss), 2:1 Kringe (64., Linksschuss, Buckley)
Chancenverhältnis: 13:3
Eckenverhältnis: 11:1
SR: Meyer (Burgdorf) – **Zuschauer:** 70100 – **Spielnote:** 3

18. März 2006
1. FC Nürnberg – Werder Bremen 3:1 (2:0)
Nürnberg: R. Schäfer (2) – Nikl (3), Cantaluppi (2), Glauber (4) – D. Reinhardt (2,5), Mnari (3,5), Pinola (3,5) – Polak (2,5) – Vittek (1), Saenko (3), Schroth (2) – **Trainer:** Meyer
Bremen: Wiese (4) – Owomoyela (5,5), Fahrenhorst (5), Naldo (6), C. Schulz (4) – Vranjes (5) – D. Jensen (4), Borowski (3) – Frings (-) – Klasnic (5), Klose (3) – **Trainer:** Schaaf
Eingewechselt: 62. L. Müller (-) für Pinola, 62. T. Paulus (-) für Mnari, 81. Kießling (-) für Schroth – 24. L. Andreasen (5) für Frings, 46. Valdez (3) für Naldo
Tore: 1:0 Vittek (21., Rechtsschuss, Vorarbeit Cantaluppi), 2:0 Schroth (36., Linksschuss, Vittek), 2:1 Klose (57., Rechtsschuss, Borowski), 3:1 Vittek (69., Rechtsschuss, Polak)
Chancenverhältnis: 8:4
Eckenverhältnis: 3:6
SR: Gräfe (Berlin) – **Zuschauer:** 40924 – **Spielnote:** 2

18. März 2006
Bor. M'Gladbach – VfB Stuttgart 1:1 (0:0)
Gladbach: Keller (3) – Fukal (3), B. Svensson (3), Zé Antonio (3), Jansen (2,5) – Thijs (5) – Polanski (4), Kluge (4) – Broich (4,5) – Neuville (4,5), Sonck (5) – **Trainer:** Köppel
Stuttgart: Hildebrand (3) – Hinkel (3,5), Fernando Meira (2,5), Babbel (3), H. Gerber (3,5) – Soldo (3,5) – Gentner (4,5), Meißner (4) – Tiffert (4), Grönkjaer (4,5), Tomasson (5) – **Trainer:** Veh
Eingewechselt: 53. Böhme (4,5) für Kluge, 53. El Fakiri (4) für Thijs, 78. Kahe (-) für Sonck – 62. Gomez (-) für Grönkjaer, 70. Cacau (-) für Tomasson
Tore: 1:0 Fukal (69., Kopfball, Vorarbeit Polanski), 1:1 Cacau (75., Rechtsschuss, Tiffert)
Chancenverhältnis: 4:2
Eckenverhältnis: 6:0
SR: Kinhöfer (Herne) – **Zuschauer:** 45552 – **Spielnote:** 4,5

18. März 2006
Bayer Leverkusen – 1. FSV Mainz 05 1:2 (0:1)
Leverkusen: Butt (5) – C. Fritz (5), Nowotny (-), Madouni (5) – Rolfes (4) – Barnetta (4), B. Schneider (5), Babic (5) – Freier (3,5), Berbatov (5), Voronin (5) – **Trainer:** Skibbe
Mainz: Wetklo (2) – Abel (3), M. Friedrich (2,5), Noveski (2), Rose (3,5) – Babatz (3,5) – Demirtas (3,5), da Silva (4) – Thurk (3) – Zidan (1,5), Auer (3) – **Trainer:** Klopp
Eingewechselt: 16. Ramelow (5) für Nowotny, 67. Krzynowek (-) für Babic, 87. Papadopulos (-) für C. Fritz – 71. Ruman (-) für Auer, 90. Casey (-) für Thurk
Tore: 0:1 Zidan (34., Linksschuss, Vorarbeit Thurk), 0:2 Zidan (64., Kopfball, Abel), 1:2 Freier (85., Kopfball, Voronin)
Chancenverhältnis: 3:6
Eckenverhältnis: 10:5
SR: Fleischer, Dr. (Sigmertshausen) – **Zuschauer:** 22500 (ausverkauft) – **Gelbe Karten:** Ruman, Thurk – **Spielnote:** 3,5

19. März 2006
Hertha BSC – Arminia Bielefeld 1:0 (0:0)
Hertha: Fiedler (3) – A. Friedrich (3), van Burik (3), Fathi (3) – Chahed (3), O. Schröder (3,5) – K. Boateng (4,5), Bastürk (4), Gilberto (5) – Marcelinho (5), Pantelic (3) – **Trainer:** Götz
Bielefeld: Hain (3) – Korzynietz (4,5), Westermann (4), Borges (3,5), Schuler (4) – Kauf (4), Fink (4) – Küntzel (5), Vata (5) – Dalovic (5), Zuma (4,5) – **Trainer:** von Heesen
Eingewechselt: 73. N. Kovac (-) für K. Boateng, 79. Cairo (-) für Pantelic, 89. Neuendorf (-) für Marcelinho – 46. Pinto (5) für Küntzel, 46. D. Kobylik (4,5) für Dalovic, 74. Masmanidis (-) für Korzynietz
Tor: 1:0 Pantelic (61., Kopfball, Vorarbeit Chahed)
Chancenverhältnis: 3:0
Eckenverhältnis: 5:2
SR: Schmidt (Stuttgart) – **Zuschauer:** 32656 – **Gelbe Karte:** Hain – **Spielnote:** 5

19. März 2006
Bayern München – FC Schalke 04 3:0 (0:0)
Bayern: Kahn (3,5) – Sagnol (3), Demichelis (4), Ismael (3), Lahm (3) – Hargreaves (3) – Salihamidzic (3), Zé Roberto (4) – Ballack (4) – Pizarro (2,5), Guerrero (5,5) – **Trainer:** Magath
Schalke: F. Rost (4) – Rafinha (3), Bordon (5), Krstajic (5,5), Kobiashvili (4) – Poulsen (3) – F. Ernst (4), Bajramovic (-) – Lincoln (5,5) – Asamoah (4), Larsen (5) – **Trainer:** Slomka
Eingewechselt: 54. Makaay (2) für Guerrero, 66. Lizarazu (-) für Lahm, 85. Ottl (-) für Salihamidzic – 28. Rodriguez (4,5) für Bajramovic, 59. Sand (4,5) für Poulsen, 63. Varela (-) für Rodriguez
Tore: 1:0 Salihamidzic (48., Kopfball, Vorarbeit Sagnol), 2:0 Pizarro (56., Linksschuss, Makaay), 3:0 Makaay (89., Rechtsschuss)
Chancenverhältnis: 3:2
Eckenverhältnis: 2:4
SR: Wagner (Kriftel) – **Zuschauer:** 69000 (ausverkauft) – **Spielnote:** 4,5

27. Spieltag

25. März 2006
VfB Stuttgart – Bayer Leverkusen 0:2 (0:1)
Stuttgart: Heinen (4) – Hinkel (3,5), Babbel (4), Delpierre (5), Magnin (3,5) – Soldo (3) – Fernando Meira (4), Meißner (4) – Tiffert (4) – Ljuboja (3,5), Tomasson (5) – **Trainer:** Veh
Leverkusen: Butt (2) – C. Fritz (3,5), Juan (3), Nowotny (2,5), Stenman (3,5) – Ramelow (2,5) – B. Schneider (2), Rolfes (3,5) – Freier (3), Barnetta (3,5) – Berbatov (2) – **Trainer:** Skibbe
Eingewechselt: 46. Cacau (3) für Hinkel, 46. Gomez (2,5) für Tomasson, 68. Bierofka (-) für Magnin – 70. Castro (-) für Freier, 82. Babic (-) für Barnetta
Tore: 0:1 Freier (30., Rechtsschuss, Vorarbeit Berbatov), 0:2 Berbatov (88., Kopfball, Babic)
Chancenverhältnis: 9:5
Eckenverhältnis: 8:3
SR: Wack, Dr. (Biberbach) – **Zuschauer:** 32000 – **Spielnote:** 4

25. März 2006
Hamburger SV – Borussia Dortmund 2:4 (1:1)
HSV: Kirschstein (3,5) – Mahdavikia (3,5), Boulahrouz (3), van Buyten (4), Klingbeil (4) – Wicky (4) – de Jong (5), Trochowski (5) – van der Vaart (4,5) – Lauth (3), Barbarez (2,5) – **Trainer:** Doll
Dortmund: Weidenfeller (3) – P. Degen (4,5), Brzenska (3,5), Wörns (2,5), Dede (3) – Kehl (1,5) – Rosicky (2), N. Sahin (3,5) – Buckley (3,5), Odonkor (4), Smolarek (2) – **Trainer:** Van Marwijk
Eingewechselt: 61. Ailton (-) für van der Vaart, 86. Takahara (-) für Mahdavikia, 86. B. Reinhardt (-) für Trochowski – 59. Kringe (2,5) für P. Degen, 59. Amoah (3,5) für Odonkor, 88. C. Metzelder (-) für N. Sahin
Tore: 0:1 Smolarek (25., Rechtsschuss, Vorarbeit Dede), 1:1 Lauth (35., Kopfball, Klingbeil), 2:1 Ailton (67., Linksschuss, Barbarez), 2:2 Rosicky (68., Rechtsschuss, Smolarek), 2:3 Kringe (83., Linksschuss), 2:4 Rosicky (90., Rechtsschuss, Smolarek)
Chancenverhältnis: 6:5
Eckenverhältnis: 13:1
SR: Gräfe (Berlin) – **Zuschauer:** 56000 (ausverkauft) – **Spielnote:** 1,5

25. März 2006
1. FSV Mainz 05 – Hertha BSC 2:2 (0:1)
Mainz: Wetklo (3,5) – Abel (4), M. Friedrich (3,5), Noveski (3,5), Rose (3,5) – Babatz (4) – Demirtas (3), da Silva (3) – Thurk (2,5) – Zidan (3), Auer (4) – **Trainer:** Klopp
Hertha: Fiedler (3) – A. Friedrich (4), van Burik (4), Fathi (3) – Chahed (4,5), N. Kovac (3) – O. Schröder (4) – Gilberto (3) – Bastürk (2,5) – Marcelinho (5), Pantelic (1,5) – **Trainer:** Götz
Eingewechselt: 46. N. Weiland (4) für Abel, 46. O. Addo (3,5) für da Silva, 57. Casey (2,5) für Zidan – 69. Madlung (-) für O. Schröder, 73. Sverkos (-) für Marcelinho, 80. Cairo (-) für Chahed
Tore: 0:1 Pantelic (41., Kopfball, Vorarbeit Bastürk), 1:1 Thurk (52., Foulelfmeter, Rechtsschuss, Thurk), 2:1 Casey (78., Rechtsschuss, M. Friedrich), 2:2 Pantelic (89., Kopfball, Cairo)
Chancenverhältnis: 9:9
Eckenverhältnis: 5:7
SR: Stark (Ergolding) – **Zuschauer:** 20300 (ausverkauft) – **Spielnote:** 2,5

25. März 2006
FC Schalke 04 – VfL Wolfsburg 2:2 (1:1)
Schalke: F. Rost (2,5) – Rafinha (4), Rodriguez (5), Krstajic (4), Kobiashvili (4,5) – Poulsen (5) – F. Ernst (5), Bajramovic (4,5) – Lincoln (3) – Sand (4), Kuranyi (3) – **Trainer:** Slomka
Wolfsburg: Jentzsch (2,5) – Quiroga (4), Schnoor (4), van der Heyden (5) – Karhan (2,5), Thiam (4,5), van der Leegte ( ), Sarpei (3,5) – Hristov (3,5) – Menseguez (3), Hoogendorp (3) – **Trainer:** Augenthaler
Eingewechselt: 63. Asamoah (-) für Bajramovic, 63. Larsen (-) für Kuranyi, 86. Hamit Altintop (-) für Rodriguez – 25. Lamprecht (3) für van der Leegte, 72. Marlet (-) für Hristov, 79. Franz (-) für Schnoor
Tore: 1:0 Kuranyi (7., Kopfball, Vorarbeit Bajramovic), 1:1 Hoogendorp (29., angeschossener linker Arm, Karhan), 2:1 Lincoln (67., Rechtsschuss, Asamoah), 2:2 Lamprecht (76., Rechtsschuss, Karhan)
Chancenverhältnis: 6:7
Eckenverhältnis: 3:7
SR: Sippel (München) – **Zuschauer:** 60567 – **Spielnote:** 3

25. März 2006
MSV Duisburg – Bayern München 1:3 (1:0)
Duisburg: G. Koch (3) – Wolters (3), Biliskov (5), Baelum (3), A. Meyer (3,5) – Caligiuri (4), Tararache (4) – Willi (4), Bugera (4,5) – Lavric (4,5), Ahanfouf (5) – **Trainer:** Kohler

Cool: Ahanfouf gegen Rensing.

Bayern: Kahn (-) – Hargreaves (4), Lucio (2,5), Ismael (3), Lizarazu (4,5) – Demichelis (3,5) – Salihamidzic (2), Zé Roberto (4) – Scholl (4) – Makaay (2), Pizarro (3,5) – **Trainer:** Magath
Eingewechselt: 81. Kurth (-) für Bugera, 81. Aygün (-) für Wolters, 90. Bodzek (-) für Tararache – 12. Rensing (2,5) für Kahn, 46. Lahm (3) für Lizarazu, 70. Schweinsteiger (-) für Scholl
Tore: 1:0 Ahanfouf (40., Foulelfmeter, Linksschuss, Vorarbeit Ahanfouf), 1:1 Salihamidzic (66., Linksschuss, Makaay), 1:2 Makaay (71., Rechtsschuss, Salihamidzic), 1:3 Pizarro (80., Rechtsschuss, Schweinsteiger)
Chancenverhältnis: 3:8
Eckenverhältnis: 2:5
SR: Rafati (Hannover) – **Zuschauer:** 31500 (ausverkauft) – **Spielnote:** 3,5

25. März 2006
1. FC Köln – Eintracht Frankfurt 1:1 (1:1)
FC Köln: Bade (3) – Matip (5), Sinkiewicz (3,5), Alpay (5) – Springer (4) – Lell (4,5), Cabanas (5,5), A. Streit (3) – Szabics (5,5), Podolski (5), Streller (5) – **Trainer:** Latour
Frankfurt: Nikolov (3) – Rehmer (2,5), Cimen (4), Russ (3) – P. Ochs (3,5), Huggel (4,5), Köhler (3,5), Spycher (5) – A. Meier (4,5) – Amanatidis (4,5), Copado (5) – **Trainer:** Funkel
Eingewechselt: 46. Cullmann (4,5) für Springer, 59. Evanilson (5,5) für Lell, 82. Scherz (-) für Streller – 84. D.-R. Cha (-) für Copado
Tore: 1:0 Springer (2., Linksschuss, Vorarbeit A. Streit), 1:1 Rehmer (16., Kopfball, Köhler)
Chancenverhältnis: 3:7
Eckenverhältnis: 1:5
SR: Meyer (Burgdorf) – **Zuschauer:** 48000 – **Rote Karte:** Szabics (45., rohes Spiel) – **Spielnote:** 5

25. März 2006
Werder Bremen – Hannover 96 5:0 (2:0)
Bremen: Wiese (1,5) – Pasanen (4), Fahrenhorst (4), Naldo (3), C. Schulz (5) – Frings (5) – D. Jensen (5), Borowski (4) – Micoud (2) – Klose (2), Valdez (1) – **Trainer:** Schaaf
Hannover: Enke (4) – Cherundolo (3,5), Mertesacker (6), Zuraw (5), Tarnat (3) – Lala (4) – Balitsch (3), Dabrowski (4) – Stajner (3) – Hashemian (5), Brdaric (5) – **Trainer:** Neururer
Eingewechselt: 32. Vranjes (3) für Frings, 70. Owomoyela (-) für Micoud, 79. Klasnic (-) für Klose – 46. Schröter (4,5) für Cherundolo, 71. Ricardo Sousa (-) für Lala
Tore: 1:0 Valdez (43., Rechtsschuss, Vorarbeit Micoud), 2:0 Micoud (45., Rechtsschuss), 3:0 Valdez (52., Rechtsschuss, Klose), 4:0 Klose (54., Rechtsschuss, Micoud), 5:0 Valdez (82., Rechtsschuss, Borowski)
Chancenverhältnis: 7:8
Eckenverhältnis: 2:13
SR: Kinhöfer (Herne) – **Zuschauer:** 41646 – **Gelbe Karten:** Balitsch, Brdaric – **Spielnote:** 2

26. März 2006
Arminia Bielefeld – 1. FC Nürnberg 0:0
Bielefeld: Hain (3) – Korzynietz (4), Westermann (3), Borges (2,5), Schuler (3,5) – Fink (4), Kauf (4) – Vata (4,5), Masmanidis (5) – Zuma (4), Wichniarek (3,5) – **Trainer:** von Heesen
Nürnberg: R. Schäfer (3) – Nikl (3,5), Cantaluppi (3), Glauber (3) – D. Reinhardt (3,5), Mnari (4), Pinola (3,5) – Polak (2,5) – Vittek (4,5), Saenko (5), Schroth (5) – **Trainer:** Meyer
Eingewechselt: 72. Pinto (-) für Masmanidis, 73. Dalovic (-) für Wichniarek – 63. Kießling (-) für Schroth, 86. Banovic (-) für Polak
Chancenverhältnis: 4:0
Eckenverhältnis: 4:2
SR: Kircher (Rottenburg) – **Zuschauer:** 19717 – **Spielnote:** 4,5

26. März 2006
1. FC Kaiserslautern – Bor. M'Gladbach 3:0 (2:0)
K'lautern: Fromlowitz (2) – Hertzsch (4), Béda (2,5), Pletsch (3,5), Blank (4) – Skela (2,5), Lembi (3), Bellinghausen (3,5) – Mikic (3,5) – Sanogo (4), Halil Altintop (2) – **Trainer:** Wolf
Gladbach: Keller (3,5) – Fukal (4,5), B. Svensson (5), Zé Antonio (5), Jansen (4,5) – Bögelund (4,5), El Fakiri (4,5), Strasser (4), Daems (4,5) – Neuville (3,5), Kahe (5) – **Trainer:** Köppel
Eingewechselt: 58. Höiland (4) für Hertzsch, 65. Engelhardt (-) für Pletsch, 82. Zandi (-) für Mikic – 46. Sonck (5) für Bögelund, 65. Rafael (-) für Daems
Tore: 1:0 Halil Altintop (32., Linksschuss, Vorarbeit Skela), 2:0 Halil Altintop (33., Rechtsschuss, Mikic), 3:0 Skela (66., Rechtsschuss)
Chancenverhältnis: 7:6
Eckenverhältnis: 1:7
SR: Gagelmann (Bremen) – **Zuschauer:** 35861 – **Spielnote:** 3,5

28. Spieltag

1. April 2006
Bayern München – 1. FC Köln 2:2 (2:2)
Bayern: Kahn (5) – Sagnol (3), Lucio (4,5), Ismael (4), Lahm (3,5) – Hargreaves (4) – Salihamidzic (4), Zé Roberto (4,5) – Ballack (4) – Makaay (3), Guerrero (4) – **Trainer:** Magath
FC Köln: Bade (3) – Cullmann (4), Sinkiewicz (3), Alpay (4,5) – Matip (2,5) – Lell (4), Feulner (2,5), Cabanas (4), A. Streit (3) – Scherz (3,5), Podolski (3) – **Trainer:** Latour
Eingewechselt: 46. Rensing (3) für Kahn, 63. Scholl (-) für Zé Roberto, 75. Schweinsteiger (-) für Salihamidzic – 46. Grammozis (4) für Feulner, 61. Helmes (-) für Scherz, 89. Rahn (-) für Lell
Tore: 0:1 Feulner (12., Rechtsschuss, Vorarbeit Scherz), 1:1 Sagnol (29., Rechtsschuss, Guerrero), 1:2 A. Streit (36., Rechtsschuss), 2:2 Makaay (39., Linksschuss, Ballack)
Chancenverhältnis: 6:5
Eckenverhältnis: 10:4
SR: Drees, Dr. (Mainz) – **Zuschauer:** 69000 (ausverkauft) – **Spielnote:** 3

1. April 2006
VfL Wolfsburg – MSV Duisburg 1:1 (0:0)
Wolfsburg: Jentzsch (5) – Quiroga (4,5), Schnoor (3), van der Heyden (5) – Karhan (5), Thiam (5) – Menseguez (4,5), Lamprecht (5) – Hristov (4) – Hanke (5), Klimowicz (5,5) – **Trainer:** Augenthaler
Duisburg: G. Koch (3) – Wolters (4), Biliskov (4), Baelum (4,5), Möhrle (5) – Tararache (4,5) – Willi (4), Bugera (4,5) – Caligiuri (4,5) – Lavric (5), Ahanfouf (5) – **Trainer:** Kohler
Eingewechselt: 57. Makiadi (4) für Thiam, 73. Hoogendorp (-) für Hanke, 80. Marlet (-) für Karhan – 31. van Houdt (3,5) für Willi, 66. Ahn (-) für Bugera, 83. Kurth (-) für Lavric
Tore: 0:1 van Houdt (73., Linksschuss, ohne Vorarbeit), 1:1 Marlet (90., Rechtsschuss, Menseguez)
Chancenverhältnis: 3:5
Eckenverhältnis: 4:3
SR: Wagner (Kriftel) – **Zuschauer:** 18129 – **Rote Karte:** Klimowicz (61., Tätlichkeit) – **Spielnote:** 5

1. April 2006
Bor. M'Gladbach – Borussia Dortmund 2:1 (2:1)
Gladbach: Keller (2) – Fukal (3,5), Zé Antonio (3), Strasser (3), Daems (2) – Oude Kamphuis (4), Polanski (3) – Broich (4) – Rafael (1,5), Neuville (3,5), Jansen (3) – **Trainer:** Köppel
Dortmund: Gentenaar (2) – Kringe (5), Wörns (3), C. Metzelder (3), Dede (5) – Kehl (3,5) – Rosicky (2,5), N. Sahin (4) – Buckley (5) – Odonkor (5), Smolarek (5) – **Trainer:** Van Marwijk
Eingewechselt: 70. El Fakiri (-) für Broich, 74. Compper (-) für Oude Kamphuis, 87. Kahe (-) für Neuville – 46. Hünemeier (3) für C. Metzelder, 59. Amoah (4) für Odonkor, 78. Gambino (-) für Smolarek
Tore: 1:0 Rafael (6., Kopfball, Vorarbeit Neuville), 1:1 Rosicky (16., Foulelfmeter, Rechtsschuss, Wörns), 2:1 Rafael (34., Rechtsschuss)
Chancenverhältnis: 7:3
Eckenverhältnis: 9:2
SR: Merk, Dr. (Otterbach) – **Zuschauer:** 54019 (ausverkauft) – **Spielnote:** 3

1. April 2006
Bayer Leverkusen – 1. FC Kaiserslautern 5:1 (2:0)
Leverkusen: Butt (3) – C. Fritz (2,5), Juan (2,5), Nowotny (2), Stenman (3) – Ramelow (2) – Rolfes (2) – B. Schneider (2) – Freier (1,5), Barnetta (2,5), Berbatov (1) – **Trainer:** Skibbe
K'lautern: Fromlowitz (2) – Höiland (5,5), Hertzsch (5), Pletsch (4,5), Blank (5) – Skela (5), Lembi (5,5) – Mikic (5), Bellinghausen (5,5) – Halil Altintop (4,5), Sanogo (5) – **Trainer:** Wolf
Eingewechselt: 83. Babic (-) für Barnetta, 86. Castro (-) für Freier, 89. Voronin (-) für B. Schneider – 46. Engelhardt (5) für Höiland, 46. Halfar (5) für Blank, 67. Zandi (-) für Sanogo
Tore: 1:0 Barnetta (9., Linksschuss, Vorarbeit Berbatov), 2:0 Berbatov (37., Foulelfmeter, Rechtsschuss, Freier), 3:0 Berbatov (61., Linksschuss, B. Schneider), 3:1 Pletsch (63., Kopfball, Engelhardt), 4:1 C. Fritz (85., Rechtsschuss, Rolfes), 5:1 Berbatov (90., Foulelfmeter, Rechtsschuss, Berbatov)
Chancenverhältnis: 18:3
Eckenverhältnis: 7:5
SR: Brych, Dr. (München) – **Zuschauer:** 22500 (ausverkauft) – **Spielnote:** 2,5

1. April 2006
Eintracht Frankfurt – Werder Bremen 0:1 (0:0)
Frankfurt: Nikolov (2) – Rehmer (5), Cimen (3), Vasoski (3,5) – Huggel (3) – Russ (3,5), Spycher (4) – P. Ochs (3,5), A. Meier (4,5), Köhler (3) – Amanatidis (3,5) – **Trainer:** Funkel
Bremen: Wiese (-) – Pasanen (4), Fahrenhorst (3), Naldo (3), C. Schulz (3,5) – Vranjes (3) – D. Jensen (5), Borowski (4) – Micoud (4) – Klose (3), Valdez (4,5) – **Trainer:** Schaaf
Eingewechselt: 75. Lexa (-) für P. Ochs, 84. Copado (-) für Spycher – 29. Vander (2,5) für Wiese, 46. Klasnic (4,5) für Valdez, 63. Owomoyela (-) für D. Jensen
Tor: 0:1 Klose (70., Foulelfmeter, Rechtsschuss, Vorarbeit Klose)
Chancenverhältnis: 5:6
Eckenverhältnis: 2:7
SR: Fandel (Kyllburg) – **Zuschauer:** 48600 – **Spielnote:** 4

1. April 2006
Hertha BSC – VfB Stuttgart 2:0 (0:0)
Hertha: Fiedler (2,5) – O. Schröder (3,5), van Burik (2,5), Simunic (2), Fathi (3) – Chahed (3) – K. Boateng (3,5), Bastürk (2), Gilberto (4) – Marcelinho (2), Pantelic (3) – **Trainer:** Götz
Stuttgart: Heinen (3) – Hinkel (3,5), Babbel (6), Delpierre (5), H. Gerber (5) – Fernando Meira (4), Soldo (4) – Carevic (4,5) – Ljuboja (4,5), Tiffert (5) – Gomez (5) – **Trainer:** Veh
Eingewechselt: 82. N. Kovac (-) für K. Boateng, 87. Neuendorf (-) für Marcelinho, 89. Dardai (-) für Bastürk – 65. Grönkjaer (-) für Tiffert, 74. Cacau (-) für Gomez
Tore: 1:0 Marcelinho (46., Linksschuss, ohne Vorarbeit), 2:0 Marcelinho (69., Foulelfmeter, Linksschuss, Bastürk)
Chancenverhältnis: 10:4
Eckenverhältnis: 5:4
SR: Meyer (Burgdorf) – **Zuschauer:** 51436 – **Spielnote:** 2

1. April 2006
1. FC Nürnberg – 1. FSV Mainz 05 3:0 (1:0)
Nürnberg: R. Schäfer (3) – Nikl (3), Cantaluppi (1,5), Glauber (4) – Mnari (3) – D. Reinhardt (3), Pinola (2,5) – Polak (2) – Vittek (2), Saenko (1,5), Schroth (3,5) – **Trainer:** Meyer
Mainz: Wetklo (3) – Abel (5), M. Friedrich (5), Noveski (3,5), Rose (5) – O. Addo (4), Babatz (4,5), Demirtas (4,5) – Thurk (3), Ruman (4,5) – Casey (4) – **Trainer:** Klopp
Eingewechselt: 60. Kießling (2) für Schroth, 68. T. Paulus (-) für D. Reinhardt, 89. L. Müller (-) für Pinola – 46. F. Gerber (5) für Demirtas, 74. Auer (-) für Ruman, 79. Geißler (-) für Thurk
Tore: 1:0 Saenko (3., Rechtsschuss, Vorarbeit Pinola), 2:0 Kießling (68., Rechtsschuss, Saenko), 3:0 Vittek (79., Kopfball, Pinola)
Chancenverhältnis: 9:1
Eckenverhältnis: 8:3
SR: Kinhöfer (Herne) – **Zuschauer:** 44691 – **Spielnote:** 2,5

2. April 2006
Hannover 96 – Arminia Bielefeld 0:1 (0:1)
Hannover: Enke (3) – Schröter (5,5), Mertesacker (3), Zuraw (5), Vinicius (4) – Lala (4) – Balitsch (3,5), Dabrowski (4) – Stajner (4,5) – Hashemian (5), Brdaric (5) – **Trainer:** Neururer
Bielefeld: Hain (3) – Korzynietz (4), Westermann (3), Gabriel (3), Schuler (4) – Fink (4), Kauf (3,5), Kucera (4) – Vata (3), Masmanidis (4) – Wichniarek (5) – **Trainer:** von Heesen
Eingewechselt: 46. Ricardo Sousa (4,5) für Lala, 66. Delura (-) für Hashemian, 83. Stendel (-) für Vinicius – 70. Pinto (-) für Wichniarek, 82. Dalovic (-) für Vata, 89. D. Kobylik (-) für Masmanidis
Tor: 0:1 Vata (5., Linksschuss, Vorarbeit Masmanidis)
Chancenverhältnis: 5:2
Eckenverhältnis: 3:4
SR: Wack, Dr. (Biberbach) – **Zuschauer:** 34361 – **Spielnote:** 5

2. April 2006
FC Schalke 04 – Hamburger SV 0:2 (0:0)
Schalke: F. Rost (2,5) – Rafinha (5), Bordon (4), Krstajic (3), Kobiashvili (4) – Poulsen (3,5), F. Ernst (2,5) – Lincoln (4) – Asamoah (3), Varela (4), Kuranyi (5) – **Trainer:** Slomka
HSV: Kirschstein (2) – Mahdavikia (3,5), Demel (3), B. Reinhardt (3), Atouba (3) – de Jong (5) – Jarolim (3), Trochowski (4,5) – van der Vaart (3) – Barbarez (3), Lauth (2,5) – **Trainer:** Doll
Eingewechselt: 65. Larsen (-) für Kuranyi, 69. Hamit Altintop (-) für Poulsen, 81. Sand (-) für Asamoah – 46. Ailton (3) für de Jong, 46. Klingbeil (4) für Trochowski, 71. Laas (-) für Mahdavikia
Tore: 0:1 van der Vaart (57., direkter Freistoß, Linksschuss, ohne Vorarbeit), 0:2 Ailton (80., Linksschuss, Lauth)
Chancenverhältnis: 6:6
Eckenverhältnis: 5:4
SR: Fleischer, Dr. (Sigmertshausen) – **Zuschauer:** 61524 (ausverkauft) – **Rote Karte:** Rafinha (28., Tätlichkeit) – **Spielnote:** 3,5

29. Spieltag

8. April 2006
Borussia Dortmund – Bayer Leverkusen 1:2 (1:1)
Dortmund: Gentenaar (2) – Kringe (5), Brzenska (4,5), Wörns (3,5), Dede (3,5) – Kehl (5) – Rosicky (4,5), N. Sahin (4,5) – Smolarek (5), Buckley (3,5), Amoah (4) – **Trainer:** Van Marwijk
Leverkusen: Butt (2,5) – C. Fritz (3,5), Juan (3,5), Nowotny (2), Stenman (3) – Ramelow (2), Rolfes (3) – B. Schneider (3) – Freier (2,5), Barnetta (2,5), Berbatov (1,5) – **Trainer:** Skibbe
Eingewechselt: 64. Odonkor (-) für Smolarek, 64. P. Degen (-) für N. Sahin – 75. Castro (-) für Ramelow, 78. Babic (-) für Freier, 90. Madouni (-) für B. Schneider
Tore: 0:1 Berbatov (22., Rechtsschuss, Vorarbeit Ramelow), 1:1 Brzenska (27., Kopfball, N. Sahin), 1:2 Freier (50., Rechtsschuss, Rolfes)
Chancenverhältnis: 6:7
Eckenverhältnis: 11:7
SR: Perl (München) – **Zuschauer:** 73800 – **Spielnote:** 3

8. April 2006
1. FC Kaiserslautern – Hertha BSC 0:2 (0:2)
K'lautern: Fromlowitz (2,5) – Hertzsch (5), Béda (5), Schönheim (5) – Lembi (5,5) – Reinert (5), Engelhardt (5) – Skela (6), Bellinghausen (5,5) – Mikic (5,5) – Halil Altintop (4,5) – **Trainer:** Wolf
Hertha: Fiedler (3) – O. Schröder (4), van Burik (3), Simunic (3), Fathi (3) – Chahed (3) – K. Boateng (3), Bastürk (2,5), Gilberto (3) – Pantelic (3,5), Marcelinho (4) – **Trainer:** Götz
Eingewechselt: 39. Sanogo (4,5) für Engelhardt, 46. Zandi (5) für Béda, 64. Halfar (-) für Reinert – 66. Neuendorf (-) für Marcelinho, 84. Sverkos (-) für Pantelic, 86. N. Kovac (-) für K. Boateng
Tore: 0:1 Pantelic (14., Rechtsschuss, Vorarbeit Bastürk), 0:2 Gilberto (26., Linksschuss, Marcelinho)
Chancenverhältnis: 3:6
Eckenverhältnis: 2:3
SR: Sippel (München) – **Zuschauer:** 35255 – **Spielnote:** 4,5

8. April 2006
1. FC Köln – VfL Wolfsburg 3:0 (0:0)
FC Köln: Bade (3) – Cullmann (4,5), Sinkiewicz (4), Alpay (3) – Matip (5) – Evanilson (5), Feulner (4), Cabanas (4,5), A. Streit (3) – Podolski (3,5), Scherz (2,5) – **Trainer:** Latour
Wolfsburg: Jentzsch (5) – Quiroga (5), Schnoor (4), van der Heyden (5) – Menseguez (4), Karhan (5), Thiam (5), Sarpei (5) – Hristov (4) – Hanke (5), Hoogendorp (5) – **Trainer:** Augenthaler
Eingewechselt: 46. Rahn (4) für Evanilson, 62. Helmes (-) für Feulner, 73. Epstein (-) für A. Streit – 64. Marlet (-) für Hanke, 71. Lamprecht (-) für Menseguez
Tore: 1:0 Scherz (77., Rechtsschuss, Vorarbeit Podolski), 2:0 Helmes (78., Rechtsschuss, Scherz), 3:0 Sarpei (81., Eigentor, Brust, Epstein)
Chancenverhältnis: 8:3
Eckenverhältnis: 10:4
SR: Stark (Ergolding) – **Zuschauer:** 43500 – **Spielnote:** 4,5

8. April 2006
VfB Stuttgart – 1. FC Nürnberg 1:0 (0:0)
Stuttgart: Hildebrand (3,5) – Hinkel (3,5), Soldo (2), Fernando Meira (3,5), Magnin (4) – Meißner (5), Hitzlsperger (4) – Tiffert (4), Grönkjaer (4) – Ljuboja (4), Tomasson (4) – **Trainer:** Veh
Nürnberg: R. Schäfer (2) – Nikl (4), Cantaluppi (2), Glauber (3,5) – Mnari (4) – D. Reinhardt (4), Pinola (3,5) – Polak (4,5) – Vittek (4), Saenko (5), Schroth (5) – **Trainer:** Meyer
Eingewechselt: 57. Gomez (4) für Ljuboja, 60. Gentner (4,5) für Meißner, 70. Cacau (-) für Soldo – 54. Kießling (3) für Schroth, 64. A. Wolf (-) für Saenko, 81. Banovic (-) für Polak
Tor: 1:0 Tomasson (80., Rechtsschuss, Vorarbeit Gomez)
Chancenverhältnis: 4:3
Eckenverhältnis: 9:5
SR: Wagner (Kriftel) – **Zuschauer:** 35000 – **Gelb-Rote Karte:** Glauber (62.) – **Spielnote:** 4,5

8. April 2006
Werder Bremen – Bayern München 3:0 (1:0)
Bremen: Wiese (2) – Pasanen (4), Fahrenhorst (2,5), Naldo (2,5), C. Schulz (4) – Vranjes (3,5) – Owomoyela (4), Borowski (2,5) – Micoud (1,5) – Klose (1,5), Valdez (4) – **Trainer:** Schaaf
Bayern: Kahn (3) – Sagnol (4), Ismael (3,5), Demichelis (5), Lahm (3) – Hargreaves (3,5) – Salihamidzic (5), Schweinsteiger (3,5) – Ballack (4) – Makaay (4,5), Pizarro (4) – **Trainer:** Magath
Eingewechselt: 57. D. Jensen (3) für Micoud, 75. Klasnic (-) für Valdez, 87. L. Andreasen (-) für Owomoyela – 46. Zé Roberto (2,5) für Salihamidzic, 80. Santa Cruz (-) für Schweinsteiger, 80. Guerrero (-) für Pizarro
Tore: 1:0 Schweinsteiger (33., Eigentor, Kopfball, Vorarbeit Klose), 2:0 D. Jensen (79., Rechtsschuss, Klose), 3:0 Borowski (83., Rechtsschuss, Klasnic)
Chancenverhältnis: 5:9
Eckenverhältnis: 3:10

Späte Entscheidung in der AOL-Arena: HSV-Stürmer Naohiro Takahara (rechts) überwindet Gladbachs Keeper Keller. Links der Borusse Thijs.

SR: Merk, Dr. (Otterbach) – **Zuschauer:** 42100 (ausverkauft) – **Spielnote:** 2,5

8. April 2006

Arminia Bielefeld – Eintracht Frankfurt 1:0 (0:0)

Bielefeld: Hain (3) – Korzynietz (2,5), Westermann (2,5), Gabriel (3,5), Schuler (3) – Kauf (4) – Fink (3,5), Kucera (4,5) – Vata (4), Masmanidis (4,5), Wichniarek (5) – **Trainer:** von Heesen
Frankfurt: Nikolov (3,5) – P. Ochs (3,5), Russ (3), Vasoski (3,5), Spycher (3,5) – Huggel (4,5) – Cimen (4,5), Köhler (4,5) – Weissenberger (4,5) – Copado (5), A. Meier (5) – **Trainer:** Funkel
Eingewechselt: 46. Pinto (3,5) für Wichniarek, 81. Dalovic (-) für Vata, 90. Zuma (-) für Masmanidis – 76. Stroh-Engel (-) für Cimen, 80. Lexa (-) für Weissenberger
Tor: 1:0 Westermann (68., Kopfball, Vorarbeit Korzynietz)
Chancenverhältnis: 4:4
Eckenverhältnis: 7:4
SR: Gagelmann (Bremen) – **Zuschauer:** 22998 – **Rote Karte:** Köhler (90., Notbremse) – **Spielnote:** 4,5

8. April 2006

1. FSV Mainz 05 – Hannover 96 0:0

Mainz: Wetklo (2,5) – Demirtas (4), M. Friedrich (-), Noveski (3,5), Rose (3,5) – Pekovic (4) – O. Addo (4), da Silva (5) – Thurk (4,5) – Casey (5), Auer (5) – **Trainer:** Klopp
Hannover: Enke (3) – Cherundolo (4), Mertesacker (3), Zuraw (3,5), Tarnat (3,5) – Lala (3,5) – Balitsch (3,5), Dabrowski (4) – Stajner (4) – Hashemian (5), Brdaric (4,5) – **Trainer:** Neururer
Eingewechselt: 18. Weigelt (5) für M. Friedrich, 67. Ruman (-) für O. Addo – 62. Ricardo Sousa (-) für Hashemian, 81. Delura (-) für Brdaric, 87. Schröter (-) für Stajner
Chancenverhältnis: 2:4
Eckenverhältnis: 4:9
SR: Gräfe (Berlin) – **Zuschauer:** 20300 (ausverkauft) – **Spielnote:** 5

9. April 2006

MSV Duisburg – FC Schalke 04 1:1 (1:0)

Duisburg: G. Koch (3) – Möhrle (2,5), Biliskov (4), Baelum (-), Bugera (4) – Tararache (2) – Willi (3), van Houdt (4) – Kurth (3) – Ahanfouf (3), Lavric (4) – **Trainer:** Scholz
Schalke: F. Rost (2) – Hamit Altintop (5), Bordon (4,5), Rodriguez (5), Krstajic (5) – Poulsen (5) – Azaouagh (5,5), Bajramovic (5,5) – Lincoln (5) – Asamoah (3,5), Kuranyi (5) – **Trainer:** Slomka
Eingewechselt: 28. Tjikuzu (4) für Baelum, 78. Ahn (-) für Ahanfouf – 46. Larsen (3) für Azaouagh, 78. Sand (-) für Bajramovic
Tore: 1:0 Poulsen (39., Eigentor, Kopfball, Vorarbeit Tararache), 1:1 Larsen (85., Linksschuss)
Chancenverhältnis: 7:3
Eckenverhältnis: 4:3
SR: Wack, Dr. (Biberbach) – **Zuschauer:** 31500 (ausverkauft) – **Spielnote:** 3

9. April 2006

Hamburger SV – Bor. M'Gladbach 2:0 (1:0)

HSV: Kirschstein (3) – Mahdavikia (3,5), Boulahrouz (3), B. Reinhardt (4), Atouba (4) – Demel (3) – Jarolim (3), van der Vaart (4) – Barbarez (4) – Lauth (4), Ailton (4,5) – **Trainer:** Doll
Gladbach: Keller (3) – Fukal (3,5), Zé Antonio (3,5), Strasser (4), Daems (4,5) – Polanski (4) – Broich (5), Jansen (3) – Rafael (4), Kahe (5), Neuville (5) – **Trainer:** Köppel
Eingewechselt: 70. Trochowski (-) für van der Vaart, 81. Takahara (-) für Ailton, 90. Karl (-) für Lauth – 62. El Fakiri (-) für Broich, 70. Sonck (-) für Daems, 86. Thijs (-) für Polanski
Tore: 1:0 van der Vaart (34., Foulelfmeter, Linksschuss, Vorarbeit Barbarez), 2:0 Takahara (90., Linksschuss, Trochowski)
Chancenverhältnis: 4:2
Eckenverhältnis: 6:7
SR: Kircher (Rottenburg) – **Zuschauer:** 57000 (ausverkauft) – **Spielnote:** 4

30. Spieltag

15. April 2006

FC Schalke 04 – 1. FC Köln 1:1 (0:1)

Schalke: F. Rost (4) – Varela (3), Bordon (4), Krstajic (4,5), Rodriguez (6) – F. Ernst (5) – Poulsen (5), Kobiashvili (5) – Lincoln (5) – Asamoah (3,5), Kuranyi (5,5) – **Trainer:** Slomka
FC Köln: Bade (3) – Alpay (3,5), Sinkiewicz (3), Cullmann (4,5) – Lell (4,5), Matip (3), A. Streit (3) – Feulner (3,5), Cabanas (4,5) – Scherz (4,5), Podolski (2,5) – **Trainer:** Latour
Eingewechselt: 57. Sand (4) für Kuranyi, 57. Larsen (4) für Lincoln, 73. Bajramovic (-) für Poulsen – 52. Helmes (3,5) für Feulner, 74. Streller (-) für Scherz, 90. Springer (-) für Cabanas
Tore: 0:1 Podolski (45., indirekter Freistoß, Linksschuss, ohne Vorarbeit), 1:1 Bajramovic (80., Kopfball, Kobiashvili)
Chancenverhältnis: 2:3
Eckenverhältnis: 5:5
SR: Schmidt (Stuttgart) – **Zuschauer:** 61524 (ausverkauft) – **Spielnote:** 4,5

15. April 2006

Bayer Leverkusen – Bor. M'Gladbach 2:1 (1:0)

Leverkusen: Butt (3) – C. Fritz (4), Juan (3,5), Nowotny (3), Stenman (2,5) – Ramelow (3,5), Rolfes (2) – B. Schneider (3,5) – Freier (4), Voronin (4,5), Berbatov (3) – **Trainer:** Skibbe
Gladbach: Keller (3) – Fukal (4), Zé Antonio (4,5), Strasser (3), Daems (3,5) – Oude Kamphuis (4,5), Kluge (3,5) – Polanski (-) – Rafael (4), Jansen (3), Neuville (3) – **Trainer:** Köppel
Eingewechselt: 63. Krzynowek (-) für Voronin, 77. Babic (-) für Ramelow, 90. Papadopulos (-) für Freier – 27. El Fakiri (3,5) für Polanski, 69. Kahe (-) für Rafael, 79. B. Svensson (-) für Neuville
Tore: 1:0 Rolfes (11., Linksschuss, Vorarbeit Berbatov), 1:1 Neuville (48., Rechtsschuss, Jansen), 2:1 Rolfes (84., Linksschuss, Freier)
Chancenverhältnis: 5:2
Eckenverhältnis: 7:4
SR: Rafati (Hannover) – **Zuschauer:** 22500 (ausverkauft) – **Gelb-Rote Karte:** Oude Kamphuis (37.) – **Spielnote:** 3,5

15. April 2006

Hertha BSC – Borussia Dortmund 0:0

Hertha: Fiedler (2,5) – A. Friedrich (3,5), van Burik (3), Simunic (4), Fathi (3) – O. Schröder (4,5), Chahed (3) – Bastürk (3,5), Gilberto (4) – Marcelinho (3), Pantelic (4,5) – **Trainer:** Götz
Dortmund: Gentenaar (2,5) – P. Degen (4), Brzenska (4), Wörns (3), Dede (2) – Kehl (3,5) – Rosicky (3,5), Kringe (4) – Smolarek (4,5), Buckley (5), Amoah (4) – **Trainer:** Van Marwijk
Eingewechselt: 46. K. Boateng (3,5) für O. Schröder – 46. Odonkor (5) für Buckley, 78. Gambino (-) für Amoah
Chancenverhältnis: 9:6
Eckenverhältnis: 6:6
SR: Fandel (Kyllburg) – **Zuschauer:** 65662 – **Spielnote:** 3

15. April 2006

MSV Duisburg – Hamburger SV 0:2 (0:2)

Duisburg: G. Koch (4) – Willi (3,5), Biliskov (3,5), Möhrle (4), Bugera (3) – Tararache (3,5) – Tjikuzu (3,5), van Houdt (5) – Anfang (5) – Lavric (5), Ahanfouf (4) – **Trainer:** Scholz
HSV: Kirschstein (3) – Mahdavikia (4), Boulahrouz (2,5), B. Reinhardt (3), Atouba (4) – Demel (2,5) – Jarolim (4), de Jong (4,5) – Trochowski (4,5) – Barbarez (4), Ailton (3,5) – **Trainer:** Doll
Eingewechselt: 61. Ahn (-) für Anfang, 70. Lottner (-) für Bugera, 80. Michalke (-) für van Houdt – 63. Klingbeil (-) für Trochowski, 73. Fillinger (-) für de Jong, 83. Karl (-) für Jarolim
Tore: 0:1 Möhrle (24., Eigentor, Rechtsschuss, Vorarbeit Atouba), 0:2 Ailton (30., Linksschuss, Barbarez)
Chancenverhältnis: 5:5
Eckenverhältnis: 8:3
SR: Kinhöfer (Herne) – **Zuschauer:** 28164 – **Spielnote:** 4

15. April 2006
VfL Wolfsburg – Werder Bremen 1:1 (1:1)
Wolfsburg: Jentzsch (3) – Alex (3), Quiroga (5), Schnoor (3,5), van der Heyden (4,5) – Sarpei (-) – Karhan (3,5), Menseguez (4) – Hristov (3) – Hanke (4,5), Marlet (4) – **Trainer:** Augenthaler
Bremen: Wiese (3) – Pasanen (3,5), Fahrenhorst (3), Naldo (2,5), C. Schulz (4) – Vranjes (3) – Owomoyela (4,5), Borowski (4,5) – Micoud (4) – Klose (4,5), Valdez (4) – **Trainer:** Schaaf
Eingewechselt: 18. van der Leegte (3,5) für Sarpei, 60. Franz (3,5) für Hristov, 84. Lamprecht (-) für Menseguez – 62. D. Jensen (-) für Owomoyela, 66. Klasnic (-) für Klose, 85. L. Andreasen (-) für Pasanen
Tore: 0:1 Valdez (6., Rechtsschuss, Vorarbeit Owomoyela), 1:1 Hristov (23., Kopfball, Karhan)
Chancenverhältnis: 4:5
Eckenverhältnis: 5:3
SR: Fleischer, Dr. (Sigmertshausen) – **Zuschauer:** 27996 – **Rote Karte:** Quiroga (26., grobes Foulspiel) – **Spielnote:** 3,5

15. April 2006
Eintracht Frankfurt – 1. FSV Mainz 05 0:0
Frankfurt: Nikolov (3) – Russ (3), Cimen (3,5), Vasoski (3) – P. Ochs (4,5), Huggel (4), Spycher (4) – A. Meier (3,5) – D.-R. Cha (5), Lexa (3,5) – Amanatidis (3) – **Trainer:** Funkel
Mainz: Wetklo (3) – Demirtas (4,5), M. Friedrich (3,5), Noveski (3), Rose (3,5) – Babatz (3,5), Pekovic (4) – F. Gerber (5), da Silva (4) – Zidan (4), Auer (5) – **Trainer:** Klopp
Eingewechselt: 72. Weissenberger (-) für D.-R. Cha – 67. Casey (-) für Auer, 84. Ruman (-) für Zidan
Chancenverhältnis: 5:2
Eckenverhältnis: 5:1
SR: Kircher (Rottenburg) – **Zuschauer:** 49962 (ausverkauft) – **Spielnote:** 4,5

15. April 2006
Bayern München – Arminia Bielefeld 2:0 (0:0)
Bayern: Rensing (3) – Sagnol (3), Lucio (3), Ismael (4), Lahm (2,5) – Hargreaves (3) – Salihamidzic (4), Zé Roberto (3,5) – Ballack (2,5) – Pizarro (3), Makaay (5) – **Trainer:** Magath
Bielefeld: Hain (3) – Korzynietz (3,5), Westermann (3), Gabriel (3,5), Schuler (4,5) – Kauf (3,5), Kucera (3,5) – D. Kobylik (4), Küntzel (4,5) – Boakye (3,5), Dalovic (5) – **Trainer:** von Heesen
Eingewechselt: 46. Schweinsteiger (4) für Salihamidzic, 64. Scholl (2) für Zé Roberto, 84. Santa Cruz (-) für Makaay – 46. Pinto (5,5) für Küntzel, 76. Borges (-) für Pinto, 76. Zuma (-) für D. Kobylik
Tore: 1:0 Ballack (69., Rechtsschuss, Vorarbeit Pizarro), 2:0 Scholl (73., Rechtsschuss, Lahm)
Chancenverhältnis: 8:2
Eckenverhältnis: 15:2
SR: Weiner (Hasede) – **Zuschauer:** 69000 (ausverkauft) – **Spielnote:** 3,5

16. April 2006
1. FC Nürnberg – 1. FC Kaiserslautern 3:2 (1:1)
Nürnberg: R. Schäfer (1,5) – Nikl (5), Cantaluppi (5), A. Wolf (4,5) – Mnari (4) – D. Reinhardt (3), Pinola (3,5) – Polak (4) – Vittek (1,5), Saenko (5), Kießling (4) – **Trainer:** Meyer
K'lautern: Fromlowitz (4,5) – Hertzsch (3,5), Béda (4,5), Schönheim (4), Bellinghausen (5) – Lembi (3,5) – Reinert (3), Engelhardt (3,5) – Skela (4,5) – Halfar (3,5), Halil Altintop (1,5) – **Trainer:** Wolf
Eingewechselt: 32. T. Paulus (3) für Nikl, 52. Schroth (3) für Saenko, 86. Kristiansen (-) für Mnari – 73. Mikic (-) für Halfar
Tore: 1:0 Vittek (12., Rechtsschuss, Vorarbeit D. Reinhardt), 1:1 Halil Altintop (20., Rechtsschuss, Hertzsch), 1:2 Halil Altintop (48., Rechtsschuss, Hertzsch), 2:2 T. Paulus (62., Linksschuss), 3:2 Vittek (87., Rechtsschuss, Schroth)
Chancenverhältnis: 6:9
Eckenverhältnis: 3:7
SR: Meyer (Burgdorf) – **Zuschauer:** 47250 (ausverkauft) – **Spielnote:** 2

16. April 2006
Hannover 96 – VfB Stuttgart 3:3 (2:0)
Hannover: Enke (2) – Cherundolo (4), Mertesacker (3,5), Vinicius (4,5), Tarnat (3,5) – Lala (5) – Schröter (3), Balitsch (2,5), Dabrowski (3,5) – Delura (4,5), Stajner (1,5) – **Trainer:** Neururer
Stuttgart: Hildebrand (3) – Hinkel (3), Soldo (4,5), Delpierre (5), Magnin (5) – Meißner (3,5), Hitzlsperger (3) – Tiffert (4), Grönkjaer (2,5) – Ljuboja (2,5), Tomasson (3) – **Trainer:** Veh
Eingewechselt: 62. Yankov (-) für Delura, 72. Troest (-) für Schröter, 81. Stendel (-) für Stajner – 46. Gomez (3,5) für Magnin, 68. Cacau (-) für Tiffert, 88. H. Gerber (-) für Grönkjaer
Tore: 1:0 Balitsch (2., Rechtsschuss, Vorarbeit Cherundolo), 2:0 Stajner (33., Kopfball, Schröter), 2:1 Ljuboja (52., Linksschuss, Gomez), 3:1 Mertesacker (67., Kopfball, Stajner), 3:2 Hitzlsperger (77., Rechtsschuss, Grönkjaer), 3:3 Tomasson (82., Rechtsschuss, Ljuboja)
Chancenverhältnis: 6:9
Eckenverhältnis: 9:7
SR: Brych, Dr. (München) – **Zuschauer:** 36298 – **Gelb-Rote Karte:** Lala (38.) – **Spielnote:** 2

31. Spieltag

22. April 2006
Hamburger SV – Bayer Leverkusen 0:2 (0:1)
HSV: Kirschstein (3) – Mahdavikia (4), Boulahrouz (3), B. Reinhardt (4), Atouba (5) – Demel (2,5) – Jarolim (4), Trochowski (4,5) – Barbarez (2) – Lauth (3,5), Ailton (4) – **Trainer:** Doll
Leverkusen: Butt (1) – C. Fritz (4), Juan (2,5), Nowotny (3,5), Stenman (3,5) – Ramelow (4) – B. Schneider (3), Rolfes (2) – Freier (2,5), Barnetta (3) – Berbatov (3) – **Trainer:** Skibbe
Eingewechselt: 62. Takahara (-) für Trochowski, 78. Klingbeil (-) für Jarolim – 84. Babic (-) für Freier, 87. Castro (-) für Barnetta
Tore: 0:1 Rolfes (8., Rechtsschuss, Vorarbeit Berbatov), 0:2 Freier (77., Rechtsschuss, Barnetta)
Chancenverhältnis: 8:4
Eckenverhältnis: 12:3
SR: Wagner (Kriftel) – **Zuschauer:** 57000 (ausverkauft) – **Spielnote:** 2

22. April 2006
1. FC Köln – MSV Duisburg 3:1 (1:0)
FC Köln: Bade (4,5) – Cullmann (4), Sinkiewicz (3), Alpay (3) – Matip (4) – Lell (3,5), Feulner (2,5), Cabanas (3), A. Streit (2,5) – Scherz (4), Podolski (1,5) – **Trainer:** Latour
Duisburg: G. Koch (2,5) – Möhrle (5), Bilískov (5), Baelum (5), Bugera (5) – Bodzek (5), Tararache (5,5) – Willi (3,5), Kurth (4), van Houdt (5) – Ahanfouf (4,5) – **Trainer:** Scholz
Eingewechselt: 45. Streller (4,5) für Scherz, 74. Helmes (-) für Feulner – 56. Lavric (5) für van Houdt, 66. Beuckert (-) für G. Koch
Tore: 1:0 A. Streit (37., Rechtsschuss, Vorarbeit Podolski), 2:0 Feulner (62., Rechtsschuss, Podolski), 2:1 Ahanfouf (79., Linksschuss, Lavric), 3:1 Podolski (80., Linksschuss, Helmes)
Chancenverhältnis: 9:2
Eckenverhältnis: 3:1
SR: Fandel (Kyllburg) – **Zuschauer:** 47000 – **Spielnote:** 4

22. April 2006
Bor. M'Gladbach – Hertha BSC 2:2 (1:1)
Gladbach: Keller (2) – Fukal (5), B. Svensson (4), Zé Antonio (3,5), Compper (4) – Fleßers (3,5) – El Fakiri (5), Kluge (3,5) – Rafael (5), Neuville (3,5), Jansen (4) – **Trainer:** Köppel
Hertha: Fiedler (3) – Chahed (4), A. Friedrich (4), van Burik (4), Fathi (3,5) – N. Kovac (3) – K. Boateng (4), Gilberto (3) – Bastürk (-) – Marcelinho (3,5), Pantelic (4) – **Trainer:** Götz
Eingewechselt: 46. Broich (4) für Compper, 64. Strasser (-) für Fleßers, 79. Sonck (-) für Rafael – 28. Okoronkwo (5) für Bastürk, 42. Madlung (4) für van Burik, 84. Sverkos (-) für Fathi
Tore: 1:0 Chahed (10., Eigen**Tor**, Rechtsschuss, Vorarbeit Neuville), 1:1 Bastürk (16., Rechtsschuss), 2:1 Broich (82., Rechtsschuss, Kluge), 2:2 N. Kovac (86., Kopfball, Marcelinho)
Chancenverhältnis: 4:9
Eckenverhältnis: 3:5
SR: Wack, Dr. (Biberbach) – **Zuschauer:** 50216 – **Spielnote:** 3,5

22. April 2006
Arminia Bielefeld – VfL Wolfsburg 0:1 (0:1)
Bielefeld: Hain (3) – Korzynietz (4,5), Westermann (3,5), Gabriel (4), Schuler (4) – Kauf (3,5), Kucera (5) – D. Kobylik (4,5), Masmanidis (4) – Boakye (4), Wichniarek (4,5) – **Trainer:** von Heesen
Wolfsburg: Jentzsch (3) – Alex (4), Franz (3), Schnoor (3), van der Heyden (4,5) – van der Leegte (3,5) – Karhan (3,5), Menseguez (4) – Hristov (4) – Hanke (4,5), Marlet (3,5) – **Trainer:** Augenthaler
Eingewechselt: 46. Pinto (4) für Wichniarek, 73. Dalovic (-) für Schuler, 78. Fink (-) für Kucera – 57. Hoogendorp (4) für Hanke, 75. Sarpei (-) für Hristov, 86. Lamprecht (-) für Menseguez
Tor: 0:1 Karhan (45., Foulelfmeter, Rechtsschuss, Vorarbeit Hristov)
Chancenverhältnis: 4:4
Eckenverhältnis: 8:0
SR: Gräfe (Berlin) – **Zuschauer:** 19097 – **Spielnote:** 4,5

22. April 2006
Borussia Dortmund – 1. FC Nürnberg 2:1 (1:1)
Dortmund: Gentenaar (3) – P. Degen (3), Brzenska (3), Wörns (3), Dede (2) – Kruska (3,5) – Kringe (2,5), N. Sahin (4) – Smolarek (4), Odonkor (3), Amoah (5) – **Trainer:** Van Marwijk
Nürnberg: R. Schäfer (3,5) – D. Reinhardt (4), Nikl (4), Cantaluppi (4), A. Wolf (5) – Mnari (2,5) – Polak (5), Banovic (4) – Saenko (4,5), Schroth (4), Vittek (4) – **Trainer:** Meyer
Eingewechselt: 46. C. Metzelder (3) für Brzenska, 67. Buckley (-) für Amoah, 83. Caliskan (-) für N. Sahin – 68. B. Lense (-) für A. Wolf, 78. Kießling (-) für Polak, 80. Glauber (-) für Cantaluppi

Borussen-Führung: Thomas Broich (links) erzielt das 2:1 gegen Hertha BSC. Rechts der Berliner Malik Fathi.

Tore: 1:0 Kringe (18., Rechtsschuss, Vorarbeit Dede), 1:1 Nikl (29., Kopfball, Cantaluppi), 2:1 Kringe (76., Kopfball, N. Sahin)
Chancenverhältnis: 8:2
Eckenverhältnis: 9:4
SR: Gagelmann (Bremen) – **Zuschauer:** 70700 – **Spielnote:** 3,5

22. April 2006
VfB Stuttgart – Eintracht Frankfurt 0:2 (0:0)
Stuttgart: Hildebrand (3) – Hinkel (4,5), Fernando Meira (4), Delpierre (5), Beck (3,5) – Soldo (4), Meißner (4) – Grönkjaer (4,5), Hitzlsperger (5) – Ljuboja (5), Tomasson (5) – **Trainer:** Veh
Frankfurt: Nikolov (3) – Russ (4), Cimen (3), Vasoski (3) – P. Ochs (3,5), Huggel (3), Spycher (3,5) – A. Meier (2) – Lexa (3), Reinhard (3,5), Amanatidis (2) – **Trainer:** Funkel
Eingewechselt: 49. Cacau (4,5) für Meißner, 62. Tiffert (-) für Hitzlsperger, 70. Gomez (-) für Tomasson – 74. D.-R. Cha (-) für Reinhard, 83. Preuß (-) für Lexa
Tore: 0:1 A. Meier (59., Kopfball, Vorarbeit Lexa), 0:2 Amanatidis (62., Foulelfmeter, Rechtsschuss, Reinhard)
Chancenverhältnis: 3:7
Eckenverhältnis: 8:2
SR: Stark (Ergolding) – **Zuschauer:** 56000 (ausverkauft) – **Spielnote:** 4

22. April 2006
1. FC Kaiserslautern – Hannover 96 1:0 (1:0)
K'lautern: Fromlowitz (3) – Hertzsch (4), Béda (3,5), Schönheim (3,5) – Lembi (3), Bellinghausen (3) – Reinert (3), Engelhardt (4) – Skela (5) – Halfar (2,5), Halil Altintop (4) – **Trainer:** Wolf
Hannover: Enke (3) – Cherundolo (4), Mertesacker (4), Vinicius (4), Tarnat (3,5) – Yankov (5) – Schröter (4), Balitsch (4,5), Dabrowski (4) – Delura (5), Stajner (4) – **Trainer:** Neururer
Eingewechselt: 46. Blank (5) für Bellinghausen, 52. Mikic (5) für Reinert, 72. Borbely (-) für Halfar – 46. Brdaric (4) für Delura, 72. Stendel (-) für Yankov
Tore: 1:0 Halfar (39., Linksschuss, Vorarbeit Halil Altintop)

Chancenverhältnis: 4:6
Eckenverhältnis: 1:6
SR: Perl (München) – **Zuschauer:** 35325 – **Spielnote:** 4

22. April 2006
VfB Stuttgart – Eintracht Frankfurt 0:2 (0:0)
Stuttgart: Hildebrand (3) – Hinkel (4,5), Fernando Meira (4), Delpierre (5), Beck (3,5) – Soldo (4), Meißner (4) – Grönkjaer (4,5), Hitzlsperger (5) – Ljuboja (5), Tomasson (5) – **Trainer:** Veh
Frankfurt: Nikolov (3) – Russ (4), Cimen (3), Vasoski (3) – P. Ochs (3,5), Huggel (3), Spycher (3,5) – A. Meier (2) – Lexa (3), Reinhard (3,5), Amanatidis (2) – **Trainer:** Funkel
Eingewechselt: 49. Cacau (4,5) für Meißner, 62. Tiffert (-) für Hitzlsperger, 70. Gomez (-) für Tomasson – 74. D.-R. Cha (-) für Reinhard, 83. Preuß (-) für Lexa
Tore: 0:1 A. Meier (59., Kopfball, Vorarbeit Lexa), 0:2 Amanatidis (62., Foulelfmeter, Rechtsschuss, Reinhard)
Chancenverhältnis: 3:7
Eckenverhältnis: 8:2
SR: Stark (Ergolding) – **Zuschauer:** 56000 (ausverkauft) – **Spielnote:** 4

22. April 2006
1. FC Kaiserslautern – Hannover 96 1:0 (1:0)
K'lautern: Fromlowitz (3) – Hertzsch (4), Béda (3,5), Schönheim (3,5) – Lembi (3), Bellinghausen (3) – Reinert (3), Engelhardt (4) – Skela (5) – Halfar (2,5), Halil Altintop (4) – **Trainer:** Wolf
Hannover: Enke (3) – Cherundolo (4), Mertesacker (4), Vinicius (4), Tarnat (3,5) – Yankov (5) – Schröter (4), Balitsch (4,5), Dabrowski (4) – Delura (5), Stajner (4) – **Trainer:** Neururer
Eingewechselt: 46. Blank (5) für Bellinghausen, 52. Mikic (5) für Reinert, 72. Borbely (-) für Halfar – 46. Brdaric (4) für Delura, 72. Stendel (-) für Yankov
Tore: 1:0 Halfar (39., Linksschuss, Vorarbeit Halil Altintop)
Chancenverhältnis: 4:6
Eckenverhältnis: 1:6

SR: Perl (München) – **Zuschauer:** 35325 – **Spielnote:** 4

23. April 2006
Werder Bremen – FC Schalke 04 0:0
Bremen: Wiese (3) – Owomoyela (3,5), Fahrenhorst (3), Naldo (3), C. Schulz (3) – Vranjes (-) – D. Jensen (3), Borowski (4) – Micoud (2,5) – Klose (4), Valdez (3) – **Trainer:** Schaaf
Schalke: F. Rost (2) – Rafinha (3,5), Bordon (1,5), Rodriguez (4), Kobiashvili (4) – Poulsen (3) – F. Ernst (3,5), Bajramovic (4) – Hamit Altintop (4,5), Lincoln (2,5) – Kuranyi (4,5) – **Trainer:** Slomka
Eingewechselt: 21. Pasanen (4) für Vranjes, 59. Klasnic (4) für Klose – 46. Larsen (4) für Hamit Altintop, 77. Kläsener (-) für Rodriguez, 86. Varela (-) für Bajramovic
Chancenverhältnis: 6:6
Eckenverhältnis: 6:5
SR: Kircher (Rottenburg) – **Zuschauer:** 42100 (ausverkauft) – **Spielnote:** 3

23. April 2006
1. FSV Mainz 05 – Bayern München 2:2 (2:2)
Mainz: Wetklo (3) – Demirtas (3,5), M. Friedrich (3), Noveski (4), Rose (3) – Pekovic (3) – Babatz (3,5), da Silva (2,5) – Thurk (3,5) – Zidan (2), Casey (4) – **Trainer:** Klopp
Bayern: Kahn (2,5) – Sagnol (3,5), Lucio (4), Demichelis (4), Lahm (3,5) – Hargreaves (3) – Schweinsteiger (4), Zé Roberto (3,5) – Ballack (3,5) – Makaay (2), Pizarro (3,5) – **Trainer:** Magath
Eingewechselt: 82. Ruman (-) für Thurk – 79. Scholl (-) für Zé Roberto, 85. Santa Cruz (-) für Pizarro, 87. Salihamidzic (-) für Schweinsteiger
Tore: 1:0 Zidan (9., Linksschuss, Vorarbeit da Silva), 2:0 M. Friedrich (13., Kopfball, da Silva), 2:1 Makaay (29., Rechtsschuss, Sagnol), 2:2 Makaay (37., Foulelfmeter, Rechtsschuss, Makaay)
Chancenverhältnis: 8:6
Eckenverhältnis: 2:8
SR: Meyer (Burgdorf) – **Zuschauer:** 20300 (ausverkauft) – **Spielnote:** 2,5

32. Spieltag

2. Mai 2006
Hertha BSC – Bayer Leverkusen 1:5 (1:3)
Hertha: Fiedler (4) – Chahed (4,5), A. Friedrich (5,5), Fathi (6), Gilberto (3,5) – N. Kovac (4) – K. Boateng (3), Marcelinho (3,5) – Cairo (5), Neuendorf (4) – Pantelic (4) – **Trainer:** Götz
Leverkusen: Butt (3) – C. Fritz (4), Juan (1,5), Nowotny (4), Stenman (3,5) – Ramelow (3), Rolfes (4,5) – B. Schneider (2,5) – Freier (3,5), Barnetta (3) – Berbatov (2) – **Trainer:** Skibbe
Eingewechselt: 70. Madlung (-) für Chahed, 82. Okoronkwo (-) für K. Boateng, 82. Dardai (-) für Cairo – 62. Babic (-) für Freier, 68. Castro (-) für Barnetta, 79. Roque Junior (-) für Juan
Tore: 0:1 Juan (5., Kopfball, Vorarbeit B. Schneider), 0:2 Berbatov (27., Kopfball, Barnetta), 0:3 Berbatov (28., Rechtsschuss, Freier), 1:3 Marcelinho (41., Linksschuss, Pantelic), 1:4 Ramelow (63., Kopfball, Barnetta), 1:5 B. Schneider (76., Rechtsschuss, Stenman)
Chancenverhältnis: 11:5
Eckenverhältnis: 11:3
SR: Merk, Dr. (Otterbach) – **Zuschauer:** 51324 – **Spielnote:** 2,5

2. Mai 2006
1. FC Nürnberg – Bor. M'gladbach 5:2 (1:2)
Nürnberg: R. Schäfer (3) – Mnari (4,5), Cantaluppi (3), Glauber (3) – D. Reinhardt (3,5), Pinola (2,5) – Polak (3), Kristiansen (3,5) – Vittek (1,5), Kießling (4), Saenko (1) – **Trainer:** Meyer
Gladbach: Keller (3) – Fukal (4), B. Svensson (4,5), Zé Antonio (3), Daems (5) – Polanski (4), Kluge (3), Jansen (4) – Rafael (4,5) – Sonck (3,5), Neuville (3,5) – **Trainer:** Köppel
Eingewechselt: 46. A. Wolf (4) für Mnari, 76. Banovic (-) für Kristiansen, 87. Nikl (-) für Glauber – 46. El Fakiri (4,5) für Rafael, 76. Broich (-) für Kluge, 76. Kahe (-) für Fukal
Tore: 1:0 Vittek (14., Linksschuss, Vorarbeit Saenko), 1:1 Zé Antonio (34., Kopfball, Polanski), 1:2 Sonck (37., Linksschuss, Kluge), 2:2 Polak (59., Rechtsschuss, Saenko), 3:2 Vittek (65., Kopfball, Cantaluppi), 4:2 Saenko (86., Rechtsschuss, Vittek), 5:2 Kießling (88., Rechtsschuss, Saenko)
Chancenverhältnis: 9:5
Eckenverhältnis: 1:5
SR: Weiner (Hasede) – **Zuschauer:** 42391 – **Besonderes Vorkommnis:** Keller hält Foulelfmeter von Vittek (54.) – **Spielnote:** 2

2. Mai 2006
Hannover 96 – Borussia Dortmund 1:2 (1:0)
Hannover: Enke (5) – Cherundolo (3,5), Mertesacker (3), Vinicius (4), Tarnat (3,5) – Lala (4) – Schröter (-), Balitsch (3), Yankov (3) – Stajner (4), Brdaric (4) – **Trainer:** Neururer
Dortmund: Gentenaar (1) – P. Degen (4,5), Wörns (3,5), C. Metzelder (5), Dede (4) – Kehl (4) – N. Sahin (5), Kringe (5) – Odonkor (5,5), Buckley (6), Smolarek (5) – **Trainer:** Van Marwijk
Eingewechselt: 20. Zuraw (4,5) für Schröter, 65. Delura (-) für Vinicius – 46. Amoah (5,5) für Buckley, 56. Rosicky (2,5) für N. Sahin, 72. Koller (-) für Odonkor
Tore: 1:0 Mertesacker (44., Kopfball, Vorarbeit Tarnat), 1:1 Rosicky (59., direkter Freistoß, Rechtsschuss), 1:2 Wörns (81., Kopfball, Dede)
Chancenverhältnis: 11:2
Eckenverhältnis: 8:1
SR: Fleischer, Dr. (Sigmertshausen) – **Zuschauer:** 41387 – **Spielnote:** 3

2. Mai 2006
1. FC Köln – Hamburger SV 0:1 (0:1)
FC Köln: Bade (3) – Lell (3), Sinkiewicz (3,5), Cullmann (4) – Matip (4,5) – Feulner (3), Cabanas (4) – Helmes (3), Epstein (4,5) – Streller (5), Podolski (3,5) – **Trainer:** Latour
HSV: Kirschstein (2) – Klingbeil (4,5), Boulahrouz (3), B. Reinhardt (3), Atouba (4) – Demel (3,5) – Mahdavikia (3,5), Trochowski (4) – Barbarez (3,5) – Lauth (5,5), Ailton (5,5) – **Trainer:** Doll
Eingewechselt: 77. Springer (-) für Matip, 87. Szabics (-) für Cullmann – 60. Takahara (4) für Lauth, 77. Laas (-) für Ailton, 84. Karl (-) für Trochowski
Tor: 0:1 Sinkiewicz (3., Eigentor, Vorarbeit Mahdavikia)
Chancenverhältnis: 7:3
Eckenverhältnis: 19:3
SR: Kircher (Rottenburg) – **Zuschauer:** 50000 (ausverkauft) – **Spielnote:** 3

3. Mai 2006
Eintracht Frankfurt – 1. FC Kaiserslautern 2:2 (0:1)
Frankfurt: Nikolov (2,5) – Russ (4,5), Cimen (4,5), Vasoski (4,5) – Huggel (4), A. Meier (4) – P. Ochs (4), Weissenberger (4,5), Köhler (3,5) – Amanatidis (2,5), Copado (4) – **Trainer:** Funkel
K'lautern: Fromlowitz (3,5) – Hertzsch (4), Béda (4), Schönheim (3,5) – Lembi (3,5), Bellinghausen (4) – Reinert (3) – Skela (4,5), Engelhardt (4) – Halfar (3,5), Halil Altintop (3,5) – **Trainer:** Wolf
Eingewechselt: 58. Lexa (3) für Weissenberger, 67. D.-R. Cha (-) für Copado – 72. Ziemer (2,5) für Halfar, 78. Bohl (-) für Reinert, 78. Blank (-) für Lembi
Tore: 0:1 Reinert (16., Linksschuss, Vorarbeit Halil Altintop), 1:1 Köhler (50., Linksschuss, Copado), 2:1 Amanatidis (69., Rechtsschuss, Lexa), 2:2 Ziemer (82., Rechtsschuss)
Chancenverhältnis: 9:6
Eckenverhältnis: 12:5
SR: Kinhöfer (Herne) – **Zuschauer:** 50000 (ausverkauft) – **Gelbe Karte:** Reinert – **Spielnote:** 2

3. Mai 2006
MSV Duisburg – Werder Bremen 3:5 (2:3)
Duisburg: G. Koch (4) – Möhrle (5), Biliskov (5), Baelum (4), A. Meyer (4) – Bodzek (5) – Willi (3), Bugera (3) – Kurth (3) – Ahn (3), Ahanfouf (2) – **Trainer:** Scholz
Bremen: Wiese (2,5) – Owomoyela (4,5), Fahrenhorst (4), Naldo (4), C. Schulz (4) – Frings (3,5) – D. Jensen (4,5), Borowski (3) – Micoud (2) – Klose (1,5), Valdez (4) – **Trainer:** Schaaf
Eingewechselt: 71. van Houdt (-) für Kurth, 71. Lavric (-) für Baelum, 85. Caligiuri (-) für Bodzek – 46. Pasanen (3) für C. Schulz, 63. L. Andreasen (-) für Frings, 72. Klasnic (-) für Valdez

Vorentscheidung im Südderby: Bayerns Stürmer Claudio Pizarro (Mitte) gelingt das 2:1. Den Stuttgartern Babbel (links) und Hildebrand bleibt das Nachsehen.

Tore: 0:1 Micoud (4., Linksschuss, Vorarbeit Klose), 0:2 Micoud (16., Rechtsschuss, Borowski), 0:3 Klose (31., Kopfball, Borowski), 1:3 Ahn (41., Rechtsschuss, Bugera), 2:3 Ahanfouf (45., Linksschuss, Kurth), 2:4 Klose (75., Rechtsschuss, Micoud), 3:4 Ahanfouf (76., Rechtsschuss, Bugera), 3:5 Klasnic (86., Linksschuss, Klose)
Chancenverhältnis: 7:8
Eckenverhältnis: 3:4
SR: Stark (Ergolding) – **Zuschauer:** 23104 – **Besonderes Vorkommnis:** Klose schießt Foulelfmeter an den Pfosten (31.) – **Spielnote:** 2

3. Mai 2006
Bayern München – VfB Stuttgart 3:1 (2:1)
Bayern: Kahn (3) – Sagnol (3,5), Lucio (2), Demichelis (2,5), Lahm (3) – Hargreaves (2,5) – Schweinsteiger (2,5), Zé Roberto (3) – Santa Cruz (2,5) – Makaay (3), Pizarro (2,5) – **Trainer:** Magath
Stuttgart: Hildebrand (4) – Fernando Meira (3,5), Babbel (5), Delpierre (3,5) – Hinkel (4), Soldo (4), Beck (4) – Tiffert (4,5), Tomasson (4), Grönkjaer (4,5) – Ljuboja (3) – **Trainer:** Veh
Eingewechselt: 75. Scholl (-) für Santa Cruz, 85. Ottl (-) für Schweinsteiger – 46. Magnin (4) für Tiffert, 62. Gomez (-) für Beck
Tore: 0:1 Ljuboja (6., Kopfball, Vorarbeit Tiffert), 1:1 Santa Cruz (11., Linksschuss, Lucio), 2:1 Pizarro (44., Rechtsschuss, Hargreaves), 3:1 Schweinsteiger (46., Linksschuss, Makaay)
Chancenverhältnis: 7:3
Eckenverhältnis: 1:4
SR: Wagner (Kriftel) – **Zuschauer:** 69000 (ausverkauft) – **Spielnote:** 2,5

3. Mai 2006
VfL Wolfsburg – 1. FSV Mainz 05 0:3 (0:1)
Wolfsburg: Jentzsch (5) – Alex (4), Franz (4,5), Schnoor (4), van der Heyden (4) – van der Leegte (5) – Karhan (5), Menseguez (4) – Hristov (4,5) – Hoogendorp (5), Marlet (5) – **Trainer:** Augenthaler
Mainz: Wetklo (3) – Abel (4), M. Friedrich (2,5), Noveski (2), Rose (3) – Babatz (4) – Demirtas (4), da Silva (2,5) – Thurk (3) – Zidan (5), Casey (4) – **Trainer:** Klopp
Eingewechselt: 46. Sarpei (5) für van der Leegte, 60. Hanke (4,5) für Marlet, 66. Makiadi (-) für Alex – 66. Auer (1,5) für Zidan, 68. F. Gerber (-) für Demirtas, 83. Sela (-) für Wetklo
Tore: 0:1 Thurk (5., Linksschuss, Vorarbeit Casey), 0:2 Auer (81., Rechtsschuss, F. Gerber), 0:3 Auer (85., Linksschuss, F. Gerber)
Chancenverhältnis: 4:5
Eckenverhältnis: 8:2
SR: Wack, Dr. (Biberbach) – **Zuschauer:** 23885 – **Spielnote:** 3,5

3. Mai 2006
FC Schalke 04 – Arminia Bielefeld 3:1 (1:0)
Schalke: F. Rost (3) – Rafinha (4), Bordon (4), Rodriguez (3), Kobiashvili (4) – F. Ernst (3) – Asamoah (3,5), Varela (3,5) – Lincoln (3,5) – Kuranyi (4), Sand (4) – **Trainer:** Slomka
Bielefeld: Hain (5) – Korzynietz (3), Westermann (3), Gabriel (3), Schuler (4) – Kauf (3,5) – Fink (4), Kucera (4) – Küntzel (3), Masmanidis (4), Dalovic (4) – **Trainer:** von Heesen
Eingewechselt: 72. Larsen (-) für Sand, 76. Hamit Altintop (-) für Asamoah, 82. Bajramovic (-) für Varela – 46. Rau (4,5) für Schuler, 46. Vata (4) für Kucera, 78. Pinto (-) für Küntzel
Tore: 1:0 Asamoah (40., Rechtsschuss, Vorarbeit Bordon), 1:1 Küntzel (50., Kopfball, Gabriel), 2:1 Larsen (81., Linksschuss, Bordon), 3:1 Hamit Altintop (88., Rechtsschuss, Rafinha)
Chancenverhältnis: 8:4
Eckenverhältnis: 4:2
SR: Meyer (Burgdorf) – **Zuschauer:** 60240 – **Spielnote:** 4

33. Spieltag

6. Mai 2006
Werder Bremen – 1. FC Köln 6:0 (3:0)
Bremen: Wiese (3) – Pasanen (3), Fahrenhorst (3), Naldo (3), C. Schulz (3,5) – L. Andreasen (3,5) – Frings (3), D. Jensen (2,5) – Borowski (1,5) – Klose (1), Valdez (4) – **Trainer:** Schaaf
FC Köln: Bade (4) – Lell (6), Sinkiewicz (6), Cullmann (6) – Matip (6) – Feulner (4,5), Cabanas (5) – Helmes (4), A. Streit (4,5) – Podolski (5), Streller (-) – **Trainer:** Latour
Eingewechselt: 46. Klasnic (1,5) für Valdez, 64. Lagerblom (-) für L. Andreasen, 73. van Damme (-) für C. Schulz – 27. Springer (5) für Streller, 78. Grammozis (-) für Feulner, 88. Epstein (-) für A. Streit
Tore: 1:0 Borowski (11., Rechtsschuss, Vorarbeit Klose), 2:0 Klose (19., Linksschuss), 3:0 Borowski (25., Kopfball, Klose), 4:0 Klasnic (51., Kopfball, Fahrenhorst), 5:0 Klasnic (69., Rechtsschuss, D. Jensen), 6:0 Klose (75., Linksschuss)
Chancenverhältnis: 9:6
Eckenverhältnis: 4:5
SR: Gräfe (Berlin) – **Zuschauer:** 42000 (ausverkauft) – **Spielnote:** 2,5

6. Mai 2006
Arminia Bielefeld – MSV Duisburg 0:2 (0:0)
Bielefeld: Hain (3) – Korzynietz (3,5), Fink (4,5), Westermann (3,5), Rau (5,5) – Danneberg (2,5), Kauf (4) – D. Kobylik (5), Masmanidis (5) – Dalovic (4,5), Vata (4) – **Trainer:** von Heesen
Duisburg: G. Koch (2) – Wolters (4), Biliskov (4), Baelum (3,5), Bugera (4) – Grlic (4), Tararache (3) – Willi (5) – Kurth (4,5), Ahn (4), Lavric (4,5) – **Trainer:** Scholz
Eingewechselt: 55. Pinto (5) für Masmanidis, 61. Eilhoff (-) für Hain, 72. Wichniarek (-) für Danneberg – 61. Beuckert (-) für G. Koch, 66. van Houdt (-) für Ahn, 76. Caligiuri (-) für Grlic
Tore: 0:1 Ahn (60., Linksschuss, Vorarbeit Tararache), 0:2 Caligiuri (82., Rechtsschuss)
Chancenverhältnis: 6:5
Eckenverhältnis: 7:8
SR: Schmidt (Stuttgart) – **Zuschauer:** 19452 – **Spielnote:** 4,5

6. Mai 2006
1. FSV Mainz 05 – FC Schalke 04 1:0 (1:0)
Mainz: Wache (4) – Abel (3), M. Friedrich (2), Noveski (3), Rose (3,5) – Pekovic (2,5) – Babatz (3,5), da Silva (3) – Thurk (4,5) – Auer (3), Zidan (3,5) – **Trainer:** Klopp
Schalke: F. Rost (3) – Rafinha (4,5), Bordon (4,5), Rodriguez (4), Kobiashvili (5) – F. Ernst (5) – Hamit Altintop (4), Varela (3,5) – Lincoln (4,5) – Asamoah (5), Larsen (5) – **Trainer:** Slomka
Eingewechselt: 70. F. Gerber (-) für Thurk, 78. Casey (-) für Zidan, 78. Demirtas (-) für Noveski – 59. Azaouagh (5) für Asamoah, 70. Bajramovic (-) für Hamit Altintop, 76. Sand (-) für Larsen
Tor: 1:0 Auer (15., Linksschuss, Vorarbeit Zidan)
Chancenverhältnis: 4:2
Eckenverhältnis: 1:7
SR: Brych, Dr. (München) – **Zuschauer:** 20300 (ausverkauft) – **Spielnote:** 3,5

6. Mai 2006
Hertha BSC – Hamburger SV 4:2 (1:2)
Hertha: Fiedler (4) – A. Friedrich (3), Madlung (2), Simunic (3) – N. Kovac (2), Gilberto (4,5) – K. Boateng (4) – Cairo (5), Marcelinho (1,5), Neuendorf (4) – Pantelic (2,5) – **Trainer:** Götz
HSV: Kirschstein (5) – Mahdavikia (5), Boulahrouz (3), B. Reinhardt (4,5), Atouba (5) – Demel (4) – Jarolim (4), Trochowski (2,5) – Barbarez (3,5) – Lauth (3), Ailton (5) – **Trainer:** Doll
Eingewechselt: 63. Chahed (-) für Cairo, 78. Dardai (-) für Marcelinho, 87. O. Schröder (-) für K. Boateng – 39. van Buyten (5) für Boulahrouz, 72. Kucukovic (-) für Atouba
Tore: 0:1 Trochowski (10., indirekter Freistoß, Rechtsschuss, ohne Vorarbeit), 1:1 Neuendorf (13., Linksschuss, Marcelinho), 1:2 Lauth (19., Linksschuss), 2:2 Madlung (55., Kopfball, Marcelinho), 3:2 N. Kovac (69., Kopfball, Marcelinho), 4:2 Pantelic (72., Rechtsschuss, Gilberto)
Chancenverhältnis: 9:10
Eckenverhältnis: 3:8
SR: Stark (Ergolding) – **Zuschauer:** 74218 (ausverkauft) – **Spielnote:** 1,5

6. Mai 2006
VfB Stuttgart – VfL Wolfsburg 2:1 (1:1)
Stuttgart: Hildebrand (3) – Beck (2,5), Fernando Meira (3,5), Delpierre (5), Magnin (5) – Soldo (2) – Hinkel (3,5), Hitzlsperger (4,5) – Gentner (3) – Ljuboja (3,5), Cacau (4) – **Trainer:** Veh
Wolfsburg: Jentzsch (3) – Franz (5), Quiroga (3,5), Schnoor (2,5), van der Heyden (4,5) – Karhan (4) – Menseguez (2), Sarpei (4) – Hristov (5) – Klimowicz (5), Hoogendorp (4,5) – **Trainer:** Augenthaler
Eingewechselt: 74. Gomez (-) für Cacau, 82. Meißner (-) für Hitzlsperger, 90. H. Gerber (-)

für Soldo – 46. Makiadi (3,5) für Karhan, 74. Hanke (-) für Hoogendorp, 76. Lamprecht (-) für Hristov
Tore: 0:1 Menseguez (5., Rechtsschuss, Vorarbeit Hristov), 1:1 Ljuboja (17., Handelfmeter, Linksschuss), 2:1 Gentner (70., Rechtsschuss, Beck)
Chancenverhältnis: 7:4
Eckenverhältnis: 5:3
SR: Sippel (München) – **Zuschauer:** 31000 – **Spielnote:** 4

6. Mai 2006
Bayer Leverkusen – 1. FC Nürnberg 2:2 (0:1)
Leverkusen: Butt (3) – C. Fritz (3), Juan (2,5), Nowotny (2), Stenman (3) – Ramelow (4), Rolfes (4) – B. Schneider (4) – Barnetta (4), Krzynowek (3,5) – Berbatov (2) – **Trainer:** Skibbe
Nürnberg: R. Schäfer (2,5) – D. Reinhardt (3,5), Glauber (3), Cantaluppi (3), Pinola (3,5) – Mnari (3) – Polak (4), Kristiansen (3,5) – Vittek (4), Kießling (3), Saenko (3) – **Trainer:** Meyer
Eingewechselt: 46. Voronin (3,5) für Barnetta, 72. Babic (-) für Rolfes, 90. Castro (-) für Nowotny – 79. Nikl (-) für Glauber, 79. Banovic (-) für Kristiansen
Tore: 0:1 Mnari (36., Rechtsschuss, Vorarbeit Kristiansen), 1:1 Berbatov (49., Rechtsschuss, Juan), 2:1 Berbatov (90., Foulelfmeter, Rechtsschuss, Voronin), 2:2 Kießling (90., Rechtsschuss, Banovic)
Chancenverhältnis: 8:4
Eckenverhältnis: 5:3
SR: Fandel (Kyllburg) – **Zuschauer:** 22500 (ausverkauft) – **Spielnote:** 3,5

6. Mai 2006
1. FC Kaiserslautern – Bayern München 1:1 (1:0)
K'lautern: Fromlowitz (2) – Hertzsch (3), Béda (2,5), Schönheim (3), Bellinghausen (3) – Lembi (3), Engelhardt (3) – Reinert (3), Skela (3,5), Halfar (3,5) – Halil Altintop (2) – **Trainer:** Wolf
Bayern: Kahn (3) – Sagnol (3), Lucio (3), Demichelis (3,5), Lahm (4,5) – Ottl (2,5) – Schweinsteiger (2), Zé Roberto (4) – Ballack (4) – Santa Cruz (4), Pizarro (4) – **Trainer:** Magath
Eingewechselt: 46. Pletsch (3) für Schönheim, 66. Mikic (-) für Reinert, 77. Borbely (-) für Halil Altintop – 46. Makaay (3,5) für Santa Cruz, 65. Scholl (-) für Zé Roberto, 79. Salihamidzic (-) für Schweinsteiger
Tore: 1:0 Halil Altintop (26., Linksschuss, Vorarbeit Béda), 1:1 Ottl (68., Rechtsschuss, Ballack)
Chancenverhältnis: 3:6
Eckenverhältnis: 3:8
SR: Kircher (Rottenburg) – **Zuschauer:** 50754 (ausverkauft) – **Spielnote:** 3

6. Mai 2006
Borussia Dortmund – Eintracht Frankfurt 1:1 (0:0)
Dortmund: Gentenaar (2,5) – P. Degen (3,5), Brzenska (4,5), C. Metzelder (4), Dede (3) – Kehl (4) – Rosicky (4), Kringe (4) – Odonkor (5), Amoah (6), Smolarek (6) – **Trainer:** Van Marwijk
Frankfurt: Nikolov (3) – D.-R. Cha (3), Cimen (4), Vasoski (3,5), P. Ochs (2) – Russ (4), Huggel (3,5) – A. Meier (2,5) – Lexa (4), Köhler (4,5) – Amanatidis (3) – **Trainer:** Funkel
Eingewechselt: 46. Koller (3) für Amoah, 68. Buckley (-) für Odonkor, 77. Gambino (-) für Smolarek – 82. Schur (-) für A. Meier
Tore: 0:1 D.-R. Cha (54., Rechtsschuss, ohne Vorarbeit), 1:1 Gambino (87., Rechtsschuss, Koller)
Chancenverhältnis: 5:4
Eckenverhältnis: 10:3
SR: Meyer (Burgdorf) – **Zuschauer:** 80200 – **Spielnote:** 4

6. Mai 2006
Bor. M'gladbach – Hannover 96 2:2 (0:1)
Gladbach: Keller (2,5) – Fukal (4,5), B. Svensson (3), Zé Antonio (4), Daems (4) – Fleßers (4) – Kluge (-), Jansen (3) – Polanski (3,5) – Sonck (2,5), Neuville (4) – **Trainer:** Köppel
Hannover: Juric (4) – Cherundolo (4), Mertesacker (2,5), Zuraw (4), Tarnat (4,5) – Lala (4) – Balitsch (4), Dabrowski (4), Yankov (3,5) – Stendel (4,5), Brdaric (4,5) – **Trainer:** Neururer
Eingewechselt: 19. Broich (3,5) für Kluge, 78. Rafael (-) für Fleßers, 87. Compper (-) für Broich – 65. Vinicius (-) für Lala, 72. Delura (-) für Yankov, 83. Hahne (-) für Stendel
Tore: 0:1 Mertesacker (13., Kopfball, Vorarbeit Tarnat), 1:1 Jansen (77., Linksschuss, Fleßers), 2:1 Sonck (83., Rechtsschuss, Rafael), 2:2 Vinicius (89., Rechtsschuss)
Chancenverhältnis: 10:5
Eckenverhältnis: 13:6
SR: Gagelmann (Bremen) – **Zuschauer:** 51498 – **Gelbe Karte:** Jansen – **Spielnote:** 4

34. Spieltag

13. Mai 2006
Hannover 96 – Bayer Leverkusen 2:2 (1:2)
Hannover: M. Jensen (4,5) – Cherundolo (4), Mertesacker (3), Zuraw (3,5), Vinicius (4) – Lala (3) – Balitsch (3), Dabrowski (4), Yankov (2,5) – Stajner (3,5), Brdaric (5) – **Trainer:** Neururer
Leverkusen: Butt (4) – C. Fritz (4,5), Roque Junior (4), Nowotny (3), Stenman (3,5) – Ramelow (3), Rolfes (3) – B. Schneider (3,5) – Freier (3), Barnetta (3,5), Berbatov (3) – **Trainer:** Skibbe
Eingewechselt: 33. Troest (4) für Vinicius, 70. Delura (-) für Brdaric, 81. Stendel (-) für Lala – 46. Krzynowek (4) für Barnetta, 66. Babic (-) für Stenman, 79. Voronin (-) für Freier
Tore: 1:0 Mertesacker (14., Kopfball, Vorarbeit Dabrowski), 1:1 Rolfes (16., Kopfball, Freier), 1:2 Berbatov (39., Rechtsschuss, B. Schneider), 2:2 Yankov (52., Rechtsschuss, Lala)
Chancenverhältnis: 6:4
Eckenverhältnis: 5:3
SR: Wack, Dr. (Biberbach) – **Zuschauer:** 47387 – **Spielnote:** 3

13. Mai 2006
Eintracht Frankfurt – Bor. M'gladbach 0:2 (0:0)
Frankfurt: Nikolov (2,5) – Russ (4), Cimen (3,5), Vasoski (4,5) – P. Ochs (4), Huggel (3,5), Spycher (4) – A. Meier (4) – Lexa (4,5), Köhler (4), Amanatidis (4) – **Trainer:** Funkel
Gladbach: Keller (3) – Fukal (3,5), B. Svensson (3,5), Zé Antonio (3,5), Daems (3) – Strasser (3,5) – Polanski (3,5), Kluge (3,5), Jansen (2,5) – Sonck (4), Neuville (3) – **Trainer:** Köppel
Eingewechselt: 57. Copado (4) für Cimen, 69. Schur (-) für Huggel, 75. Weissenberger (-) für A. Meier – 80. Fleßers (-) für Kluge, 88. Rafael (-) für Sonck, 90. Helveg (-) für Polanski
Tore: 0:1 Neuville (56., Rechtsschuss, Vorarbeit Jansen), 0:2 Rafael (90., Rechtsschuss, Jansen)
Chancenverhältnis: 5:8
Eckenverhältnis: 3:7
SR: Fleischer, Dr. (Sigmertshausen) – **Zuschauer:** 49500 – **Spielnote:** 3,5

13. Mai 2006
Bayern München – Borussia Dortmund 3:3 (1:1)
Bayern: Kahn (3) – Sagnol (3,5), Lucio (3), Ismael (5), Lizarazu (3) – Jeremies (3) – Schweinsteiger (2,5), dos Santos (3,5) – Ballack (2,5) – Santa Cruz (3), Makaay (3) – **Trainer:** Magath
Dortmund: Gentenaar (3,5) – P. Degen (3), Brzenska (4,5), Dede (4), Kringe (4) – Kruska (3,5) – Caliskan (4), N. Sahin (2,5) – Odonkor (4), Smolarek (4), Koller (2) – **Trainer:** Van Marwijk
Eingewechselt: 46. Rensing (3,5) für Kahn, 70. Zé Roberto (-) für Jeremies, 88. Scholl (-) für Santa Cruz – 60. van der Gun (3,5) für Odonkor, 70. Gambino (-) für Caliskan, 78. Amoah (-) für Smolarek
Tore: 0:1 Koller (2., Kopfball, Vorarbeit N. Sahin), 1:1 Makaay (6., Linksschuss, Lucio), 2:1 Schweinsteiger (48., Rechtsschuss, Sagnol), 3:1 Ballack (50., Rechtsschuss, dos Santos), 3:2 P. Degen (64., Rechtsschuss, van der Gun), 3:3 Koller (76., Kopfball, N. Sahin)
Chancenverhältnis: 10:4
Eckenverhältnis: 6:4
SR: Rafati (Hannover) – **Zuschauer:** 69000 (ausverkauft) – **Spielnote:** 2

13. Mai 2006
1. FC Nürnberg – Hertha BSC 2:1 (1:1)
Nürnberg: R. Schäfer (2) – D. Reinhardt (4), Cantaluppi (3,5), Glauber (4), Pinola (2,5) – Mnari (3) – Polak (4,5), Kristiansen (3,5) – Vittek (2), Saenko (2,5), Kießling (3,5) – **Trainer:** Meyer
Hertha: Fiedler (2,5) – Chahed (4), A. Friedrich (4), Simunic (6), Fathi (4) – N. Kovac (3), Dardai (2,5) – Gilberto (3,5) – Cairo (4), K. Boateng (3,5) – Okoronkwo (3) – **Trainer:** Götz
Eingewechselt: 62. Nikl (-) für D. Reinhardt, 62. A. Wolf (-) für Glauber, 84. L. Müller (-) für Pinola – 70. Dejagah (-) für K. Boateng, 81. O. Schröder (-) für Cairo, 88. Madlung (-) für Okoronkwo
Tore: 1:0 Vittek (30., Rechtsschuss, ohne Vorarbeit), 1:1 Dardai (41., Rechtsschuss, Okoronkwo), 2:1 Saenko (86., Rechtsschuss, Vittek)
Chancenverhältnis: 7:4
Eckenverhältnis: 4:8
SR: Wagner (Kriftel) – **Zuschauer:** 45817 – **Spielnote:** 3

13. Mai 2006
VfL Wolfsburg – 1. FC Kaiserslautern 2:2 (0:1)
Wolfsburg: Jentzsch (3) – Franz (3,5), Quiroga (3,5), Schnoor (4), van der Heyden (4,5) – van der Leegte (3) – Menseguez (3), Sarpei (4,5) – Hristov (3,5) – Klimowicz (3), Hoogendorp (4) – **Trainer:** Augenthaler
K'lautern: Fromlowitz (2,5) – Hertzsch (3), Béda (4), Pletsch (4), Bellinghausen (3,5) – Lembi (4), Engelhardt (3,5) – Reinert (5), Skela (5), Halfar (3,5) – Halil Altintop (3) – **Trainer:** Wolf
Eingewechselt: 46. Makiadi (1,5) für Sarpei, 56. Hanke (4) für Hoogendorp, 78. Karhan (-) für Hristov – 52. Bohl (4) für Reinert, 73. Ziemer (-) für Pletsch, 74. Mikic (-) für Halfar
Tore: 0:1 Halil Altintop (20., Rechtsschuss, Vorarbeit Halfar), 1:1 Makiadi (66., Linksschuss, Hanke), 2:1 Klimowicz (69., Linksschuss, Makiadi), 2:2 Ziemer (86., Kopfball, Bellinghausen)
Chancenverhältnis: 9:4
Eckenverhältnis: 4:3
SR: Stark (Ergolding) – **Zuschauer:** 30000 (ausverkauft) – **Spielnote:** 2,5

13. Mai 2006
Hamburger SV – Werder Bremen 1:2 (0:1)
HSV: Kirschstein (3) – Mahdavikia (3), Boulahrouz (4,5), van Buyten (4,5), Atouba (2,5) – Demel (4) – Jarolim (3,5), Trochowski (3,5) – Barbarez (2) – Lauth (4), Ailton (5) – **Trainer:** Doll
Bremen: Wiese (3) – Pasanen (3), Fahrenhorst (2,5), Naldo (3), C. Schulz (4) – Frings (3) – Owomoyela (4), D. Jensen (4) – Borowski (4) – Klose (2), Klasnic (3) – **Trainer:** Schaaf
Eingewechselt: 81. Takahara (-) für Demel, 89. B. Reinhardt (-) für Lauth – 66. Valdez (-) für Pasanen, 79. Lagerblom (-) für Klose, 90. van Damme (-) für D. Jensen
Tore: 0:1 Klasnic (27., Linksschuss, Vorarbeit Klose), 1:1 Barbarez (60., Kopfball, Trochowski), 1:2 Klose (72., Linksschuss, Naldo)
Chancenverhältnis: 9:5
Eckenverhältnis: 7:4
SR: Merk, Dr. (Otterbach) – **Zuschauer:** 57000 (ausverkauft) – **Besonderes Vorkommnis:** Borowski schießt Foulelfmeter an den Pfosten (83.) – **Spielnote:** 2,5

13. Mai 2006
FC Schalke 04 – VfB Stuttgart 3:2 (0:1)
Schalke: F. Rost (2) – Rafinha (3,5), Bordon (2), Krstajic (3,5), Kobiashvili (4) – F. Ernst (4) – Asamoah (4), Varela (3,5) – Lincoln (3,5) – Sand (3), Kuranyi (4) – **Trainer:** Slomka
Stuttgart: Hildebrand (3,5) – Beck (3,5), Fernando Meira (3,5), Delpierre (4), Magnin (3,5) – Meißner (4) – Hinkel (4), Hitzlsperger (3) – Gentner (4) – Gomez (4), Tomasson (3) – **Trainer:** Veh
Eingewechselt: 72. Waldoch (-) für Asamoah, 77. Poulsen (-) für F. Ernst, 89. Larsen (-) für Sand – 48. Cacau (3,5) für Gomez, 89. Tiffert (-) für Beck
Tore: 0:1 Hitzlsperger (33., Kopfball, Vorarbeit Tomasson), 1:1 Sand (53., Kopfball, Asamoah), 1:2 Cacau (71., Rechtsschuss, Tomasson), 2:2 Bordon (80., direkter Freistoß, Linksschuss), 3:2 Waldoch (83., Rechtsschuss, Sand)
Chancenverhältnis: 8:7
Eckenverhältnis: 5:4
SR: Gagelmann (Bremen) – **Zuschauer:** 61524 (ausverkauft) – **Spielnote:** 3

13. Mai 2006
MSV Duisburg – 1. FSV Mainz 05 0:0
Duisburg: G. Koch (1) – Willi (3,5), Biliskov (4), Baelum (4), Bugera (3) – Grlic (3), Tararache (2,5) – Kurth (4), van Houdt (4,5) – Lavric (5), Ahanfouf (5) – **Trainer:** Kohler
Mainz: Wache (2) – Demirtas (3,5), M. Friedrich (3,5), Noveski (4), Rose (3,5) – Babatz (5,5), Pekovic (3,5), da Silva (3) – Thurk (3,5) – Auer (3,5), Zidan (3,5) – **Trainer:** Klopp
Eingewechselt: 42. Wolters (3,5) für Willi, 63. Caligiuri (-) für Grlic, 78. Anfang (-) für van Houdt – 60. Geißler (4) für Babatz, 70. N. Weiland (-) für Thurk, 72. Weigelt (-) für Rose
Chancenverhältnis: 5:6
Eckenverhältnis: 6:5
SR: Sippel (München) – **Zuschauer:** 27113 – **Besonderes Vorkommnis:** Wache hält Foulelfmeter von Ahanfouf (66.) – **Spielnote:** 4

13. Mai 2006
1. FC Köln – Arminia Bielefeld 4:2 (1:0)
FC Köln: Bade (2,5) – Cullmann (5,5), Sinkiewicz (4), Alpay (3) – Feulner (4), Matip (4,5) – Cabanas (3,5), Epstein (4,5) – Helmes (3), Scherz (3,5), Podolski (2) – **Trainer:** Latour
Bielefeld: Eilhoff (2,5) – Korzynietz (3), Westermann (4), Gabriel (4), Schuler (4) – Fink (3,5), Kucera (3) – Pinto (2,5), D. Kobylik (3,5) – Dalovic (4), Masmanidis (4,5) – **Trainer:** von Heesen
Eingewechselt: 64. Springer (-) für Epstein, 69. Streller (-) für Scherz, 89. Schindzielorz (-) für Cabanas – 46. Danneberg (4) für Kucera, 78. Küntzel (-) für D. Kobylik, 86. Vacek (-) für Pinto
Tore: 1:0 Podolski (44., Rechtsschuss, Vorarbeit Helmes), 1:1 D. Kobylik (46., Rechtsschuss, Pinto), 2:1 Scherz (56., Kopfball, Feulner), 2:2 Dalovic (70., Rechtsschuss, Pinto), 3:2 Podolski (84., Linksschuss, Feulner), 4:2 Helmes (86., Rechtsschuss, Streller)
Chancenverhältnis: 7:7
Eckenverhältnis: 5:5
SR: Drees, Dr. (Mainz) – **Zuschauer:** 49000 – **Spielnote:** 3,5

Nordderby: Barbarez (Nr. 10) trifft zum 1:1-Ausgleich gegen Werder Bremen.

Die Bundesliga auf einen Blick

BUNDESLIGA 2005/06	Bayern München	Werder Bremen	Hamburger SV	FC Schalke 04	Bayer Leverkusen	Hertha BSC	Borussia Dortmund	1. FC Nürnberg	VfB Stuttgart	Borussia M'gladbach	1. FSV Mainz 05	Hannover 96	Arminia Bielefeld	Eintracht Frankfurt	VfL Wolfsburg	1. FC Kaiserslautern	1. FC Köln	MSV Duisburg	Heimbilanz Auswärtsbilanz					Gesamt	
																			g.	u.	v.	Tore	Pkt.	Tore	Punkte
1. Bayern München	K	3:1 0:3	1:2 0:2	3:0 1:1	1:0 5:2	3:0 0:0	3:3 2:1	2:1 2:1	3:1 0:0	3:0 3:1	2:1 2:2	1:0 1:1	2:0 2:1	5:2 1:0	2:0 0:0	2:1 1:1	2:2 2:1	4:0 3:1	14 8	2 7	1 2	42:14 25:18	44 31	67:32	75
2. Werder Bremen	3:0 1:3	I	1:1 2:1	0:0 1:2	2:1 1:1	0:3 2:1	3:2 1:0	6:2 1:3	1:1 0:0	2:0 1:2	4:2 2:0	5:0 0:0	5:2 1:0	4:1 1:0	6:1 1:1	0:2 5:1	6:0 4:1	2:0 5:3	12 9	3 4	2 4	50:18 29:19	39 31	79:37	70
3. Hamburger SV	2:0 2:1	1:2 1:1	C	1:0 2:0	0:2 1:0	2:1 2:4	2:4 1:1	3:0 1:2	0:2 2:1	2:0 0:0	1:0 3:1	1:1 1:2	2:1 2:0	1:1 2:1	0:1 1:0	3:0 3:0	3:1 1:0	2:0 2:0	10 11	2 3	5 3	26:16 27:14	32 36	53:30	68
4. FC Schalke 04	1:1 0:3	2:1 0:0	0:2 0:1	K	7:4 1:1	0:0 2:1	0:0 2:1	2:0 1:1	3:2 0:2	1:1 0:0	1:0 0:1	2:0 2:1	3:1 1:0	2:0 1:0	2:2 0:0	2:1 2:0	1:1 2:2	3:0 1:1	10 6	6 7	1 4	32:16 15:15	36 25	47:31	61
5. Bayer Leverkusen	2:5 0:1	1:1 1:2	0:1 2:0	1:1 4:7	E	1:2 5:1	2:1 2:1	2:2 1:1	1:1 2:0	2:1 1:1	1:2 1:3	0:0 2:2	1:1 0:1	2:1 4:1	4:0 1:2	5:1 2:2	2:1 3:0	3:2 3:1	7 7	6 4	4 6	30:23 34:26	27 25	64:49	52
6. Hertha BSC	0:0 0:3	1:2 3:0	4:2 1:2	1:2 0:0	1:5 2:1	R	0:0 0:2	1:1 1:2	2:0 3:3	2:2 2:2	3:1 2:2	1:1 2:2	1:0 0:3	2:0 1:1	3:0 1:1	3:0 2:0	2:4 1:0	3:2 1:2	8 4	5 7	4 6	30:22 22:26	29 19	52:48	48
7. Borussia Dortmund	1:2 3:3	0:1 2:3	1:1 4:2	1:2 0:0	1:2 1:2	2:0 0:0	S	2:1 2:1	0:0 0:0	2:1 1:2	1:1 1:1	0:2 2:1	2:0 0:1	1:1 0:2	3:2 2:2	2:1 3:3	2:1 0:0	2:0 1:1	8 3	4 9	5 5	23:18 22:24	28 18	45:42	46
8. 1. FC Nürnberg	1:2 1:2	3:1 2:6	2:1 0:3	1:1 0:2	1:1 2:2	2:1 1:1	1:2 1:2	P	0:1 0:1	5:2 1:0	3:0 1:4	1:1 1:1	2:3 0:0	0:1 0:1	1:0 1:1	3:2 3:1	2:1 4:3	3:0 0:1	9 3	3 5	5 9	31:20 18:31	30 14	49:51	44
9. VfB Stuttgart	0:0 1:3	0:0 1:1	1:2 2:0	2:0 2:3	0:2 1:1	3:3 0:2	0:0 0:0	1:0 1:0	O	1:1 1:1	2:1 2:1	2:2 3:3	1:1 1:2	0:2 1:1	2:1 1:0	1:0 1:1	2:3 0:0	0:1 1:1	5 4	7 9	5 4	18:19 19:20	22 21	37:39	43
10. Bor. M'gladbach	1:3 0:3	2:1 0:2	0:0 0:2	0:0 1:1	1:1 1:2	2:2 2:2	2:1 1:2	0:1 2:5	1:1 1:1	R	1:0 0:3	2:2 1:1	2:0 2:0	4:3 2:0	1:1 0:2	4:1 0:3	2:0 1:2	2:1 1:1	8 2	7 5	2 10	27:18 15:32	31 11	42:50	42
11. 1. FSV Mainz 05	2:2 1:2	0:2 2:4	1:3 0:1	1:0 0:1	3:1 2:1	2:2 1:3	1:1 1:1	4:1 0:3	1:2 1:2	3:0 0:1	T	0:0 2:2	1:1 0:2	2:2 0:0	5:1 3:0	0:2 2:0	4:2 0:1	1:1 0:0	6 3	7 4	4 10	31:23 15:24	25 13	46:47	38
12. Hannover 96	1:1 0:1	0:0 0:5	2:1 1:1	1:2 0:2	2:2 0:0	2:2 1:1	1:2 2:0	1:1 1:1	3:3 2:2	1:1 2:2	2:2 0:0	M	0:1 1:4	2:0 1:0	2:4 1:2	5:1 0:1	1:0 4:1	1:1 0:0	4 3	9 8	4 6	27:24 16:23	21 17	43:47	38
13. Arminia Bielefeld	1:2 0:2	0:1 2:5	0:2 1:2	0:1 1:3	1:0 1:1	3:0 0:1	1:0 0:2	0:0 3:2	2:1 1:1	0:2 0:2	2:0 1:1	4:1 1:0	A	1:0 0:3	0:1 0:0	0:0 0:2	3:2 2:4	0:2 1:1	8 2	2 5	7 10	18:15 14:32	26 11	32:47	37
14. Eintracht Frankfurt	0:1 2:5	0:1 1:4	1:2 1:1	0:1 0:2	1:4 1:2	1:1 0:2	2:0 1:1	1:0 1:0	1:1 2:0	0:2 3:4	0:0 2:2	0:1 0:2	3:0 0:1	G	1:1 0:1	2:2 2:1	6:3 1:1	5:2 1:0	5 4	5 4	7 9	24:22 18:29	20 16	42:51	36
15. VfL Wolfsburg	0:0 0:2	1:1 1:6	0:1 1:0	0:0 2:2	2:1 0:4	1:1 0:3	2:2 2:3	1:1 0:1	0:1 1:2	2:0 1:1	0:3 1:5	2:1 4:2	0:0 1:0	1:0 1:1	A	2:2 2:3	1:1 0:3	1:1 0:1	4 3	10 3	3 11	16:16 17:39	22 12	33:55	34
16. 1. FC Kaiserslautern	1:1 1:2	1:5 2:0	0:3 0:3	0:2 1:2	2:2 1:5	0:2 0:3	3:3 1:2	1:3 2:3	1:1 0:1	3:0 1:4	0:2 2:0	1:0 1:5	2:0 0:0	1:2 2:2	3:2 2:2	Z	2:2 3:2	5:3 2:2	5 3	5 4	7 10	26:33 21:38	20 13	47:71	33
17. 1. FC Köln	1:2 2:2	1:4 0:6	0:1 1:3	2:2 1:1	0:3 1:2	0:1 4:2	0:0 1:2	3:4 1:2	0:0 3:2	2:1 0:2	1:0 2:4	1:4 0:1	4:2 2:3	1:1 3:6	3:0 1:1	2:3 2:2	I	3:1 1:1	5 2	4 5	8 10	24:29 25:42	19 11	49:71	30
18. MSV Duisburg	1:3 0:4	3:5 0:2	0:2 0:2	1:1 0:3	1:3 2:3	2:1 2:3	1:1 0:2	1:0 0:3	1:1 1:0	1:1 1:2	0:0 1:1	0:0 1:1	1:1 2:0	0:1 2:5	1:0 1:1	2:2 3:5	1:1 1:3	N	3 2	9 3	5 12	17:23 17:40	18 9	34:63	27

Die Bundesliga-Torjäger

Klose (Werder Bremen)	25
Berbatov (Bayer Leverkusen)	21
Altintop (1. FC Kaiserslautern)	20
Makaay (Bayern München)	17
Vittek (1. FC Nürnberg)	16
Klasnic (Werder Bremen)	15
Ballack (Bayern München)	14
Smolarek (Borussia Dortmund)	13
Marcelinho (Hertha BSC)	12
Amanatidis (Eintracht Frankfurt)	12
Podolski (1. FC Köln)	12
Thurk (1. FSV Mainz 05)	12
Klimowicz (VfL Wolfsburg)	12
Pantelic (Hertha BSC)	11
Pizarro (Bayern München)	11
Borowski (Werder Bremen)	10
Brdaric (Hannover 96)	10
Sanogo (1. FC Kaiserslautern)	10
Neuville (Bor. Mönchengladbach)	10
Kießling (1. FC Nürnberg)	10
Kuranyi (FC Schalke 04)	10
Larsen (FC Schalke 04)	10
Valdez (Werder Bremen)	9
Ahanfouf (MSV Duisburg)	9
Barbarez (Hamburger SV)	9
van der Vaart (Hamburger SV)	9
Auer (1. FSV Mainz 05)	9
Zidan (1. FSV Mainz 05)	9

Die meisten Bundesliga-Spiele

Körbel (Eintracht Frankfurt)	602
Kaltz (Hamburger SV)	581
Fichtel (FC Schalke 04)	552
Votava (Werder Bremen)	546
Fischer (FC Schalke 04)	535
Immel (VfB Stuttgart)	534
Neuberger (Eintracht Frankfurt)	520
Lameck (VfL Bochum)	518
Stein (Hamburger SV)	512
Reuter (Borussia Dortmund)	502
Kahn (Bayern München)	499
Dietz (MSV Duisburg)	495
Jakobs (Hamburger SV)	493
Geye (1. FC Kaiserslautern)	485
Burdenski (Werder Bremen)	478
Maier (Bayern München)	473
Reck (Werder Bremen)	471
Matthäus (Bayern München)	464
Schumacher (1. FC Köln)	464
Zorc (Borussia Dortmund)	463
Tenhagen (VfL Bochum)	457
Nigbur (FC Schalke 04)	456
Golz (Hamburger SV)	453
Rüssmann (FC Schalke 04)	453
Kuntz (1. FC Kaiserslautern)	449
Burgsmüller (Borussia Dortmund)	447
Thon (FC Schalke 04)	443
Grabowski (Eintracht Frankfurt)	441
Riedl (1. FC Kaiserslautern)	441
Zewe (Fortuna Düsseldorf)	440
Frontzeck (Borussia M'gladbach)	436
Kleff (Borussia M'gladbach)	433
Möller (Borussia Dortmund)	429

Die Rekord-Torjäger

Gerd Müller (Bayern München)	365
Fischer (FC Schalke 04)	268
Heynckes (Borussia M'gladbach)	220
Burgsmüller (Borussia Dortmund)	213
Kirsten (Bayer Leverkusen)	181
Kuntz (1. FC Kaiserslautern)	179
Klaus Allofs (1. FC Köln)	177
Dieter Müller (1. FC Köln)	177
Löhr (1. FC Köln)	166
K.-H. Rummenigge (Bayern München)	162
Hölzenbein (Eintracht Frankfurt)	160
Walter (VfB Stuttgart)	157
Thomas Allofs (1. FC Kaiserslautern)	148
Nickel (Eintracht Frankfurt)	141
Seeler (Hamburger SV)	137
Hrubesch (Hamburger SV)	136
Elber (Bayern München)	133
Völler (Werder Bremen)	132
Zorc (Borussia Dortmund)	131
Allgöwer (VfB Stuttgart)	129
Dieter Hoeneß (Bayern München)	127
Max (TSV München 1860)	126
Volkert (Hamburger SV)	125
Mill (Borussia M'gladbach)	123
Laumen (Borussia M'gladbach)	121
Matthäus (Bayern München)	121
Wohlfarth (Bayern München)	120
Rupp (Borussia M'gladbach)	119
Worm (MSV Duisburg)	119
Littbarski (1. FC Köln)	116
Emmerich (Borussia Dortmund)	115
Geye (Fortuna Düsseldorf)	113
Klinsmann (VfB Stuttgart)	110

Die Bundesliga nach 43 Spieljahren

Pl.	Verein	Spieljahre	Gesamtbilanz						Heimbilanz						Auswärtsbilanz					
			Spiele	g.	u.	v.	Tore	Punkte	Spiele	g.	u.	v.	Tore	Punkte	Spiele	g.	u.	v.	Tore	Punkte
1.	Bayern München	41	1398	785	329	284	2988:1647	2684	699	512	120	67	1870:658	1656	699	273	209	217	1118:989	1028
2.	Hamburger SV	43	1458	611	387	460	2441:2064	2220	729	422	172	135	1481:781	1438	729	189	215	325	960:1283	782
3.	Werder Bremen	42	1424	619	352	453	2402:2000	2209	712	426	171	115	1496:780	1449	712	193	181	338	906:1220	760
4.	VfB Stuttgart	41	1390	582	349	459	2368:1987	2095	695	413	149	133	1464:741	1388	695	169	200	326	904:1246	707
5.	1. FC Kaiserslautern	42	1424	558	354	512	2276:2239	2025	712	414	177	121	1404:769	1419	712	144	177	391	872:1470	609
6.	Bor. Mönchengladbach	39	1330	545	363	422	2373:1955	1998	665	363	184	118	1456:777	1273	665	182	179	304	917:1178	725
7.	Borussia Dortmund	39	1322	549	347	426	2273:1968	1994	661	381	162	118	1405:743	1305	661	168	185	308	868:1225	689
8.	1. FC Köln	39	1322	552	333	437	2305:1941	1989	661	378	142	141	1417:804	1276	661	174	191	296	888:1137	713
9.	Eintracht Frankfurt	38	1288	488	319	481	2121:1996	1781	644	360	155	129	1359:763	1235	644	128	164	352	762:1233	548
10.	FC Schalke 04	38	1288	478	334	476	1875:1931	1768	644	329	185	130	1162:715	1172	644	149	149	346	713:1216	596
11.	Bayer Leverkusen	27	922	372	273	277	1517:1259	1389	461	252	127	82	894:489	883	461	120	146	195	623:770	506
12.	VfL Bochum	30	1024	320	268	436	1433:1664	1228	512	240	139	133	866:617	859	512	80	129	303	567:1047	369
13.	Hertha BSC	25	842	317	215	310	1257:1299	1166	421	232	110	79	784:469	806	421	85	105	231	473:830	360
14.	MSV Duisburg	27	914	288	254	372	1255:1465	1118	457	200	147	110	748:553	747	457	88	107	262	507:912	371
15.	1. FC Nürnberg	25	846	274	208	364	1131:1374	1030	423	187	123	113	693:543	684	423	87	85	251	438:831	346
16.	Fortuna Düsseldorf	22	752	238	206	308	1121:1329	920	376	172	112	92	698:520	628	376	66	94	216	423:809	292
17.	TSV München 1860	20	672	238	170	264	1022:1059	884	336	167	76	93	610:422	577	336	71	94	171	412:637	307
18.	Karlsruher SC	22	744	222	215	307	1025:1301	881	372	164	124	84	629:483	616	372	58	91	223	396:818	265
19.	Eintracht Braunschweig	20	672	236	170	266	908:1026	878	336	181	89	66	582:340	632	336	55	81	200	326:686	246
20.	Hannover 96	18	608	177	160	271	856:1038	691	304	129	90	85	539:430	477	304	48	70	186	317:608	214
21.	Bayer/KFC Uerdingen	14	476	138	129	209	644:844	543	238	105	67	66	404:352	382	238	33	62	143	240:492	161
22.	Arminia Bielefeld *	13	442	130	104	208	534:718	494	221	98	53	70	330:267	347	221	32	51	138	204:451	147
23.	Hansa Rostock	11	378	116	101	161	462:569	449	189	79	53	57	279:228	290	189	37	48	104	183:341	159
24.	VfL Wolfsburg	9	306	111	73	122	437:464	406	153	79	36	38	268:175	273	153	32	37	84	169:289	133
25.	SC Freiburg	10	340	104	83	153	437:546	395	170	70	45	55	264:218	255	170	34	38	98	173:328	140
26.	Waldhof Mannheim	7	238	71	72	95	299:378	285	119	51	41	27	197:149	194	119	20	31	68	102:229	91
27.	Kickers Offenbach	7	238	77	51	110	368:486	282	119	61	26	32	238:184	209	119	16	25	78	130:302	73
28.	Rot-Weiss Essen	7	238	61	79	98	346:483	262	119	46	43	30	213:198	181	119	15	36	68	133:285	81
29.	FC St. Pauli	7	238	50	75	113	261:417	225	119	39	39	41	154:162	156	119	11	36	72	107:255	69
30.	SG Wattenscheid 09	4	140	34	48	58	186:248	150	70	26	22	22	108:91	100	70	8	26	36	78:157	50
31.	1. FC Saarbrücken	5	166	32	48	86	202:336	144	83	22	32	29	117:134	98	83	10	16	57	85:202	46
32.	Dynamo Dresden	4	140	33	45	62	132:211	140	70	27	24	19	82:68	105	70	6	21	43	50:143	39
33.	Rot-Weiß Oberhausen	4	136	36	31	69	182:281	139	68	31	18	19	119:99	111	68	5	13	50	63:182	28
34.	Alemannia Aachen	3	102	34	21	47	140:200	123	51	26	13	12	96:72	91	51	8	8	35	44:128	32
35.	Energie Cottbus	3	102	28	20	54	108:176	104	51	22	8	21	71:71	74	51	6	12	33	37:105	30
36.	Wuppertaler SV	3	102	25	27	50	136:200	102	51	20	14	17	93:87	74	51	5	13	33	43:113	28
37.	Borussia Neunkirchen	3	98	25	18	55	109:223	93	49	22	11	16	71:85	77	49	3	7	39	38:138	16
38.	FC 08 Homburg	3	102	21	27	54	103:200	90	51	18	17	16	72:74	71	51	3	10	38	31:126	19
39.	1. FSV Mainz 05	2	68	21	18	29	96:102	81	34	15	10	9	59:44	55	34	6	8	20	37:58	26
40.	SpVgg Unterhaching	2	68	20	19	29	75:101	79	34	17	11	6	43:30	62	34	3	8	23	32:71	17
41.	Stuttgarter Kickers	2	72	20	17	35	94:132	77	36	11	8	17	41:49	41	36	9	9	18	53:83	36
42.	SV Darmstadt 98	2	68	12	18	38	86:157	54	34	10	10	14	52:68	40	34	2	8	24	34:89	14
43.	Tennis Borussia Berlin	2	68	11	16	41	85:174	49	34	10	10	14	54:66	40	34	1	6	27	31:108	9
44.	SSV Ulm 1846	1	34	9	8	17	36:62	35	17	7	4	6	22:23	25	17	2	4	11	14:39	10
45.	Fortuna Köln	1	34	8	9	17	46:79	33	17	6	6	5	31:32	24	17	2	3	12	15:47	9
46.	Preußen Münster	1	30	7	9	14	34:52	30	15	5	4	6	21:23	19	15	2	5	8	13:29	11
47.	Blau-Weiß 90 Berlin	1	34	3	12	19	36:76	21	17	2	8	7	20:31	14	17	1	4	12	16:45	7
48.	VfB Leipzig	1	34	3	11	20	32:69	20	17	2	9	6	20:28	15	17	1	2	14	12:41	5
49.	Tasmania 1900 Berlin	1	34	2	4	28	15:108	10	17	2	3	12	8:46	9	17	0	1	16	7:62	1

Die Tabelle wurde nach dem Drei-Punkte-System errechnet.

1993/94 wurden Dynamo Dresden 4 Punkte, 1999/2000 Eintracht Frankfurt 2 Punkte, 2003/04 dem 1. FC Kaiserslautern 3 Punkte abgezogen.

* Bei den Spieljahren und allen folgenden Spalten unberücksichtigt blieben die in der Saison 1971/72 von Bielefeld erbrachten Leistungen. Aufgrund des Lizenzentzugs der Arminia wurden alle 34 Spiele (6 Siege, 7 Unentschieden, 21 Niederlagen, 41:75 Tore, 25 Punkte) des Klubs nur aus Sicht der jeweiligen Gegner gewertet.

Alle Tabellenführer

FC Bayern München	533 x
Bor. Mönchengladbach	127 x
SV Werder Bremen	119 x
1. FC Kaiserslautern	91 x
Borussia Dortmund	89 x
Hamburger SV	89 x
1. FC Köln	81 x
Eintracht Frankfurt	56 x
VfB Stuttgart	50 x
Bayer Leverkusen	48 x
FC Schalke 04	39 x
Eintracht Braunschweig	35 x
1. FC Nürnberg	32 x
TSV München 1860	18 x
Hertha BSC Berlin	8 x
VfL Wolfsburg	8 x
Bayer Uerdingen	7 x
Fortuna Düsseldorf	5 x
Karlsruher SC	5 x
Kickers Offenbach	5 x
Hansa Rostock	5 x
Hannover 96	4 x
Arminia Bielefeld	3 x
VfL Bochum	3 x
MSV Duisburg	3 x
Rot-Weiß Essen	2 x
Rot-Weiß Oberhausen	2 x
SC Freiburg	1 x
FC St. Pauli	1 x

LIGA

Eine Liga mit Kult und Kampf

Die Liga ist längst etabliert und erfreut sich einer großen Beliebtheit bei den Fans. Schade nur, dass immer wieder Klubs in wirtschaftliche Nöte geraten. Zuletzt erwischte es die Münchner »Löwen« – mit der Lizenzierung war es ganz eng.

Zerrissene Löwen: Lichte Mähne und leere Kassen

Sie hatten es sich so schön ausgemalt, die Verantwortlichen der Münchner »Löwen«. Man schrieb den Juni 2005, gerade eben hatte der Traditionsverein aus dem Stadtteil Giesing die neue, schmucke Allianz-Arena gemeinsam mit Partner FC Bayern eröffnet. Hier sollte er gelingen, der ersehnte Aufstieg, die angestrebte Rückkehr in die Bundesliga. Eine rosige Zukunft?

»Wir sind zum Aufstieg verdammt«, sagte Präsident Karl Auer damals, das letzte Wort in diesem Satz hörte kaum jemand, vielleicht wollte es auch niemand hören. Ein knappes Jahr später stehen die Sechziger vor dem Scheiterhaufen ihrer verfehlten Träume und Ziele und nichts ist mehr, wie es in jenen Juni-Tagen schien. Statt dem Aufstieg gelang mit Müh und Not der Klassenerhalt am vorletzten Spieltag, von den Verantwortlichen ist kaum jemand noch in Amt und Würden.

Trainer Reiner Maurer, ordentlich mit seinem Team gestartet, zeitweise sogar Tabellenführer, musste nach dem ersten Rückrundenspieltag im Januar gehen, Zwischenrang vier genügte den Ansprüchen nicht. Mit ihm trat der glücklose, zermürbte Manager Roland Kneißl zurück und machte den Weg frei für einen Weltmeister: Stefan Reuter leitet seitdem die sportlichen Geschicke, als erste Amtshandlung lotste er Österreichs Alt-Internationalen Walter Schachner auf die Trainerbank der »Blauen«. Ach ja, Präsident Karl Auer gab schließlich im März auf Anraten der Ärzte auf, zu sehr hatte seine Gesundheit unter der tonnenschweren Last des Amtes gelitten. Ihn beerbte Alfred Lehner, bis dato Aufsichtsrats-Chef.

Volles Haus, aber leere Kassen: Der TSV München 1860 wurde seit dem Umzug in die gigantische AllianzArena nicht glücklich. Spätestens seit dem kuriosen Doping-Fall um Nemanja Vucicevic (rechtes Foto, mit dem damaligen Trainer Rainer Maurer) geriet der Traditionsklub in eine schwere Krise.

Zu diesem Zeitpunkt war die einst zumindest an der Oberfläche heile »Löwen«-Welt bereits aus den Fugen geraten. Eine Negativmeldung jagte die andere, immer einhergehend mit der sportlichen Talfahrt. Erste Risse verursachte Nemanja Vucicevic. Um Abhilfe gegen seinen bereits in jungen Jahren lichter werdenden Haarschopf zu schaffen, nahm er ohne Rücksprache mit den Vereinsärzten ein Haarwuchsmittel. Dummerweise enthielt dies die verbotene Substanz Finasterin und die Sechziger hatten ihren Dopingfall. Die Konsequenz: Der Verlust der drei Punkte aus dem 2:0 in Burghausen, sechs Monate Sperre für den technisch versierten Offensivspieler. Dass die Schachner-Elf die Chance des Wiederholungsspiels in Burghausen nicht nutzte, 0:1 verlor, passte wunderbar ins Bild der sportlichen Talfahrt in Höchstgeschwindigkeit. Dennoch alles nur eine Randnotiz verglichen mit den Problemen, die auf den Verein im Frühjahr zukamen.
Gerüchte von Zahlungsschwierigkeiten machten die Runde, eifrige Dementis folgten zunächst. Licht ins dunkle Finanzchaos brachte erst Dr. Stefan Ziffzer, der Ende März seine Stelle als neuer Geschäftsführer für Finanzen antrat. Wo früher Schweigen herrschte, trat Ziffzer den Gang in die

Österreich-Importe für die »Löwen«: Trainer Walter Schachner (unten) hatte Mühe, den freien Fall der Münchner aufzuhalten. Auch der kostspielige Transfer von Steffen Hofmann (von Rapid Wien) blieb weit hinter den Erwartungen zurück.

Offensive an. Vehement, rigoros und ohne Schönfärberei. Rund elf Millionen Euro Schulden hatte 1860 mittlerweile angehäuft, der operative Verlust für die Saison 2005/06 werde sich auf sieben Millionen Euro belaufen, teilte der ehemalige Geschäftsführer des DSF der staunenden Öffentlichkeit mit. Die schlechte Vermarktung der Business Seats in der Allianz Arena sowie der teure, für Zweitliga-Verhältnisse viel zu teure und mit 27 Spielern obendrein zu große Kader sorgten für das dicke Loch in der Kasse, Ende April drohte gar die Insolvenz.
Dass ausgerechnet der verhasste Lokalrivale, die übermächtigen »Roten« von der Säbener Straße, den Klub vor dem Aus bewahrten, war und ist für viele »Löwen«-Fans der größte aller möglichen Albträume. Ein Super-Gau, der Fan-Wunden aufriss und so schnell auch nicht heilen wird. Für elf Millionen Euro kaufte der FC Bayern den Sechzigern ihre 50 Prozent Anteile am Stadion ab, nach

gerade einmal einer knappen Saison spielte 1860 nicht mehr als Mitbesitzer, sondern als Mieter in der WM-Arena. Innerhalb von vier Jahren kann der angeschlagene Klub seine Anteile zwar zurückkaufen, müsste dafür aber, inklusive Zinsen und Rückzahlung von Mietnachlässen, rund 17 Millionen Euro aufbringen. Illusorisch, zumindest solange nicht der Sprung in die Bundesliga gelingt. Ein Teufelskreislauf. Ohne Geld ist es schwierig, nahezu unmöglich, eine wettbewerbsfähige Mannschaft aufzustellen. Ohne eine solche ist es unwahrscheinlich, dass der Aufstieg klappt und dadurch die Einnahmen signifikant erhöht steigen.
Apropos Mannschaft. Bei allem Chaos im und um den Verein, soll der sportliche Aspekt nicht gänzlich vergessen werden. Das Team, angetreten mit dem Anspruch Aufstieg, enttäuschte zunächst keineswegs. Eine gewisse Heimschwäche in der imposanten, neuen Umgebung durfte zwar früh attestiert werden, diese glichen Lehmann, Agostino und Co. zunächst jedoch mit Auswärtssiegen in Serie aus. Der Bruch kam nach dem 14. Spieltag. In den drei Partien bis zur Winterpause folgten Heimniederlagen gegen Unterhaching und Cottbus, zwischendurch gab es eine magere Nullnummer beim späteren Absteiger Saarbrücken. Von diesen Rückschlägen erholte sich die Truppe nie mehr. Immer mehr offenbarte sich die falsche Zusammensetzung des Kaders. Hier junge Talente wie Matthias Lehmann, Daniel Baier oder Marcel Schäfer, die die ihn sie gesteckten Erwartungen selten erfüllen konnten. Dort Routiniers, die mehr mit sich selbst beschäftigt waren, der Mannschaft nicht die dringend benötigte Führung geben konnten. Paul Agostino als Pendler zwischen Spielfeld und Bank, ehe ihn Walter Schachner kurz vor Saisonschluss zum Kapitän bestimmte, Michael Hofmann Ersatztorwart, Harald Cerny dauernd verletzt, Rodrigo Costa im Formtief und schließlich aussortiert. Innerhalb des Teams stimmte die Chemie nicht, der teure Winter-Nachkauf Steffen Hofmann (für 750 000 Euro von Rapid Wien) verbesserte sie nicht, schürte eher noch den Neid-Faktor, zumal der Neue eher durchschnittliche Leistungen ablieferte.
Man darf gespannt sein, wie es bei den »Löwen« weitergeht, ob wenigstens etwas Ruhe in der kommenden Saison einkehrt. Leichter wird es mit Sicherheit nicht, dafür garantieren schon die starken Erstliga-Absteiger Köln, Kaiserslautern und Duisburg, die mit aller Macht das Zweitliga-Intermezzo auf ein Jahr begrenzen wollen. Für Schlagzeilen, das muss befürchtet werden, wird der Kultklub dennoch garantieren, Langeweile gibt es an der Grünwalder Straße nicht.

Frank Linkesch

FESTINA
WATCHES
10
molten

PUMA
LEONHARDT
GROUP
BUNDES
LIGA
UMBRO
stadt Quelle
ersicherunge

Greuther Fürth – Vorbildlich, aber in der Zwickmühle?

Worte? Sätze? Erklärungen? Kein Problem für Helmut Hack, dem Macher der SpVgg Greuther Fürth. Sie sprudeln aus dem eloquenten Präsidenten nur so heraus. Normalerweise.

Nicht so am späten Nachmittag des 14. Mai des Jahres 2006. Da hatte er, der sonst so Beredete, die Lust am Parlieren verloren – zumindest wenn es um den Aufstieg im generellen, und um dessen knappes Verpassen im speziellen ging. Wenige Minuten zuvor hatten seine Profis in Freiburg das finale Saisonspiel mit 0:1 verloren und damit den rechnerisch noch möglichen Sprung hinauf in die Bundesliga verpasst. Wie so oft in den vergangenen Jahren, sei hinzugefügt. In den sechs zurückliegenden Spielzeiten wurden die Fürther fünfmal Fünfter in Liga Zwei, was in dieser Spielklasse nichts anderes als fünf knapp vergebene Großchancen auf den Aufstieg ergibt. Daran änderte auch der Fakt nichts, dass an besagtem Sonntag aufgrund eines Cottbuser Heimerfolges über 1860 auch ein Sieg nichts genutzt hätte. Und so mussten sie unweigerlich kommen in Freiburg, die Fragen, warum es am Ende erneut nicht geklappt hatte. Fragen, bei denen der sonst so um Contenance bemühte Helmut Hack seinen Unmut gar nicht erst zu verbergen versuchte. »Wenn so ein kleiner Verein wie wir es schafft, in den vergangenen sechs Jahren fünfmal zu den besten fünf Teams der Liga zu gehören, dann ist dies ein großer Erfolg. Mehr gibt es dazu nicht zu sagen«, stellte er mit unüberhörbarem Zorn in der Stimme fest.

Ein berechtigter Zorn, wirft man ein Blick darauf, woher die SpVgg kam. Knapp zehn Jahre ist es her, da war die SpVgg aus Fürth mit ihren drei deutschen Meistertiteln zwar reich an Tradition, dafür aber arm an Perspektive. Aus der Vereinskasse gähnte die Leere, das Stadion war ein Sanierungsfall, die einst so erfolgreiche Nachwuchsarbeit eine mehr und mehr verblassende Erinnerung und das Trainingsgelände eine Zumutung. Passend dazu, dass die erste Mannschaft in der Regionalliga vor rund tausend Zuschauern im Mittelfeld herum kickte. In jenen Tagen verschwendete in Fürth keiner auch nur den leisesten Gedanken an eine Rückkehr in die Erstklassigkeit. Kein Wunder, schließlich war damals selbst die Zweite Liga in utopische, weil niemals zu erreichende Fernen gerückt.

Dies änderte sich schlagartig, als Helmut Hack, Boss des rund 50 Kilometer entfernt liegenden Regionalligisten TSV Vestenbergsgreuth, auf die Bühne trat mit seiner revolutionär anmutenden Idee, gemeinsame Sache zu machen. Seine mitreißende, Aufbruchstimmung erzeugende Art war es, die notwendigen Mehrheiten in beiden Lagern für einen Beitritt der Fußballer des TSV in die SpVgg erzeugte. Und auch wenn die Schar der Skeptiker diesem Projekt ein Scheitern prophezeiten, so hat es sich doch bislang als Erfolgsgeschichte entpuppt.

In ihrer ersten Saison, der Spielzeit 1996/97, schaffte es die SpVgg Greuther Fürth auf Anhieb, sich das Ticket für den erlauchten 36er-Kreis des deutschen Profifußballes zu erspielen. Ein Ticket, das sie seither nicht mehr aus den Händen gab. Dabei ist die wirtschaftliche Lage der Stadt ist angespannt, florierende Unternehmen, die sich eine Sponsorenschaft leisten können, sind eine Rarität. Nicht zu vergessen, dass sie mit dem 1. FCN einen Nachbarn hat, der in der Region eine Vormachtstellung einnimmt. Bedeutet konkret: Will die SpVgg zu Hause über die 10 000-Zuschauer-Marke kommen, muss sie mindestens Tuchfüh-

Applaus, aber wofür: Seit Jahren versucht sich Fürths Trainer Benno Möhlmann an der Vorgabe Aufstieg – bisher vergeblich. Auch die Treffsicherheit von Torjäger Christian Eigler (linke Seite gegen den Auer Lenze) konnte die Franken nicht ans Ziel ihrer Träume führen.

lung zu einem der ersten drei Plätze haben, und zweitens ein namhafter Gegner seine Visitenkarte abgeben. In den Wintermonaten reicht mitunter nicht einmal diese Konstellation.
Umso mehr nötigt es Respekt ab, was Helmut Hack und seine Mitstreiter auf die Beine gestellt haben, schließlich stimmt nicht nur die sportliche Bilanz. Schulden? Kennen sie nicht, die Franken. Und daran soll sich auch partout nichts ändern. Dass sie, um diesem Vorsatz treu zu bleiben, Jahr um Jahr Leistungsträger zu Geld machen mussten, ist die Kehrseite. In diesem Jahr spült zum Beispiel der Weggang von Roberto Hilbert zum VfB Stuttgart rund 1,5 Millionen Euro aufs Konto. In der Vergangenheit hat die SpVgg den Großteil solcher Einnahmen dazu genutzt, um ihrer Infrastruktur einen profigerechten Anstrich zu verpassen. Somit gehören die Zeiten der Vergangenheit an, als Jugendteams auf den Asche- oder Dreckfeldern hinter der Tribüne kicken mussten, auf denen bei den Heimspielen der ersten Mannschaft die Prominenz ihre Autos abstellte. Heute kann die SpVgg wenige Kilometer entfernt vom Stadion ein schmuckes Trainingsgelände mit etlichen Rasenspielfeldern und einem Kunstrasenplatz ihr Eigen nennen. Der altehrwürdige Ronhof, nunmehr Playmobil-Stadion, ist längst kein Sanierungsfall mehr.

Was sich auf dem Papier so hervorragend liest, ist in der Praxis mitunter nur von untergeordneter Bedeutung. Bei den meisten Fans zum Beispiel – sie träumen vom Aufstieg, Dinge wie ein Kunstrasenplatz oder stark aufspielende U-Teams interessieren sie nur am Rande. Für Helmut Hack erwächst daraus eine echte Zwickmühle. Auf der einen Seite will er die SpVgg möglichst attraktiv erscheinen lassen, andererseits möchte er den Anhang den Blick für die Realitäten nicht vernebeln. Dass dabei auch mal ein Zick-Zack-Kurs herauskommen kann, zeigt die vergangene Saison. Trotz einer seit Ende der Vorrunde reellen Aufstiegschance wollte allen voran Trainer Benno Möhlmann davon so gar nichts wissen. Anstatt ein wenig Euphorie zu erzeugen nach dem Motto »auf geht's, lasst es uns versuchen«, redete er beharrlich davon, dass der Aufstieg kein Thema sei, weil erst für die kommende Saison anvisiert. Eine gefährliche Linie, die Greuther Fürth da fährt, denn die SpVgg verliert wie erwähnt wichtige Stützen. Es ist also alles andere als gesichert, dass sie an die Erfolge der jüngst abgelaufenen Spielzeit anknüpfen kann. Und wer weiß, vielleicht sehnt sich Helmut Hack im nächsten Frühjahr ja nach den Fragen, die ihn in diesem Jahr noch nervten.

Christian Biechele

Der Dank an die treuen Fans: Fürths Offensivspieler Danny Fuchs bedankt sich bei den Anhängern in der Kurve.

Abgeblockt im Kopfball-Duell: Fürths Christian Timm (links) gegen den Rostocker Verteidiger Kim Madsen.

Dresdens Dynamo drehte zu hoch

Mit vier Vereinen starteten die Neuen Bundesländer in Zweitliga-Saison 2005/06. Für zwei von ihnen sollte es die vorerst letzte sein. Energie Cottbus verabschiedete sich überraschend nach oben in die Bundesliga, während Dynamo Dresden den bitteren Gang in die Regionalliga antreten musste.

Erzgebirge Aue enttäuschte als Siebter keineswegs, Hansa Rostock musste früh die Hoffnung auf eine sofortige Rückkehr in die Bundesliga begraben, schloss auf einem unbefriedigenden zehnten Platz ab.
Trotz einer fulminanten Aufholjagd in der Rückrunde stieg Dynamo Dresden nach zwei Jahren wieder aus der Zweiten Liga ab. Vorherzusehen war dies zu Saisonbeginn nicht, die wenigsten Experten sahen die Mannschaft von Trainer Christoph Franke im Existenzkampf. Zunächst schienen sie auch Recht zu behalten, nach dem 4. Spieltag und einem imposanten 2:1-Auswärtserfolg bei 1860 München in der ausverkauften Allianz-Arena stand der Traditionsklub auf Rang drei, punktgleich mit Tabellenführer Braunschweig. Schon begannen die ersten im Umfeld von glorreichen Zeiten und einer Rückkehr in die Bundesliga zu träumen. Franke warnte postwendend vor einer solchen, viel zu hohen Erwartungshaltung und der Coach wusste, wovon er sprach. 13 sieglose Partien folgten, in denen die Dynamos magere vier Zähler sammelten. Eine zu schwere Hypothek, um am Saisonende unbeschadet dazustehen. Zum Verhängnis wurde Dresden wie Franke, der im Dezember entlassen wurde, der zu kleine Kader. Verletzungen, Sperren und Tiefs vermeintlicher Leistungsträger ergaben in der Summe viel zu viele Leistungen, die nicht zweitliga-tauglich waren.
In der Winterpause übernahm der Österreicher Peter Pacult das sportliche Kommando, mit einem Transfer-Kraftakt sollte der Rückstand auf die enteilte Konkurrenz aufgeholt werden. Aufstiegs-

Abgedrängt – in die Drittklassigkeit: Dynamo Dresdens Ivo Ulich (in Gelb) wird von zwei Cottbusern gestellt. Sidney (links) und Torhüter Piplica lassen ihm keine Chance – symptomatisch für die Entwicklung in Dresden.

Ostderby in Rostock: Hansas Mittelfeldspieler Enrico Gaede (rechts) im Zweikampf mit Aues Stürmer Sebastian Helbig.

held Maik Wagefeld, der aus Nürnberg zurückkehrte, sowie das tschechische Trio Ivo Ulich, Pavel Pergl und Tomas Votava erhöhten die Substanz im Kader spürbar, 28 Punkte holte Pacult in 18 Partien nach der Winterpause. Irgendwie schon fast tragisch, dass es dennoch nicht reichte, zumal 41 Punkte in den vergangenen Jahren immer die Rettung bedeutet hatten. Bleibt abzuwarten, ob der unvorhergesehene Betriebsunfall schnell repariert werden kann, die Vereinsführung strebt jedenfalls den sofortigen Wiederaufstieg an. Kleiner Trost für die Fans im Osten der Republik: Mit Carl Zeiss Jena kehrt dafür ein anderer Traditionsverein in die zweithöchste deutsche Spielklasse zurück.

Ähnlich wie Dresden rechneten die Experten auch im Fall von Energie Cottbus nicht mit einer derartigen Spielzeit. Nur, im Gegensatz zu den Elbestädtern, überraschte das Team von Petrik Sander positiv. Durch mannschaftliche Geschlossenheit und einer starken Auswärtsbilanz gelang die ganz große Überraschung mit dem Aufstieg. Dabei waren aus dem Kader, der drei Jahre zuvor aus der Bundesliga abgestiegen war, nur noch Torhüter Tomislav Piplica, Gregg Berhalter und Timo Rost übrig. Neuzugänge wie der zuvor chronisch glücklose Francis Kioyo oder Rückkehrer Kevin McKenna lösten zunächst nicht gerade Euphorie aus, bewiesen aber alsbald ihren Wert. Am Ende ein verdienter Aufstieg, keine Frage, auch wenn Energie gegen Ende kräftig zitterte, einen scheinbar komfortablen Sechs-Punkte-Vorsprung drei Spieltage vor Saisonende fast noch verspielt hätte. Umso größer der Jubel in der Lausitz nach dem finalen 3:1-Sieg gegen 1860 München.

Mit Ruhe und Kontinuität hat sich Erzgebirge Aue in der Liga etabliert. Drei Jahre hält sich Gerd Schädlichs Truppe nunmehr im Bundesliga-Unterbau, und dies für einen kleinen Klub mehr als respektabel. Wie in der Vorsaison stand, nach einer beinahe sorgenfreien Saison, der siebte Platz in der Endabrechnung. Fünf Punkte und drei Plätze vor Bundesliga-Absteiger Hansa Rostock, das einen fatalen Fehlstart hinlegte, dessen Opfer Trainer Jörg Berger bereits nach dem zweiten Spieltag wurde. Unter Frank Pagelsdorf konsolidierten sich die Hanseaten, setzten vermehrt auf den eigenen Nachwuchs und peilen nun in dieser Saison den Aufstieg an. Die Jungen führen soll dann Stefan Beinlich, der Routinier kehrt am Ende seiner Karriere nach Rostock zurück. Vielleicht gelingt mit ihm der große Wurf. Cottbus hat es vorgemacht.

Frank Linkesch

Die 2. Bundesliga auf einen Blick

2. BUNDESLIGA 2005/06	VfL Bochum	Alemannia Aachen	Energie Cottbus	SC Freiburg	SpVgg Greuther Fürth	Karlsruher SC	Erzgebirge Aue	Wacker Burghausen	SC Paderborn 07	Hansa Rostock	Kickers Offenbach	Eintr. Braunschweig	TSV München 1860	SpVgg Unterhaching	Dynamo Dresden	1. FC Saarbrücken	LR Ahlen	Sportfreunde Siegen	Heimbilanz Auswärtsbilanz g.	u.	v.	Tore	Pkt.	Gesamt Tore	Punkte
1. VfL Bochum	K	1:4 2:0	2:2 1:0	4:0 0:0	1:1 3:1	2:3 2:4	1:0 1:0	1:2 4:0	1:1 3:1	1:0 2:0	0:1 0:0	4:0 0:0	1:0 1:0	1:0 0:0	1:0 0:0	3:0 4:0	3:0 2:2	3:1 0:3	10 9	3 6	4 2	30:15 25:11	33 33	55:26	66
2. Alemannia Aachen	0:2 4:1	I	0:0 1:5	0:1 2:0	0:1 0:0	2:1 1:2	3:1 1:2	2:0 1:1	2:1 1:3	3:2 0:1	0:1 4:2	2:1 1:0	1:0 0:0	1:0 2:1	2:0 3:1	4:0 5:2	6:2 2:0	3:0 2:2	12 8	1 4	4 5	31:13 30:23	37 28	61:36	65
3. Energie Cottbus	0:1 2:2	5:1 0:0	C	2:1 1:4	1:2 1:1	0:0 2:3	1:0 2:2	4:1 1:0	1:2 0:0	2:0 0:0	1:2 0:2	2:1 1:0	3:1 3:2	2:0 2:0	0:0 1:1	0:1 3:1	0:0 1:0	1:0 4:2	9 7	3 7	5 3	25:13 24:20	30 28	49:33	58
4. SC Freiburg	0:0 0:4	0:2 1:0	4:1 1:2	K	1:0 2:1	0:0 1:1	2:0 0:1	2:1 1:2	1:0 1:1	2:2 2:1	2:0 1:2	1:0 0:0	2:1 1:0	3:2 0:1	1:0 0:2	3:1 1:2	3:0 0:0	2:2 0:1	12 4	4 4	1 9	29:12 12:21	40 16	41:33	56
5. SpVgg Greuther Fürth	1:3 1:1	0:0 1:0	1:1 2:1	1:2 0:1	E	3:1 1:2	1:3 1:1	6:2 2:2	1:1 2:1	2:0 2:1	2:0 1:2	0:1 0:3	2:2 2:2	2:0 1:4	3:1 2:1	0:0 0:1	2:0 2:1	1:0 3:1	8 7	5 4	4 6	28:17 23:25	29 25	51:42	54
6. Karlsruher SC	4:2 3:2	2:1 1:2	3:2 0:0	1:1 0:0	2:1 1:3	R	5:2 0:0	0:1 1:1	2:3 0:2	1:0 0:2	1:1 3:1	7:0 0:1	1:2 0:2	1:0 1:4	2:1 2:3	2:1 2:1	3:1 2:2	2:0 0:0	12 3	2 6	3 8	39:19 16:26	38 15	55:45	53
7. Erzgebirge Aue	0:1 0:1	2:1 1:3	2:2 0:1	1:0 0:2	1:1 3:1	0:0 2:5	S	1:1 1:1	1:0 2:0	2:1 0:1	1:0 1:2	0:2 1:0	3:0 1:1	0:1 1:1	2:0 4:1	2:0 1:1	0:0 1:3	0:2 1:0	8 5	5 4	4 8	18:12 20:24	29 19	38:36	48
8. Wacker Burghausen	0:4 2:1	1:1 0:2	0:1 1:4	2:1 1:2	2:2 2:6	1:1 1:0	1:1 1:1	P	5:1 3:1	1:1 0:1	0:2 3:1	1:2 2:1	1:0 1:1	1:1 1:1	1:0 2:1	2:0 1:1	1:3 2:2	1:0 1:2	6 6	6 5	5 6	21:21 24:28	24 23	45:49	47
9. SC Paderborn 07	1:3 1:1	3:1 1:2	0:0 2:1	1:1 0:1	1:2 1:1	2:0 3:2	0:2 0:1	1:3 1:5	O	3:0 0:2	4:1 1:1	3:0 0:2	0:1 0:1	1:1 0:3	0:2 2:0	5:0 0:0	1:0 2:0	4:0 2:0	8 5	3 4	6 8	30:17 16:23	27 19	46:40	46
10. Hansa Rostock	0:2 0:1	1:0 2:3	0:0 0:2	1:2 2:2	1:2 0:2	2:0 0:1	1:0 1:2	1:0 1:1	2:0 0:3	R	1:2 3:1	2:3 1:4	3:1 1:4	4:2 1:0	1:3 0:1	3:0 2:1	1:2 3:1	2:0 1:1	9 4	1 3	7 10	26:19 18:30	28 15	44:49	43
11. Kickers Offenbach	0:0 1:0	2:4 1:0	2:0 2:1	2:1 0:2	2:1 0:2	1:3 1:1	2:1 0:1	1:3 2:0	1:1 1:4	1:3 2:1	T	2:0 0:2	2:5 1:1	4:1 0:2	0:0 1:4	2:3 4:0	0:3 0:1	1:1 1:1	6 6	4 3	7 8	25:30 17:23	22 21	42:53	43
12. Eintr. Braunschweig	0:0 0:4	0:1 1:2	0:1 1:2	0:0 0:1	3:0 1:0	1:0 0:7	0:1 2:0	1:2 2:1	2:0 0:3	4:1 3:2	2:0 0:2	M	3:3 0:1	3:0 0:1	1:0 1:1	1:2 0:2	3:1 0:3	1:0 1:4	9 4	3 1	5 12	25:12 12:36	30 13	37:48	43
13. TSV München 1860	0:1 0:1	0:0 0:1	2:3 1:3	0:1 1:2	2:2 2:2	2:0 2:1	1:1 0:3	1:1 0:1	1:0 1:0	4:1 1:3	1:1 5:2	1:0 3:3	A	1:4 0:1	1:2 0:2	1:0 0:0	0:0 2:1	3:0 2:1	6 5	6 3	5 9	21:17 20:27	24 18	41:44	42
14. SpVgg Unterhaching	0:0 0:1	1:2 0:1	0:2 0:2	1:0 2:3	4:1 0:2	4:1 0:1	1:1 1:0	1:1 1:1	3:0 1:1	0:1 2:4	2:0 1:4	1:0 0:3	1:0 4:1	G	1:1 3:2	0:1 3:5	2:0 0:1	2:1 0:4	9 3	4 2	4 12	24:12 18:36	31 11	42:48	42
15. Dynamo Dresden	0:0 0:1	1:3 0:2	1:1 0:0	2:0 0:1	1:2 1:3	3:2 1:2	1:4 0:2	1:2 0:1	0:2 2:0	1:0 3:1	4:1 0:0	1:1 0:1	2:0 2:1	2:3 1:1	A	2:0 1:5	3:1 0:0	1:0 2:2	8 3	3 5	6 9	26:22 13:23	27 14	39:45	41
16. 1. FC Saarbrücken	0:4 0:3	2:5 0:4	1:3 1:0	2:1 1:3	1:0 0:0	1:2 1:2	1:1 0:2	1:1 0:2	0:0 0:5	1:2 0:3	0:4 3:2	2:0 2:1	0:0 0:1	5:3 1:0	5:1 0:2	Z	1:0 1:3	0:3 4:0	6 5	4 1	7 11	23:30 14:33	22 16	37:63	38
17. LR Ahlen	2:2 0:3	0:2 2:6	0:1 0:0	0:0 0:3	1:2 0:2	2:2 1:3	3:1 0:0	2:2 3:1	0:2 0:1	1:3 2:1	1:0 3:0	3:0 1:3	1:2 0:0	1:0 0:2	0:0 1:3	3:1 0:1	I	0:1 3:0	5 4	5 3	7 10	20:21 16:29	20 15	36:50	35
18. Sportfreunde Siegen	3:0 1:3	2:2 0:3	2:4 0:1	1:0 2:2	1:3 0:1	0:0 0:2	0:1 2:0	2:1 0:1	0:2 0:4	1:1 0:2	1:1 1:1	4:1 0:1	1:2 0:3	4:0 1:2	2:2 0:1	0:4 3:0	0:3 1:0	N	5 3	5 2	7 12	24:27 11:27	20 11	35:54	31

Die Torjäger der 2. Liga

Eigler (SpVgg Greuther Fürth)	18
Krejci (Wacker Burghausen)	14
Federico (Karlsruher SC)	14
Ebbers (Alemannia Aachen)	13
Dorn (Kickers Offenbach)	13
Edu (VfL Bochum)	12
Radu (Energie Cottbus)	12
Schlaudraff (Alemannia Aachen)	11
Misimovic (VfL Bochum)	11
Türker (Kickers Offenbach)	11
Müller (SC Paderborn 07)	11
McKenna (Energie Cottbus)	10
Agostino (TSV München 1860)	9
Diabang (Kickers Offenbach)	9
Ndjeng (SC Paderborn 07)	9
Schied (Hansa Rostock)	9
Rösler (Alemannia Aachen)	8
Patschinski (LR Ahlen)	8
Juskowiak (Erzgebirge Aue)	8
Bick (Eintracht Braunschweig)	8
Bogavac (Wacker Burghausen)	8
Kioyo (Energie Cottbus)	8
Kern (Hansa Rostock)	8
Bencik (1. FC Saarbrücken)	8
Teinert (SpVgg Unterhaching)	8
Kuru (Eintracht Braunschweig)	7
Kennedy (Dynamo Dresden)	7
Coulibaly (SC Freiburg)	7
D. Fuchs (SpVgg Greuther Fürth)	7
Freis (Karlsruher SC)	7
Lintjens (Sportfreunde Siegen)	7

Torschützenkönig der Zweiten Liga: Der Fürther Christian Eigler war mit 18 Treffern der gefährlichste Torjäger. Inzwischen tritt er für den Bundesligisten Arminia Bielefeld an.

Same procedure: Wer sonst als die Bayern?

»Wir fahren nach Berlin« – der Rekordmeister kann diesen Termin scheinbar fast blind buchen. Wieder einmal wurde die Reise in die Hauptstadt mit einem Erfolg gekrönt.

»Let's do it again« – 13. Bayern-Erfolg endete kurz und schmerzlos

Das passende Ambiente für das Pokalfinale: Das Berliner Olympiastadion bot einen prächtigen Rahmen für das Endspiel zwischen den Bayern und Eintracht Frankfurt.

Die Scheibe wurde zum Hit. »Pokalfinale, Pokalfinale, wir fahren jedes Jahr zum Pokalfinale«, trällerten die beiden St.-Pauli-Spieler Marcel Eger und Benjamin Adrion ins Mikrofon, und diese, ihre Version des Michael-Holm-Klassikers »Mendocino«, verkaufte sich in Hamburg und Umgebung blendend.

Was wieder einmal beweist: Der Text eines Schlagers spielt nicht die entscheidende Rolle, wenn nur die Melodie ins Ohr geht. Von wegen »jedes Jahr Pokalfinale« – noch kein einziges Mal in der über 70-jährigen Geschichte des DFB-Pokals hat der FC St. Pauli das Endspiel dieses Wettbewerbs erreicht, und auch in der Saison 2005/06 schaffte es der Hamburger Regionalligist nicht. Doch nie zuvor stand die Tür zum Finale so weit offen wie diesmal; der FC St. Pauli – die Pokal-Überraschungs-Mannschaft des Jahres. Vier große »B«s strichen im Lauf des Wettbewerbs am Millerntor die Segel: Sowohl den Zweitliga-Klubs Wacker Burghausen und VfL Bochum als auch den Bundesligisten Hertha BSC Berlin und Werder Bremen wurde die Gänsehaut-Atmosphäre in der Arena am Fuß des Riesenrads vom Hamburger Dom zum Verhängnis. Im Halbfinale am 12. April 2006 dann wartete das fünfte »B«, Pokalverteidiger FC Bayern. Auf einem riesigen Plakat im Stadion prangte das Motto des Abends: »6. 2. 2002 – let's do it again«. Damals, an einem bitterkalten Februar-Nachmittag, hatten die Hamburger den Meister und frisch gebackenen Weltpokal-Gewinner FC Bayern in einem Bundesliga-Spiel mit 2:1 geschlagen; das originelle Bandwurmwort vom »Weltpokalsieger-Besieger« wurde geboren.

Die Wiederholung der ganz großen Sensation war möglich in jenem Halbfinale – ja, mit vertauschten Torhütern wäre sie sogar wahrscheinlich gewesen. St. Pauli bot auch gegen das fünfte »B« trotz eines frühen 0:1-Rückstandes eine kämpferische Glanzleistung und verwickelte den hohen Favoriten in der zweiten Halbzeit in eine wahre Abwehrschlacht. Doch wo der zu jener Zeit stark gebeutelte und von Bundestrainer Jürgen Klinsmann kurz zuvor zur Nummer zwei der Nationalmannschaft hinabgestufte Oliver Kahn seinen Kasten am natürlich ausverkauften Millerntor sauber hielt – überragend seine Parade bei einem Kopfball von Torjäger Felix Luz kurz

nach der Pause –, da patzte sein Gegenüber Achim Hollerieth beim 0:1 durch einen haltbaren Distanzschuss von Owen Hargreaves. 0:3 unterlag der Regionalligist nach zwei späten Toren des Peruaners Claudio Pizarro, der schon im Viertelfinale gegen Mainz 05 zweimal getroffen hatte, am Ende scheinbar deutlich. Der Aussage Holleriehts (»Wir waren die bessere Mannschaft«) aber wollte auch Felix Magath nicht widersprechen. »St. Pauli hat eindrucksvoll gezeigt, dass es möglich ist, fehlende Technik und Taktik durch Kampf auszugleichen«, meinte der Münchner Trainer. »Pokalfinale, Pokalfinale, wir fahren jedes Jahr zum Pokalfinale« – anders als Eger und Adrion hätten die Spieler des FC Bayern Michael Holms umgetexteten Hit nun mit Fug und Recht anstimmen können: Zum 15. Mal bereits standen die Münchner im Endspiel. »Nach dem Ausscheiden in der Champions League haben wir uns das Double zum Ziel gesetzt«, sagte der Vorstandsvorsitzende Karl-Heinz Rummenigge, »dies ist jetzt noch möglich.«
Die Frage nach dem zweiten Endspiel-Teilnahmer hatte Eintracht Frankfurt schon einen Tag zuvor beantwortet. Den Hessen, in der Bundesliga nach einer miserablen Rückrunde noch in den Abstiegskampf verstrickt, gelang durch einen Treffer des Griechen Ioannis Amanatidis in der 16. Minute und einen 1:0-Heimsieg gegen den Bundesliga-Konkurrenten Arminia Bielefeld erstmals seit 1988 wieder der Sprung nach Berlin. »Ich wusste: Wer das erste Tor schießt, hat gewonnen«, sagte Trainer Friedhelm Funkel trocken.

Der 29. April, Tag des großen Endspiels. Der Termin hatte schon im Vorfeld für viele Diskussionen und eine Menge Ärger gesorgt. Anders als in den Jahren zuvor bildete das Pokalfinale der Saison 2005/06 nicht den feierlichen Abschluss eines langen Fußballjahres; drei Bundesliga-Spieltage standen noch aus und damit auch die Entscheidung über Meisterschaft und Abstieg. Als »unglücklich« bezeichnete nicht nur Felix Magath die Terminwahl, die der Deutsche Fußball-Bund mit der nahenden Weltmeisterschaft im eigenen Land begründete.
Vor 74 349 Zuschauern im Berliner Olympiastadion erwischte der krasse Außenseiter aus Hes-

Pokalfight am Millertor: St. Paulis Felix Luz (rechts) kommt gegen Bayerns Owen Hargreaves zum Schuss – die Münchner hatten mehr Mühe, als ihnen lieb sein konnte.

sen den besseren Start. Gegen die optisch überlegenen, aber vor dem Tor ungefährlichen Münchner vergaben Amanatidis, Benjamin Köhler und Alexander Meier in der ersten Halbzeit drei gute Gelegenheiten. Nach der Pause steigerten sich die Münchner. Mit dem Brasilianer Zé Roberto für Hasan Salihamidzic, den Endspiel-Helden des Vorjahres, suchten sie nun entschlossener den Weg zum Tor. In der 48. Minute scheiterte Roy Makaay mit einem herrlichen Seitfallzieher noch an Torhüter Oka Nikolov und der Querlatte, elf Minuten später fiel das Tor des Tages: Nach einer Ecke Zé

Stationen des Pokals: Frankfurts Copado tanzt im Viertelfinale 1860-Keeper Hofmann aus, die Kollegen Rehmer und Vasoski nehmen im Finale Bayerns Salihamidzic in die Zange. Am Ende jubeln wieder die Münchner. Stolz präsentiert Claudio Pizarro (rechts) den »Pott«.

1. Runde

Wuppertaler SV Borussia – TSV München 1860 1:2

Rot-Weiß Oberhausen – Eintracht Frankfurt 1:2

Holstein Kiel – SpVgg Unterhaching 0:2

Rot-Weiss Essen – Energie Cottbus n. V. 2:2, Elfm. 4:5

1. FC Köln II – Hannover 96 0:4

VfL Bochum II – Erzgebirge Aue 2:3

1. FSV Mainz 05 II – Karlsruher SC 0:3

Rot-Weiß Erfurt – LR Ahlen n. V. 2:1

FC St. Pauli – Wacker Burghausen n. V. 3:2

Jahn Regensburg – Alemannia Aachen n. V. 1:3

FC Ingolstadt 04 – 1. FC Saarbrücken n. V. 1:1, Elfm. 4:5

Kickers Offenbach – 1. FC Köln 3:1

Tennis Borussia Berlin – VfL Bochum 0:6

Stuttgarter Kickers – Hamburger SV 1:5

Eintracht Trier – 1. FC Kaiserslautern 0:3

SC Paderborn 07 – VfL Wolfsburg 0:2

SG Wattenscheid 09 – Werder Bremen 1:3

FC 08 Villingen – Hansa Rostock n. V. 2:5

Rot-Weiß Erfurt II – Bayer Leverkusen 0:8

FC Bremerhaven – FC Schalke 04 0:3

TuS Koblenz – Hertha BSC n. V. 2:3

Sachsen Leipzig – Dynamo Dresden n. V. 1:1, Elfm. 3:5

TSG Hoffenheim – VfB Stuttgart n. V. 3:4

VfL Osnabrück – SpVgg Greuther Fürth n. V. 2:2, Elfm. 10:9

Spfr. Siegen – SC Freiburg 0:1

1. FC Eschborn – 1. FC Nürnberg (in Wiesbaden) 0:4

FC Kutzhof – Borussia Mönchengladbach 0:3

VfL Wolfsburg II – MSV Duisburg 0:1

MSV Neuruppin – Bayern München 0:4

Hansa Rostock II – 1. FSV Mainz 05 0:3

Preußen Magdeburg – Arminia Bielefeld 0:3

Eintracht Braunschweig – Borussia Dortmund 2:1

2. Runde

FC St. Pauli – VfL Bochum 4:0

Rot-Weiß Erfurt – 1. FC Kaiserslautern 2:4

SpVgg Unterhaching – 1. FC Saarbrücken n. V. 2:1

Werder Bremen – VfL Wolfsburg n. V. 2:2, Elfm. 5:4

Eintracht Frankfurt – FC Schalke 04 6:0

1. FC Nürnberg – Dynamo Dresden 3:0

Alemannia Aachen – Hannover 96 1:2

SC Freiburg – Eintracht Braunschweig 4:1

VfL Osnabrück – 1. FSV Mainz 05 n. V. 2:2, Elfm. 2:4

Hamburger SV – Bayer Leverkusen 3:2

TSV München 1860 – MSV Duisburg 3:2

Arminia Bielefeld – Energie Cottbus 2:1

Hansa Rostock – VfB Stuttgart 3:2

Kickers Offenbach – Karlsruher SC 2:1

Hertha BSC – Borussia Mönchengladbach 3:0

Erzgebirge Aue – Bayern München 0:1

Achtelfinale

Arminia Bielefeld – SpVgg Unterhaching 2:0

SC Freiburg – TSV München 1860 n. V. 1:3

1. FC Kaiserslautern – 1. FSV Mainz 05 n. V. 1:1, Elfm. 3:4

Eintracht Frankfurt – 1. FC Nürnberg n. V. 1:1, Elfm. 4:1

Hannover 96 – Werder Bremen 1:4

FC St. Pauli – Hertha BSC n. V. 4:3

Hansa Rostock – Kickers Offenbach n. V. 1:1, Elfm. 3:4

Bayern München – Hamburger SV n. V. 1:0.

Viertelfinale

Bayern München – 1. FSV Mainz 05 n. V. 3:2

Arminia Bielefeld – Kickers Offenbach n. V. 1:1, Elfm. 4:2

TSV München 1860 – Eintracht Frankfurt 1:3

FC St. Pauli – Werder Bremen 3:1

Halbfinale

Eintracht Frankfurt – Arminia Bielefeld 1:0

FC St. Pauli – Bayern München 0:3

Endspiel am 29. April 2006 in Berlin

Bayern München – Eintracht Frankfurt 1:0

The winner is: Wie schon in der Vorsaison holte sich der FC Bayern München den DFB-Pokal. Kahn und Co. in bekannter Jubelpose.

Robertos köpfte Pizarro den Ball aus kurzer Distanz an Nikolov vorbei ins Netz.
Es blieb bei diesem 1:0, weil Oliver Kahn kurz vor dem Abpfiff einen Amanatidis-Schuss in Weltklasse-Manier von der Linie boxte, aber auch, weil Schiedsrichter Herbert Fandel die umstrittenste Szene der Begegnung zu Gunsten des FC Bayern wertete: Nach einem leichtfertigen Ballverlust gegen Köhler stoppte Münchens Abwehrspieler Willy Sagnol den allein aufs Tor zustrebenden Frankfurter kurz vor dem Strafraum mit energischem Körpereinsatz. Die Frage »Notbremse – ja oder nein«, »Rote Karte oder nicht« beantwortete Fandel mit »Nein«; wegen seiner heftigen Proteste gegen diese Entscheidung wurde Friedhelm Funkel für den Rest des Spiels auf die Tribüne verbannt.
Nach 90 Minuten und kurzer Nachspielzeit lagen sich die Bayern in den Armen: Trotz enttäuschender Leistung hatten sie zum 13. Mal den begehrten Pott gewonnen. Die Siegesfeier freilich in der Nacht nach dem Endspiel in der Berliner Haupt-

stadtrepräsentanz ihres Hauptsponsors »Telekom« fiel, anders als nach dem 2:1-Erfolg gegen Schalke 04 im Vorjahr, kurz und schmerzlos aus. Der Termin, siehe oben, spielte dabei ebenso eine Rolle wie die wenig überzeugende Spielweise der Münchner. »Bis auf wenige Ausnahmen«, erklärte Karl-Heinz Rummenigge, sei er mit der Mannschaft im Jahr 2006 »nicht zufrieden« gewesen, »zu routiniert und zu mühevoll« nannte er nicht nur den Auftritt im Pokalfinale.
Und um das Maß vollzu- machen, setzte Franz Beckenbauer mit einer vollen Breitseite gegen den scheidenden Michael Ballack noch einen drauf. »Mit Fußball« habe das, was der Kapitän der deutschen Nationalmannschaft im Berliner Finale gezeigt habe, »wenig zu tun« gehabt. »Ich habe mich manchmal gefragt«, so Beckenbauer, »ob er überhaupt mitspielt.«
Doch, doch, Ballack hatte mitgespielt – und zum letzten Mal in einem Pokalmatch das Trikot des FC Bayern getragen.

Harald Kaiser

Krönung für Barca und Frank Rijkaard

Mit dem FC Barcelona sicherte sich einer der Top-Favoriten den Titel in der Königsklasse. Das Team der Katalanen ist eine Ansammlung von Weltstars aus vielen Nationen. Dennoch hat es seinen Ursprung auch bewahrt.

Champions League

Königlicher Erfolg für Ronaldinho – Jens Lehmann als tragischer Held

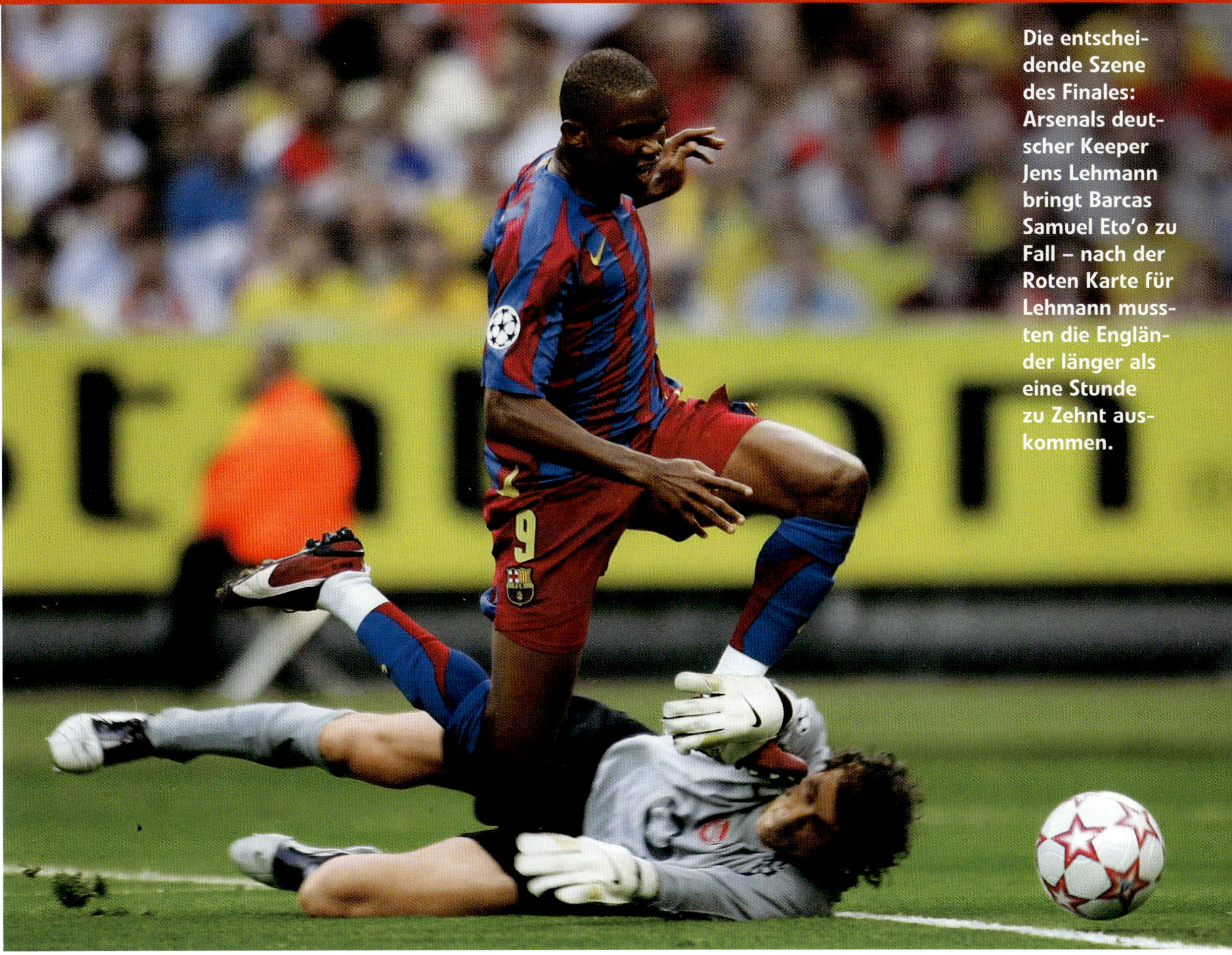

Die entscheidende Szene des Finales: Arsenals deutscher Keeper Jens Lehmann bringt Barcas Samuel Eto'o zu Fall – nach der Roten Karte für Lehmann mussten die Engländer länger als eine Stunde zu Zehnt auskommen.

Der König war da. Die Königin auch. Und der Ministerpräsident. Am Ende posierten die drei Würdenträger mit dem Weltfußballer. Im Mittelpunkt des ausgelassenen Jubels der Henkeltopf – der große silberne Pokal, die Trophäe für den Gewinn der »Königsklasse«.

Die Spanier feierten mit Barca – dem Klub der Katalanen. »Mas qu' un club« (Mehr als ein Verein) – als äußeres Zeichen der eigenen autonomen Weltanschauung hatten die Barcelona-Fans schon vor dem Anpfiff ein riesengroßes Transparent in der Kurve des »Stade de France« in Paris ausgebreitet. Während König Juan Carlos, Königin Sophia und Ministerpräsident José Luis Zapatero mit dem brasilianischen Genius Ronaldinho und Kapitän Carles Puyol, dem gebürtigen und bekennenden Vertreter der Region Kataloniens, um die Wette strahlten, war Tony Blair, der englische Premierminister, weniger amused. Aber sportlich fair, typisch britisch eben, hatte er den Spaniern gratuliert, nach dem 2:1-Sieg der FC Barcelona über den FC Arsenal aus London.
Für Weltfußballer Ronaldinho hatte das Finale von Paris eine spezielle Motivation. Der geniale Spaß-Fußballer und die Rückkehr an den Ort, wo er bei Paris St. Germain seine ersten Schritte in Europa machte. Dort, wo er sich noch immer verwurzelt fühlt, wo er zahlreiche Freunde hat. Durch den 2:1-Erfolg über Arsenal hat er seine persönliche Erfolgs-Vita um ein weiteres Kapitel bereichert.

Linke Seite: Der Triumph des Weltfußballers: Wie ein Kind freute sich Barcelonas Brasilianer Ronaldinho nach dem Gewinn der Champions League.

Der bange Blick, ob's reicht: Gespannt verfolgt Bremens Regisseur Johan Micoud den Ball, nach dem er Juventus-Torhüter Buffon überwunden hat. Es war das 1:0 Werders in Turin.

Nach der Verteidigung der spanischen Meisterschaft nun die Krönung in der »Königsklasse«. Damit hat der Brasilianer auch den Bock umgestoßen: Noch nie hatte der 26-Jährige ein Spiel im »Stade de France« gewonnen! Eine Niederlage mit PSG im Pokalfinale 2003 gegen Auxerre, eine 0:1-Pleite im Confed-Cup 2003 gegen Kamerun und ein torloses Remis beim Galaspiel zum 100-Jährigen der FIFA mit Brasilien gegen Frankreich. Doch dieser Makel ist nun getilgt. Barca ist auf dem europäischen Gipfel. »Als ich zu Barca kam, wollte ich endlich Titel gewinnen. Zwei nationale Meisterschaften, die man nicht gering schätzen sollte und jetzt die Champions League. Das ist die vorläufige Krönung«, jubilierte der Genius. In Paris holten die Katalanen ihren neunten europäischen Titel, gehören zur Creme de la creme des kontinentalen Fußballs. Lediglich Bayern München, Juventus Turin, Ajax Amsterdam und eben Barcelona gewannen alle drei Klubwettbewerbe. Viermal siegte Barca im Wettbewerb der Pokalsieger, dreimal wurde der UEFA-Cup gewonnen, zum zweiten Mal nach 1992 nun auch die »Königsklasse«.

Baumeister des Erfolgs ist der Niederländer Frank Rijkaard (43). Mit Ruhe und Bedacht hat er sein neues Erfolgsteam geformt. Schaffte das, was seinem großen Landsmann Johan Cruyff bei der letzten Finalteilnahme in Athen 1994 verwehrt blieb: Der Sieg in der Champions League. Rijkaard vertraut dabei nicht nur auf die Weltstars wie Ronaldinho, Eto'o oder den brasilianischen Portugiesen Deco, der nach 2004 mit Porto erneut das Double (Landesmeister und CL-Sieger) schaffte. Der ehemalige holländische Nationaltrainer vertraut auch den Talenten aus der eigenen Nachwuchsschule. Mit Kapitän Puyol, Keeper Valdes, Oleguer und Iniesta kamen in Paris vier Protagonisten zum Einsatz.

Tristesse dagegen beim FC Arsenal. Der große Wurf blieb erneut aus. Arsenal und die Champions League – das bleibt die vergebene Liebesmüh. Damit bleibt es dabei: 1994 holte der Klub aus dem Norden Londons den Europapokal der

Pokalsieger, 1970 den UEFA-Pokal. Die Königsklasse und Arsenal sind weiterhin zwei Paar verschiedene Schuhe.
Tragischer Held der »Gunners« war ausgerechnet der deutsche Keeper Jens Lehmann. Der 36-Jährige hatte mit seinen tollen Leistungen wesentlichen Anteil am Finaleinzug, doch dort sah der deutsche Nationaltorhüter schon nach 17 Minuten die Rote Karte, weil er Barcas Eto'o mit einer Notbremse von den Beinen holte. 763 Minuten war er in den Spielen der Champions League ohne Gegentor – dann dieser erzwungene Abgang durch den schwachen norwegischen Schiedsrichter Terje Hauge, der im Nachhinein zugab, zu früh entschieden zu haben, anstatt den Vorteil abzuwarten – schließlich traf Giuly noch ins Tor. Doch zu spät.
Hauge hatte die Partie mit dem Platzverweis maßgeblich geprägt. Die numerische Unterzahl (Almunia löste Lehmann im Tor ab, kam für Pires) zwang Arsenal zu mehr Defensive, die sich allerdings über weite Strecken bravourös schlug.
Mehr noch: Die Konter über Henry und Ljungberg brachten mehr Gefahr, als die gefühlte, optische Überlegenheit von Barcelona. Überraschend dann sogar die Führung der »Gunners«, als Campbell (37. Minute) eine Freistoß-Flanke Henrys einköpfte. Barcelonas individuelle Leichtigkeit schien dahin, es fehlte der letzte Pass, Torchancen blieben Mangelware.
Das änderte sich erst mit der Hereinnahme von Henrik Larsson. Als vierte Spitze überforderte der routinierte Schwede den zunehmend müder werden Abwehr-Wall der »Gunners«, bediente zunächst den flinken Eto'o (76.) und dann den eingewechselten Brasilianer Belletti (80.), der die Partie zugunsten des leichten Favoriten entschied. Barcelonas Trainer Rijkaard hatte während des Spiels die richtigen Joker aus dem Ärmel gezogen: Iniesta kam für den schwachen Edmilson, Larsson brachte mehr Finesse als van Bommel und den Spiel entscheidenden Belletti für den überforderten Oleguer. Barcelona blieb die überragende Mannschaft in der »Königsklasse« der

Packender Zweikampf im Achtelfinale: Milans hünenhafter Verteidiger Jaap Stam im Duell mit Bayerns Flügelflitzer Zé Roberto. Am Ende hatte der AC Mailand die Nase vorn.

Saison 2005/06: Neun Siege und vier Unentschieden zierten die makellose Bilanz, Arsenal kassierte in Paris die erste Niederlage in der Champions-League-Saison, schaffte zuvor acht Siege und vier Remis.

Von solchen Erfolgsquoten waren die deutschen Teilnehmer einmal mehr weit entfernt. Rekordmeister Bayern München, der sich erneut den europäischen Triumph als Ziel gestellt hatte, wirkte in der Gruppenphase noch recht souverän. Aber Teams wie Rapid Wien und der FC Brügge waren nicht unbedingt ein Gradmesser für sportliche Qualität, gegen den Gruppensieger Juventus Turin gab's einen Sieg und eine Niederlage. Im Achtelfinale war dann schon Endstation für die Bayern. Kein Geringerer als der AC Mailand setzte das Stoppschild. Waren die Münchner beim 1:1-Unentschieden noch überlegen, so wurden ihnen beim Rückspiel von San Siro deutlich die Grenzen aufgezeigt. Die 1:4-Niederlage kam einer Abfuhr gleich – Anspruch und sportliche Wirklichkeit klafften erneut weit auseinander.

Etwas besser verkaufte sich da noch Werder Bremen. Die Hanseaten, über die Qualifikation gegen den FC Basel in den Wettbewerb gelangt, mussten in der Gruppe C zunächst die Überlegenheit des späteren Gewinners FC Barcelona anerkennen. Als dann auch noch eine überflüssige 1:2-Niederlage bei Panathinaikos Athen hinzukam, schien das Erreichen des Achtelfinales schon fast passé. Doch das Team von Trainer Thomas Schaaf steigerte sich von Spiel zu Spiel, und schaffte schließlich, dank der Mithilfe des FC Barcelona (2:0-Sieg in Udine), doch noch den Einzug ins Achtelfinale. Dort kreuzten die Werderaner dann mit Juventus Turin die Klingen. Ein 3:2-Hinspiel gegen die »Alte Dame« ließ alle Möglichkeiten offen und im Rückspiel von Turin sah es lange nach einer Sensation aus. Bis zur 88. Minute hielt Werder Bremen ein sensationelles 1:1, das zum Weiterkommen gereicht hätte. Aber dann patzte ausgerechnet der zuvor überragende Torhüter Tim Wiese in tragischer Weise und Emerson traf zum entscheidenden 2:1 – Werder verpasste die Sensation.

Soweit führte der Weg des FC Schalke 04 nicht. In der Vorrundengruppe E liefen die Schalker lange Zeit den unglücklich verlorenen Punkten der Auftaktpartie in Eindhoven hinterher. Obwohl besser und mit den besseren Chancen unterlag Schalke im Philips-Stadion mit 0:1. Danach fingen sich die Blau-Weißen, trotzten Milan und Fenerbahce, siegten gegen die Türken im Rückspiel, gewannen gegen Eindhoven. So kam es in San Siro zum Endspiel gegen den Gruppenfavoriten AC Milan. Obwohl gleichwertig unterlagen die Schalker mit 2:3 Toren – es mangelte an internationaler Erfahrung.

Die »Trostrunde« im UEFA-Cup reichte es dann nach den Stationen Espanyol Barcelona, US Palermo und Levski Sofia bis zum Einzug ins Halbfinale. Dort war dann Endstation gegen die Spanier vom FC Sevilla, dem späteren Sieger des UEFA-Cups – hofiert nach dem Finale von Eindhoven vom spanischen Königspaar.

Hardy Hasselbruch

Torhüter-Tragik in der Champions League: Werders Torhüter Tim Wiese war in Turin 88 Minuten der überragende Mann, ehe ihm der Ball aus den Händen glitt und Emerson das entscheidende 2:1 für Juventus ermöglichte.

Vorrunde

Gruppe A

14.09. – 22.11.		
Rapid Wien	FC Bayern München	0-1, 0-4
FC Brügge	Juventus Turin	1-2, 0-1
27.09. – 07.12.		
Juventus Turin	Rapid Wien	3-0, 3-1
FC Bayern München	FC Brügge	1-0, 1-1
18.10. – 02.11.		
FC Bayern München	Juventus Turin	2-1, 1-2
Rapid Wien	FC Brügge	0-1, 2-3

1. Juventus Turin	**6**	**5**	**0**	**1**	**12-5**	**7**	**15**
2. FC Bayern München	**6**	**4**	**1**	**1**	**10-4**	**6**	**13**
3. FC Brügge	**6**	**2**	**1**	**3**	**6-7**	**-1**	**7**
4. Rapid Wien	**6**	**0**	**0**	**6**	**3-15**	**-12**	**0**

Gruppe B

14.09. – 22.11.		
Sparta Prag	Ajax Amsterdam	1-1, 1-2
FC Arsenal	FC Thun 1898	2-1, 1-0
27.09. – 07.12.		
FC Thun 1898	Sparta Prag	1-0, 0-0
Ajax Amsterdam	FC Arsenal	1-2, 0-0
18.10. – 02.11.		
Ajax Amsterdam	FC Thun 1898	2-0, 4-2
Sparta Prag	FC Arsenal	0-2, 0-3

1. FC Arsenal	**6**	**5**	**1**	**0**	**10-2**	**8**	**16**
2. Ajax Amsterdam	**6**	**3**	**2**	**1**	**10-6**	**4**	**11**
3. FC Thun 1898	**6**	**1**	**1**	**4**	**4-9**	**-5**	**4**
4. Sparta Prag	**6**	**0**	**2**	**4**	**2-9**	**-7**	**2**

Gruppe C

14.09. – 22.11.		
Udinese Calcio	Panathinaikos Athen	3-0, 2-1
SV Werder Bremen	FC Barcelona	0-2, 1-3
27.09. – 07.12.		
FC Barcelona	Udinese Calcio	4-1, 2-0
Panathinaikos Athen	SV Werder Bremen	2-1, 1-5
18.10. – 02.11.		
Panathinaikos Athen	FC Barcelona	0-0, 0-5
Udinese Calcio	SV Werder Bremen	1-1, 3-4

1. FC Barcelona	**6**	**5**	**1**	**0**	**16-2**	**14**	**16**
2. SV Werder Bremen	**6**	**2**	**1**	**3**	**12-12**	**0**	**7**
3. Udinese Calcio	**6**	**2**	**1**	**3**	**10-12**	**-2**	**7**
4. Panathinaikos Athen	**6**	**1**	**1**	**4**	**4-16**	**-12**	**4**

Gruppe D

14.09. – 22.11.		
FC Villarreal	Manchester United	0-0, 0-0
Benfica Lissabon	OSC Lille	1-0, 0-0
27.09. – 07.12.		
OSC Lille	FC Villarreal	0-0, 0-1
Manchester United	Benfica Lissabon	2-1, 1-2
18.10. – 02.11.		
Manchester United	OSC Lille	0-0, 0-1
FC Villarreal	Benfica Lissabon	1-1, 0-1

1. FC Villarreal	**6**	**2**	**4**	**0**	**3-1**	**2**	**10**
2. Benfica Lissabon	**6**	**2**	**2**	**2**	**5-5**	**0**	**8**
3. OSC Lille	**6**	**1**	**3**	**2**	**1-2**	**-1**	**6**
4. Manchester United	**6**	**1**	**3**	**2**	**3-4**	**-1**	**6**

Gruppe E

13.09. – 23.11.		
AC Mailand	Fenerbahçe Istanbul	3-1, 4-0
PSV Eindhoven	FC Schalke 04	1-0, 0-3
28.09. – 06.12.		
FC Schalke 04	AC Mailand	2-2, 2-3
Fenerbahçe Istanbul	PSV Eindhoven	3-0, 0-2
19.10. – 01.11.		
Fenerbahçe Istanbul	FC Schalke 04	3-3, 0-2
AC Mailand	PSV Eindhoven	0-0, 0-1

1. AC Mailand	**6**	**3**	**2**	**1**	**12-6**	**6**	**11**
2. PSV Eindhoven	**6**	**3**	**1**	**2**	**4-6**	**-2**	**10**
3. FC Schalke 04	**6**	**2**	**2**	**2**	**12-9**	**3**	**8**
4. Fenerbahçe Istanbul	**6**	**1**	**1**	**4**	**7-14**	**-7**	**4**

Gruppe F

13.09. – 23.11.		
Olympique Lyon	Real Madrid	3-0, 1-1
Olympiakos Piräus	Rosenborg Trondheim	1-3, 1-1
28.09. – 06.12.		
Rosenborg Trondheim	Olympique Lyon	0-1, 1-2
Real Madrid	Olympiakos Piräus	2-1, 1-2
19.10. – 01.11.		
Real Madrid	Rosenborg Trondheim	4-1, 2-0
Olympique Lyon	Olympiakos Piräus	2-1, 4-1

1. Olympique Lyon	**6**	**5**	**1**	**0**	**13-4**	**9**	**16**
2. Real Madrid	**6**	**3**	**1**	**2**	**10-8**	**2**	**10**
3. Rosenborg Trondheim	**6**	**1**	**1**	**4**	**6-11**	**-5**	**4**
4. Olympiakos Piräus	**6**	**1**	**1**	**4**	**7-13**	**-6**	**4**

Gruppe G

13.09. – 23.11.		
FC Chelsea	RSC Anderlecht	1-0, 2-0
Real Betis Sevilla	FC Liverpool	1-2, 0-0
28.09. – 06.12.		
FC Liverpool	FC Chelsea	0-0, 0-0
RSC Anderlecht	Real Betis Sevilla	0-1, 1-0
19.10. – 01.11.		
RSC Anderlecht	FC Liverpool	0-1, 0-3
FC Chelsea	Real Betis Sevilla	4-0, 0-1

1. FC Liverpool	**6**	**3**	**3**	**0**	**6-1**	**5**	**12**
2. FC Chelsea	**6**	**3**	**2**	**1**	**7-1**	**6**	**11**
3. Real Betis Sevilla	**6**	**2**	**1**	**3**	**3-7**	**-4**	**7**
4. RSC Anderlecht	**6**	**1**	**0**	**5**	**1-8**	**-7**	**3**

Gruppe H

13.09. – 23.11.		
Glasgow Rangers	FC Porto	3-2, 1-1
Artmedia Bratislava	Inter Mailand	0-1, 0-4
28.09. – 06.12.		
Inter Mailand	Glasgow Rangers	1-0, 1-1
FC Porto	Artmedia Bratislava	2-3, 0-0
19.10. – 01.11.		
FC Porto	Inter Mailand	2-0, 1-2
Glasgow Rangers	Artmedia Bratislava	0-0, 2-2

1. Inter Mailand	**6**	**4**	**1**	**1**	**9-4**	**5**	**13**
2. Glasgow Rangers	**6**	**1**	**4**	**1**	**7-7**	**0**	**7**
3. Artmedia Bratislava	**6**	**1**	**3**	**2**	**5-9**	**-4**	**6**
4. FC Porto	**6**	**1**	**2**	**3**	**8-9**	**-1**	**5**

Achtelfinale

21.02. – 08.03.		
FC Bayern München	AC Mailand	1-1, 1-4
Benfica Lissabon	FC Liverpool	1-0, 2-0
Real Madrid	FC Arsenal	0-1, 0-0
PSV Eindhoven	Olympique Lyon	0-1, 0-4
22.02. – 07.03.		
FC Chelsea	FC Barcelona	1-2, 1-1
Glasgow Rangers	FC Villarreal	2-2, 1-1
SV Werder Bremen	Juventus Turin	3-2, 1-2
Ajax Amsterdam	Inter Mailand	2-2, 0-1

Viertelfinale

28.03. – 05.04.		
Benfica Lissabon	FC Barcelona	0-0, 0-2
FC Arsenal	Juventus Turin	2-0, 0-0
29.03. – 04.04.		
Inter Mailand	FC Villarreal	2-1, 0-1
Olympique Lyon	AC Mailand	0-0, 1-3

Halbfinale

18.04. – 26.04.		
AC Mailand	FC Barcelona	0-1, 0-0
19.04. – 25.04.		
FC Arsenal	FC Villarreal	1-0, 0-0

Finale

17.05.2006		
FC Barcelona	FC Arsenal	2-1 (0-1)

Auf und davon: Der ukrainische Stürmerstar Andrij Shevchenko (rechts) vom AC Mailand im Duell mit dem Schalker Abwehrstrategen Marcelo Bordon.

1. Spieltag

13. September 2005
AC Mailand – Fenerbahce Istanbul 3:1 (1:0)
Milan: Dida – Cafu, Nesta, Maldini, Kaladze – Gattuso, Pirlo, Ambrosini – Kaka – Vieri, Shevchenko – **Trainer:** Ancelotti
Fenerbahce: Volkan – Serkan, Luciano, Önder, Ümit Özat – Appiah, Aurelio, Selcuk – Alex – Anelka, Tuncay – **Trainer:** Daum
Eingewechselt: 71. Vogel für Gattuso, 71. Serginho für Pirlo, 78. Gilardino für Vieri – 53. Aslan für Appiah, 90. Nobre für Aslan
Tore: 1:0 Kaka (18.), 1:1 Alex (63., Foulelfmeter), 2:1 Kaka (86.), 3:1 Shevchenko (89.)
SR: Riley (England) – **Zuschauer:** 34619

13. September 2005
PSV Eindhoven – FC Schalke 04 1:0 (1:0)
Eindhoven: Gomes – Reiziger, Ooijer, E. Addo – Simons, Lucius – Afellay, Cocu – Beasley, Farfán, Vennegoor of Hesselink – **Trainer:** Hiddink
Schalke: F. Rost – Rafinha, Bordon, Krstajic, Hamit Altintop – Poulsen – F. Ernst, Kobiashvili – Lincoln – Kuranyi, Sand – **Trainer:** Rangnick
Eingewechselt: 82. Lamey für Cocu, 87. Robert für Vennegoor of Hesselink – 72. Larsen für Sand, 79. Varela für F. Ernst, 87. Bajramovic für Hamit Altintop
Tore: 1:0 Vennegoor of Hesselink (33.)
SR: Baskakov (Russland) – **Zuschauer:** 30000 – **Gelbe Karte:** Simons

13. September 2005
Olympique Lyon – Real Madrid 3:0 (3:0)
Lyon: Coupet – Berthod, Cacapa, Cris, Réveillère – Juninho Pernambucano, M. Diarra, Tiago – Malouda, Wiltord – Carew – **Trainer:** Houllier
Real Madrid: Casillas – Salgado, Sergio Ramos, Helguera, Roberto Carlos – Beckham, Pablo Garcia, Gravesen – Julio Baptista – Robinho, Raul – **Trainer:** Luxemburgo
Eingewechselt: 72. Fred für Carew, 80. Govou für Wiltord, 86. Pedretti für Tiago – 61. Guti für Gravesen
Tore: 1:0 Carew (21.), 2:0 Juninho Pernambucano (26.), 3:0 Wiltord (31.)
SR: De Santis (Italien) – **Zuschauer:** 40309 (ausverkauft) – **Besonderes Vorkommnis:** Casillas hält Foulelfmeter von Juninho Pernambucano (42.)

13. September 2005
Olympiakos Piräus – Rosenborg Trondheim 1:3 (1:1)
O. Piräus: Nikopolidis – Mavrogenidis, Anatolakis, Kostulas, Georgatos – Touré, Stoltidis – Babangida, Rivaldo, Djordjevic – Konstantinou – **Trainer:** Sollied
Trondheim: E. Johnsen – Dorsin, Lago, Kvarme, Strand – Storflor, Berg, Solli, Winsnes, Skjelbred – Helstad – **Trainer:** Högmo
Eingewechselt: 80. Okkas für Babangida, 87. Dani für Rivaldo, 90. Kafes für Touré – 66. Braaten für Winsnes, 80. F. Johnsen für Helstad, 86. Riseth für Skjelbred
Tore: 1:0 Lago (19., Eigentor), 1:1 Skjelbred (42.), 1:2 Mavrogenidis (48., Eigentor), 1:3 Storflor (90.)
SR: Farina (Italien) – **Zuschauer:** 32000 (ausverkauft)

13. September 2005
FC Chelsea – RSC Anderlecht 1:0 (1:0)
Chelsea: Cech – Paulo Ferreira, Terry, Ricardo Carvalho, Gallas – Makelele – Duff, Essien, Lampard, Robben – Drogba – **Trainer:** Mourinho
Anderlecht: Zitka – Deschacht, Tihinen, Juhasz, Mi. Zewlakow – Goor, de Man, Vanderhaeghe, Vanden Borre – Mbo Mpenza, Serhat Akin – **Trainer:** Vercauteren
Eingewechselt: 67. S. Wright-Phillips für Robben, 77. J. Cole für Duff, 90. Huth für Essien – 70. Wilhelmsson für Serhat Akin, 81. Jestrovic für Mi. Zewlakow, 89. Delorge für Vanderhaeghe
Tore: 1:0 Lampard (18.)
SR: Stark (Ergolding) – **Zuschauer:** 29575 – **Gelbe Karten:** S. Wright-Phillips

13. September 2005
Real Betis – FC Liverpool 1:2 (0:2)
Betis: Doblas – Melli, Juanito, Rivas, Oscar Lopez – Assuncao, Arzu – Varela, Fernando, Joaquin – Ricardo Oliveira – **Trainer:** Serra Ferrer
Liverpool: Reina – Josemi, Carragher, Hyypiä, Traore – Sissoko, Xabi Alonso – Luis Garcia, Sinama-Pongolle, Zenden – Crouch – **Trainer:** Benitez
Eingewechselt: 35. Dani für Fernando, 46. Xisco für Juanito, 72. Capi für Arzu – 58. D. Cissé für Crouch, 66. Riise für Zenden, 74. Gerrard für Sinama-Pongolle
Tore: 0:1 Sinama-Pongolle (2.), 0:2 Luis Garcia (14.), 1:2 Arzu (51.)
SR: Plautz (Österreich) – **Zuschauer:** 52000 – **Gelbe Karte:** Reina

13. September 2005
Glasgow Rangers – FC Porto 3:2 (1:0)
Rangers: Waterreus – Ricksen, Rodriguez, Kyrgiakos, Bernard – Namouchi, Ferguson, Murray, Lövenkrands – Jeffers, Prso – **Trainer:** McLeish
FC Porto: Vitor Baia – Peixoto, Pedro Emanuel, Ricardo Costa, Pepe – Ibson, Diego, Lucho Gonzalez – Alan, Sokota, Jorginho – **Trainer:** Adriaanse
Eingewechselt: 55. Buffel für Lövenkrands, 71. Nacho Novo für Namouchi, 83. Thompson für Jeffers – 40. Sonkaya für Pedro Emanuel, 64. Quaresma für Diego, 65. Hugo Almeida für Alan
Tore: 1:0 Lövenkrands (35.), 1:1 Pepe (47.), 2:1 Prso (59.), 2:2 Pepe (71.), 3:2 Kyrgiakos (85.)
SR: Wegereef (Niederlande) – **Zuschauer:** 48599

13. September 2005
Artmedia Bratislava – Inter Mailand 0:1 (0:1)
FCA Bratislava: Cobej – Petras, Debnar, Durica, Urbanek – Stano – Vascak, Kozak, Fodrek – Hartig, Halenar – **Trainer:** Weiss
Inter: Julio Cesar – Cordoba, Materazzi, Samuel, Wome – Figo, C. Zanetti, Veron, Stankovic – Cruz, Adriano – **Trainer:** Mancini
Eingewechselt: 62. Gomes für Stano, 70. Mikulic für Hartig, 74. Konecny für Urbanek – 66. Pizarro für Cruz, 79. Martins für Figo
Tore: 0:1 Cruz (17.)
SR: Poulat (Frankreich) – **Zuschauer:** 24000 (ausverkauft)

14. September 2005
Rapid Wien – Bayern München 0:1 (0:0)
Rapid Wien: Payer – Dober, Valachovic, Bejbl, Adamski – S. Hofmann, Korsos, Hlinka, Ivanschitz – Kincl, Lawaree – **Trainer:** Hickersberger
Bayern: Kahn – Sagnol, Lucio, Ismael, Lizarazu – Hargreaves – Schweinsteiger, Zé Roberto – Scholl – Pizarro, Makaay – **Trainer:** Magath
Eingewechselt: 64. Martinez für Korsos, 74. Akagündüz für Lawaree, 84. Dollinger für Ivanschitz – 52. Guerrero für Pizarro, 52. Demichelis für Lizarazu, 83. Deisler für Schweinsteiger
Tore: 0:1 Guerrero (60.)
SR: Sars (Frankreich) – **Zuschauer:** 47000 (ausverkauft) – **Besonderes Vorkommnis:** Valachovic schießt Foulelfmeter am Tor vorbei (81.)

14. September 2005
FC Brügge – Juventus Turin 1:2 (0:0)
Brügge: Stijnen – de Cock, Spilar, Maertens, Valgaeren, Vanaudenaerde – Vermant, Englebert – Yulu-Matondo, Balaban – Portillo – **Trainer:** Ceulemans
Juventus: Abbiati – Blasi, Kovac, F. Cannavaro – Zambrotta – Camoranesi, Emerson, Vieira, Nedved – Ibrahimovic, Trezeguet – **Trainer:** Capello
Eingewechselt: 52. Blondel für Portillo, 74. Victor für Valgaeren, 84. Leko für Vermant – 89. Giannichedda für Camoranesi, 89. Zalayeta für Trezeguet
Tore: 0:1 Nedved (66.), 0:2 Trezeguet (75.), 1:2 Yulu-Matondo (85.)
SR: Medina Cantalejo (Spanien) – **Zuschauer:** 28000 (ausverkauft)

14. September 2005
FC Arsenal – FC Thun 2:1 (0:0)
Arsenal: Almunia – Lauren, Touré, S. Campbell, Ashley Cole – Ljungberg, Gilberto Silva, Fabregas, Pires – Reyes, van Persie – **Trainer:** Wenger
FC Thun 1898: Jakupovic – Orman, Hodzic, Milicevic, Goncalves – T. Bernardi, Aegerter – A. Gerber, Adriano, Ferreira – Lustrinelli – **Trainer:** Schönenberger
Eingewechselt: 73. Bergkamp für Fabregas, 81. Hleb für Ljungberg, 81. Owusu-Abeyie für Reyes – 57. Gelson für Adriano, 73. Vieira für A. Gerber, 87. O.P. Faye für Lustrinelli
Tore: 1:0 Gilberto Silva (51.), 1:1 Ferreira (53.), 2:1 Bergkamp (90.)
SR: Gilewski (Polen) – **Zuschauer:** 31500 – **Rote Karten:** van Persie (45., grobes Foulspiel)

14. September 2005
Sparta Prag – Ajax Amsterdam 1:1 (0:0)
Sparta: Blazek – Pospech, Petras, P. Lukas, Kadlec – Kisel, Sivok, Polacek – Poborsky, Zelenka – Slepicka – **Trainer:** Hrebik
Ajax: Vonk – Trabelsi, Grygera, Maduro, Emanuelson – Galasek, Sneijder, Lindenbergh – Pienaar, Rosenberg, Babel – **Trainer:** Blind
Eingewechselt: 49. Matusovic für Slepicka, 79. Dosek für Polacek – 76. Charisteas für Rosenberg, 80. Rosales für Pienaar, 90. Heitinga für Galasek
Tore: 1:0 Matusovic (66.), 1:1 Sneijder (90.)
SR: Larsen (Dänemark) – **Zuschauer:** 20000

14. September 2005
Werder Bremen – FC Barcelona 0:2 (0:1)
Bremen: Reinke – Owomoyela, Pasanen, Naldo, C. Schulz – Baumann – Frings, Borowski – Micoud – Valdez, Klasnic – **Trainer:** Schaaf
Barcelona: Victor Valdes – Belletti, Puyol, Oleguer, van Bronckhorst – Marquez – Xavi, Deco – Giuly, Ronaldinho, Eto'o – **Trainer:** Rijkaard
Eingewechselt: 63. D. Jensen für Baumann, 83. Hunt für Valdez – 46. Edmilson für Belletti, 66. Messi für Giuly, 79. van Bommel für Xavi
Tore: 0:1 Deco (13.), 0:2 Ronaldinho (77., Foulelfmeter)
SR: Hauge (Norwegen) – **Zuschauer:** 37000 (ausverkauft)

14. September 2005
Udinese Calcio – Panathinaikos Athen 3:0 (1:0)
Udine: De Sanctis – Felipe, Natali, Juarez – Obodo – D. Zenoni, Vidigal, Muntari, Candela – Iaquinta, Di Natale – **Trainer:** Cosmi
Pan. Athen: Galinovic – Goumas, Morris, Kotsios – M. Nilsson, Gonzalez, Biscan, Seric – Charalambidis, Wooter – Torghelle – **Trainer:** Malesani
Eingewechselt: 68. Pinzi für Obodo, 79. Di Michele für Di Natale, 86. Sensini für Juarez – 70. Gekas für Charalambidis, 76. Leontiou für Wooter
Tore: 1:0 Iaquinta (28.), 2:0 Iaquinta (73.), 3:0 Iaquinta (76.)
SR: Benquerenca (Portugal) – **Zuschauer:** 25000

14. September 2005
FC Villarreal – Manchester United 0:0
Villarreal: Viera – Kromkamp, Gonzalo Rodriguez, Quique Alvarez, Arruabarrena – Hector Font, Josico, Marcos Senna, Sorin – Forlan, Guayre – **Trainer:** Pellegrini
Man Utd.: van der Sar – O'Shea, R. Ferdinand, Silvestre, Heinze – D. Fletcher, A. Smith – Rooney, Scholes, Cristiano Ronaldo – van Nistelrooy – **Trainer:** Ferguson
Eingewechselt: 46. Tacchinardi für Josico, 66. Figueroa für Guayre, 70. Roger für Hector Font – 33. Richardson für Heinze, 80. Giggs für Cristiano Ronaldo, 80. J.-S. Park für van Nistelrooy
SR: Nielsen (Dänemark) – **Zuschauer:** 23000 – **Gelb-Rote Karte:** Rooney (64.)

14. September 2005
Benfica Lissabon – OSC Lille 1:0 (0:0)
Benfica: Moreira – Nelson, Luisao, Ricardo Rocha, Leo – Geovanni, Petit, Manuel Fernandes, Simao – Nuno Gomes, Miccoli – **Trainer:** R. Koeman
Lille: Sylva – Chalme, Plestan, Rafael, Tafforeau – Cabaye, Dernis – Makoun, Gygax, Bodmer – Moussilou – **Trainer:** Puel
Eingewechselt: 46. Anderson für Ricardo Rocha, 67. Karagounis für Petit, 80. Mantorras für Geovanni – 46. Debuchy für Gygax, 71. Odemwingie für Moussilou, 84. Lichtsteiner für Dernis
Tore: 1:0 Miccoli (90.)
SR: Temmink (Niederlande) – **Zuschauer:** 30000

2. Spieltag

27. September 2005
Juventus Turin – Rapid Wien 3:0 (1:0)
Juventus: Abbiati – Pessotto, Thuram, F. Cannavaro, Zambrotta – Camoranesi, Emerson, Giannichedda, Nedved – Trezeguet, Ibrahimovic – **Trainer:** Capello
Rapid Wien: Payer – Dober, Valachovic, Bejbl, Adamski – S. Hofmann, Korsos, Hlinka, Ivanschitz – Kincl, Akagündüz – **Trainer:** Hickersberger
Eingewechselt: 59. Del Piero für Trezeguet, 65. Mutu für Camoranesi, 83. Blasi für Giannichedda – 53. Lawaree für Akagündüz, 76. Martinez für Dober
Tore: 1:0 Trezeguet (27.), 2:0 Mutu (82.), 3:0 Ibrahimovic (85.)
SR: Hansson (Schweden) – **Zuschauer:** 11156

27. September 2005
Bayern München – FC Brügge 1:0 (1:0)
Bayern: Kahn – Sagnol, Lucio, Ismael, Lizarazu – Demichelis – Schweinsteiger, Zé Roberto – Ballack – Makaay, Guerrero – **Trainer:** Magath
Brügge: Butina – de Cock, Maertens, Vandelannoite – Dufer, Vermant, Blondel – Verheyen, Englebert, Leko – Balaban – **Trainer:** Ceulemans
Eingewechselt: 52. Scholl für Lizarazu, 72. Santa Cruz für Guerrero, 83. Jeremies für Ballack – 68. Portillo für Leko, 76. Yulu-Matondo für Verheyen, 85. Roelandts für Englebert
Tore: 1:0 Demichelis (32.)
SR: Övrebö (Norwegen) – **Zuschauer:** 66000 (ausverkauft)

27. September 2005
Ajax Amsterdam – FC Arsenal 1:2 (0:1)
Ajax: Vonk – de Jong, Grygera, Vermaelen, Emanuelson – Galasek, Lindenbergh, Boukhari – Babel, Pienaar, Charisteas – **Trainer:** Blind
Arsenal: Almunia – Lauren, Touré, S. Campbell, Ashley Cole – Hleb, Fabregas, Flamini, Pires – Ljungberg, Reyes – **Trainer:** Wenger
Eingewechselt: 57. Rosenberg für Charisteas, 69. Manucharyan für Boukhari, 85. Juanfran für Emanuelson – 81. Owusu-Abeyie für Reyes, 88. Clichy für Pires, 90. Cygan für Hleb
Tore: 0:1 Ljungberg (2.), 0:2 Pires (69., Foulelfmeter), 1:2 Rosenberg (71.)
SR: Medina Cantalejo (Spanien) – **Zuschauer:** 47000

27. September 2005
FC Thun – Sparta Prag 1:0 (0:0)
FC Thun 1898: Jakupovic – Orman, Milicevic, Deumi Tchami, Goncalves – Hodzic – Ferreira, Aegerter, Adriano, Vieira – Lustrinelli – **Trainer:** Schönenberger
Sparta: Blazek – Pospech, Petras, Petrous, Kadlec – Sivok, M. Hasek – Kisel, Zelenka, Polacek – Slepicka – **Trainer:** Hrebik
Eingewechselt: 46. A. Gerber für Orman, 79. Sen für Lustrinelli, 83. Gelson für Adriano – 60. Herzan für Slepicka, 84. Dosek für Zelenka
Tore: 1:0 Hodzic (89.)
SR: Layec (Frankreich) – **Zuschauer:** 30783 (ausverkauft)

27. September 2005
FC Barcelona – Udinese Calcio 4:1 (3:1)
Barcelona: Victor Valdes – Belletti, Puyol, Oleguer, van Bronckhorst – van Bommel, Xavi, Deco – Messi, Eto'o, Ronaldinho – **Trainer:** Rijkaard
Udine: De Sanctis – Bertotto, Natali, Felipe – Obodo – D. Zenoni, Vidigal, Muntari, Candela – Di Natale, Barreto – **Trainer:** Cosmi
Eingewechselt: 62. Iniesta für van Bommel, 70. Ezquerro für Messi, 81. Larsson für Eto'o – 33. Juarez für Natali, 51. Mauri für Di Natale, 73. Di Michele für Muntari
Tore: 1:0 Ronaldinho (13., direkter Freistoß), 1:1 Felipe (24.), 2:1 Ronaldinho (32.), 3:1 Deco (41., direkter Freistoß), 4:1 Ronaldinho (90., Foulelfmeter)
SR: Bennett (England) – **Zuschauer:** 93000

27. September 2005
Panathinaikos Athen – Werder Bremen 2:1 (2:1)
Pan. Athen: Galinovic – Vyntra, Morris, Goumas, Darlas – M. Nilsson, Flavio Conceicao, Gonzalez, Seric – Torghelle, Mantzios – **Trainer:** Malesani
Bremen: Reinke – Owomoyela, L. Andreasen, Naldo, C. Schulz – Baumann – Frings, Borowski – Micoud – Klose, Klasnic – **Trainer:** Schaaf
Eingewechselt: 43. Kotsios für Goumas, 58. Tziolis für Torghelle, 72. Gekas für Mantzios – 63. Hunt für Baumann, 75. Valdez für C. Schulz
Tore: 1:0 Gonzalez (6., Foulelfmeter), 2:0 Mantzios (8.), 2:1 Klose (41.)
SR: Poulat (Frankreich) – **Zuschauer:** 35000 – **Gelb-Rote Karte:** Klasnic (86.)

27. September 2005
Manchester United – Benfica Lissabon 2:1 (1:0)
Man Utd.: van der Sar – Bardsley, R. Ferdinand, O'Shea, Richardson – D. Fletcher, A. Smith, Scholes, Cristiano Ronaldo – van Nistelrooy, Giggs – **Trainer:** Ferguson
Benfica: Moreira – Nelson, Luisao, Ricardo Rocha, Leo – Beto, Manuel Fernandes, Petit, Simao – Miccoli, Nuno Gomes – **Trainer:** R. Koeman
Eingewechselt: – 80. Joao Pereira für Miccoli, 87. Mantorras für Beto, 87. Geovanni für Manuel Fernandes
Tore: 1:0 Giggs (39.), 1:1 Simao (59., direkter Freistoß), 2:1 van Nistelrooy (85.)
SR: Michel (Slowakei) – **Zuschauer:** 66112

27. September 2005
OSC Lille – FC Villarreal 0:0
Lille: Sylva – Lichtsteiner, Plestan, Rafael, Tafforeau – Makoun, Bodmer – Debuchy, Acimovic – Odemwingie, Moussilou – **Trainer:** Puel
Villarreal: Viera – Kromkamp, Pena, Quique Alvarez, Arruabarrena – Tacchinardi, Josico – Riquelme, Forlan, Sorin – Figueroa – **Trainer:** Pellegrini
Eingewechselt: 46. Dumont für Bodmer, 74. Fauvergue für Moussilou, 85. Dernis für Acimovic – 46. Marcos Senna für Sorin, 57. Gonzalo Rodriguez für Quique Alvarez, 84. Guayre für Forlan
SR: Fröjdfeldt (Schweden) – **Zuschauer:** 35153

28. September 2005
FC Schalke 04 – AC Mailand 2:2 (1:1)
Schalke: F. Rost – Rafinha, Bordon, Rodriguez, Krstajic – Poulsen – F. Ernst, Kobiashvili – Lincoln – Kuranyi, Larsen – **Trainer:** Rangnick
Milan: Dida – Cafu, Nesta, Maldini, Kaladze – Gattuso, Pirlo, Seedorf – Kaka – Shevchenko, Gilardino – **Trainer:** Ancelotti
Eingewechselt: 68. Hamit Altintop für F. Ernst, 74. Sand für Kuranyi, 85. Bajramovic für Poulsen – 71. Vieri für Gilardino, 74. Rui Costa für Kaka, 77. Stam für Cafu
Tore: 0:1 Seedorf (1.), 1:1 Larsen (3.), 1:2 Shevchenko (59.), 2:2 Hamit Altintop (70.)
SR: Larsen (Dänemark) – **Zuschauer:** 53425 (ausverkauft)

28. September 2005
Fenerbahce Istanbul – PSV Eindhoven 3:0 (1:0)
Fenerbahce: Volkan – Serkan, Önder, Luciano, Ümit Özat – Selcuk, Aurelio, Appiah – Nobre, Alex – Anelka – **Trainer:** Daum
Eindhoven: Gomes – Ooijer, Alex, E. Addo – Afellay, Simons, Cocu, Lucius – Farfán, Vennegoor of Hesselink, Beasley – **Trainer:** Hiddink
Eingewechselt: 90. Yozgatli für Nobre, 90. Aslan für Alex – 54. O. Ferreyra für Lucius
Tore: 1:0 Alex (40., Handelfmeter), 2:0 Alex (68.), 3:0 Appiah (90.)
SR: Mejuto Gonzalez (Spanien) – **Zuschauer:** 49500 (ausverkauft)

28. September 2005
Real Madrid – Olympiakos Piräus 2:1 (1:0)
Real Madrid: Casillas – Salgado, Helguera, Sergio Ramos, Roberto Carlos – Beckham, Pablo Garcia, Guti – Julio Baptista – Raul, Robinho – **Trainer:** Luxemburgo
O. Piräus: Nikopolidis – Mavrogenidis, Anatolakis, Kostulas, Georgatos – Kafes, Touré, Stoltidis – Rivaldo, Djordjevic – Konstantinou – **Trainer:** Sollied
Eingewechselt: 79. Soldado für Julio Baptista, 80. Diogo für Salgado, 85. Gravesen für Pablo Garcia – 40. Kapsis für Mavrogenidis, 85. Okkas für Konstantinou, 90. Babangida für Stoltidis
Tore: 1:0 Raul (9.), 1:1 Kafes (48.), 2:1 Soldado (86.)
SR: Merk, Dr. (Otterbach) – **Zuschauer:** 73000 (ausverkauft) – **Rote Karten:** Sergio Ramos (90., Tätlichkeit)

28. September 2005
Rosenborg Trondheim – Olympique Lyon 0:1 (0:1)
Trondheim: E. Johnsen – Strand, Riseth, Kvarme, Dorsin – Skjelbred, Berg, Solli – Braaten, Helstad – Storflor – **Trainer:** Högmo
Lyon: Coupet – Réveillère, Cris, Cacapa, Berthod – Tiago, M. Diarra, Juninho Pernambucano – Govou, Malouda – Carew – **Trainer:** Houllier
Eingewechselt: 59. Ödegaard für Storflor, 66. Basma für Strand, 68. F. Johnsen für Helstad – 85. Wiltord für Govou, 90. Fred für Carew
Tore: 0:1 Cris (45.)
SR: Baskakov (Russland) – **Zuschauer:** 25100 (ausverkauft)

28. September 2005
FC Liverpool – FC Chelsea 0:0
Liverpool: Reina – Finnan, Carragher, Hyypiä, Traore – Hamann – Luis Garcia, Xabi Alonso, Gerrard – D. Cissé, Crouch – **Trainer:** Benitez
Chelsea: Cech – Paulo Ferreira, Terry, Ricardo Carvalho, Gallas – Makelele – Robben, Essien, Lampard, Duff – Drogba – **Trainer:** Mourinho
Eingewechselt: 78. Sinama-Pongolle für D. Cissé – 66. S. Wright-Phillips für Robben, 74. Crespo für Duff, 90. Huth für Drogba
SR: De Santis (Italien) – **Zuschauer:** 42743

28. September 2005
RSC Anderlecht – Real Betis 0:1 (0:0)
Anderlecht: Proto – Vanden Borre, de Man, Tihinen, Deschacht – Vanderhaeghe, Wilhelmsson, Zetterberg, Goor – Mbo Mpenza, Jestrovic – **Trainer:** Vercauteren
Betis: Doblas – Melli, Juanito, Rivas, Oscar Lopez – Varela, Rivera, Miguel Angel, Xisco – Joaquin – Ricardo Oliveira – **Trainer:** Serra Ferrer
Eingewechselt: 80. Serhat Akin für Tihinen, 85. Baseggio für Vanderhaeghe – 72. Nano für Rivas, 76. Fernando für Xisco, 90. Assuncao für Joaquin
Tore: 0:1 Ricardo Oliveira (69.)
SR: Rosetti (Italien) – **Zuschauer:** 22000

28. September 2005
Inter Mailand – Glasgow Rangers 1:0 (0:0)
Inter: Julio Cesar – Cordoba, Samuel, Materazzi, Wome – Figo, Cambiasso, Pizarro, Solari – Martins, Cruz – **Trainer:** Mancini
Rangers: Waterreus – Ricksen, Rodriguez, Kyrgiakos, Bernard – Namouchi, Ferguson, Murray, Lövenkrands – Buffel, Prso – **Trainer:** McLeish
Eingewechselt: 60. Recoba für Martins, 75. Ze Maria für Figo, 84. Kily Gonzalez für Solari – 78. Jeffers für Buffel, 84. Nieto für Murray, 90. Thompson für Namouchi
Tore: 1:0 Pizarro (49.)
SR: Vassaras (Griechenland) – **Zuschauer:** 0 – **Gelbe Karte:** Cordoba – **Besonderes Vorkommnis:** Cruz schießt Foulelfmeter an den Pfosten (38.)

28. September 2005
FC Porto – Artmedia Bratislava 2:3 (2:1)
FC Porto: Vitor Baia – Bosingwa, Ricardo Costa, Bruno Alves, Peixoto – Ibson, Diego, Lucho Gonzalez – Quaresma, McCarthy, Jorginho – **Trainer:** Adriaanse
FCA Bratislava: Cobej – Burak, Borbely, Durica, Urbanek – Vascak, Debnar, Kozak, Fodrek – Petras – Hartig – **Trainer:** Weiss
Eingewechselt: 76. Alan für Ricardo Costa, 76. Hugo Almeida für Diego – 46. Halenar für Burak, 79. Stano für Petras, 84. Obzera für Hartig
Tore: 1:0 Lucho Gonzalez (32.), 2:0 Diego (39.), 2:1 Petras (45.), 2:2 Kozak (54.), 2:3 Borbely (74.)
SR: Busacca (Schweiz) – **Zuschauer:** 40000

3. Spieltag

18. Oktober 2005
Rapid Wien – FC Brügge 0:1 (0:0)
Rapid Wien: Payer – Dober, Valachovic, Bejbl, Adamski – S. Hofmann, Korsos, Hlinka, Ivanschitz – Kincl, Lawaree – **Trainer:** Hickersberger
Brügge: Butina – Vanaudenaerde, Spilar, Maertens, Blondel – Vermant, Clément, Leko – Dufer, Portillo, Balaban – **Trainer:** Ceulemans
Eingewechselt: 54. Martin Hiden für Dober, 73. Martinez für Bejbl, 73. Akagündüz für Lawaree – 70. Verheyen für Portillo, 70. Englebert für Maertens, 90. Roelandts für Dufer
Tore: 0:1 Balaban (75.)
SR: Dougal (Schottland) – **Zuschauer:** 46000 (ausverkauft)

18. Oktober 2005
Bayern München – Juventus Turin 2:1 (2:0)
Bayern: Kahn – Sagnol, Lucio, Ismael, Lizarazu – Demichelis – Deisler, Zé Roberto – Ballack – Santa Cruz, Makaay – **Trainer:** Magath
Juventus: Abbiati – Blasi, Thuram, F. Cannavaro, Zambrotta – Emerson, Giannichedda – Camoranesi, Nedved – Trezeguet, Ibrahimovic – **Trainer:** Capello
Eingewechselt: 30. Schweinsteiger für Lizarazu, 88. Scholl für Santa Cruz – 46. Del Piero für Camoranesi, 46. Chiellini für Blasi, 66. Mutu für Trezeguet
Tore: 1:0 Deisler (33.), 2:0 Demichelis (39.), 2:1 Ibrahimovic (90.)
SR: Vassaras (Griechenland) – **Zuschauer:** 66000 (ausverkauft)

18. Oktober 2005
Ajax Amsterdam – FC Thun 2:0 (1:0)
Ajax: Stekelenburg – Trabelsi, Grygera, Maduro, Emanuelson – de Jong, Galasek, Sneijder – Pienaar, Anastasiou, Rosales – **Trainer:** Blind
FC Thun 1898: Jakupovic – Orman, Milicevic, Deumi Tchami, Goncalves – Ferreira, Aegerter, Adriano, Vieira – Gelson, Lustrinelli – **Trainer:** Schönenberger
Eingewechselt: 82. Babel für Anastasiou, 84. Boukhari für Pienaar, 90. Heitinga für Rosales – 74. Sen für Adriano, 84. O.P. Faye für Lustrinelli, 84. Duruz für Gelson
Tore: 1:0 Anastasiou (36.), 2:0 Anastasiou (55.)
SR: Rosetti (Italien) – **Zuschauer:** 44772

18. Oktober 2005
Sparta Prag – FC Arsenal 0:2 (0:1)
Sparta: Blazek – Pergl, P. Lukas, Petrous, Kadlec – Pospech, Kisel, Petras, Zelenka, Polacek – Slepicka – **Trainer:** Griga
Arsenal: Lehmann – Lauren, Touré, Cygan, Clichy – Flamini, Gilberto Silva, Fabregas, Pires – Reyes, van Persie – **Trainer:** Wenger
Eingewechselt: 70. Matusovic für Pergl, 75. Dosek für Slepicka – 15. Henry für Reyes, 73. Eboué für van Persie, 89. Owusu-Abeyie für Fabregas
Tore: 0:1 Henry (21.), 0:2 Henry (74.)
SR: Stark (Ergolding) – **Zuschauer:** 12528

18. Oktober 2005
Panathinaikos Athen – FC Barcelona 0:0
Pan. Athen: Galinovic – Vyntra, Biscan, Morris, Darlas – M. Nilsson, Flavio Conceicao, Gonzalez, Seric – Torghelle, Mantzios – **Trainer:** Malesani
Barcelona: Victor Valdes – Belletti, Puyol, Marquez, van Bronckhorst – Xavi, van Bommel, Deco – Larsson, Eto'o, Ronaldinho – **Trainer:** Rijkaard
Eingewechselt: 59. Leontiou für Torghelle, 76. Papadopoulos für Gonzalez, 88. Wooter für Seric – 56. Motta für van Bommel, 67. Messi für Larsson, 76. Iniesta für Xavi
SR: De Bleeckere (Belgien) – **Zuschauer:** 57000 – **Gelbe Karte:** Xavi

18. Oktober 2005
Udinese Calcio – Werder Bremen 1:1 (0:0)
Udine: De Sanctis – Bertotto, Sensini, Felipe – D. Zenoni, Obodo, Candela – Pinzi, Muntari – Iaquinta, Di Michele – **Trainer:** Cosmi
Bremen: Reinke – Owomoyela, L. Andreasen, Naldo, C. Schulz – Baumann – Frings, Borowski – Micoud – Klose, Valdez – **Trainer:** Schaaf
Eingewechselt: 58. Barreto für Di Michele, 77. Di Natale für Pinzi, 77. Mauri für D. Zenoni – 84. Hunt für Valdez
Tore: 0:1 Felipe (64., Eigentor), 1:1 Di Natale (86.)
SR: Temmink (Niederlande) – **Zuschauer:** 28000

18. Oktober 2005
Manchester United – OSC Lille 0:0
Man Utd.: van der Sar – Bardsley, R. Ferdinand, Silvestre, O'Shea – Cristiano Ronaldo, A. Smith, D. Fletcher, Giggs – Scholes – van Nistelrooy – **Trainer:** Ferguson
Lille: Sylva – Chalme, Rafael, Tavlaridis, Vitakic – Bodmer, Makoun – Tafforeau, Acimovic, Debuchy – Odemwingie – **Trainer:** Puel
Eingewechselt: 84. J.-S. Park für Giggs – 60. Dernis für Acimovic, 74. Moussilou für Odemwingie, 84. Keita für Debuchy
SR: Farina (Italien) – **Zuschauer:** 60626

18. Oktober 2005
FC Villarreal – Benfica Lissabon 1:1 (0:0)
Villarreal: Viera – Kromkamp, Gonzalo Rodriguez, Arzo, Arruabarrena – Santi Cazorla, Tacchinardi, Sorin – Riquelme – Forlan, José Mari – **Trainer:** Pellegrini
Benfica: Quim – Nelson, Luisao, Anderson, Ricardo Rocha – Karagounis, Petit, Manuel Fernandes – Geovanni, Nuno Gomes, Simao – **Trainer:** R. Koeman
Eingewechselt: 46. Josico für Arruabarrena, 80. Figueroa für José Mari, 84. Roger für Tacchinardi – 29. Rui Nereu für Quim, 66. Karyaka für Karagounis, 90. Beto für Geovanni
Tore: 1:0 Riquelme (72., Foulelfmeter), 1:1 Manuel Fernandes (77.)
SR: Meyer (Burgdorf) – **Zuschauer:** 21000

19. Oktober 2005
AC Mailand – PSV Eindhoven 0:0
Milan: Dida – Cafu, Stam, Maldini, Kaladze – Gattuso, Pirlo, Seedorf – Kaka – Vieri, Shevchenko – **Trainer:** Ancelotti
Eindhoven: Gomes – Reiziger, Alex, Ooijer, Lamey – Afellay, Simons, Cocu – Beasley, Robert, Farfán – **Trainer:** Hiddink
Eingewechselt: 47. F. Inzaghi für Shevchenko, 74. Serginho für Seedorf – 63. Aissati für Robert
SR: Plautz (Österreich) – **Zuschauer:** 31000

19. Oktober 2005
Fenerbahce Istanbul – FC Schalke 04 3:3 (1:0)
Fenerbahce: Volkan – Serkan, Önder, Luciano, Ümit Özat – Aurelio – Selcuk, Appiah – Alex – Anelka, Nobre – **Trainer:** Daum
Schalke: F. Rost – Hamit Altintop, Bordon, Rodriguez, Krstajic – Poulsen – Rafinha, Kobiashvili – Lincoln – Sand, Larsen – **Trainer:** Rangnick

Eingewechselt: 67. Tuncay für Aurelio – 46. Kuranyi für Sand
Tore: 1:0 Luciano (14.), 1:1 Lincoln (59.), 1:2 Lincoln (62.), 2:2 Nobre (73.), 2:3 Kuranyi (77.), 3:3 Appiah (79.)
SR: Hamer (Luxemburg) – **Zuschauer:** 50000 (ausverkauft)

19. Oktober 2005
Real Madrid – Rosenborg Trondheim 4:1 (0:1)
Real Madrid: Casillas – Diogo, Woodgate, Helguera, Roberto Carlos – Pablo Garcia – Beckham, Julio Baptista, Zidane – Robinho, Raul – **Trainer:** Luxemburgo
Trondheim: E. Johnsen – Basma, Kvarme, Riseth, Dorsin – Strand, Solli – Braaten, Skjelbred, Storflor – Helstad – **Trainer:** Högmo
Eingewechselt: 46. Guti für Julio Baptista, 70. Gravesen für Zidane, 85. Mejia für Woodgate – 46. Tettey für Strand, 63. F. Johnsen für Helstad, 76. Winsnes für Skjelbred
Tore: 0:1 Strand (40.), 1:1 Woodgate (48.), 2:1 Raul (52.), 3:1 Helguera (68.), 4:1 Beckham (82., direkter Freistoß)
SR: Bennett (England) – **Zuschauer:** 74000

19. Oktober 2005
Olympique Lyon – Olympiakos Piräus 2:1 (1:0)
Lyon: Coupet – Réveillère, Cacapa, Cris, Abidal – Tiago, M. Diarra, Juninho Pernambucano – Govou, Fred, Malouda – **Trainer:** Houllier
O. Piräus: Nikopolidis – Kapsis, Anatolakis, Kostulas – Pantos, Touré, Stoltidis, Bulut – Kafes, Okkas, Djordjevic – **Trainer:** Sollied
Eingewechselt: 70. Carew für Fred, 75. Wiltord für Malouda, 90. Clement für Govou – 85. Konstantinou für Stoltidis, 90. Babangida für Anatolakis
Tore: 1:0 Juninho Pernambucano (4., direkter Freistoß), 1:1 Kafes (84.), 2:1 Govou (89.)
SR: Poll (England) – **Zuschauer:** 39000 (ausverkauft)

19. Oktober 2005
FC Chelsea – Real Betis 4:0 (2:0)
Chelsea: Cudicini – Gallas, Ricardo Carvalho, Terry, Del Horno – Makelele – Essien, Lampard – S. Wright-Phillips, J. Cole – Drogba – **Trainer:** Mourinho
Betis: Doblas – Oscar Lopez, Juanito, Rivas, Melli – Varela, Rivera, Miguel Angel, Edu – Joaquin – Ricardo Oliveira – **Trainer:** Serra Ferrer
Eingewechselt: 46. Crespo für Drogba, 67. Gudjohnsen für S. Wright-Phillips, 76. Diarra für Makelele – 46. Xisco für Oscar Lopez, 56. Assuncao für Miguel Angel
Tore: 1:0 Drogba (24.), 2:0 Ricardo Carvalho (44.), 3:0 J. Cole (59.), 4:0 Crespo (64.)
SR: Hauge (Norwegen) – **Zuschauer:** 36457

19. Oktober 2005
RSC Anderlecht – FC Liverpool 0:1 (0:1)
Anderlecht: Proto – Vanden Borre, de Man, Tihinen, Deschacht – Wilhelmsson, Vanderhaeghe, Zetterberg, Goor – Mbo Mpenza, Jestrovic – **Trainer:** Vercauteren
Liverpool: Reina – Josemi, Carragher, Hyypiä, Traore – Luis Garcia, Xabi Alonso, Hamann, Riise – Sissoko, D. Cissé – **Trainer:** Benitez
Eingewechselt: 50. Traore für Tihinen, 61. Baseggio für Vanderhaeghe, 75. Serhat Akin für Deschacht – 75. Kewell für D. Cissé, 82. Zenden für Sissoko, 88. Warnock für Riise
Tore: 0:1 D. Cissé (20.)
SR: Busacca (Schweiz) – **Zuschauer:** 22000

19. Oktober 2005
FC Porto – Inter Mailand 2:0 (2:0)
FC Porto: Vitor Baia – Bosingwa, Pepe, Pedro Emanuel, M. Cech – Jorginho, Assuncao, Lucho Gonzalez, Quaresma – McCarthy, Hugo Almeida – **Trainer:** Adriaanse
Inter: Julio Cesar – Cordoba, Materazzi, Samuel, Favalli – Cambiasso – Figo, Pizarro, Veron, Solari – Cruz – **Trainer:** Mancini
Eingewechselt: 60. Alan für McCarthy, 82. Ivanildo für Quaresma, 90. Ibson für Jorginho – 53. Recoba für Pizarro, 67. Adriano für Solari, 82. Ze Maria für Figo
Tore: 1:0 Materazzi (22., Eigentor), 2:0 McCarthy (35.)
SR: Ivanov (Russland) – **Zuschauer:** 38418

19. Oktober 2005
Glasgow Rangers – Artmedia Bratislava 0:0
Rangers: Waterreus – Ricksen, Rodriguez, Kyrgiakos, Bernard – Namouchi, Ferguson, Hemdani, Lövenkrands – Nieto, Prso – **Trainer:** McLeish
FCA Bratislava: Cobej – Petras, Debnar, Durica, Urbanek – Vascak, Borbely, Kozak, Fodrek – Halenar – Hartig – **Trainer:** Weiss
Eingewechselt: 38. Thompson für Nieto, 59. Andrews für Kyrgiakos, 75. Burke für Namouchi – 69. Obzera für Vascak, 73. Tchur für Halenar, 83. Stano für Hartig
SR: Dauden Ibanez (Spanien) – **Zuschauer:** 49018 (ausverkauft)

4. Spieltag

1. Oktober 2005
PSV Eindhoven – AC Mailand 1:0 (1:0)
Eindhoven: Gomes – Ooijer, Alex, Lamey – Afellay, Aissati, Simons, Cocu – Farfán, Vennegoor of Hesselink, Beasley – **Trainer:** Hiddink
Milan: Dida – Stam, Nesta, Maldini, Kaladze – Gattuso, Pirlo, Kaka, Seedorf – Gilardino, Vieri – **Trainer:** Ancelotti
Eingewechselt: 58. Reiziger für Afellay, 85. E. Addo für Farfán – 46. Serginho für Gattuso, 46. Jankulovski für Kaladze, 73. Shevchenko für Gilardino
Tore: 1:0 Farfán (12.)
SR: Poll (England) – **Zuschauer:** 35100 (ausverkauft)

1. Oktober 2005
FC Schalke 04 – Fenerbahce Istanbul 2:0 (1:0)
Schalke: F. Rost – Rafinha, Bordon, Rodriguez, Krstajic – Poulsen, F. Ernst – Hamit Altintop, Lincoln, Kobiashvili – Kuranyi – **Trainer:** Rangnick
Fenerbahce: Volkan – Serkan, Önder, Luciano, Ümit Özat – Aurelio, Appiah – Selcuk, Anelka, Tuncay – Nobre – **Trainer:** Daum
Eingewechselt: 64. Sand für Hamit Altintop, 82. Varela für F. Ernst, 90. Bajramovic für Kuranyi – 46. Yozgatli für Nobre
Tore: 1:0 Kuranyi (32.), 2:0 Sand (90.)
SR: Medina Cantalejo (Spanien) – **Zuschauer:** 53993 (ausverkauft) – **Gelb-Rote Karte:** Aurelio (56.) – **Rote Karten:** Luciano (40., Notbremse)

1. Oktober 2005
Olympiakos Piräus – Olympique Lyon 1:4 (1:2)
O. Piräus: Giannou – Pantos, Anatolakis, Kostulas, Georgatos – Kafes, Touré, Rivaldo – Babangida, Okkas, Djordjevic – **Trainer:** Sollied
Lyon: Coupet – Réveillère, Cacapa, Cris, Abidal – Tiago, M. Diarra, Juninho Pernambucano – Govou, Carew, Malouda – **Trainer:** Houllier
Eingewechselt: 65. Bulut für Kostulas, 65. Stoltidis für Djordjevic, 80. Dakol-Joaquim für Okkas – 67. Wiltord für Malouda, 74. Clement für Tiago, 76. Pedretti für Juninho Pernambucano
Tore: 1:0 Babangida (3.), 1:1 Juninho Pernambucano (41., direkter Freistoß), 1:2 Carew (44.), 1:3 M. Diarra (55.), 1:4 Carew (57.)
SR: Fröjdfeldt (Schweden) – **Zuschauer:** 30800

1. Oktober 2005
Rosenborg Trondheim – Real Madrid 0:2 (0:2)
Trondheim: E. Johnsen – Basma, Kvarme, Riseth, Dorsin – Strand, Skjelbred, Solli – Braaten, Storflor – F. Johnsen – **Trainer:** Högmo
Real Madrid: Casillas – Salgado, Woodgate, Pavon, Roberto Carlos – Beckham, Diogo, Sergio Ramos, Guti – Robinho, Raul – **Trainer:** Luxemburgo
Eingewechselt: 66. Helstad für Storflor, 74. Stensaas für Dorsin, 83. Ödegaard für Strand – 46. Mejia für Salgado, 84. Raul Bravo für Guti, 90. De la Red für Beckham
Tore: 0:1 Dorsin (26., Eigentor), 0:2 Guti (41.)
SR: Stark (Ergolding) – **Zuschauer:** 21270 (ausverkauft)

1. Oktober 2005
FC Liverpool – RSC Anderlecht 3:0 (1:0)
Liverpool: Reina – Finnan, Carragher, Hyypiä, Riise – Luis Garcia, Gerrard, Xabi Alonso, Sissoko – Morientes, Crouch – **Trainer:** Benitez
Anderlecht: Proto – Mi. Zewlakow, Juhasz, Tihinen, Wilhelmsson – Vanderhaeghe, de Man, Goor, Serhat Akin, Zetterberg – Mbo Mpenza – **Trainer:** Vercauteren
Eingewechselt: 52. Zenden für Morientes, 72. D. Cissé für Crouch, 78. Kewell für Gerrard – 70. Jestrovic für Serhat Akin, 70. Pujol für Vanderhaeghe, 82. Baseggio für Mbo Mpenza
Tore: 1:0 Morientes (34.), 2:0 Luis Garcia (61.), 3:0 D. Cissé (89.)
SR: Nielsen (Dänemark) – **Zuschauer:** 42607 – **Rote Karten:** Jestrovic (75., unsportliches Verhalten)

1. Oktober 2005
Real Betis – FC Chelsea 1:0 (1:0)
Betis: Contreras – Varela, Juanito, Nano, Melli – Rivera, Arzu – Joaquin, Capi, Edu – Ricardo Oliveira – **Trainer:** Serra Ferrer
Chelsea: Cech – Paulo Ferreira, Ricardo Carvalho, Terry, Gallas – Essien, Makelele – J. Cole, Lampard, Robben – Gudjohnsen – **Trainer:** Mourinho
Eingewechselt: 20. Castellini für Nano, 24. Dani für Ricardo Oliveira, 84. Fernando für Capi – 46. Drogba für Gudjohnsen, 46. S. Wright-Phillips für J. Cole, 65. Duff für Robben
Tore: 1:0 Dani (28.)
SR: Hamer (Luxemburg) – **Zuschauer:** 53000 – **Gelbe Karte:** Duff

1. Oktober 2005
Inter Mailand – FC Porto 2:1 (0:1)
Inter: Julio Cesar – Burdisso, Materazzi, Samuel, Favalli – Figo, Pizarro, Veron, Wome – Adriano, Martins – **Trainer:** Mancini
FC Porto: Vitor Baia – Bosingwa, Pedro Emanuel, Pepe, M. Cech – Lucho Gonzalez, Assuncao, Jorginho – Quaresma, Alan – Hugo Almeida – **Trainer:** Adriaanse
Eingewechselt: 54. Cambiasso für Wome, 61. Cruz für Adriano, 66. Mihajlovic für Samuel – 46. Raul Meireles für Alan, 61. Bruno Alves für Assuncao, 76. McCarthy für Hugo Almeida
Tore: 0:1 Hugo Almeida (16.), 1:1 Cruz (75., Foulelfmeter), 2:1 Cruz (81.)
SR: Mejuto Gonzalez (Spanien) – **Zuschauer:** 0

1. Oktober 2005
Artmedia Bratislava – Glasgow Rangers 2:2 (1:2)
FCA Bratislava: Cobej – Petras, Debnar, Durica, Urbanek – Vascak, Borbely, Kozak, Fodrek – Hartig, Obzera – **Trainer:** Weiss
Rangers: Waterreus – Hutton, Rodriguez, Kyrgiakos, Bernard – Ricksen, Hemdani, Ferguson, Lövenkrands – Thompson, Prso – **Trainer:** McLeish
Eingewechselt: 73. Halenar für Hartig, 83. Tchur für Vascak, 87. Stano für Obzera – 70. Jeffers für Thompson, 90. Murray für Bernard
Tore: 0:1 Prso (3.), 1:1 Borbely (7.), 1:2 Thompson (44.), 2:2 Kozak (59.)
SR: Meyer (Burgdorf) – **Zuschauer:** 19500

2. Oktober 2005
Juventus Turin – Bayern München 2:1 (0:0)
Juventus: Abbiati – Zambrotta, Kovac, Thuram, F. Cannavaro – Vieira, Emerson – Chiellini – Del Piero – Ibrahimovic, Trezeguet – **Trainer:** Capello
Bayern: Kahn – Sagnol, Lucio, Ismael, Schweinsteiger – Demichelis – Deisler, Zé Roberto – Ballack – Makaay, Pizarro – **Trainer:** Magath
Eingewechselt: 46. Nedved für Del Piero, 58. Camoranesi für Kovac, 76. Mutu für Camoranesi – 86. Scholl für Demichelis, 88. Guerrero für Makaay
Tore: 1:0 Trezeguet (63.), 1:1 Deisler (66., direkter Freistoß), 2:1 Trezeguet (85.)
SR: Michel (Slowakei) – **Zuschauer:** 16076

2. Oktober 2005
FC Brügge – Rapid Wien 3:2 (2:1)
Brügge: Butina – Vanaudenaerde, Maertens, Spilar, Blondel – Clément, Vermant, Leko – Verheyen, Balaban, Portillo – **Trainer:** Ceulemans
Rapid Wien: Hedl – Dober, Martin Hiden, Bejbl, Adamski – S. Hofmann, Korsos, Hlinka, Dollinger – Kincl, Lawaree – **Trainer:** Hickersberger
Eingewechselt: 83. Englebert für Balaban, 86. Roelandts für Leko, 90. Victor für Portillo – 70. Martinez für Dollinger, 70. Akagündüz für Lawaree, 83. Garics für Dober
Tore: 0:1 Kincl (1.), 1:1 Portillo (9.), 2:1 Balaban (25., direkter Freistoß), 3:1 Verheyen (63.), 3:2 S. Hofmann (81.)
SR: Yefet (Israel) – **Zuschauer:** 24000

Tor in der Schlussphase: Schalkes dänischer Mittelstürmer Ebbe Sand (rechts) sorgte mit seinem Kopfball zum 2:0 für die Entscheidung gegen Fenerbahce Istanbul.

Der Höhepunkt in einem turbulenten Spiel: Werders Spielmacher Johan Micoud (2. von rechts) erzielt das entscheidende Tor zum 4:3-Sieg gegen Udinese Calcio – Keeper De Sanctis streckt sich vergeblich.

2. Oktober 2005

FC Arsenal – Sparta Prag 3:0 (1:0)

Arsenal: Almunia – Lauren, Touré, S. Campbell, Clichy – Pires, Flamini, Gilberto Silva, Reyes – Henry, Bergkamp – **Trainer:** Wenger
Sparta: Blazek – Pergl, P. Lukas, Petrous, Kadlec – Pospech, Zelenka, Petras, M. Hasek, Polacek – Matusovic – **Trainer:** Griga
Eingewechselt: 66. van Persie für Henry, 73. Fabregas für Pires, 82. Eboué für Reyes – 58. Slepicka für Polacek, 79. Jeslinek für Petrous
Tore: 1:0 Henry (23.), 2:0 van Persie (81.), 3:0 van Persie (86.)
SR: Sars (Frankreich) – **Zuschauer:** 31155

2. Oktober 2005

FC Thun – Ajax Amsterdam 2:4 (0:1)

FC Thun 1898: Jakupovic – Orman, Deumi Tchami, Milicevic, Goncalves – Hodzic, Aegerter – Ferreira, T. Bernardi, Vieira – Lustrinelli – **Trainer:** Schönenberger
Ajax: Stekelenburg – Heitinga, Grygera, Maduro, Emanuelson – de Jong, Galasek, Sneijder – Pienaar, Anastasiou, Babel – **Trainer:** Blind
Eingewechselt: 42. Adriano für Milicevic, 67. A. Gerber für Orman, 81. Sen für Vieira – 89. Boukhari für Sneijder
Tore: 0:1 Sneijder (27.), 1:1 Lustrinelli (56.), 1:2 Anastasiou (63.), 2:2 Adriano (74.), 2:3 Boukhari (90.), 2:4 de Jong (90.)
SR: Hrinak (Slowakei) – **Zuschauer:** 30919 (ausverkauft)

2. Oktober 2005

FC Barcelona – Panathinaikos Athen 5:0 (4:0)

Barcelona: Victor Valdes – Oleguer, Edmilson, Puyol, van Bronckhorst – van Bommel, Xavi, Iniesta – Messi, Eto'o, Ronaldinho – **Trainer:** Rijkaard
Pan. Athen: Galinovic – Vyntra, Biscan, Morris, Darlas – M. Nilsson, Flavio Conceicao, Leontiou, Seric – Gonzalez – Papadopoulos – **Trainer:** Malesani
Eingewechselt: 51. Motta für Iniesta, 62. Gabri für van Bommel, 70. Ezquerro für Xavi – 46. Kotsios für Biscan, 61. Tziolis für Darlas, 79. Wooter für Seric
Tore: 1:0 van Bommel (1.), 2:0 Eto'o (14.), 3:0 Messi (34.), 4:0 Eto'o (40.), 5:0 Eto'o (65.)
SR: Temmink (Niederlande) – **Zuschauer:** 98000 (ausverkauft) – **Gelbe Karte:** Morris

2. Oktober 2005

Werder Bremen – Udinese Calcio 4:3 (2:0)

Bremen: Reinke – Owomoyela, L. Andreasen, Naldo, C. Schulz – Baumann – Frings, Borowski – Micoud – Klose, Valdez – **Trainer:** Schaaf
Udine: De Sanctis – Bertotto, Sensini, Felipe – D. Zenoni, Obodo, Candela – Pinzi, Muntari – Iaquinta, Di Michele – **Trainer:** Cosmi
Eingewechselt: 68. Fahrenhorst für Owomoyela, 80. Hunt für Valdez, 85. Vranjes für Baumann – 30. Di Natale für Muntari, 51. Mauri für D. Zenoni, 73. Motta für Di Michele
Tore: 1:0 Klose (15.), 2:0 Baumann (24.), 3:0 Micoud (51.), 3:1 Di Natale (54.), 3:2 Di Natale (57.), 3:3 C. Schulz (60., Eigentor), 4:3 Micoud (67.)
SR: Baskakov (Russland) – **Zuschauer:** 35424

2. Oktober 2005

OSC Lille – Manchester United 1:0 (1:0)

Lille: Sylva – Chalme, Tavlaridis, Rafael, Tafforeau – Debuchy, Makoun, Bodmer, Dernis – Moussilou, Acimovic – **Trainer:** Puel
Man Utd.: van der Sar – O'Shea, R. Ferdinand, W. Brown, Silvestre – D. Fletcher, A. Smith – Cristiano Ronaldo, Rooney, Richardson – van Nistelrooy – **Trainer:** Ferguson
Eingewechselt: 76. Cabaye für Acimovic, 79. Gygax für Dernis, 84. Odemwingie für Moussilou – 65. J.-S. Park für Richardson, 89. Rossi für Cristiano Ronaldo
Tore: 1:0 Acimovic (38.)
SR: Merk, Dr. (Otterbach) – **Zuschauer:** 65000

2. Oktober 2005

Benfica Lissabon – FC Villarreal 0:1 (0:0)

Benfica: Rui Nereu – Nelson, Luisao, Anderson, Leo – Petit, Manuel Fernandes – Geovanni, Karagounis, Simao – Nuno Gomes – **Trainer:** R. Koeman
Villarreal: Barbosa – Javi Venta, Gonzalo Rodriguez, Quique Alvarez, Arruabarrena – Marcos Senna, Josico, Sorin – Riquelme – José Mari, Forlan – **Trainer:** Pellegrini
Eingewechselt: 70. Joao Pereira für Geovanni, 71. Mantorras für Karagounis, 84. Nuno Assis für Anderson – 54. Figueroa für Forlan, 71. Guayre für José Mari, 90. Pena für Marcos Senna
Tore: 0:1 Marcos Senna (81.)
SR: De Bleeckere (Belgien) – **Zuschauer:** 50250

5. Spieltag

22. Oktober 2005

Juventus Turin – FC Brügge 1:0 (0:0)

Juventus: Abbiati – Zambrotta, Thuram, F. Cannavaro, Chiellini – Camoranesi, Emerson, Vieira, Nedved – Del Piero, Trezeguet – **Trainer:** Capello
Brügge: Butina – Maertens, Spilar, Clément – Vanaudenaerde, Gvozdenovic – Verheyen, Vermant, Leko – Dufer, Portillo – **Trainer:** Ceulemans
Eingewechselt: 81. Mutu für Camoranesi, 84. Zalayeta für Trezeguet – 50. Englebert für Clément, 81. Serebrennikov für Dufer, 84. Lange für Gvozdenovic
Tore: 1:0 Del Piero (80.)
SR: Styles (England) – **Zuschauer:** 9623 – **Gelbe Karte:** Zambrotta

22. Oktober 2005

Bayern München – Rapid Wien 4:0 (1:0)

Bayern: Kahn – Sagnol, Lucio, Ismael, Lizarazu – Demichelis – Deisler, Zé Roberto – Karimi – Makaay, Pizarro – **Trainer:** Magath
Rapid Wien: Payer – Korsos, Martin Hiden, Bejbl, Katzer – Valachovic, Hlinka – S. Hofmann, Ivanschitz – Kincl, Akagündüz – **Trainer:** Hickersberger
Eingewechselt: 46. Schweinsteiger für Zé Roberto, 63. Lahm für Lizarazu, 82. Guerrero für Karimi – 67. Martinez für Valachovic, 80. Garics für Hlinka, 84. Dollinger für Ivanschitz
Tore: 1:0 Deisler (21.), 2:0 Karimi (54.), 3:0 Makaay (73.), 4:0 Makaay (76.)
SR: Dauden Ibanez (Spanien) – **Zuschauer:** 66000 (ausverkauft)

22. Oktober 2005

Ajax Amsterdam – Sparta Prag 2:1 (0:0)

Ajax: Stekelenburg – Trabelsi, Grygera, Vermaelen, Emanuelson – Maduro, Sneijder, Lindenbergh – Pienaar, Anastasiou, Boukhari – **Trainer:** Blind
Sparta: Blazek – Petras, P. Lukas, Petrous, Kadlec – Herzan, M. Hasek – Zelenka – Pospech, Polacek – Dosek – **Trainer:** Griga
Eingewechselt: 53. de Jong für Lindenbergh, 62. Rosenberg für Anastasiou – 69. Slepicka für Zelenka, 85. Simak für Herzan
Tore: 1:0 de Jong (68.), 2:0 de Jong (89.), 2:1 Petras (90.)
SR: Ivanov (Russland) – **Zuschauer:** 46158

22. Oktober 2005

FC Thun – FC Arsenal 0:1 (0:0)

FC Thun 1898: Jakupovic – Orman, Hodzic, Deumi Tchami, Goncalves – Milicevic, Aegerter – Ferreira, Vieira – Adriano, Lustrinelli – **Trainer:** Schönenberger
Arsenal: Almunia – Eboué, Senderos, S. Campbell, Cygan – Ljungberg, Song Billong, Flamini, Reyes – van Persie, Henry – **Trainer:** Wenger
Eingewechselt: 84. Sen für Lustrinelli, 90. T. Bernardi für Goncalves – 57. Fabregas für Song Billong, 67. Lauren für Cygan, 71. Pires für Henry
Tore: 0:1 Pires (88., Foulelfmeter)
SR: Cardoso Cortez Batista (Portugal) – **Zuschauer:** 31330 – **Rote Karten:** Deumi Tchami (35., Notbremse)

22. Oktober 2005

FC Barcelona – Werder Bremen 3:1 (2:1)

Barcelona: Victor Valdes – Oleguer, Puyol, Marquez, van Bronckhorst – Motta – Gabri, Deco – Giuly, Ronaldinho, Larsson – **Trainer:** Rijkaard
Bremen: Reinke – Owomoyela, Fahrenhorst, Naldo, C. Schulz – Baumann – Frings, Borowski – Micoud – Klose, Valdez – **Trainer:** Schaaf
Eingewechselt: 65. Ezquerro für Giuly, 75. Belletti für Marquez, 77. Iniesta für Gabri – 58. Hunt für Klose
Tore: 1:0 Gabri (14.), 1:1 Borowski (22., Foulelfmeter), 2:1 Ronaldinho (26., direkter Freistoß), 3:1 Larsson (71.)
SR: Larsen (Dänemark) – **Zuschauer:** 67200

22. Oktober 2005

Panathinaikos Athen – Udinese Calcio 1:2 (1:0)

Pan. Athen: Galinovic – Morris, Kotsios, Goumas, Darlas – Flavio Conceicao – Charalambidis, Leontiou – Gonzalez – Papadopoulos, Mantzios – **Trainer:** Malesani
Udine: De Sanctis – Bertotto, Sensini, Felipe – D. Zenoni, Obodo, Muntari, Candela – Di Natale – Di Michele, Iaquinta – **Trainer:** Cosmi

Eingewechselt: 64. Andric für Papadopoulos, 83. Torghelle für Leontiou – 62. Barreto für Di Natale, 75. Mauri für Muntari, 80. Rossini für Di Michele
Tore: 1:0 Charalambidis (45.), 1:1 Iaquinta (80.), 1:2 Candela (83.)
SR: Poll (England) – **Zuschauer:** 30150

22. Oktober 2005

Manchester United – FC Villarreal 0:0

Man Utd.: van der Sar – W. Brown, R. Ferdinand, Silvestre, O'Shea – D. Fletcher, A. Smith, Scholes, Cristiano Ronaldo – Rooney, van Nistelrooy – **Trainer:** Ferguson
Villarreal: Barbosa – Javi Venta, Gonzalo Rodriguez, Pena, Arruabarrena – Marcos Senna, Tacchinardi, Sorin, José Mari – Roger – Figueroa – **Trainer:** Pellegrini
Eingewechselt: 53. J.-S. Park für D. Fletcher, 73. G. Neville für W. Brown, 81. Saha für A. Smith – 65. Hector Font für Roger, 77. Josico für Tacchinardi, 86. Xisco Nadal für Figueroa
SR: De Santis (Italien) – **Zuschauer:** 67471

22. Oktober 2005

OSC Lille – Benfica Lissabon 0:0

Lille: Sylva – Lichtsteiner, Tavlaridis, Rafael, Tafforeau – Bodmer, Makoun – Chalme, Dernis – Acimovic – Moussilou – **Trainer:** Puel
Benfica: Quim – Alcides, Luisao, Anderson, Ricardo Rocha – Nelson, Beto, Petit, Leo – Miccoli, Nuno Gomes – **Trainer:** R. Koeman
Eingewechselt: 69. Mirallas für Chalme, 75. Abboucherouane für Moussilou, 87. Fauvergue für Acimovic – 43. Mantorras für Miccoli
SR: Busacca (Schweiz) – **Zuschauer:** 76184

23. Oktober 2005

FC Schalke 04 – PSV Eindhoven 3:0 (1:0)

Schalke: F. Rost – Hamit Altintop, Bordon, Rodriguez, Krstajic – F. Ernst, Poulsen – Lincoln – Varela, Kobiashvili, Kuranyi – **Trainer:** Rangnick
Eindhoven: Gomes – Reiziger, Alex, Ooijer, Lamey – Simons – Afellay, Cocu – Farfán, Aissati, Robert – **Trainer:** Hiddink
Eingewechselt: 74. Asamoah für Varela, 85. Sand für Kuranyi, 89. Bajramovic für Kobiashvili – 46. Lucius für Simons, 46. Vennegoor of Hesselink für Aissati, 78. Sibon für Reiziger
Tore: 1:0 Kobiashvili (18., Handelfmeter), 2:0 Kobiashvili (73.), 3:0 Kobiashvili (79., Foulelfmeter)
SR: Michel (Slowakei) – **Zuschauer:** 53994 (ausverkauft)

23. Oktober 2005

Fenerbahce Istanbul – AC Mailand 0:4 (0:1)

Fenerbahce: Volkan – Serkan, Önder, Cetin, Baris – Yozgatli, Appiah, Selcuk, Ümit Özat – Tuncay – Anelka – **Trainer:** Daum
Milan: Dida – Simic, Nesta, Maldini, Serginho – Gattuso, Pirlo, Seedorf – Kaka – Shevchenko, Gilardino – **Trainer:** Ancelotti
Eingewechselt: 28. Aslan für Selcuk, 57. Nobre für Yozgatli – 19. Rui Costa für Kaka, 75. Vieri für Gilardino, 80. Vogel für Gattuso
Tore: 0:1 Shevchenko (16.), 0:2 Shevchenko (52.), 0:3 Shevchenko (70.), 0:4 Shevchenko (76.)
SR: Hauge (Norwegen) – **Zuschauer:** 51200 (ausverkauft)

23. Oktober 2005

Real Madrid – Olympique Lyon 1:1 (1:0)

Real Madrid: Casillas – Diogo, Pavon, Helguera, Roberto Carlos – Beckham, Sergio Ramos, Pablo Garcia – Zidane, Guti – Robinho – **Trainer:** Luxemburgo
Lyon: Coupet – Réveillère, Cris, Cacapa, Monsoreau – Tiago, M. Diarra, Juninho Pernambucano – Govou, Carew, Malouda – **Trainer:** Houllier
Eingewechselt: 76. Julio Baptista für Zidane, 79. Salgado für Beckham – 69. Wiltord für Govou, 70. Fred für Monsoreau, 90. Clement für Juninho Pernambucano
Tore: 1:0 Guti (41.), 1:1 Carew (71.)
SR: De Bleeckere (Belgien) – **Zuschauer:** 73000

23. Oktober 2005

Rosenborg Trondheim – Olympiakos Piräus 1:1 (0:1)

Trondheim: E. Johnsen – Basma, Kvarme, Riseth, Dorsin – Solli, Strand, Skjelbred – Braaten, F. Johnsen, Storflor – **Trainer:** Högmo
O. Piräus: Nikopolidis – Pantos, Anatolakis, Schurrer, Bulut – Kafes, Touré, Stoltidis – Rivaldo, Dani, Babangida – **Trainer:** Sollied
Eingewechselt: 10. Winsnes für Skjelbred, 28. Helstad für Strand, 63. Ödegaard für Braaten – 72. Okkas für Babangida, 86. Maric für Rivaldo
Tore: 0:1 Rivaldo (25.), 1:1 Helstad (88.)
SR: Allaerts (Belgien) – **Zuschauer:** 20000 – **Besonderes Vorkommnis:** Nikopolidis hält Foulelfmeter von Riseth (86.)

23. Oktober 2005

FC Liverpool – Real Betis 0:0

Liverpool: Reina – Finnan, Carragher, Hyypiä, Riise – Gerrard, Sissoko, Hamann, Zenden – Crouch, Morientes – **Trainer:** Benitez
Betis: Doblas – Melli, Juanito, Rivas, Oscar Lopez – Joaquin, Assuncao, Rivera, Arzu – Fernando, Xisco – **Trainer:** Serra Ferrer
Eingewechselt: 67. D. Cissé für Morientes, 84. Kewell für Crouch, 90. Potter für Gerrard – 70. Capi für Assuncao, 78. Israel für Fernando
SR: Poulat (Frankreich) – **Zuschauer:** 42077

23. Oktober 2005

RSC Anderlecht – FC Chelsea 0:2 (0:2)

Anderlecht: Proto – Mi. Zewlakow, Kompany, Tihinen, Deschacht – Vanden Borre, Vanderhaeghe, Wilhelmsson, Goor – Mbo Mpenza, Serhat Akin – **Trainer:** Vercauteren
Chelsea: Cech – Gallas, Ricardo Carvalho, Terry, Del Horno – J. Cole, Essien, Lampard, Duff – Gudjohnsen, Crespo – **Trainer:** Mourinho
Eingewechselt: 46. Iachtchouk für Vanderhaeghe, 60. Zetterberg für Mbo Mpenza, 74. Ehret für Serhat Akin – 63. Diarra für J. Cole, 78. Geremi für Gudjohnsen, 86. C. Cole für Crespo
Tore: 0:1 Crespo (8.), 0:2 Ricardo Carvalho (15.)
SR: Farina (Italien) – **Zuschauer:** 22500 (ausverkauft)

23. Oktober 2005

Inter Mailand – Artmedia Bratislava 4:0 (2:0)

Inter: Julio Cesar – J. Zanetti, Cordoba, Samuel, Wome – Figo, Veron, Cambiasso, Solari – Adriano, Recoba – **Trainer:** Mancini
FCA Bratislava: Cobej – Petras, Debnar, Durica, Urbanek – Borbely – Vascak, Kozak, Fodrek, Obzera – Halenar – **Trainer:** Weiss
Eingewechselt: 47. Burdisso für Figo, 60. Stankovic für Veron, 67. C. Zanetti für Cordoba – 69. Tchur für Vascak, 69. Mikulic für Kozak, 79. Stano für Urbanek
Tore: 1:0 Figo (28.), 2:0 Adriano (41.), 3:0 Adriano (59.), 4:0 Adriano (74.)
SR: Riley (England) – **Zuschauer:** 0

23. Oktober 2005

FC Porto – Glasgow Rangers 1:1 (0:0)

FC Porto: Vitor Baia – Bosingwa, Pepe, Pedro Emanuel, Peixoto – Lucho Gonzalez, Assuncao, Diego – Jorginho, Lisandro Lopez, Quaresma – **Trainer:** Adriaanse
Rangers: Waterreus – Ricksen, Andrews, Kyrgiakos, Murray – Namouchi, A. Rae – Hemdani, Ferguson, Lövenkrands – Jeffers – **Trainer:** McLeish
Eingewechselt: 46. Hugo Almeida für Pedro Emanuel, 63. Bruno Alves für Diego – 61. Thompson für A. Rae, 76. McCormack für Jeffers, 77. Burke für Lövenkrands
Tore: 1:0 Lisandro Lopez (60.), 1:1 McCormack (83.)
SR: Fandel (Kyllburg) – **Zuschauer:** 39439

6. Spieltag

6. Dezember 2005

AC Mailand – FC Schalke 04 3:2 (1:1)

Milan: Dida – Stam, Nesta, Maldini, Serginho – Pirlo – Gattuso, Seedorf – Kaka – F. Inzaghi, Shevchenko – **Trainer:** Ancelotti
Schalke: F. Rost – Rafinha, Bordon, Rodriguez, Krstajic – Poulsen, F. Ernst – Lincoln – Hamit Altintop, Kobiashvili, Kuranyi – **Trainer:** Rangnick
Eingewechselt: 31. Simic für Maldini, 79. Kaladze für Simic, 85. Gilardino für F. Inzaghi – 46. Asamoah für F. Ernst, 84. Sand für Kuranyi, 84. Larsen für Krstajic
Tore: 1:0 Pirlo (42., direkter Freistoß), 1:1 Poulsen (44.), 2:1 Kaka (52.), 3:1 Kaka (60.), 3:2 Lincoln (67.)
SR: Mejuto Gonzalez (Spanien) – **Zuschauer:** 43816

6. Dezember 2005

PSV Eindhoven – Fenerbahce Istanbul 2:0 (1:0)

Eindhoven: Gomes – Lucius, Ooijer, Alex, Lamey – Afellay, Simons, Cocu – Farfán, Vennegoor of Hesselink, Robert – **Trainer:** Hiddink
Fenerbahce: Volkan – Serkan, Önder, Luciano, Ümit Özat – Appiah, Alex, Aurelio, Tuncay – Anelka, Nobre – **Trainer:** Daum
Eingewechselt: 25. Aissati für Afellay, 67. Reiziger für Robert – 65. Yozgatli für Anelka, 79. Sentürk für Nobre
Tore: 1:0 Cocu (14.), 2:0 Farfán (85.)
SR: Poulat (Frankreich) – **Zuschauer:** 35100 (ausverkauft)

6. Dezember 2005

Olympique Lyon – Rosenborg Trondheim 2:1 (1:0)

Lyon: Vercoutre – Réveillère, Cris, Diatta, Monsoreau – Pedretti, Clement – Wiltord, Benzema, Ben Arfa – Carew – **Trainer:** Houllier
Trondheim: E. Johnsen – Basma, Lago, Kvarme, Dorsin – Winsnes, Riseth, F. Johnsen – Braaten, Helstad, Storflor – **Trainer:** Högmo
Eingewechselt: 55. Fred für Carew, 83. Clerc für Réveillère, 90. Beynie für Benzema – 57. Ödegaard für Helstad, 81. Tettey für Riseth, 83. Eguren für Storflor
Tore: 1:0 Benzema (33.), 1:1 Braaten (68.), 2:1 Fred (90.)
SR: Dauden Ibanez (Spanien) – **Zuschauer:** 40425 – **Gelbe Karte:** Eguren

6. Dezember 2005

Olympiakos Piräus – Real Madrid 2:1 (0:1)

O. Piräus: Nikopolidis – Mavrogenidis, Kapsis, Schurrer, Bulut – Touré, Stoltidis – Rivaldo – Kafes, Dani, Djordjevic – **Trainer:** Sollied
Real Madrid: Diego Lopez – Raul Bravo, Sergio Ramos, Pavon, Diogo – De la Red, Gravesen, Balboa, Robinho – Soldado, Julio Baptista – **Trainer:** Lopez Caro
Eingewechselt: 58. Okkas für Dani, 65. Kostulas für Kapsis, 80. Babangida für Kafes – 58. Adrian Martin für Balboa, 80. Jurado für Robinho, 81. Javi Garcia für De la Red
Tore: 0:1 Sergio Ramos (7.), 1:1 Bulut (50.), 2:1 Rivaldo (87.)
SR: Nielsen (Dänemark) – **Zuschauer:** 31000

6. Dezember 2005

FC Chelsea – FC Liverpool 0:0

Chelsea: Cech – Paulo Ferreira, Ricardo Carvalho, Terry, Gallas – Gudjohnsen, Essien, Lampard – Duff, Robben, Drogba – **Trainer:** Mourinho
Liverpool: Reina – Finnan, Hyypiä, Carragher, Traore – Sissoko, Hamann, Gerrard, Luis Garcia, Riise – Crouch – **Trainer:** Benitez
Eingewechselt: 46. Del Horno für Paulo Ferreira, 73. C. Cole für Robben, 73. S. Wright-Phillips für Duff – 61. Kewell für Riise, 68. Morientes für Crouch, 81. Sinama-Pongolle für Luis Garcia
SR: Fandel (Kyllburg) – **Zuschauer:** 41598

6. Dezember 2005

Real Betis – RSC Anderlecht 0:1 (0:1)

Betis: Doblas – Oscar Lopez, Lembo, Rivas, Castellini – Israel, Rivera, Juande, Juanlu – Capi, Fernando – **Trainer:** Serra Ferrer
Anderlecht: Zitka – Juhasz, Kompany, Tiote, Deschacht – Delorge, Baseggio, Lovre, Goor – Pujol, Iachtchouk – **Trainer:** Vercauteren
Eingewechselt: 46. Xisco für Juanlu, 46. Joaquin für Israel, 72. Assuncao für Juande – 69. Tihinen für Lovre, 69. Mi. Zewlakow für Baseggio, 83. Zetterberg für Tiote
Tore: 0:1 Kompany (44.)
SR: Ceferin (Slowenien) – **Zuschauer:** 27000

6. Dezember 2005

Glasgow Rangers – Inter Mailand 1:1 (1:1)

Rangers: Waterreus – Ricksen, Andrews, Kyrgiakos, Murray – Namouchi, Ferguson, Malcolm, Burke – Buffel, Lövenkrands – **Trainer:** McLeish
Inter: Toldo – Andreolli, Materazzi, Mihajlovic, Burdisso – Solari, C. Zanetti, Pizarro, Wome – Martins, Adriano – **Trainer:** Mancini
Eingewechselt: – 41. Momente für Materazzi, 70. J. Zanetti für Andreolli, 81. Maa Boumsong für Adriano
Tore: 0:1 Adriano (30.), 1:1 Lövenkrands (38.)
SR: Plautz (Österreich) – **Zuschauer:** 49170 (ausverkauft) – **Gelbe Karte:** Momente

6. Dezember 2005

Artmedia Bratislava – FC Porto 0:0

FCA Bratislava: Cobej – Petras, Debnar, Durica, Urbanek – Obzera, Kozak, Stano, Borbely, Fodrek – Hartig – **Trainer:** Weiss
FC Porto: Vitor Baia – Ricardo Costa, Pepe, Pedro Emanuel, Peixoto – Assuncao, Lucho Gonzalez, Diego, Quaresma – McCarthy, Lisandro Lopez – **Trainer:** Adriaanse
Eingewechselt: 61. Vascak für Hartig, 88. Halenar für Obzera – 46. Hugo Almeida für Diego, 59. Bosingwa für Pedro Emanuel, 72. Jorginho für Quaresma
SR: Merk, Dr. (Otterbach) – **Zuschauer:** 9500

7. Dezember 2005

Rapid Wien – Juventus Turin 1:3 (0:3)

Rapid Wien: Payer – Dober, Martin Hiden, Valachovic, Katzer – Hlinka – Korsos, S. Hofmann, Ivanschitz – Kincl, Akagündüz – **Trainer:** Hickersberger
Juventus: Abbiati – Balzaretti, Thuram, Kovac, Chiellini – Camoranesi, Blasi, Vieira, Mutu – Ibrahimovic, Del Piero – **Trainer:** Capello
Eingewechselt: 81. Martinez für Korsos, 86. Kienast für Akagündüz – 46. Zalayeta für Ibrahimovic, 61. Pessotto für Mutu, 78. Giannichedda für Camoranesi
Tore: 0:1 Del Piero (35.), 0:2 Ibrahimovic (42.), 0:3 Del Piero (45.), 1:3 Kincl (52.)
SR: Jara (Tschechien) – **Zuschauer:** 45000

7. Dezember 2005

FC Brügge – Bayern München 1:1 (1:1)
Brügge: Butina – Clément, Maertens, Spilar – Vandelannoite, Roelandts – Vermant, Englebert – Yulu-Matondo, Portillo, Lange – **Trainer:** Ceulemans
Bayern: Kahn – Lahm, Ismael, Demichelis, Lizarazu – Hargreaves – Deisler, Karimi – Ballack – Pizarro, Makaay – **Trainer:** Magath
Eingewechselt: 77. Gvozdenovic für Lange, 88. Dufer für Yulu-Matondo, 90. Vanaudenaerde für Englebert – 46. Zé Roberto für Karimi, 46. Guerrero für Makaay, 67. Schweinsteiger für Hargreaves
Tore: 0:1 Pizarro (21.), 1:1 Portillo (32.)
SR: Duhamel (Frankreich) – **Zuschauer:** 28000 (ausverkauft)

7. Dezember 2005

FC Arsenal – Ajax Amsterdam 0:0

Arsenal: Almunia – Eboué, Touré, Senderos, Lauren – Hleb, Larsson, Flamini, Reyes – Owusu-Abeyie, Henry – **Trainer:** Wenger
Ajax: Stekelenburg – Heitinga, Grygera, Vermaelen, Juanfran – Maduro, Galasek, Pienaar, Sneijder – Rosenberg, Boukhari – **Trainer:** Blind
Eingewechselt: 62. Fabregas für Hleb, 65. van Persie für Reyes, 73. Gilbert für Lauren – 14. Trabelsi für Grygera, 29. de Jong für Maduro, 80. Babel für Boukhari
SR: Iturralde Gonzalez (Spanien) – **Zuschauer:** 35376 – **Besonderes Vorkommnis:** Henry schießt Foulelfmeter am Tor vorbei (45.)

7. Dezember 2005

Sparta Prag – FC Thun 0:0

Sparta: Blazek – Pospech, Petras, Petrous, Kadlec – Simak, Zelenka, M. Hasek, Polacek – Dosek, Slepicka – **Trainer:** Griga
FC Thun 1898: Jakupovic – Orman, Hodzic, Goncalves, Duruz – Spadoto, Aegerter, T. Bernardi, Vieira – Adriano – Lustrinelli – **Trainer:** Schönenberger

Eingewechselt: 60. Jeslinek für Simak, 66. Matusovic für Slepicka, 82. Herzan für M. Hasek – 57. Sen für Spadoto, 70. Savic für T. Bernardi, 83. Gelson für Adriano
SR: Riley (England) – **Zuschauer:** 9233 – **Rote Karten:** Petras (78., Notbremse), Goncalves (85., Notbremse)

7. Dezember 2005
Werder Bremen – Panathinaikos Athen 5:1 (3:0)
Bremen: Reinke – Owomoyela, Fahrenhorst, L. Andreasen, C. Schulz – Baumann – Vranjes, Frings – Micoud – Klose, Valdez – **Trainer:** Schaaf
Pan. Athen: Galinovic – Vyntra, Biscan, Morris, Darlas – Flavio Conceicao, Tziolis – M. Nilsson, Papadopoulos – Gonzalez – Torghelle – **Trainer:** Malesani
Eingewechselt: 50. Pasanen für C. Schulz, 75. D. Jensen für Baumann, 79. Hunt für Valdez – 72. Wooter für Darlas, 73. Mantzios für Torghelle, 79. Kotsios für M. Nilsson
Tore: 1:0 Micoud (2., Foulelfmeter), 2:0 Valdez (28.), 3:0 Valdez (31.), 4:0 Klose (51.), 4:1 Morris (53.), 5:1 Frings (90.)
SR: Fröjdfeldt (Schweden) – **Zuschauer:** 37500

7. Dezember 2005
Udinese Calcio – FC Barcelona 0:2 (0:0)
Udine: De Sanctis – Bertotto, Sensini, Juarez – D. Zenoni, Vidigal, Obodo, Muntari, Candela – Iaquinta, Di Natale – **Trainer:** Cosmi
Barcelona: Jorquera – Belletti, Oleguer, Puyol, van Bronckhorst – Gabri, Edmilson, Deco – Giuly, Larsson, Ezquerro – **Trainer:** ten Cate
Eingewechselt: 38. Tissone für D. Zenoni, 65. Mauri für Muntari, 75. Di Michele für Iaquinta – 75. Iniesta für Gabri
Tore: 0:1 Ezquerro (85.), 0:2 Iniesta (90.)
SR: Braamhaar (Niederlande) – **Zuschauer:** 40000 (ausverkauft)

7. Dezember 2005
FC Villarreal – OSC Lille 1:0 (0:0)
Villarreal: Viera – Kromkamp, Gonzalo Rodriguez, Pena, Arruabarrena – Riquelme, Josico, Marcos Senna, Sorin – José Mari, Forlan – **Trainer:** Pellegrini
Lille: Sylva – Chalme, Tavlaridis, Vitakic, Tafforeau – Dumont, Makoun – Lichtsteiner, Bodmer, Dernis – Odemwingie – **Trainer:** Puel
Eingewechselt: 36. Hector Font für Sorin, 59. Guayre für José Mari, 83. Roger für Forlan – 60. Acimovic für Dernis, 70. Moussilou für Lichtsteiner, 75. Mirallas für Odemwingie
Tore: 1:0 Guayre (67.)
SR: Ivanov (Russland) – **Zuschauer:** 21000

7. Dezember 2005
Benfica Lissabon – Manchester United 2:1 (2:1)
Benfica: Quim – Alcides, Luisao, Anderson, Leo – Beto, Petit – Nelson, Nuno Assis, Geovanni – Nuno Gomes – **Trainer:** R. Koeman
Man Utd.: van der Sar – G. Neville, R. Ferdinand, Silvestre, O'Shea – Cristiano Ronaldo, A. Smith, Scholes, Giggs – Rooney, van Nistelrooy – **Trainer:** Ferguson
Eingewechselt: 73. Joao Pereira für Nuno Assis, 80. Mantorras für Geovanni, 90. Ricardo Rocha für Leo – 61. Saha für Giggs, 67. J.-S. Park für Cristiano Ronaldo, 87. Richardson für O'Shea
Tore: 0:1 Scholes (6.), 1:1 Geovanni (16.), 2:1 Beto (34.)
SR: Vassaras (Griechenland) – **Zuschauer:** 53000 (ausverkauft) – **Gelbe Karte:** R. Ferdinand

Achtelfinale Hinspiel

21. Februar 2006
Real Madrid – FC Arsenal 0:1 (0:0)
Real Madrid: Casillas – Cicinho, Woodgate, Sergio Ramos, Roberto Carlos – Gravesen, Guti – Beckham, Zidane, Robinho – Ronaldo – **Trainer:** Lopez Caro
Arsenal: Lehmann – Eboué, Touré, Senderos, Flamini – Hleb, Gilberto Silva, Fabregas – Ljungberg, Henry, Reyes – **Trainer:** Wenger
Eingewechselt: 9. Mejia für Woodgate, 63. Raul für Robinho, 76. Julio Baptista für Gravesen – 76. Pires für Hleb, 80. Diaby für Reyes, 90. Song Billong für Fabregas
Tore: 0:1 Henry (47.)
SR: Farina (Italien) – **Zuschauer:** 80354 (ausverkauft)

21. Februar 2006
Bayern München – AC Mailand 1:1 (1:0)
Bayern: Rensing – Sagnol, Lucio, Ismael, Lahm – Demichelis – Salihamidzic, Zé Roberto – Ballack – Makaay, Pizarro – **Trainer:** Magath
Milan: Dida – Stam, Nesta, Kaladze, Serginho – Pirlo – Gattuso, Seedorf – Kaka – Shevchenko, Gilardino – **Trainer:** Ancelotti
Eingewechselt: 58. Karimi für Salihamidzic, 76. Scholl für Zé Roberto, 80. Guerrero für Makaay – 69. Kalac für Dida, 85. Vogel für Gattuso, 90. Jankulovski für Seedorf
Tore: 1:0 Ballack (23.), 1:1 Shevchenko (57., Handelfmeter)
SR: De Bleeckere (Belgien) – **Zuschauer:** 66000 (ausverkauft)

21. Februar 2006
PSV Eindhoven – Olympique Lyon 0:1 (0:0)
Eindhoven: Gomes – Reiziger, Ooijer, Alex, Lamey – Afellay, Simons, Cocu – Farfán, Vennegoor of Hesselink, Culina – **Trainer:** Hiddink
Lyon: Coupet – Clerc, Cris, Müller, Abidal – M. Diarra, Juninho Pernambucano, Tiago – Govou, Carew, Malouda – **Trainer:** Houllier
Eingewechselt: 54. Aissati für Culina, 73. Koné für Afellay – 46. Wiltord für Cris, 63. Fred für Carew
Tore: 0:1 Juninho Pernambucano (65., direkter Freistoß)
SR: Vassaras (Griechenland) – **Zuschauer:** 35000 (ausverkauft) – **Gelb-Rote Karte:** Govou (80.)

21. Februar 2006
Benfica Lissabon – FC Liverpool 1:0 (0:0)
Benfica: Moretto – Alcides, Luisao, Anderson, Leo – Petit, Beto, Manuel Fernandes – Simao, Nuno Gomes, Robert – **Trainer:** R. Koeman
Liverpool: Reina – Finnan, Carragher, Hyypiä, Riise – Luis Garcia, Sissoko, Xabi Alonso, Kewell – Morientes, Fowler – **Trainer:** Benitez
Eingewechselt: 58. Karagounis für Beto, 77. Nelson für Robert, 87. Ricardo Rocha für Leo – 35. Hamann für Sissoko, 66. D. Cissé für Fowler, 78. Gerrard für Morientes
Tore: 1:0 Luisao (84.)
SR: Plautz (Österreich) – **Zuschauer:** 65275 (ausverkauft)

22. Februar 2006
FC Chelsea – FC Barcelona 1:2 (0:0)
Chelsea: Cech – Paulo Ferreira, Ricardo Carvalho, Terry, Del Horno – Makelele, Lampard – J. Cole, Gudjohnsen, Robben – Crespo – **Trainer:** Mourinho
Barcelona: Victor Valdes – Oleguer, Marquez, Puyol, van Bronckhorst – Edmilson, Motta – Messi, Deco, Ronaldinho – Eto'o – **Trainer:** Rijkaard
Eingewechselt: 40. Geremi für J. Cole, 46. Drogba für Crespo, 78. S. Wright-Phillips für Robben – 65. Larsson für Motta, 69. Sylvinho für van Bronckhorst, 85. Iniesta für Deco
Tore: 1:0 Motta (59., Eigentor), 1:1 Terry (71., Eigentor), 1:2 Eto'o (80.)
SR: Hauge (Norwegen) – **Zuschauer:** 39521 (ausverkauft) – **Rote Karten:** Del Horno (37., grobes Foulspiel)

22. Februar 2006
Werder Bremen – Juventus Turin 3:2 (1:0)
Bremen: Wiese – Owomoyela, Fahrenhorst, Naldo, C. Schulz – Baumann – Frings, Borowski – Micoud – Klose, Klasnic – **Trainer:** Schaaf
Juventus: Buffon – Blasi, Thuram, F. Cannavaro, Balzaretti – Emerson, Vieira – Camoranesi, Nedved – Ibrahimovic, Trezeguet – **Trainer:** Capello
Eingewechselt: 68. Valdez für Klose – 59. Del Piero für Ibrahimovic, 74. Zalayeta für Camoranesi
Tore: 1:0 C. Schulz (39.), 1:1 Nedved (73.), 1:2 Trezeguet (82.), 2:2 Borowski (87.), 3:2 Micoud (90.)
SR: Mejuto Gonzalez (Spanien) – **Zuschauer:** 36500 (ausverkauft)

22. Februar 2006
Ajax Amsterdam – Inter Mailand 2:2 (2:0)
Ajax: Stekelenburg – Trabelsi, Heitinga, Vermaelen, Emanuelson – Maduro, Lindenbergh, Boukhari – Rosales, Huntelaar, Rosenberg – **Trainer:** Blind
Inter: Toldo – J. Zanetti, Cordoba, Samuel, Burdisso – Figo, Cambiasso, Stankovic, Cesar – Cruz, Adriano – **Trainer:** Mancini
Eingewechselt: 89. Babel für Rosales – 46. Pizarro für Cesar, 65. Martins für Adriano
Tore: 1:0 Huntelaar (16.), 2:0 Rosales (20.), 2:1 Stankovic (49.), 2:2 Cruz (86.)
SR: Stark (Ergolding) – **Zuschauer:** 46663 – **Gelbe Karte:** Rosenberg

22. Februar 2006
Glasgow Rangers – FC Villarreal 2:2 (1:2)
Rangers: Waterreus – Hutton, Kyrgiakos, Rodriguez, S. Smith – Burke, Hemdani, Ferguson, Namouchi – Lövenkrands, Prso – **Trainer:** McLeish
Villarreal: Viera – Javi Venta, Pena, Gonzalo Rodriguez, Arruabarrena – Marcos Senna, Josico, Tacchinardi – Riquelme – José Mari, Forlan – **Trainer:** Pellegrini
Eingewechselt: 69. Buffel für Namouchi, 75. Nacho Novo für Lövenkrands, 89. Boyd für Prso – 61. Sorin für Arruabarrena, 83. Roger für José Mari, 90. Arzo für Riquelme
Tore: 0:1 Riquelme (8., Handelfmeter), 1:1 Lövenkrands (22.), 1:2 Forlan (35.), 2:2 Pena (82., Eigentor)
SR: Poulat (Frankreich) – **Zuschauer:** 49500 (ausverkauft)

Achtelfinale Rückspiel

7. März 2006
FC Barcelona – FC Chelsea 1:1 (0:0)
Barcelona: Victor Valdes – Oleguer, Marquez, Puyol, van Bronckhorst – Deco, Edmilson, Motta – Messi, Eto'o, Ronaldinho – **Trainer:** Rijkaard
Chelsea: Cech – Paulo Ferreira, Ricardo Carvalho, Terry, Gallas – Makelele, Lampard – J. Cole, Duff, Robben – Drogba – **Trainer:** Mourinho
Eingewechselt: 25. Larsson für Messi – 58. Crespo für Drogba, 58. Gudjohnsen für Duff, 83. Huth für J. Cole
Tore: 1:0 Ronaldinho (79.), 1:1 Lampard (90., Foulelfmeter)
SR: Merk, Dr. (Otterbach) – **Zuschauer:** 98000 (ausverkauft)

7. März 2006
Juventus Turin – Werder Bremen 2:1 (0:1)
Juventus: Buffon – Zebina, F. Cannavaro, Thuram, Zambrotta – Vieira, Emerson – Camoranesi – Nedved – Ibrahimovic, Trezeguet – **Trainer:** Capello
Bremen: Wiese – Owomoyela, Fahrenhorst, Naldo, C. Schulz – Baumann – Frings, Borowski – Micoud – Klose, Klasnic – **Trainer:** Schaaf
Eingewechselt: 57. Del Piero für Ibrahimovic, 57. Mutu für Camoranesi, 70. Balzaretti für Zambrotta – 73. Pasanen für Baumann, 82. Valdez für Klasnic
Tore: 0:1 Micoud (13.), 1:1 Trezeguet (65.), 2:1 Emerson (88.)
SR: Poll (England) – **Zuschauer:** 40226 – **Gelbe Karte:** Nedved

7. März 2006
FC Villarreal – Glasgow Rangers 1:1 (0:1)
Villarreal: Viera – Javi Venta, Gonzalo Rodriguez, Pena, Arruabarrena – Marcos Senna, Tacchinardi, Josico – Riquelme – Forlan, José Mari – **Trainer:** Pellegrini
Rangers: Waterreus – Hutton, Rodriguez, Kyrgiakos, Murray – Burke, Ferguson, Hemdani, Namouchi – Buffel, Lövenkrands – **Trainer:** McLeish
Eingewechselt: 46. Hector Font für Javi Venta, 46. Franco für José Mari, 86. Calleja für Riquelme – 64. Boyd für Buffel, 87. Nacho Novo für Burke
Tore: 0:1 Lövenkrands (12.), 1:1 Arruabarrena (49.)
SR: Hamer (Luxemburg) – **Zuschauer:** 25000 (ausverkauft)

8. März 2006
FC Arsenal – Real Madrid 0:0
Arsenal: Lehmann – Eboué, Touré, Senderos, Flamini – Hleb, Fabregas, Gilberto Silva, Reyes – Ljungberg, Henry – **Trainer:** Wenger
Real Madrid: Casillas – Salgado, Sergio Ramos, Raul Bravo, Roberto Carlos – Gravesen, Guti – Beckham, Raul, Zidane – Ronaldo – **Trainer:** Lopez Caro
Eingewechselt: 68. Pires für Reyes, 87. Bergkamp für Hleb – 68. Julio Baptista für Gravesen, 73. Cassano für Raul, 84. Robinho für Salgado
SR: Michel (Slowakei) – **Zuschauer:** 38000 (ausverkauft) – **Gelbe Karte:** Gravesen

8. März 2006
AC Mailand – Bayern München 4:1 (2:1)
Milan: Dida – Stam, Nesta, Kaladze, Serginho – Pirlo – Vogel, Seedorf – Kaka – Shevchenko, F. Inzaghi – **Trainer:** Ancelotti
Bayern: Kahn – Sagnol, Ismael, Lucio, Lizarazu – Demichelis – Deisler, Schweinsteiger – Ballack – Pizarro, Makaay – **Trainer:** Magath
Eingewechselt: 72. Gilardino für F. Inzaghi, 77. Ambrosini für Shevchenko, 86. Rui Costa für Kaka – 46. Guerrero für Makaay, 52. Zé Roberto für Lizarazu, 63. Scholl für Deisler
Tore: 1:0 F. Inzaghi (8.), 2:0 Shevchenko (25.), 2:1 Ismael (36.), 3:1 F. Inzaghi (47.), 4:1 Kaka (59.)
SR: Ivanov (Russland) – **Zuschauer:** 78577 (ausverkauft)

8. März 2006
Olympique Lyon – PSV Eindhoven 4:0 (2:0)
Lyon: Coupet – Clerc, Cris, Müller, Abidal – Tiago, M. Diarra, Juninho Pernambucano – Wiltord, Carew, Malouda – **Trainer:** Houllier
Eindhoven: Gomes – Lucius, E. Addo, Alex, Reiziger – Simons, Afellay, Cocu – Culina, Koné, Farfán – **Trainer:** Hiddink
Eingewechselt: 66. Fred für Carew, 76. Pedretti für Juninho Pernambucano, 80. Clement für Tiago – 57. Beasley für Farfán, 57. Väyrynen für Culina, 76. Aissati für Alex
Tore: 1:0 Tiago (26.), 2:0 Tiago (45.), 3:0 Wiltord (71.), 4:0 Fred (90.)
SR: Riley (England) – **Zuschauer:** 39000 (ausverkauft)

8. März 2006
FC Liverpool – Benfica Lissabon 0:2 (0:1)
Liverpool: Reina – Finnan, Carragher, Traore, Warnock – Luis Garcia, Gerrard, Xabi Alonso, Kewell – Morientes, Crouch – **Trainer:** Benitez
Benfica: Moretto – Alcides, Luisao, Anderson, Leo – Simao, Beto, Manuel Fernandes, Geovanni, Robert – Nuno Gomes – **Trainer:** R. Koeman
Eingewechselt: 63. D. Cissé für Kewell, 70. Fowler für Morientes, 71. Hamann für Warnock – 60. Karagounis für Geovanni, 70. Ricardo Rocha für Robert, 77. Miccoli für Nuno Gomes
Tore: 0:1 Simao (36.), 0:2 Miccoli (89.)
SR: De Santis (Italien) – **Zuschauer:** 44121

14. März 2006
Inter Mailand – Ajax Amsterdam 1:0 (0:0)
Inter: Toldo – J. Zanetti, Materazzi, Samuel, Wome – Figo, Veron, Cambiasso, Stankovic – Martins, Adriano – **Trainer:** Mancini
Ajax: Stekelenburg – Trabelsi, Maduro, Vermaelen, Juanfran – Pienaar, Lindenbergh, Boukhari – Rosales, Huntelaar, Rosenberg – **Trainer:** Blind
Eingewechselt: 74. C. Zanetti für Veron, 84. Recoba für Martins – 72. Babel für Rosales, 74. Charisteas für Rosenberg
Tore: 1:0 Stankovic (57.)
SR: Fröjdfeldt (Schweden) – **Zuschauer:** 50000 – **Besonderes Vorkommnis:** Adriano schießt Handelfmeter am Tor vorbei (27.)

Viertelfinale Hinspiel

28. März 2006
FC Arsenal – Juventus Turin 2:0 (1:0)
Arsenal: Lehmann – Eboué, Touré, Senderos, Flamini – Hleb, Fabregas, Gilberto Silva, Pires – Henry, Reyes – **Trainer:** Wenger
Juventus: Buffon – Zebina, Thuram, F. Cannavaro, Zambrotta – Camoranesi, Vieira, Emerson, Mutu – Ibrahimovic, Trezeguet – **Trainer:** Capello
Eingewechselt: 82. van Persie für Reyes – 71. Chiellini für Mutu, 79. Zalayeta für Trezeguet
Tore: 1:0 Fabregas (40.), 2:0 Henry (69.)
SR: Fröjdfeldt (Schweden) – **Zuschauer:** 35472 (ausverkauft)

28. März 2006
Benfica Lissabon – FC Barcelona 0:0
Benfica: Moretto – Ricardo Rocha, Luisao, Anderson, Leo – Beto, Manuel Fernandes, Petit – Simao, Geovanni, Robert – **Trainer:** R. Koeman
Barcelona: Victor Valdes – Belletti, Oleguer, Motta, van Bronckhorst – van Bommel, Deco, Iniesta – Larsson, Eto'o, Ronaldinho – **Trainer:** Rijkaard
Eingewechselt: 46. Miccoli für Robert, 68. Karagounis für Geovanni – 76. Gabri für Deco, 76. Giuly für Larsson
SR: Bennett (England) – **Zuschauer:** 60000 (ausverkauft)

29. März 2006
Olympique Lyon – AC Mailand 0:0
Lyon: Coupet – Clerc, Cris, Cacapa, Abidal – Tiago, M. Diarra, Pedretti – Wiltord, Carew, Malouda – **Trainer:** Houllier
Milan: Dida – Costacurta, Nesta, Kaladze, Serginho – Gattuso, Pirlo, Seedorf – Kaka – Shevchenko, Gilardino – **Trainer:** Ancelotti
Eingewechselt: 63. Fred für Carew, 68. Clement für Pedretti – 62. Maldini für Costacurta, 62. F. Inzaghi für Gilardino, 85. Vogel für Pirlo
SR: Plautz (Österreich) – **Zuschauer:** 39000 (ausverkauft)

29. März 2006
Inter Mailand – FC Villarreal 2:1 (1:1)
Inter: Toldo – J. Zanetti, Cordoba, Samuel, Wome – Stankovic, Veron, Cambiasso, Cesar – Recoba, Adriano – **Trainer:** Mancini
Villarreal: Viera – Javi Venta, Gonzalo Rodriguez, Pena, Sorin – Marcos Senna, Arzo, Calleja – Riquelme – José Mari, Forlan – **Trainer:** Pellegrini
Eingewechselt: 28. Martins für Recoba, 69. Materazzi für Cesar, 82. Kily Gonzalez für Stankovic – 60. Quique Alvarez für Arzo, 76. Franco für José Mari, 87. Santi Cazorla für Calleja
Tore: 0:1 Forlan (1.), 1:1 Adriano (7.), 2:1 Martins (54.)
SR: Sars (Frankreich) – **Zuschauer:** 60000

Viertelfinale Rückspiel

4. April 2006
FC Villarreal – Inter Mailand 1:0 (0:0)
Villarreal: Viera – Javi Venta, Quique Alvarez, Pena, Arruabarrena – Tacchinardi, Marcos Senna, Sorin – Riquelme – Forlan, José Mari – **Trainer:** Pellegrini
Inter: Toldo – J. Zanetti, Materazzi, Samuel, Cordoba – Figo, Veron, Cambiasso, Stankovic – Adriano, Recoba – **Trainer:** Mancini
Eingewechselt: 78. Josico für Sorin, 78. Franco für José Mari, 90. Calleja für Forlan – 56. Martins für Recoba, 75. Mihajlovic für Figo, 85. Cruz für Veron
Tore: 1:0 Arruabarrena (58.)
SR: Vassaras (Griechenland) – **Zuschauer:** 23000 (ausverkauft)

4. April 2006
AC Mailand – Olympique Lyon 3:1 (1:1)
Milan: Dida – Stam, Nesta, Kaladze, Serginho – Gattuso, Pirlo, Seedorf – Kaka – F. Inzaghi, Shevchenko – **Trainer:** Ancelotti
Lyon: Coupet – Clerc, Cris, Cacapa, Abidal – M. Diarra, Juninho Pernambucano, Malouda – Govou, Wiltord, Fred – **Trainer:** Houllier
Eingewechselt: 24. Costacurta für Stam, 71. Ambrosini für Pirlo, 78. Maldini für Gattuso – 71. Carew für Fred, 83. Réveillère für Govou
Tore: 1:0 F. Inzaghi (25.), 1:1 M. Diarra (31.), 2:1 F. Inzaghi (88.), 3:1 Shevchenko (90.)
SR: Hauge (Norwegen) – **Zuschauer:** 78894 (ausverkauft) – **Gelbe Karten:** Maldini, Serginho

5. April 2006
Juventus Turin – FC Arsenal 0:0
Juventus: Buffon – Zambrotta, Kovac, F. Cannavaro, Chiellini – Mutu, Emerson, Giannichedda, Nedved – Trezeguet, Ibrahimovic – **Trainer:** Capello
Arsenal: Lehmann – Eboué, Touré, Senderos, Flamini – Ljungberg, Gilberto Silva, Fabregas – Hleb, Reyes, Henry – **Trainer:** Wenger
Eingewechselt: 61. Zalayeta für Mutu, 66. Balzaretti für Chiellini – 63. Pires für Reyes, 87. Diaby für Hleb
SR: Fandel (Kyllburg) – **Zuschauer:** 50000 – **Gelb-Rote Karte:** Nedved (77.)

5. April 2006
FC Barcelona – Benfica Lissabon 2:0 (1:0)
Barcelona: Victor Valdes – Belletti, Oleguer, Puyol, van Bronckhorst – van Bommel, Iniesta, Deco – Larsson, Eto'o, Ronaldinho – **Trainer:** Rijkaard
Benfica: Moretto – Ricardo Rocha, Luisao, Anderson, Leo – Beto, Petit, Manuel Fernandes – Geovanni, Miccoli, Simao – **Trainer:** R. Koeman
Eingewechselt: 84. Edmilson für van Bommel, 86. Giuly für Larsson – 55. Karagounis für Geovanni, 72. Robert für Beto, 82. Marcel für Manuel Fernandes
Tore: 1:0 Ronaldinho (19.), 2:0 Eto'o (89.)
SR: Michel (Slowakei) – **Zuschauer:** 98000 (ausverkauft) – **Gelbe Karten:** Luisao, Manuel Fernandes – **Besonderes Vorkommnis:** de Souza hält Handelfmeter von Ronaldinho (5.)

Den Blick vom Pokal abgewendet: Arsenals Torjäger Thierry Henry blieb der große Coup, der Gewinn der Champions League, verwehrt.

Halbfinale Hinspiel

18. April 2006
AC Mailand – FC Barcelona 0:1 (0:0)
Milan: Dida – Stam, Nesta, Kaladze, Serginho – Gattuso, Pirlo, Seedorf – Kaka – Shevchenko, Gilardino – **Trainer:** Ancelotti
Barcelona: Victor Valdes – Oleguer, Puyol, Marquez, van Bronckhorst – van Bommel, Edmilson, Iniesta – Giuly, Eto'o, Ronaldinho – **Trainer:** Rijkaard
Eingewechselt: 67. Maldini für Pirlo, 74. Ambrosini für Gattuso, 77. Cafu für Stam – 70. Belletti für Giuly, 75. Motta für Oleguer, 89. Maxi Lopez für Ronaldinho
Tore: 0:1 Giuly (57.)
SR: Sars (Frankreich) – **Zuschauer:** 76883 (ausverkauft)

19. April 2006
FC Arsenal – FC Villarreal 1:0 (1:0)
Arsenal: Lehmann – Eboué, Touré, Senderos, Flamini – Gilberto Silva – Hleb, Fabregas, Pires, Ljungberg – Henry – **Trainer:** Wenger
Villarreal: Barbosa – Javi Venta, Quique Alvarez, Arzo, Arruabarrena – Marcos Senna, Tacchinardi, Sorin – Riquelme – José Mari, Forlan – **Trainer:** Pellegrini
Eingewechselt: 80. Bergkamp für Hleb, 81. van Persie für Ljungberg – 55. Franco für José Mari, 73. Josico für Sorin, 90. Calleja für Forlan
Tore: 1:0 Touré (41.)
SR: Plautz (Österreich) – **Zuschauer:** 35438 (ausverkauft)

Halbfinale Rückspiel

25. April 2006
FC Villarreal – FC Arsenal 0:0
Villarreal: Barbosa – Javi Venta, Pena, Quique Alvarez, Arruabarrena – Marcos Senna, Josico, Sorin – Riquelme – Forlan, Franco – **Trainer:** Pellegrini
Arsenal: Lehmann – Eboué, Touré, S. Campbell, Flamini – Gilberto Silva – Hleb, Fabregas, Ljungberg, Reyes – Henry – **Trainer:** Wenger
Eingewechselt: 63. José Mari für Josico, 82. Roger für Arruabarrena – 9. Clichy für Flamini, 69. Pires für Reyes
SR: Ivanov (Russland) – **Zuschauer:** 23000 (ausverkauft) – **Besonderes Vorkommnis:** Lehmann hält Foulelfmeter von Riquelme (90.)

26. April 2006
FC Barcelona – AC Mailand 0:0
Barcelona: Victor Valdes – Belletti, Marquez, Puyol, van Bronckhorst – Iniesta, Edmilson, Deco – Giuly, Eto'o, Ronaldinho – **Trainer:** Rijkaard
Milan: Dida – Stam, Costacurta, Kaladze, Serginho – Gattuso, Pirlo, Seedorf – Kaka – Shevchenko, F. Inzaghi – **Trainer:** Ancelotti
Eingewechselt: 69. Larsson für Giuly, 89. van Bommel für Eto'o – 64. Cafu für Costacurta, 68. Rui Costa für Gattuso, 80. Gilardino für F. Inzaghi
SR: Merk, Dr. (Otterbach) – **Zuschauer:** 98000 (ausverkauft)

Finale

17. Mai 2006
FC Barcelona – FC Arsenal 2:1 (0:1)
Barcelona: Victor Valdes – Oleguer, Marquez, Puyol, van Bronckhorst – Deco, Edmilson, van Bommel – Giuly, Eto'o, Ronaldinho – **Trainer:** Rijkaard
Arsenal: Lehmann – Eboué, Touré, S. Campbell, Ashley Cole – Pires, Gilberto Silva, Fabregas, Hleb – Ljungberg – Henry – **Trainer:** Wenger
Eingewechselt: 46. Iniesta für Edmilson, 61. Larsson für van Bommel, 71. Belletti für Oleguer – 20. Almunia für Pires, 74. Flamini für Fabregas, 85. Reyes für Hleb
Tore: 0:1 S. Campbell (37.), 1:1 Eto'o (76.), 2:1 Belletti (80.)
SR: Hauge (Norwegen) – **Zuschauer:** 77500 (ausverkauft) – **Rote Karten:** Lehmann (18., Notbremse)

FC Sevilla feiert pünktlich zum 100-Jährigen

Passender hätte man einen runden Geburtstag gar nicht feiern können als mit Zigtausenden jubelnden Menschen auf der Straße und einem Geschenk, das in keinem Laden der Welt zu kaufen ist. Wie üblich nach großen Triumphen, zog die Mannschaft des FC Sevilla auf einem Sattelschlepper durch die Stadt, auf der fahrbaren Bühne wurde pausenlos der UEFA-Pokal Richtung Publikum geschwenkt.

Pünktlich zu seinem 100-Jährigen Gründungsjubiläum, schaffte der Sevilla Futbol Club die Sensation: Fast auf den Tag genau 60 Jahre nach dem Gewinn der einzigen Landesmeisterschaft, gewannen die Andalusier erstmals einen Europapokal. Klar und deutlich 4:0 hatten sie den FC Middlesbrough im Finale in Eindhoven besiegt. Selbst einige Fans von Real Betis sollen sich danach heimlich über den Erfolg des Stadtrivalen gefreut haben.
Die deutschen Klubs hingegen hatten, wie regelmäßig in den vergangenen Jahren, auf internationaler Ebene keinen Grund zu Jubelfeiern. Eher waren Trauerspiele an der Tagesordnung. Mit Schalke schaffte es zwar wenigstens ein Team unter die letzten vier, doch den Traum vom Finale konnten sich die Knappen nicht erfüllen. Am größten war die Freude noch in Mainz gewesen, wo der 1. FSV dank der Fairplay-Regelung einen Startplatz im UEFA-Cup zugelost bekam. Zwar lernte das Team von Jürgen Klopp bei Gastspielen in Ashtarak (Armenien) und Keflavik (Island) nicht unbedingt die Hochburgen des Klubfußballs kennen, ehe dann bereits vor der Gruppenphase der spätere Titelträger Sevilla Endstation war (0:0 und 0:2), dennoch ist die erste Teilnahme an einem Europapokal in die Vereinshistorie eingegangen.
Nicht über die Erste Runde hinaus kam auch Bayer Leverkusen. Gegen den bulgarischen Vertreter ZSKA Sofia setzte es zwei 0:1-Niederlagen und damit war das Unternehmen Europapokal schon beendet, bevor es überhaupt richtig begonnen hatte. Wenigstens buchten mit Hertha, Stuttgart und dem Hamburger SV dann doch noch drei Vereine aus der Bundesliga ihre Tickets für die acht Fünfergruppen. Fußballerische Leckerbissen setzten sie ihren Fans zwar auch da nicht vor, zumindest aber erreichte das Trio die Zwischenrunde, wo mit dem aus der Champions League ausgeschiedenen FC Schalke 04 ein weiterer deutscher Klub hinzu stieß.
Hertha (0:1, 0:2 gegen Rapid Bukarest) und Stuttgart (1:2, 1:0 gegen Middlesbrough) konnten anschließend ihre spielerischen Mängel nicht mehr kaschieren und schieden sang- und klanglos aus, während Schalke beim 3:0-Sieg im Rückspiel bei Espanyol Barcelona einen der seltenen überzeugenden Momente der UEFA-Cup-Saison aus deutscher Sicht ablieferte. Fast schon dramatische Züge nahm das Achtelfinale gegen Rapid Bukarest für den HSV an. Mit dem 2:0 war die Hinspiel-Niederlage schon nach einer guten halben Stunde wettgemacht, als danach aber Buga für die Rumänen traf und trotz vieler dicker Chancen nur noch Van der Vaart ein Tor für die Hamburger gelang, konnte Trainer Thomas Doll nur vom »sensationellen Charakter« seiner Mannschaft schwärmen, nicht aber von den Gegnern in der nächsten Runde. Nach Feyenoord Rotterdam und Hertha BSC hatte Rapid somit dank robuster Teamleistung und überragender Heimstärke den dritten höher eingeschätzten Klub aus dem Wettbewerb geworfen.
Überhaupt hat sich der Trend bestätigt, wonach Vereine aus dem östlichen Teil Europas im UEFA-Pokal zu einer immer ernster zu nehmenden Konkurrenz heranwachsen. Im Vorjahr hatte mit ZSKA Moskau erstmals ein russischer Vertreter einen Europapokal gewonnen, diesmal kam die Hälfte der Teilnehmer am Viertelfinale aus Staaten des ehemaligen Warschauer Pakts. Besondere Brisanz barg dabei aus sicherheitstechnischer Sicht, das Bukarester Derby zwischen Steaua und Rapid. Am Ende jedoch blieb es in und um das Stadion weitgehend ruhig und nach 1:1 und 0:0 hatte Steaua schließlich das Halbfinale erreicht. Ebenfalls wenig spektakulär schaltete Schalke Levski Sofia aus (3:1, 1:1) und traf in der Vorschlussrunde auf den FC Sevilla, der Zenit St. Petersburg eleminiert hatte.
Vor allem die Rückspiele brachten dann endlich jene Atmosphäre von früheren Europapokal-Abenden, die man so lange vermisst hat. Middlesbrough war nach dem 0:1 im Hinspiel gegen Steaua auch zu Hause schon früh mit 0:2 hintengelegen, der eingewechselte Massimo Mac-

Innige Freude nach dem Gewinn des UEFA-Cups: Sevillas Stürmer Frederic Kanouté nach dem Finale von Eindhoven mit dem Objekt der Begierde.

Schalker Angriffswucht: S04-Stürmer Kevin Kuranyi (vorn) setzt sich entschlossen gegen seinen Kontrahenten Lopo Garcia von Espanyol Barcelona durch.

carone aber verwandelte eine Minute vor Schluss mit seinem Tor zum entscheidenden 4:2 das Riverside-Stadium in ein riesiges Freiluft-Pub samt ekstatisch singender Gäste. Noch ungeordneter ging es im Estadio Ramon Sanchez Pizjuan zu, wo nach dem Schlusspfiff haufenweise Fans über den Rasen sprangen und den Finaleinzug des FC Sevilla feierten. Puerta hatte in der 11. Minute der Verlängerung das erste und einzige Tor im Vergleich mit dem FC Schalke 04 geschossen, der vor allem im Hinspiel viel zu harmlos und verhalten agiert hatte. »So hatten wir das Finale auch nicht verdient«, kommentierte Keeper Frank Rost die Bruchlandung der früheren »Eurofighter«.

Und so standen sich am 10. Mai im Eindhovener Philips-Stadion zwei Teams gegenüber, die beide erstmals ein europäisches Endspiel erreicht hatten, sich aber in punkto Spielphilosophie krass voneinander unterschieden. Hier der FC Sevilla, dem sein Coach Juan de la Cruz Ramos ein ausgeklügeltes System mit verwirrender Ballzirkulation sowie schnellen Vorstößen über die Flügel verordnet hatte und das das Team um Mittelfeldmann Maresca auch umzusetzen fähig war. Dort der FC Middlesbrough, in der Liga genauso mittelmäßig platziert wie in technischer Hinsicht ausgestattet, mit Spielern, die in jedem Spiel extrem weite Wege zu gehen bereit sind und mit ihrer intensiven Spielweise so manche spielerische Mängel ausbügeln. Dazu mit einem Trainer Steve McClaren, der bereits im Vorfeld wusste, dass er nach der WM neuer englischer Nationalcoach wird, was so manche Experten auf der Insel ob seiner bislang eher unauffälligen Arbeit doch leicht verwunderte.

Einige Zeit verlief das Kräftemessen auf Augenhöhe, auch wenn Sevilla nach 27 Minuten mit 1:0

Der finale Griff ins Trikot: Im Endspiel schenken sich Sevillas Italiener Enzo Maresca (links) und Middlesbroughs Brasilianer Fabio Rochembach nichts.

Verbissener Zweikampf: Der Stuttgarter Innenverteidiger Markus Babbel im Duell mit Spielmacher Gaizka Mendieta vom späteren Finalisten Middlesbrough.

führte. Doch je länger das Spiel dauerte, desto offensichtlicher wurde die Überlegenheit der quirligen Südeuropäer, die in der letzten Viertelstunde noch um drei Treffer erhöhten, ehe es rot-weiße Konfetti regnete und sich König Juan Carlos auf der Tribüne wenig standesgemäß feixend von seinem Platz erhob.

Acht verschiedene Vereine aus sieben Ländern haben sich zuletzt in die Siegerlisten des UEFA-Cups eingeschrieben, nur Spanien ist in jüngster Zeit doppelt vertreten, nachdem Valencia den Titel 2004 gewonnen hatte. Für die deutschen Klubs indes war seit dem Schalker Triumph 1997 nichts mehr zu holen, Nicht nur in der entscheidenden Phase der Champions League laufen Bayern, Bremen und Co. der Musik hinterher, auch im UEFA-Cup hat schon länger kein Bundesligist mehr den Ton angegeben. Dass die deutschen Vertreter Schalke oder Leverkusen in dieser Saison daran etwas ändern, darf zumindest in Frage gestellt werden.

Martin Gruener

1. Runde

AJ Auxerre – Levski Sofia 2-1, 0-1
Hamburger SV – FC Kopenhagen 1-1, 1-0
Slavia Prag – Cork City 2-0, 2-1
AOK Saloniki – Metalurg Donezk 1-1, 2-2
Dinamo Bukarest – FC Everton 5-1, 0-1
Grasshoppers Zürich – MyPa Anjalankoski 1-1, 3-0
Roter Stern Belgrad – Sporting Braga 0-0, 1-1
GB Antwerpen – Olympique Marseille 0-0, 0-0; 1:4 i. E.
Bayer 04 Leverkusen – ZSKA Sofia 0-1, 0-1
ZSKA Moskau – FC Midtjylland 3-1, 3-1
Vitória Setúbal – Sampdoria Genua 1-1, 0-1
FC Sevilla – 1. FSV Mainz 05 0-0, 2-0
FC Basel – Siroki Brijeg 5-0, 1-0
Feyenoord Rotterdam – Rapid Bukarest 1-1, 0-1
Hibernian Edinburgh – Dnjepr Dnjepropetrovsk 0-0, 1-5
Stade Rennes – CA Osasuna 3-1, 0-0
Vitória Guimarães – Wisla Kraków 3-0, 1-0
Krylia Sovietov Samara – AZ Alkmaar 5-3, 1-3
VfB Stuttgart – NK Domzale 2-0, 0-1
Vålerenga IF – Steaua Bukarest 0-3, 1-3
Grazer AK – Racing Strasbourg 0-2, 0-5
Brann Bergen – Lokomotive Moskau 1-2, 2-3
US Palermo – Anorthosis Famagusta 2-1, 4-0
Halmstads BK – Sporting Lissabon 1-2, 3-2
FC Middlesbrough – Skoda Xanthi 2-0, 0-0
Maccabi Petah Tikva – Partizan Belgrad 0-2, 5-2
AS Rom – Aris Saloniki 5-1, 0-0
Besiktas Istanbul – Malmö FF 0-1, 4-1
Litex Lovech – KRC Genk 2-2, 1-0
Baník Ostrava – SC Heerenveen 2-0, 0-5
APOEL Nikosia – Hertha BSC Berlin 0-1, 1-3
FK Teplice – Español Barcelona 1-1, 0-2
AS Monaco – Willem II Tilburg 2-0, 3-1
Viking Stavanger – Austria Wien 1-0, 1-2
Brøndby IF – FC Zürich 2-0, 1-2
Racing Lens – Groclin Grodzisk 1-1, 4-2
Tromsø IL – Galatasaray Istanbul 1-0, 1-1
Bolton Wanderers – Lokomotive Plovdiv 2-1, 2-1
Schachtjor Donezk – Debreceni VSC 4-1, 2-0
Zenit St. Petersburg – AEK Athen 0-0, 1-0

Gruppenphase

Gruppe A

20.10. ZSKA Sofia – Hamburger SV 0-1
20.10. Viking Stavanger – AS Monaco 1-0
03.11. Hamburger SV – Viking Stavanger 2-0
03.11. Slavia Prag – ZSKA Sofia 4-2
24.11. AS Monaco – Hamburger SV 2-0
24.11. Viking Stavanger – Slavia Prag 2-2
30.11. Slavia Prag – AS Monaco 0-2
30.11. ZSKA Sofia – Viking Stavanger 2-0
15.12. AS Monaco – ZSKA Sofia 2-1
15.12. Hamburger SV – Slavia Prag 2-0

1. AS Monaco	**4**	**3**	**0**	**1**	**6-2**	**4**	**9**
2. Hamburger SV	**4**	**3**	**0**	**1**	**5-2**	**3**	**9**
3. Slavia Prag	**4**	**1**	**1**	**2**	**6-8**	**-2**	**4**
4. Viking Stavanger	**4**	**1**	**1**	**2**	**3-6**	**-3**	**4**
5. ZSKA Sofia	**4**	**1**	**0**	**3**	**5-7**	**-2**	**3**

Gruppe B

19.10. Lokomotive Moskau – Español Barcelona 0-1
20.10. Maccabi Petah Tikva – US Palermo 1-2
03.11. US Palermo – Lokomotive Moskau 0-0
03.11. Brøndby IF – Maccabi Petah Tikva 2-0
23.11. Lokomotive Moskau – Brøndby IF 4-2
24.11. Español Barcelona – US Palermo 1-1
30.11. Brøndby IF – Español Barcelona 1-1
30.11. Maccabi Petah Tikva – Lokomotive Moskau 0-4
15.12. Español Barcelona – Maccabi Petah Tikva 1-0
15.12. US Palermo – Brøndby IF 3-0

1. US Palermo	**4**	**2**	**2**	**0**	**6-2**	**4**	**8**
2. Español Barcelona	**4**	**2**	**2**	**0**	**4-2**	**2**	**8**
3. Lokomotive Moskau	**4**	**2**	**1**	**1**	**8-3**	**5**	**7**
4. Brøndby IF	**4**	**1**	**1**	**2**	**5-8**	**-3**	**4**
5. Maccabi Petah Tikva	**4**	**0**	**0**	**4**	**1-9**	**-8**	**0**

Gruppe C

20.10. Steaua Bukarest – Racing Lens 4-0
20.10. Halmstads BK – Hertha BSC Berlin 0-1
03.11. Racing Lens – Halmstads BK 5-0
03.11. Sampdoria Genua – Steaua Bukarest 0-0
24.11. Hertha BSC Berlin – Racing Lens 0-0
24.11. Halmstads BK – Sampdoria Genua 1-3
30.11. Sampdoria Genua – Hertha BSC Berlin 0-0
30.11. Steaua Bukarest – Halmstads BK 3-0
15.12. Hertha BSC Berlin – Steaua Bukarest 0-0
15.12. Racing Lens – Sampdoria Genua 2-1

1. Steaua Bukarest	**4**	**2**	**2**	**0**	**7-0**	**7**	**8**
2. Racing Lens	**4**	**2**	**1**	**1**	**7-5**	**2**	**7**
3. Hertha BSC Berlin	**4**	**1**	**3**	**0**	**1-0**	**1**	**6**
4. Sampdoria Genua	**4**	**1**	**2**	**1**	**4-3**	**1**	**5**
5. Halmstads BK	**4**	**0**	**0**	**4**	**1-12**	**-11**	**0**

Gruppe D

20.10. Grasshoppers Zürich – FC Middlesbrough 0-1
20.10. Dnjepr Dnjepropetrovsk – AZ Alkmaar 1-2
03.11. FC Middlesbrough – Dnjepr Dnjepropetrovsk 3-0
03.11. Litex Lovech – Grasshoppers Zürich 2-1
24.11. AZ Alkmaar – FC Middlesbrough 0-0
24.11. Dnjepr Dnjepropetrovsk – Litex Lovech 0-2
30.11. Litex Lovech – AZ Alkmaar 0-2
30.11. Grasshoppers Zürich – Dnjepr Dnjepropetrovsk 2-3
15.12. AZ Alkmaar – Grasshoppers Zürich 1-0
15.12. FC Middlesbrough – Litex Lovech 2-0

1. FC Middlesbrough	**4**	**3**	**1**	**0**	**6-0**	**6**	**10**
2. AZ Alkmaar	**4**	**3**	**1**	**0**	**5-1**	**4**	**10**
3. Litex Lovech	**4**	**2**	**0**	**2**	**4-5**	**-1**	**6**
4. Dnjepr Dnjepropetrovsk	**4**	**1**	**0**	**3**	**4-9**	**-5**	**3**
5. Grasshoppers Zürich	**4**	**0**	**0**	**4**	**3-7**	**-4**	**0**

Gruppe E

20.10. FC Basel – Racing Strasbourg 0-2
20.10. Tromsø IL – AS Rom 1-2
03.11. Racing Strasbourg – Tromsø IL 2-0
03.11. Roter Stern Belgrad – FC Basel 1-2
24.11. AS Rom – Racing Strasbourg 1-1
24.11. Tromsø IL – Roter Stern Belgrad 3-1
01.12. Roter Stern Belgrad – AS Rom 3-1
01.12. FC Basel – Tromsø IL 4-3
15.12. AS Rom – FC Basel 3-1
15.12. Racing Strasbourg – Roter Stern Belgrad 2-2

1. Racing Strasbourg	**4**	**2**	**2**	**0**	**7-3**	**4**	**8**
2. AS Rom	**4**	**2**	**1**	**1**	**7-6**	**1**	**7**
3. FC Basel	**4**	**2**	**0**	**2**	**7-9**	**-2**	**6**
4. Roter Stern Belgrad	**4**	**1**	**1**	**2**	**7-8**	**-1**	**4**
5. Tromsö IL	**4**	**1**	**0**	**3**	**7-9**	**-2**	**3**

Gruppe F

20.10. Dinamo Bukarest – SC Heerenveen 0-0
20.10. ZSKA Moskau – Olympique Marseille 1-2
03.11. SC Heerenveen – ZSKA Moskau 0-0
03.11. Levski Sofia – Dinamo Bukarest 1-0
24.11. Olympique Marseille – SC Heerenveen 1-0
24.11. ZSKA Moskau – Levski Sofia 2-1
01.12. Levski Sofia – Olympique Marseille 1-0
01.12. Dinamo Bukarest – ZSKA Moskau 1-0
15.12. Olympique Marseille – Dinamo Bukarest 2-1
15.12. SC Heerenveen – Levski Sofia 2-1

1. Olympique Marseille	**4**	**3**	**0**	**1**	**5-3**	**2**	**9**
2. Levski Sofia	**4**	**2**	**0**	**2**	**4-4**	**0**	**6**
3. SC Heerenveen	**4**	**1**	**2**	**1**	**2-2**	**0**	**5**
4. ZSKA Moskau	**4**	**1**	**1**	**2**	**3-4**	**-1**	**4**
5. Dinamo Bukarest	**4**	**1**	**1**	**2**	**2-3**	**-1**	**4**

Gruppe G

20.10. Stade Rennes – VfB Stuttgart 0-2
20.10. Schachtjor Donezk – PAOK Saloniki 1-0
03.11. VfB Stuttgart – Schachtjor Donezk 0-2
03.11. Rapid Bukarest – Stade Rennes 2-0
24.11. PAOK Saloniki – VfB Stuttgart 1-2
24.11. Schachtjor Donezk – Rapid Bukarest 0-1
01.12. Rapid Bukarest – PAOK Saloniki 1-0
01.12. Stade Rennes – Schachtjor Donezk 0-1
15.12. PAOK Saloniki – Stade Rennes 5-1
15.12. VfB Stuttgart – Rapid Bukarest 2-1

1. Rapid Bukarest	**4**	**3**	**0**	**1**	**5-2**	**3**	**9**
2. Schachtjor Donezk	**4**	**3**	**0**	**1**	**4-1**	**3**	**9**
3. VfB Stuttgart	**4**	**3**	**0**	**1**	**6-4**	**2**	**9**
4. PAOK Saloniki	**4**	**1**	**0**	**3**	**6-5**	**1**	**3**
5. Stade Rennes	**4**	**0**	**0**	**4**	**1-10**	**-9**	**0**

Gruppe H

20.10. Besiktas Istanbul – Bolton Wanderers 1-1
20.10. Zenit St. Petersburg – Vitória Guimarães 2-1
03.11. Bolton Wanderers – Zenit St. Petersburg 1-0
03.11. FC Sevilla – Besiktas Istanbul 3-0
24.11. Vitória Guimarães – Bolton Wanderers 1-1
24.11. Zenit St. Petersburg – FC Sevilla 2-1
01.12. FC Sevilla – Vitória Guimarães 3-1
01.12. Besiktas Istanbul – Zenit St. Petersburg 1-1
15.12. Vitória Guimarães – Besiktas Istanbul 1-3
15.12. Bolton Wanderers – FC Sevilla 1-1

1. Zenit St. Petersburg	**4**	**2**	**1**	**1**	**5-4**	**1**	**7**
2. FC Sevilla	**3**	**2**	**0**	**1**	**7-3**	**4**	**6**
3. Bolton Wanderers	**3**	**1**	**2**	**0**	**3-2**	**1**	**5**
4. Besiktas Istanbul	**3**	**0**	**2**	**1**	**2-5**	**-3**	**2**
5. Vitória Guimarães	**3**	**0**	**1**	**2**	**3-6**	**-3**	**1**

Zwischenrunde

15.02. – 23.02.	Litex Lovech – Racing Strasbourg	0-2, 0-0
	SC Heerenveen – Steaua Bukarest	1-3, 1-0
	Lokomotive Moskau – FC Sevilla	0-1, 0-2
	Bolton Wanderers – Olympique Marseille	0-0, 1-2
	Hertha BSC Berlin – Rapid Bukarest	0-1, 0-2
	FC Basel – AS Monaco	1-0, 1-1
	Udinese Calcio – Racing Lens	3-0, 0-1
	Rosenborg Trondheim – Zenit St. Petersburg	0-2, 1-2
	FC Brügge – AS Rom	1-2, 1-2
	FC Schalke 04 – Español Barcelona	2-1, 3-0
	OSC Lille – Schachtjor Donezk	3-2, 0-0
	Real Betis Sevilla – AZ Alkmaar	2-0, 1-2
	Artmedia Bratislava – Levski Sofia	0-1, 0-2
16.02. – 23.02.	VfB Stuttgart – FC Middlesbrough	1-2, 1-0
	Slavia Prag – US Palermo	2-1, 0-1
	FC Thun 1898 – Hamburger SV	1-0, 0-2

Endrunde

Achtelfinale

09.03. – 15.03.
Rapid Bukarest – Hamburger SV 2-0, 1-3
FC Middlesbrough – AS Rom 1-0, 1-2
OSC Lille – FC Sevilla 1-0, 0-2

09.03. – 16.03.
FC Basel – Racing Strasbourg 2-0, 2-2
Steaua Bukarest – Real Betis Sevilla 0-0, 3-0
US Palermo – FC Schalke 04 1-0, 0-3
Olympique Marseille – Zenit St. Petersburg 0-1, 1-1
Udinese Calcio – Levski Sofia 0-0, 1-2

Viertelfinale

30.03. – 06.04.
FC Sevilla – Zenit St. Petersburg 4-1, 1-1
FC Basel – FC Middlesbrough 2-0, 1-4
Rapid Bukarest – Steaua Bukarest 1-1, 0-0
Levski Sofia – FC Schalke 04 1-3, 1-1

Halbfinale

20.04. – 27.04.
FC Schalke 04 – FC Sevilla 0-0, 0-1
Steaua Bukarest – FC Middlesbrough 1-0, 2-4

Endspiel

am ••. ••. in •••
FC Middlesbrough – FC Sevilla 0-4 (0-1)

Ein Triumph der Squadra Azzurra

Ein Skandal erschütterte die Serie A – die Männer um Trainer Marcello Lippi blieben ganz cool und holten in Berlin den vierten WM-Titel nach Italien.

Fabio Grosso und die Defensive sicherten Italien den vierten Titel

Abdrehen zum finalen Jubel: Fabio Grosso (links), der den entscheidenden Treffer des Elfmeterschießens setzte und der überragende Torhüter Gianluigi Buffon nach dem Sieg über Frankreich.

Als Fabio Grosso, der fünfte und letzte italienische Schütze im Elfmeterschießen, den Ball mit einem harten Linksschuss an Frankreichs Torwart Fabien Barthez vorbei ins Netz hämmerte, hatte er die Azzurri zum Weltmeister gemacht.

Das Finale in Berlin stand stellvertretend für das gesamte WM-Turnier in Deutschland: atmosphärisch glänzend – sportlich unbefriedigend. Während rund um die Stadien und auf den Tribünen eine ausgelassene Feierstimmung herrschte, die dem WM-Motto »Die Welt zu Gast bei Freunden« vollauf gerecht wurde, gaben die Spiele selten Anlass zur großen Freude. Der Durchschnitt von 2,30 Toren pro Spiel war der zweitschwächste (nach 1990) in der Geschichte der Weltmeisterschaft. Von Sicherheitsdenken geprägte taktische Strategien und Grundformationen, in die im Zweifelsfall lieber ein Stürmer weniger und ein defensiver Mittelfeldspieler mehr von den Trainern in die Stammelf platziert wurde, prägten das Bild. Als Paradebeispiel dienen die Endspielteilnehmer. Beide Mannschaften setzten in der Schlussphase der WM auf nur eine echte Spitze, bei Italien meist Luca Toni, bei Frankreich Thierry Henry, und auf ein massiertes Mittelfeld mit zwei defensivstarken Akteuren im Zentrum: Gennaro Gattuso und Andrea Pirlo für die Azzurri, Patrick Vieira und Claude Makelele für die »Equipe Tricolore«. Dazu stand das jeweilige Innenverteidiger-Duo sehr sicher: Die Italiener Fabio Cannavaro und Marco Materazzi (oder Alessandro Nesta) und die

Franzosen Lilian Thuram und William Gallas. Die Folge: Italiens Weltklasse-Keeper Gigi Buffon kassierte während dieser WM gerade einmal zwei Gegentreffer: Ein Eigentor von Cristian Zaccardo im Gruppenspiel gegen die USA und ein Elfmetertor von Zinedine Zidane im Finale. Die Franzosen ließen insgesamt drei Tore von Südkorea, Spanien (ein Elfmeter) und Italien zu.
So geriet das Endspiel zu einem Auseinandersetzung zwischen zwei taktisch perfekt organisierten Systemen, in denen die Offensivkünstler weitgehend von den Defensivreihen beherrscht wurden, obwohl beide Mannschaften durchaus versuchten, nach vorne zu spielen. Das frühe Elfmetertor von Zidane (7.) zwang die Italiener zur Initiative, die mit dem schnellen Ausgleich (19.) durch Materazzis Kopfball belohnt wurde. Danach waren jedoch die Franzosen das insgesamt aktivere Team mit den besseren Torchancen, was auch Frankreichs Trainer Raymond Domenech bedauerte: »Wir haben es eben versäumt, mit dem zweiten Tor den Sack zuzumachen.« Überschattet wurde das Endspiel durch den Platzverweis von Zidane nach dessen Kopfstoß gegen Materazzi in der 110. Minute. »Danach war das Spiel tot«, stellte Domenech richtig fest. Im anschließenden Elfmeterschießen gab ein Fehlschuss von David Trezeguet an die Latte den Ausschlag zugunsten der Italiener, deren fünf Schützen allesamt trafen – zuletzt Grosso.
Zum zweiten Mal nach 1994 musste der Titelträger im Elfmeterschießen ermittelt werden. Kein wünschenswerter Abschluss einer WM und doch so typisch für das Turnier 2006, in dem die Leistungsstärke der Teilnehmer sehr nivelliert war, fast alle Spiele knappe Entscheidungen brachten und sich weder ein Superstar noch ein Shootingstar herauskristallisierte. Bei Weltmeister Italien hob Trainer Marcello Lippi zu Recht Torhüter Buffon (»seine Paraden haben uns ins Finale gebracht«) sowie Kapitän und Abwehrchef Cannavaro (»der beste Verteidiger der Welt«) hervor. He-

Vier gegen einen auf engstem Raum: Frankreichs Patrick Vieira sieht sich der italienischen Übermacht von Pirlo, Camoranesi, Gattuso und Materazzi gegenüber.

Enttäuschungen: Frustriert wird der brasilianische Nachwuchsstar Kaka von seinem Trainer Carlos Alberto Parreira vom Feld geholt (linkes Bild). Der Abgang eines Großen: Nach der Roten Karte im Endspiel schleicht Frankreichs Superstar Zinedine Zidane in die Kabine – direkt am Weltpokal vorbei.

rausragend auch Pirlo als Schaltstation im defensiven Mittelfeld, enttäuschend dagegen der sonst so kreative Francesco Totti – der Weltmeister als Spiegelbild der gesamten WM. Für die zwölf italienischen Tore sorgten übrigens elf verschiedene Spieler.

Zum vierten Mal nach 1934, 1938 und 1982 durften sich die Azzurri die Fußballkrone aufsetzen. Ähnlich wie Endspielgegner Frankreich gelang es ihnen, sich im Laufe des Turniers zu steigern. Die Gruppenphase überstanden sie ungefährdet, gleichwohl glanzlos und lieferten im Achtelfinale gegen Australien, als ihnen ein geschenkter Elfmeter in der Nachspielzeit zum mühsamen 1:0-Sieg verhalf, ihre schwächste Darbietung ab. Die Befreiung erfolgte beim 3:0 gegen die Ukraine im Viertelfinale. »Danach wussten wir, dass jetzt alles möglich ist«, erzählt Lippi. Den härtesten Test bestand Italien im Halbfinale gegen Gastgeber Deutschland mit dem schwer erkämpften, aber letztlich verdienten 2:0-Erfolg in der Verlängerung, ehe im Finale die etwas glückliche Krönung erfolgte.

Auch Vize-Weltmeister Frankreich verzeichnete während der WM eine deutliche Leistungssteigerung. Die »Equipe Tricolore« wollte sich unbedingt für das blamable Vorrunden-Aus als Titelverteidiger vor vier Jahren in Asien rehabilitieren. Doch die Erinnerung daran und der Ehrgeiz es unbedingt besser zu machen lähmte die Elf in den beiden ersten Gruppenspielen gegen die Schweiz (0:0) und Südkorea (1:1). Erst beim viel zu knapp ausgefallenen 2:0-Sieg über Togo platzte der Knoten und stieg das Selbstvertrauen. Als Außenseiter besiegte man in souveräner Manier die in der Vorrunde starken Spanier im Achtelfinale und Titelverteidiger Brasilien im Viertelfinale. In einem ausgeglichenen Halbfinale wurden als letzte Hürde vor dem Finale die Portugiesen mit 1:0 niedergerungen.

Die Schlüsselfaktoren für die Renaissance der Franzosen waren die in dieser Form nicht erwarteten »Comebacks« der Alten: Das Trio Zidane, Vieira und Thuram präsentierte sich auf den WM-Plätzen wesentlich stärker als in der abgelaufenen Saison bei ihren Klubs. Hinzu kam, dass Stürmerstar Henry endlich auch in der Nationalelf sein Potenzial weitgehend abrufen konnte. Der

dreimalige Weltfußballer Zidane brillierte wie in besten Zeiten und verpasste im letzten Spiel seiner Karriere einen würdigen Abschluss. Nach Provokationen Materazzis reagierte er mit einem Kopfstoß und sah die Rote Karte. Unentschuldbar und einfach schade.
Zu den positiven Erscheinungen dieser WM 2006 gehörten die beiden Halbfinal-Teilnehmer Deutschland (siehe Seite 150) und Portugal. Für den ganz großen Wurf fehlte es den Portugiesen an der Durchschlagskraft im Angriff: Die Bilanz von sieben Toren in sieben Spielen spricht Bände. Torjäger Pauleta war als einzige Spitze zu isoliert gegen starke Verteidiger und Spieler wie Cristiano Ronaldo, Luis Figo oder Deco sind nun einmal eher als verspielte Vorbereiter denn als eiskalte Torschützen bekannt. Dennoch spielten sie sich bis ins Halbfinale und schafften den größten Erfolg für ihr Land seit dem dritten Platz 1966 in England unter Führung des legendären Eusebio. Einen ähnlichen Kultstatus dürfte nach dieser WM auch der abtretende Figo erlangen.
Für die Schaffung von Legenden und Kultfiguren bot diese WM ansonsten wenig Raum. Junge Talente wie der Argentinier Lionel Messi, der Spanier Cesc Fabregas oder der Ukrainer Artem Milevskiy, die das Zeug zum Newcomer gehabt hätten, wurden von ihren Trainern nur sehr sparsam eingesetzt und erhielten zu wenig Gelegenheit, ihr Können zu entfalten. Andere Spitzenstars blieben mit ihren Mannschaften weit unter den Erwartungen. Zu den größten Enttäuschungen zählten Titelverteidiger Brasilien und erneut England. Beide waren im Vorfeld zu den Topfavoriten gezählt worden, mussten aber bereits im Viertelfinale die Segel streichen.
Wieder einmal im Elfmeterschießen kam das Aus für die Engländer. Und wie schon bei der EURO 2004 gegen Portugal. Doch nicht das Versagen am ominösen Punkt, sondern Stürmerprobleme und das unerklärliche Leistungstief (oder das Unvermögen, zusammen zu funktionieren) der Mittelfeldstars Frank Lampard, Steven Gerrard und zum Teil auch David Beckham waren die Hauptgründe des Scheiterns. Goalgetter Wayne Rooney konnte nach gerade auskuriertem Mittelfußbruch noch nicht topfit sein, Michael Owen riss das Kreuzband und Peter Crouch mühte sich mehr schlecht als recht. Beim 17-jährigen, sensationell nominierten Theo Walcott, hatte Trainer Sven-Göran Eriksson wohl Angst vor der eigenen Courage bekommen und ließ ihn trotz Stürmernot auf der Bank. So war der Misserfolg vorprogrammiert.
Brasilien kam nie in Tritt. Langsam und pomadig in ihrer Spielweise wirkte diese Ansammlung hochkarätiger Individualisten nie wie eine Einheit. Mit minimalstem Einsatz und der Hoffnung auf einzelne Geniestreiche von Ronaldinho, Kaka, Ronaldo oder Adriano, so schien es zumindest, wollten die Brasilianer so mal eben den Titel verteidigen. Doch mangelnde Fitness und Formschwächen von Stammkräften, aus denen die personellen Konsequenzen zu ziehen sich Trainer Carlos Alberto Parreira allerdings hartnäckig weigerte, zusammen mit taktischen Fehlern im Spiel gegen Frankreich, führten zum vorzeitigen Aus des fünfmaligen Weltmeisters.
Taktische Wechselfehler von Trainer Jose Pekerman im Viertelfinal-Spiel gegen Deutschland wurden den bis dahin so starken Argentiniern zum Verhängnis. Er wollte den 1:0-Vorsprung halten und beraubte sich so seiner größten Stärke: der Offensive. Spielmacher Roman Riquelme raus und der quirlige Messi nicht rein – deshalb konnte man nach dem deutschen Ausgleich nicht mehr reagieren.
Noch früher schieden Mitfavoriten wie die Nieder-

Tränen nach dem Ausscheiden: Fassungslos verfolgen englische Fans den Abgang ihres Teams – erneut unterlagen die Engländer im Elfmeterschießen.

Deutsche Glücksmomente: Lukas Podolski trifft im Achtelfinale gegen Schweden. Jubel der beiden Trainer Jürgen Klinsmann und Joachim Löw. Umarmung zwischen Kanzlerin Angela Merkel und Jürgen Klinsmann.

lande, die in der Achtelfinal-Schlacht gegen Portugal (je zwei Platzverweise) die Linie verloren, und das von Verletzungspech heimgesuchte Tschechien aus.

Dennoch war die Dominanz der Europäer unübersehbar. Südamerika schaffte es bis ins Viertelfinale, Japan, Südkorea und die USA konnten an die Erfolge von 2002 nicht anknüpfen. Für Mexiko war wieder einmal im Achtelfinale Schluss. Die Afrikaner blieben den Beweis schuldig, den Rückstand zu Europa weiter aufzuholen. Doch schon in vier Jahren auf ihrem eigenen Kontinent werden sie einen neuen Anlauf starten. In Südafrika 2010 werden sich viele Teams wiedersehen, um Italien den Titel abzujagen.

Manfred Münchrath

Gruppenphase

Gruppe A

Deutschland – Costa Rica	4:2
Polen – Ecuador	0:2
Deutschland – Polen	1:0
Ecuador – Costa Rica	3:0
Ecuador – Deutschland	0:3
Costa Rica – Polen	1:2

1. Deutschland	**3**	**8:2**	**9**
2. Ecuador	**3**	**5:3**	**6**
3. Polen	**3**	**2:4**	**3**
4. Costa Rica	**3**	**3:9**	**0**

Gruppe B

England – Paraguay	1:0
Trinidad & Tobago – Schweden	0:0
England – Trinidad & Tobago	2:0
Schweden – Paraguay	1:0
Paraguay – Trinidad & Tobago	2:0
Schweden – England	2:2

1. England	**3**	**5:2**	**7**
2. Schweden	**3**	**3:2**	**5**
3. Paraguay	**3**	**2:2**	**3**
4. Trinidad & Tobago	**3**	**0:4**	**1**

Gruppe C

Argentinien – Elfenbeinküste	2:1
Serbien-Montenegro – Niederlande	0:1
Argentinien – Serbien-Montenegro	6:0
Niederlande – Elfenbeinküste	2:1
Niederlande – Argentinien	0:0
Elfenbeinküste – Serbien-Montenegro	3:2

1. Argentinien	**3**	**8:1**	**7**
2. Niederlande	**3**	**3:1**	**7**
3. Elfenbeinküste	**3**	**5:6**	**3**
4. Serbien-Montenegro	**3**	**2:10**	**0**

Gruppe D

Mexiko – Iran	3:1
Angola – Portugal	0:1
Mexiko – Angola	0:0
Portugal – Iran	2:0
Portugal – Mexiko	2:1
Iran – Angola	1:1

1. Portugal	**3**	**5:1**	**9**
2. Mexiko	**3**	**4:3**	**4**
3. Angola	**3**	**1:2**	**2**
4. Iran	**3**	**2:6**	**1**

Gruppe E

USA – Tschechien	0:3
Italien – Ghana	2:0
Tschechien – Ghana	0:2
Italien – USA	1:1
Tschechien – Italien	0:2
Ghana – USA	2:1

1. Italien	**3**	**5:1**	**7**
2. Ghana	**3**	**4:3**	**6**
3. Tschechien	**3**	**3:4**	**3**
4. USA	**3**	**2:6**	**1**

Gruppe F

Australien – Japan	3:1
Brasilien – Kroatien	1:0
Japan – Kroatien	0:0
Brasilien – Australien	2:0
Japan – Brasilien	1:4
Kroatien – Australien	2:2

1. Brasilien	**3**	**7:1**	**9**
2. Australien	**3**	**5:5**	**4**
3. Kroatien	**3**	**2:3**	**2**
4. Japan	**3**	**2:7**	**1**

Gruppe G

Südkorea – Togo	2:1
Frankreich – Schweiz	0:0
Frankreich – Südkorea	1:1
Togo – Schweiz	0:2
Togo – Frankreich	0:2
Schweiz – Südkorea	2:0

1. Schweiz	**3**	**4:0**	**7**
2. Frankreich	**3**	**3:1**	**5**
3. Südkorea	**3**	**3:4**	**4**
4. Togo	**3**	**1:6**	**0**

Gruppe H

Spanien – Ukraine	4:0
Tunesien – Saudi-Arabien	2:2
Saudi-Arabien – Ukraine	0:4
Spanien – Tunesien	3:1
Saudi-Arabien – Spanien	0:1
Ukraine – Tunesien	1:0

1. Spanien	**3**	**8:1**	**9**
2. Ukraine	**3**	**5:4**	**6**
3. Tunesien	**3**	**3:6**	**1**
4. Saudi-Arabien	**3**	**2:7**	**1**

Achtelfinale

Deutschland – Schweden	2:0
Argentinien – Mexiko	n. V. 2:1
England – Ecuador	1:0
Portugal – Niederlande	1:0
Italien – Australien	1:0
Schweiz – Ukraine	n. V, i. E. 0:3
Brasilien – Ghana	3:0
Spanien – Frankreich	1:3

Viertelfinale

Deutschland – Argentinien	n. V. 1:1, i. E. 4:2
Italien – Ukraine	3:0
England – Portugal	n. V. 0:0, i. E. 1:3
Brasilien – Frankreich	0:1

Halbfinale

Deutschland – Italien	n. V. 0:2
Portugal – Frankreich	0:1

Spiel um Platz 3

Deutschland – Portugal	3:1

Finale

Italien – Frankreich	n. V, i. E. 5:3

FIFA

Die neue deutsche Welle

Mit viel jugendlichem Elan ging die Elf von Jürgen Klinsmann an die große Prüfung der WM-Endrunde heran. Am Ende reichte es zu einem nicht erwarteten dritten Platz. Jugend forsch ...

Jürgen Klinsmann: Ein gefeierter Platz drei als Krönung einer Mission

Nachdenklicher Triumphator: Bundestrainer Jürgen Klinsmann machte mit seiner jungen Mannschaft fast alles richtig – im Halbfinale gegen Italien kam der Schock in der allerletzten Minute.

Der fragende Blick suchte die Antwort nach dem Warum-Wieso-Weshalb im verschwommenen Irgendwo, für einige Sekunden, die sich zur Ewigkeit dehnten. Die zuvor so fahrigen Augen stierten, die Arme stemmten sich in die Hüften, als müssten sie so das Gleichgewicht sichern. Der ganze Körper war erstarrt, zu einer Statue der Fassungslosigkeit.

Jäh, wie ein hinterhältiger Hieb, war diese unkorrigierbare Entscheidung eingeschlagen, in der vorletzten Minute der Nachspielzeit, ein Linksschlenzer Grossos, 1:0 für Italien, Gegenwehr nicht mehr möglich. Jürgen Klinsmann wusste, in dieser Sekunde »ist der WM-Traum zerplatzt«, sein großes Ziel, das er zu Beginn seiner Tätigkeit als Bundestrainer Ende Juli 2004 ebenso unmissverständlich wie mutig formuliert hatte: »Wir wollen Weltmeister werden.«
Zum absoluten Triumph reichte es nicht, immerhin aber zum dritten Rang in der Gesamtwertung, nach einem 3:1-Furioso im kleinen Finale gegen Portugal. Wie die wahren Heroen dieses vierwöchigen Weltturniers wurden die deutschen Spieler an diesem Abend des 8. Juli 2006 verabschiedet, im abgedunkelten Stadionrund zu Stuttgart machten sie sich auf zur Jubeltour, so ein Tag, so wunderschön wie heute und die Hände zum Himmel, wo bunte und glitzernde

Feuerwerkskörper die Nacht erhellten. Klinsmann stand derweil auf dem Rasengrün, zumindest einigermaßen zufrieden. »Wir sind total happy mit dem Erreichten«, sagte er später, aber das ungetrübte Glücksgefühl setzte sich hinter dem strahlenden Gesicht nicht fest. Ein Sportler, räumte der Chef der WM-Mission 2006 ein, giere eben immer nach der Goldmedaille. Deswegen war ihm, dem Trainer, Bronze nicht genug. Sein Antrieb war Platz eins gewesen. In jenen Sekunden in Dortmund, als das Halbfinale definitiv verloren war, 0:2 letztlich, verfestigte sich Klinsmanns Entschluss, der offensichtlich sowieso von Anfang an festgestanden hatte: Die Amtsperiode des Bundestrainers Jürgen Klinsmann würde nicht länger als zwei Jahre dauern.

Dieser Coach sah sein Mandat auf die Hinführung zur und die Ausführung bei der WM begrenzt und sich selbst als Leiter dieses Projekts. Deshalb investierte er seine volle Energie in diesen Auftrag World Cup, vor allem in die rund acht Wochen der Vorbereitung plus des Wettkampfs an sich. »Ausgelaugt« und »leer« fühlte sich Klinsmann hinterher und begründete damit die nun nötige halbjährige Auszeit. Gegenüber Uli Hoeneß, dem Sprecher des Liga-Arbeitskreises Nationalmannschaft, gestand er ein, dass ihn die ständigen Überseeflüge mit dem folgenden Jetlag und der nervenden Schlaflosigkeit doch mehr geschlaucht hatten, als er vorher jemals zugegeben hätte. Zudem hat sich der Kopfmensch Klinsmann, der seine bisherige Lebens- und Karriereplanung stets nach dem eiskalten Kalkül der Ratio ausrichtete, sehr wohl die Kardinalfrage gestellt: Kann ich mit dieser in den vergangenen Wochen so zielgerichtet aufgepäppelten und hoch getrimmten Klins-Mannschaft diesen Erfolg, diese Euphorie konservieren?

Eine solche WM-Geschichte – vier Wochen fröhlich-ausgelassene Party allerorten – wiederholt sich nicht, wiewohl Spieler wie Lukas Podolski, Bastian Schweinsteiger, Per Mertesacker, Philipp Lahm, auch Marcell Jansen, David Odonkor oder Robert Huth noch längst nicht ausgereift sind in ihrer sportlichen Entwicklung. Diese sieben Spiele WM 2006 waren für diese Jungs der forsche Eintritt in den internationalen Fußball, wo sie in Zukunft noch manche Spuren hinterlassen werden. Ihr bisheriger Chef, Klinsmann, wird sie nicht mehr anleiten, möchte jedoch den Jungs, die er gegen zeitweiligen Widerstand ausgewählt und mit unerschütterlichem Vertrauen gestärkt hat, helfender Freund und Berater sein. Er habe sich ohnehin »immer als Dienstleister für diese Spieler gesehen«, sagte Klinsmann, »diese Nähe« und diese »engen Kontakte« wolle er weiterhin pflegen. Doch Bundestrainer wollte Jürgen Klinsmann nicht mehr sein, der anstehende Alltag mit Europameisterschaftsspielen gegen San Marino, Irland, die Slowakei oder Tschechien und mit den vielen kleinen wie großen Problemen reizte ihn nicht mehr.

Der Moment der Entscheidung von Dortmund: Mit einem Schlenzer traf Fabio Grosso die deutsche Fußball-Seele mitten ins Herz – Torhüter Lehmann streckte sich vergeblich.

Diese gewiss nicht einfache Aufgabe hat nun der bisherige Assistent und Ersthelfer des Bundestrainers Klinsmann, Joachim Löw, übernommen und zu meistern. Die so genannte Kontinuität soll mit dieser von Klinsmann und den Führungsspielern wie Jens Lehmann forcierten Personalentscheidung gewahrt werden, personell wie inhaltlich. Löw möchte den seit zwei Jahren aktiven Stab – inklusive der amerikanischen Fitnesstrainer um Marc Verstegen, den Psychologen Hans-Dieter Hermann oder den Chefscout Urs Siegenthaler – behalten und die bisherige spielerische sowie mentale Richtung ohne Knick fortführen.

Wie seit 2004 soll auch unter neuem Dirigenten forsch und schnell nach vorne gespielt werden, die in den vergangenen zwei Jahren entwickelte Spielphilosophie möge allgemeingültig und personenunabhängig sein, hat Spiritus Rector Klinsmann in den zwei Jahren seines umfassenden Wirkens gepredigt. Viele Reformen hat dieser Bundestrainer angeschoben und die verkrusteten Verbandsstrukturen aufgebrochen, ob es sich nun um den Aufbau einer Datenbank handelte oder die zuvor im deutschen Fußball unbekannte Bestellung eines Sportdirektors. Als die Person seines Vertrauens, der Hockey-Bundestrainer Bernhard Peters, entgegen vorheriger Zusage abgeschmettert und im Handstreich Matthias Sammer eingeführt wurde, war Klinsmann tief gekränkt – ohne es sich anmerken zu lassen.

Auch die ständige und durchaus nachvollziehbare Debatte über seinen US-Wohnsitz in Kalifornien nervte ihn. Und als ihm der WM-OK-Chef Franz Beckenbauer mangelnde Kinderstube vorwarf, weil Klinsmann dem Workshop der WM-Trainer

Der Trainer dankt dem WM-Torschützenkönig: Jürgen Klinsmann bedankt sich bei Stürmer Miroslav Klose, der während der Endrunde fünf Treffer erzielte.

fernblieb, um mit seiner Mutter in die Wahlheimat zu fliegen, bebte in Deutschland die Fußball-Erde in jenen Tagen des Frühmärz. Am Monatsersten hatten die Michael Ballack und Kollegen obendrein in Florenz mit 1:4 Toren böse verloren, das kalte Entsetzen lähmte die gesamte Verbandsführung, die dann als mögliche Reaktion den Austausch des Bundestrainers noch vor der WM andachte. Es war eine äußerst unruhige Zeit mit heftigen Turbulenzen, die erst abflauten, als das folgende Länderspiel gegen das US-Team mit 4:1 gewonnen wurde.

Klinsmann, nach der italienischen Pleite selbst ziemlich ratlos, ging seinen unbequemen Weg dennoch weiter. Wo er im Herbst 2004 den langjährigen Bundes-Torwarttrainer Sepp Maier durch Andreas Köpke ersetzte, erfolgte nun der heftig umstrittene Austausch des Torwarts: Oliver Kahn, bei der WM 2002 zum Titanen erhöht, wurde vom Sockel gestürzt, der deutsche WM-Keeper 2006 hieß Jens Lehmann. »Einen kleinen Tick« besser sei die neue Nummer eins, habe Klinsmanns Begründung gelautet, teilte der total enttäuschte Kahn mit. Diese dünne Erklärung reichte ihm selbstredend nicht, völlig falsch war Klinsmanns gewagte Wahl gleichwohl nicht, sie wurde während des Turniers von Lehmann uneingeschränkt bestätigt. Und als im Viertelfinale gegen den Mitfavoriten aus Argentinien nach 120 Minuten und einem 1:1-Unentschieden der Elfmeter-Showdown anstand, geschah Wunderliches und Wunderbares: Kahn erwies sich als großer Sportler und wünschte seinem langjährigen Kontrahenten, Gegner und zeitweise sogar Feind alles Gute. Lehmann wehrte zwei Schüsse ab, Deutschland erreichte so das Halbfinale. Zum nur logischen Dank für Kahns Edelmut verzichtete Lehmann auf seinen Einsatz im Spiel um den dritten Platz, in dem WM-Stellvertreter Kahn gegen Portugal noch einmal eine große Leistung zeigte und damit seine großartige Karriere im Tor der deutschen Auswahl nach 86 Einsätzen in Würde vollendete.

So fand auch diese lange spannungsgeladene Geschichte ein schönes Happy-End. Kahn trat als einziger deutscher WM-Spieler sofort nach jenem Spiel in Stuttgart zurück, Klinsmann tat es vier Tage später. Selbst die landesweiten, alle Bevölkerungsschichten durchziehenden Sympathiebekundungen sowie Pro-Klinsmann-Kampagnen vermochten diesen neunten Bundestrainer der deutschen Fußball-Geschichte noch umzustimmen. Und so ging sein engster Partner diesen Job an, mit gleich lautender Vorgabe: »Unser Ziel ist, dass wir Europameister 2008 werden.«

Karlheinz Wild

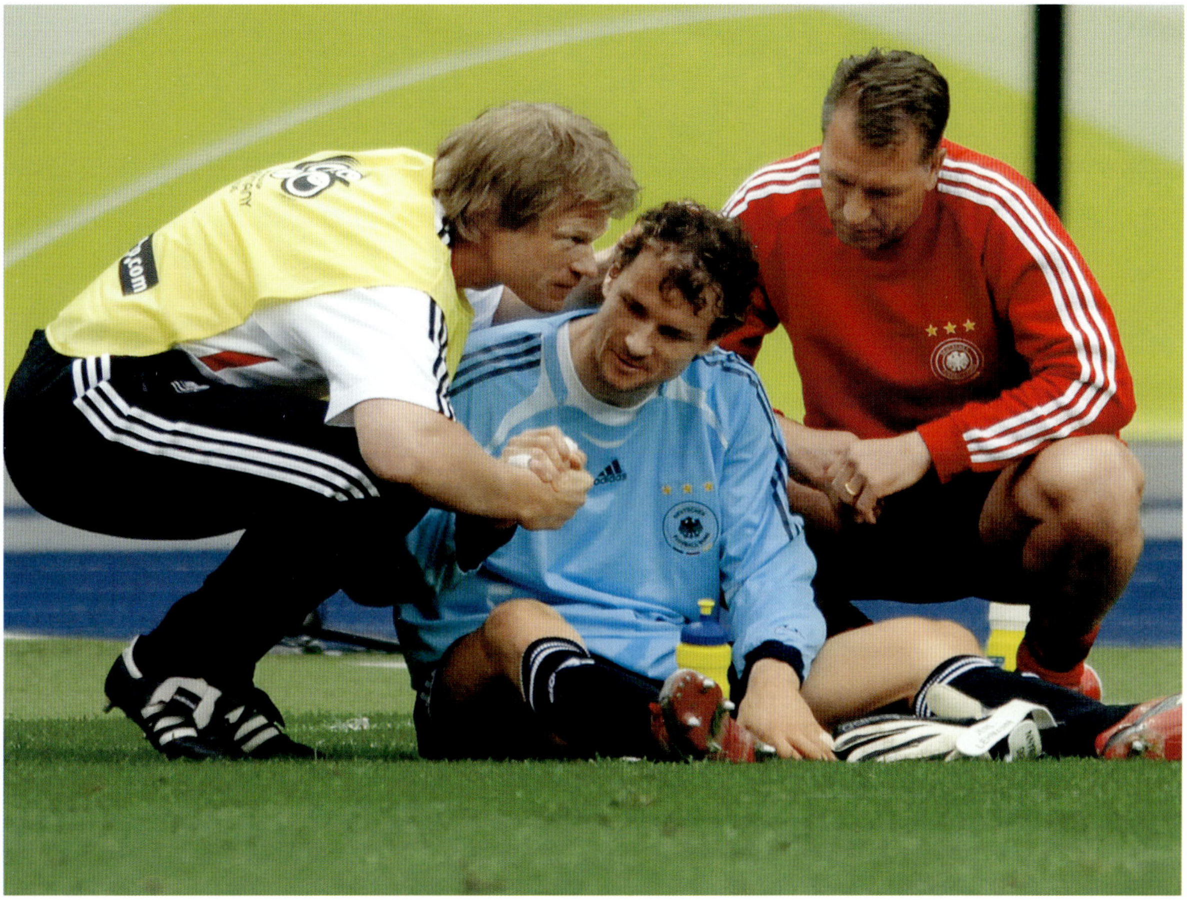

Fan-Feste bei der Weltmeisterschaft: Ein Plakat, das die Stimmung während des vierwöchigen Turniers widerspiegelt und Hoffnung auf die Zukunft macht.

Links:
Große Geste: Vor dem Elfmeterschießen gegen Argentinien spricht Oliver Kahn seinem Rivalen Jens Lehmann Mut für die entscheidenden Elfer zu.

SAMSUNG
mobile

Dynamik, Tempo und Power

Der internationale Fußball mit den Stars aus aller Welt zieht die Fans in ihren Bann. Da wird gespielt, gerannt und gekämpft, dass keine Auge trocken bleibt.

Feierstimmung in Barcelona – Zäsur bei Real

Es war eine Explosion der Freude, die sich da entlud: in Barcelona, am letzten Spieltag. Die Fans hielt es nicht mehr auf den Rängen, die Spieler bildeten ein Jubelknäuel. Auf der Bank fielen sich Betreuer und Mediziner in die Arme. Nur – einen Titel gab es nicht zu feiern.

Im wahrsten Sinne des Wortes in letzter Minute hatte Stürmer Coro den 1:0-Sieg in der Nachspielzeit gegen San Sebastian fixiert. Und Espanyol Barcelona im Olympiastadion den Klassenerhalt gesichert. Schall und Rauch war so das 1:0 von Alaves gegen La Coruna. Der Aufsteiger musste wie der andere Neuling Cadiz Lehrgeld zahlen und stieg gemeinsam mit dem völlig chancenlosen FC Malaga ab. Der erst 23-jährige Coro

Der Weltfußballer gegen den Weltstar: Ronaldinho gegen Beckham oder Barcelona gegen Real – die blauroten Katalanen behielten wieder einmal die Oberhand.

verhinderte mit seinem Tor zudem Historisches: den erstmaligen Abstieg eines frisch gebackenen Pokalsiegers. Denn genau einen Monat zuvor hatte Espanyol seinen ersten Coup der Saison gelandet und sich im Pokalfinale im Madrider Bernabeu-Stadion überraschend mit 4:1 gegen Saragossa durchgesetzt. Ausgerechnet gegen den Favoritenschreck Saragossa, der im Viertelfinale den FC Barcelona ausgeschaltet und beim 4:2-Sieg im Hinspiel am 18. Januar Barcas Wettbewerbs übergreifende spanische Rekord-Serie von 18 Pflichtspiel-Siegen in Folge beendet hatte. Im Halbfinal-Hinspiel fegte Saragossa dann dank der vier Tore von Diego Milito Real Madrid mit 6:1 vom Feld. Im Endspiel wurde die neue Mannschaft des Ex-Dortmunders Ewerthon dann jedoch klassisch ausgekontert von Espanyol, das sich seinen vierten Pokalerfolg sicherte.

So hatten sie letztlich alle in Barcelona etwas zu feiern. Doch während zum Empfang der blau-weiß-gestreiften »Spanier« gerade Mal 2000 Fans auf die Plaza Sant Jaume kamen, herrschte angesichts der Titelverteidigung des FC Barcelona und des anschließenden Triumphes in der Champions League in der Stadt der Ausnahmezustand. Es war die Freude über den gerechten Lohn, dass sich nicht nur effektiver und von Taktik geprägter Fußball durchzusetzen vermag – sondern auch eine Spielweise, die beides mit spieltechnischer und optischer Eleganz zu verbinden vermag. Und »Barca« schaffte diese Symbiose. Die spielerische Leichtigkeit, mit der die »Azulgranas« zu ihrem 18. Ligatitel marschierten, glich der eines Uhrwerks.

Nach kleineren Startschwierigkeiten setzte sich das Team von Trainer Frank Rijkaard am 12. Spieltag im November an die Tabellenspitze, die es fortan nicht mehr abgab. Dass dieser Sturm auf Platz eins just mit dem 3:0-Sieg beim ewigen Rivalen Real Madrid einherging, hatte Symbolcharakter. Die längst nicht mehr »Galaktischen« wurden im eigenen Stadion zu bloßen Statisten degradiert. Weltfußballer Ronaldinho erzielte bei dem höchsten Auswärtssieg Barcas im Bernabeu-Stadion seit 1974 (5:0) zwei seiner 17 Saisontore. Am Ende applaudierten selbst die Real-Fans dem Brasilianer und seinen Kollegen. Doch die drehten in der Folge erst so richtig auf: Mit 14 Liga-Siegen hintereinander stellten sie einen

Der Pokal für die »Underdogs« aus Barcelona: Espanyol, sonst klar im Schatten von Barca, konnte sich immerhin am Gewinn der »Copa del Rey« erfreuen.

neuen Vereinsrekord auf. Erst das 1:3 zu Hause am 22. Spieltag gegen Atletico Madrid verhinderte die Einstellung des Allzeit-Rekordes von 15 Ensuite-Erfolgen in der Primera Division, den ausgerechnet Real Madrid hält.
Doch sollte dies nicht mehr als ein Schönheitsfehler für Barca sein. Denn das hatte neben Ronaldinho mit Samuel Eto'o (26 Treffer) den besten Torjäger, mit Lionel Messi den überragenden Jungstar und mit Kapitän Puyol den konstantesten Abwehrspieler der Liga in seinen Reihen. Und genau in der Defensive machte die Mannschaft im Vergleich zum Vorjahr noch einmal einen Sprung nach vorne. In der dritten Saison unter Trainer Rijkaard haben die Spieler das permanente Verschieben der Reihen, die Ballzirkulation auf höchstem Niveau und Tempo so verinnerlicht, dass sich auch in der Rückwärtsbewegung nur noch äußerst selten Fehler einschleichen.
Zwölf Punkte Vorsprung auf den Zweiten Real Madrid sagen alles. Dort mussten zum Jahreswechsel Trainer Vanderlei Luxemburgo und Fußballdirektor Arrigo Sacchi ihren Hut nehmen. Doch auch unter Interimscoach Lopez Caro zeigte sich, dass die Zeit für eine Zäsur gekommen ist. Behäbig und ohne Esprit präsentierte sich Real, das bestückt mit Kämpfern wie Gravesen, Pablo Garcia oder Sergio Ramos selten überzeugte und in der Regel nur dank der Geistesblitze ihrer Individualisten gewann. Doch Raul, Roberto Carlos, Ronaldo und erst recht Zinedine Zidane hatten nicht mehr die Klasse und Power vergangener Tage.
Symptomatisch am Rande: Der von Spekulationen rund um den wahren Schuldenstand begleitete Rücktritt von Präsident Florentino Perez im Februar, der im Jahr 2000 mit dem Kauf von Luis Figo den Beginn des »galaktischen« Zeitalters eingeläutet hatte. Nach Abwahl des Interimsbosses Martin noch vor Saisonende geriet selbst Zidanes Karriere-Ende bei Real in den Hintergrund. Immerhin: »Zizou« traf noch neun Mal, sicherte dem Team am Ende mit seinem Torerfolg gegen Villarreal

Letzte Tipps für den Torjäger: Barcelonas Trainer Frank Rijkaard gibt seinem kamerunischen Stürmer Samuel Eto'o Instruktionen für das Angriffsspiel.

die direkte Teilnahme an der Champions League. An der Qualifikation nehmen völlig überraschend erstmals Osasuna (wegen des besseren Abschneidens im direkten Vergleich) sowie Valencia teil. Was freilich nur zeigt, dass das spielerische Moment in der abgelaufenen Saison eher selten zum Tragen kam. Beide Teams überzeugten durch ihre Kompaktheit, die auf das Zerstören des gegnerischen Spiels angelegt war. Zudem konnte sich Valencia auf die Toptorjäger-Qualitäten von David Villa (25 Treffer) verlassen.

Beflügelt durch die Erfolge im europäischen Wettbewerb zeigte derweil UEFA-Cup-Sieger FC Sevilla in den letzten Wochen der Saison den erfrischendsten Fußball der Primera Division. Positiv trat über weite Strecken auch Bernd Schusters FC Getafe auf, der früh nichts mehr mit dem Abstieg zu tun und zudem mit Mario Pernia (zehn Tore) den treffsichersten Verteidiger der Liga in seinen Reihen hatte.

Dem Einzug ins Halbfinale der Champions League Tribut zollen musste hingegen der FC Villarreal. Das »Gelbe U-Boot« zeigte phasenweise zwar neben Barca das sehenswerteste Spiel der Liga, musste dank dünner Bank jedoch zeitig abreißen lassen und rettete sich am Ende gerade noch in den UI-Cup. Schlimmer erging es sogar Betis Sevilla, das angesichts der CL-Belastung fast in die Zweite Liga geschlittert wäre.

Enttäuschend verlief die Saison einmal mehr für Atletico Madrid. Mit großen Hoffnungen angetreten, landete man nur im Mittelfeld. Mit dem argentinischen Jungstar Sergio Agüero (18) von Independiente, an dem auch Bayern München interessiert war, steht bereits ein namhafter Neuzugang fest. Agüero, der mit 28 Millionen Dollar Ablöse der teuerste Spieler in der Geschichte der »Rot-Weißen« ist, hat bereits angekündigt, Barcelona in der kommenden Saison die Trophäe abluchsen zu wollen. Nicht Espanyol den Pokal, sondern Barca den Pott für die Meisterschaft.

Jörg Wolfrum

Die Liga der außergewöhnlichen Gentlemen

Philip Seymour Hoffman bekam im März 2006 in Hollywood den Oscar für die beste Hauptrolle im Film »Capote«. Auch aus der englischen Premier League sind am Ende einer langen Saison wieder einige Kandidaten nominiert. Die Besetzungen für echte Filmklassiker scheinen ihnen dabei wie auf den Leib geschneidert.

Die Augenweide von Arsenal: Der französische Stürmer Thierry Henry wurde einmal mehr zum besten Torjäger in der englischen Premier League.

Ganz oben auf der Liste stehen, wie könnte es anders sein, zwei Meister ihres Faches: Didier Drogba und Hernan Crespo in »Reine Nervensache«. Spielte der eine nicht, traf der andere. Und umgekehrt. Und so führte das Duo aus dem Sturm, das im Mourinhoschen 4-2-3-1-System selten als solches auftrat, den FC Chelsea zur erfolgreichen, verdienten und letztlich ungefährdeten Titelverteidigung. Nervenstark vor des Gegners Tor, nervenstark auch im Umgang mit ihrer Rolle als ständige Tausch-Objekte im Angriff der »Blues«. Insgesamt schaufelten die Teilzeit-Arbeiter von höchster Qualität 22 Tore auf das Konto der Londoner. Exemplarisch sei der 33. Spieltag erwähnt. Chelsea lag 0:1 gegen West Ham zurück, musste nach Maniches Platzverweis in Unterzahl das Match unbedingt drehen, denn der komfortable 16-Punkte-Vorsprung aus dem Januar wäre bei einer Niederlage auf vier Zähler geschmolzen. 4:1 hieß es am Ende, und die Wende eingeleitet hatten der Ivorer und der Argentinier, weil sie mal gemeinsam stürmen durften.

Nicht minder erfolgreich: Thierry Henry in »Besser geht's nicht«. Natürlich geht es immer besser, natürlich hätte er mit dem FC Arsenal das Finale der Champions League nicht 1:2 verlieren müssen gegen den FC Barcelona. Doch in der letzten Saison der »Gunners« im alt ehrwürdigen »Highbury« verzauberte er die Massen, traf 27 Mal, so oft wie kein anderer Spieler in der englischen Eliteliga. Und am letzten Spieltag küsste er den Rasen seiner sportlichen Heimat, in der ihm alle Torrekorde gehören, von der er sich mit einem Hattrick verabschiedete. Jenes 4:2 gegen Wigan sicherte dem FC Arsenal, das Henry nach langem Hickhack auch ins neue Emirates-Stadion als Kapitän führen wird, Platz vier.

Ebenfalls großen Anteil an dieser am Ende noch versöhnlichen Platzierung hatte der Protagonist, der ebenfalls nominiert ist: »Herr Lehmann« heißt der Streifen, Jens sein Vorname. Nachdem der deutsche Nationaltorwart 2004/05 phasenweise auf der Bank geschmort hatte, steigerte sich der Keeper, hielt vor allem in der Champions League überragend und wurde sogar Deutschlands WM-Torwart. Tragisch für ihn, aber nicht zuletzt Folge seiner riskanten Spielweise, dass er im Endspiel der Königsklasse nach 18 Minuten Rot sah und so sein Team entscheidend schwächte.

Abschied von einer Kultstätte des Fußballs: Highbury, das Stadion des FC Arsenal in London, hat ausgedient. Symbolisch küsst Thierry Henry den Rasen der ehrwürdigen Stätte.

Geschwächt wurde auch Manchester United. Und zwar zweimal quasi freiwillig. »Ice Age« war das Motto, als Trainer Sir Alex Ferguson den Iren Roy Keane verbannte, nachdem dieser Kollegen im vereinseigenen TV-Sender attackiert hatte. Und Ruud van Nistelrooy wurde auf eine »Wutprobe« gestellt. Sein Abschied aus Old Trafford kündigte sich bereits am Saisonende an, als der holländische Torjäger der »Red Devils« im letzten Saisonspiel das Old Trafford verließ, als er erfahren hatte, dass er gegen Charlton wieder nur auf der Bank sitzen sollte.
Nicht auf der Bank, aber lange gar auf der Tribüne saßen zwei für den Film: »Der englische Patient«. Die Mittelfußbrüche Michael Owens (Newcastle) und Wayne Rooneys (ManU) wurden zu einer Staatsaffäre, vor allem Rooneys Verletzung kurz vor der WM. ManU wurde dennoch Zweiter – vor dem FC Liverpool. Der sicherte sich vor allem dank eines Mannes den FA Cup: »Der Patriot«. Gemeint ist Steven Gerrard, der mit jeder Faser seines Herzens an den »Reds« hängt. Diese schlugen im besagten Finale West Ham United, das aber als bester Aufsteiger für Furore sorgte. Ganz nach dem Motto »007 – Der Morgen stirbt nie« hatte Oldie Teddy Sheringham (40) weiter die Lizenz zum Toreschießen. Er macht weiter, ein anderes Denkmal Englands wechselt bei Newcastle vom Rasen in den Trainerstab: Alan Shearer, der »Alte Mann und das Meer«.
Für Furore sorgte auch der freche Neuling Wigan Athletic. Vor Jahren noch in den Niederungen des englischen Fußballs, hatten Pascal Chimbonda und Co. »Nix zu verlieren« und mischten die Premier League

Der Cup für die »Reds«: Liverpool feiert den FA-Cup mit Kapitän Steven Gerrard (links) und Trainer Rafa Benitez. Das Ende einer Legende: Mit Alan Shearer nahm bei Newcastle United einer der ganz großen Torjäger Abschied.

auf. Im Ligapokal mussten sie sich ManU erst im Finale geschlagen geben. Chimbonda sprang sogar noch spät auf den WM-Zug der Franzosen auf.

England wurde vom Schweden Sven Göran Eriksson in das Welt-Turnier geführt. Doch weil er im Kassenschlager »Der Dummschwätzer« glänzte, als er einem vermeintlichen Scheich (in Wirklichkeit einem Reporter) Interna aus Englands Fußball verriet, beerbt ihn sein Assistent Steve McClaren, der »Volltreffer«, der den FC Middlesbrough ins UEFA-Pokal-Finale geführt hatte.

Hit auf Hit also in Englands Eliteliga. Langweilig war es wirklich nicht. Auf der Insel leben und lieben sie den Fußball, das spürt man in jedem Spiel. Die Popcorn-Maschine für 2006/07 darf schon mal angeworfen werden, die grüne Leinwand in der »Liga der außergewöhnlichen Gentlemen« wartet auf ihre Helden.

Thomas Böker

Das Jahr null – Moggis »Kuppel der Macht«

»Es war die beste und die schlechteste Zeit, ein Jahrhundert der Weisheit und des Unsinns, eine Epoche des Glaubens und des Unglaubens, eine Periode des Lichts und der Finsternis. Es war der Frühling der Hoffnung und der Winter des Verzweifelns. Wir hatten alles, wir hatten nichts vor uns, wir steuerten alle unmittelbar gen Himmel und auch alle unmittelbar in die entgegengesetzte Richtung.«

Wäre der englische Schriftsteller Charles Dickens Tifoso der Serie A gewesen, hätte er den Einstieg seines Romans »Eine Geschichte Zweier Städte« in dieser Saison wohl dem Calcio gewidmet. 2006 wurde zum Jahr null des italienischen Fußballs. Anfang Mai soufflierte eine bislang nicht bekannte Quelle von der Staatsanwaltschaft abgehörte Telefonate des Juve-Generaldirektors Luciano Moggi an die größten Gazetten der Halbinsel – es folgte die größte Korruptions-Lawine in der Geschichte des Fußballs.

Nachdenkliche Mienen: Juventus-Trainer Fabio Capello (Mitte) mit den beiden Drahtziehern des Skandals im Calcio. Geschäftsführer Antonio Giraudi (links) und Manager Luciano Moggi, der Manipulation überführt.

Beinahe stündlich überschlugen sich Ereignisse und neue Enthüllungen, in deren Sog auch Prestigeklubs wie der AC Mailand, Florenz, Lazio oder Inter ihre Wappen befleckt sahen. Schon nach wenigen Wochen zog Italien den Vergleich zu »Mani pulite« (Saubere Hände), das Anfang der 90er Jahre den größten Politik- und Wirtschafts-Skandal Italiens aufdeckte und beinahe die gesamte Führungs-Riege des Landes zu Fall brachte.

Mitte 2006 hatte man es nun mit »Piedi puliti«, den »sauberen Füßen« zu tun. Im Schnitt führte Moggi täglich 416 Telefonate und bei den Abhörungen wurde schnell klar, dass seine »Kuppel der Macht«, wie es die Staatsanwaltschaft in Anlehnung an Mafia-Organisationen nannte, wie Krakenarme alle wichtigen Einflussbereiche kontrollierte. Vom Innenminister Giuseppe Pisanu, über Verbandschef Franco Carraro (mittlerweile samt Vize zurückgetreten), Chefermittler des Verbandes Papà (zurückgetreten), Schiedsrichter (u. a. Massimo De Santis als WM-Referee gestrichen), Linienrichter, Schiedsrichter-Obmänner, Funktionäre der Polizei, Journalisten über Spielerberater – bei Moggi liefen alle Fäden zusammen. Sein Sohn Alessandro kontrollierte die Berater-Agentur GEA, die über 200 Spieler und Trainer des Profigeschäfts betreute.

Zusammen kontrollierte man, teilweise unter massiven Drohungen, den Transfermarkt der Serie A. Journalisten erfragten höfisch, wie man Schiedsrichterleistungen bewerten solle. Referees bevorteilten Juventus direkt, oder zeigten den vorbelasteten Spielern des nächsten Juve-Gegners Gelb, damit diese im Duell mit den Turinern gesperrt waren. Schiedsrichter, die nicht spurten, wurden zermalmt. Nach einer 1:2-Niederlage im November 2004 bei Reggina wütete Moggi am Telefon: »Die habe ich alle drei in der Kabine eingeschlossen und den Schlüssel mit zum Flughafen genommen. Jetzt setze ich alle meine Journalisten in Bewegung, die werden ab morgen öffentlich gevierteilt.«

Innenminister Pisanu erfragte Bevorteilungen für seinen Drittliga-Klub, der im Abstiegskampf steckte. Die Fiorentina-Führungsgarde Della Valle bettelte bei Moggi um Hilfe, als man 2005 in Richtung Serie B stürzte, genauso wie Lazio-Chef Claudio Lotito. Das war eben »Moggiopoli«, Moggis Reich, wer kritisierte, wurde eliminiert, die anderen kamen dann schon irgendwann winselnd angekrochen. Letztlich wussten über Pierluigi Collina bis Milans-Vize Adriano Galliani alle wichtigen Personen Bescheid und kuschelten sich gemütlich in Moggis Nest. Zwar erstreckten sich die abgehörten Telefonate nur über die Saison 2004/05, doch wer glaubt, dass es in »Lucky Lucianos« zwölf Juve-Jahren anders lief, lebt auf einem anderen Planeten.

Unaufhaltsam zum Tor der Gegner: Fiorentinas Luca Toni erzielte in der vergangenen Saison 31 Treffer in der italienischen Serie A.

So verkam die Serie A in dieser Spielzeit zu einer virtuellen Saison. Der mittlerweile zurückgetretene Turiner Pate erlebte bei Reggina zusammen mit seinem Komplizen Antonio Giraudo Juventus' 29. Scudetto am letzten Spieltag in einem überwachten Raum, nicht auf der Tribüne. Die organisierten Feierlichkeiten in Turin verkamen zum Trauermarsch und zu Protestaktionen der selbst treuesten Tifosi. Fiorentinas Luca Toni schoss seinen Klub mit sagenhaften 31 Toren eigentlich in die Champions-League-Qualifikation, doch niemand weiß, ob Florenz in der kommenden Saison wirklich noch erstklassig sein wird. Elf Siege in Folge holte der AS Rom – das gelang zuvor noch keinem Team der Serie A.

Bislang ist die Roma bei dem Skandal noch außen vor, doch man weiß ja nie. David Suazo traf für Cagliari 22-mal und überbot den Klubrekord von Gianni Riva. Der Stürmer aus Honduras darf sich wirklich freuen, denn sicherlich rang der Provinzklub aus Sardinien Moggi höchstens ein müdes Lächeln ab. So wie Treviso. Der Aufsteiger spielte 21-mal in Folge ohne zu gewinnen und erlöste damit den bisherigen Rekordhalter Atalanta aus der Saison 2004/5 (16 Partien hintereinander ohne Sieg). En passant entledigte man dabei auch mit nur drei Saisonerfolgen Legnano vom letzten Platz – die hatten es zumindest auf vier gebracht. Juventus stellte mit 91 Punkten übrigens den Rekord vom AC Turin 1946/47 in einer 20er Liga ein, holte die Bestmarke mit neun Siegen in Folge zum Saisonstart und verlor 28-mal in Folge nicht. Auch das ist in der Serie A mit 20 Mannschaften unerreicht.

Soll man diese Rekorde wirklich feiern? Wie soll man den bitteren Beigeschmack wegwischen, da auch der Tabellenzweite Milan tief im Skandal verstrickt ist? Und wie kann der Calcio überhaupt noch seine Glaubwürdigkeit zurückerlangen, jetzt, da jeder Schiedsrichter-Pfiff, jede Fehlentscheidung, jede Schwalbe und jede umstrittene Aktion für einen der Groß-Klubs in die Kanalisation gezogen werden wird?

Der Besuch in den meist bizarren und baufälligen Stadien Italiens wird weiter leiden. Der Calcio, das wichtigste der unwichtigsten Dinge des Landes, liegt seit Jahren auf der Intensiv-Station. Würde ihn die gnadenlose Bestrafung der Schuldigen um all die Speichellecker Moggis, die sich ebenso die Hände schmutzig machten, reanimieren?

Die Serie A wird weiter existieren. »Il campionato più bello« nannten sie die Italiener einmal, die schönste Liga der Welt. Das wird sie auf lange Zeit nicht mehr sein.

Oliver Birkner

lotto
TOYOTA

Austria zähmt die »Roten Bullen« – Legionäre gegen »Dosengeld«

Duell der Wohlhabenden: Austria Wien (hier mit Radomski in Violett) setzte sich noch einmal gegen die aufstrebenden »Roten Bullen« aus Salzburg durch.

Austria Wien hat den Kampf der rotweißroten Budget-Krösusse gegen Red Bull Salzburg gewonnen und sich damit zum 23. Mal in der Klubgeschichte den Titel gesichert. Ein großer Sieg für den Wiener Traditionsverein. Ein triumphaler aber für den 43-jährigen »Trainerlehrling«, Frankie Schinkels. Der gebürtige Holländer, der unter Trainer-Legende Ernst Happel gegen die Niederlande den rotweißroten Teamdress tragen dürfte, hat den erfahrenen Bullen-Coach Kurt Jara besiegt. Fußball mit Herz habe sich gegen das viele »Dosengeld« durchgesetzt, jubelten die Wiener.

Das hat etwas mit dem wienerischen Hang zur sentimentalen Verzerrung der Wahrheit zu tun. Denn Red Bull Salzburg hatte zwar das etwas höhere Budget. Die Austria Wien aber eine seit Jahren eingespielte Truppe mit 17 Legionären aus 15 Ländern. Fast alle von ihnen spielen in ihrer Länderauswahl. Der »Trainerlehrbub« Frankie Schinkels hatte seine Truppe dennoch auf ein »Underdog«-Image eingeschworen. Im Finish der Saison sahen sich die Wiener Veilchen in einem Kampf »wir da unten« gegen »die da oben aus Salzburg« bestätigt. Als selbsternannte Underdogs konnten sie entscheidende Kräfte freisetzen.

»Ich verdiene weniger als Christoph Daums Wohnung gekostet hat«, brachte Schinkels in diesen »Klassenkampf« auch Erinnerung an die jüngste Vergangenheit des Klubs aufs Tapet. Der Aufstand des Frankie Schinkels gegen Jara war also als der Aufstand eines vergleichsweise »Hungrigen« konzipiert. In den vier direkten Meisterschaftsduellen gegen Vizemeister Red Bull Salzburg nützte dieser Psychotrick nicht viel. Nur vier der möglichen zwölf Punkte konnten sich die Wiener in diesen Prestigepartien gutschreiben. Den »Dosenkickern« aus Salzburg nützte diese Dominanz in den direkten Vergleichen aber wenig. Trotz der Klasse einiger Einzelspieler wie Thomas Linke, Alexander Zickler, Alexander Knavs, Ezequiel Carboni oder des im Winter mit rotweißroter Rekordsumme (vier Millionen Euro) gekauften Andreas Ivanschitz, wollten die Automatismen des Zusammenspiels bei den »Bullen« vor allem auswärts nicht klappen.

Bei zehn Flops in der Fremde hatte Kurt Jara frustriert registrieren müssen, dass sich Mut und der Wille nicht immer kaufen lassen. Dabei hatte auch Kurt Jara sein ganzes Potenzial an psychologischer »Kriegsführung« ausgeschöpft. Als Red-Bull-Schutzpatron outete er überall so viel Ungebührliches im Umgang mit dem Klub des Millionenkonzerns, dass er sich mit Schiris, gegnerischen Klubs und vielen Journalisten angelegt hatte. Eben gegen die ganzen Heerscharen einer vermeintlichen Neid-Genossenschaft. Den Titel hatte Jara damit nicht gewinnen können. Aber das vorgegebene Ziel, sich für die Champions League zu qualifizieren, hat er geschafft.

Die Saison 2005/06 war noch nicht beendet, da kreisten Jaras Gedanken schon um jene Neuverpflichtungen, die bei Red Bull für den nächsten Quantensprung sorgen sollten. Schließlich hatte der Tiroler Meistermacher einen Vertrag bis 2008, mit dem Auftrag, den Klub sukzessive zu veredeln. Die Freiheiten dabei schienen grenzenlos. Aber just die Transfers in der Geburtsstunde der »Bullen«-Truppe waren ihm da schon zum Verhängnis geworden. Während Jara noch seine Zukunft plante, organisierte Red Bull schon das Ende der Ära Jara. Der Anlass: Von 19 Transfers soll Jara die meisten über die Schweizer Agentur Fioranelli abgewickelt haben. Fioranelli war ein Freund aus alten Tagen.

Red-Bull-Boss Dietrich Mateschitz ortete dabei einige Ungereimtheiten. Das kostete Jara den Job. Seine Nachfolger sind prominente: Giovanni Trapattoni und Lothar Matthäus. Mit denen will Red Bull in die europäische Topklasse aufsteigen. Wenn es ein muss mit Spielern wie Pavel Nedved oder Roberto Carlos. Die neue Saison beginnt also mit großen Aufregern.

Die gab es aber auch 2005/06. So hatte am 21. November 2005 mit Frank Stronach Austrias größter Mäzen aller Zeiten dem Klub den Rücken gekehrt. Über 100 Millionen Euro soll der austrokanadische Mäzen in fünf Jahren in die Austria investiert haben. Aufgeregt hat den rotweißroten Fußballfan auch ein Foul mit strafrechtlicher Relevanz. Austria-Keeper Joey Didulica foulte Rapids Axel Lawaree derart brutal, dass er im Wiener Straflandesgericht zur Zahlung von 60 000 Euro verdonnert worden war.

Bestraft wurde auch Toni Polster: Nach einem gewonnenen Arbeitsprozess des geschassten Generalsmanagers gegen Frank Stronach, wurde über das Austria-Urgestein Platzverbot verhängt! Die 27. Runde hatte ganz Fußball-Wien gegen einen Schiedsrichter aufgebracht. Der hatte im Duell gegen Red Bull Salzburg den Austria-Stürmer Roland Linz des Platzes verwiesen. Der Grund: Das Tragen eines Gummibändchens.

Hubert Winklbauer

Die Fäuste als Sieger geballt: Austrias Trainer Frankie Schinkels, ein humorvoller Holländer.

Der sensationelle Last-Minute-Titel für den FC Zürich

Grenzenloser Jubel des FCZ: Ausgerechnet beim Titelverteidiger FC Basel sicherten sich die Akteure aus Zürich die entscheidenden Punkte zum Schweizer Titelgewinn.

Das Meisterrennen in der Super League entwickelte sich zu einem spannenden Zweikampf zwischen Titelverteidiger FC Basel und Herausforderer FC Zürich. Erst in der letzten Minute, mit dem letzten Angriff, wurde die Meisterschaft entschieden.

90 mal 60 mal 36 und damit 194 400 Sekunden waren in der Schweizer Liga pro Verein gespielt, als beim Spitzenkampf zwischen Basel und Zürich im ausverkauften St.-Jakob-Park die Nachspielzeit anbrach. 1:1 stand es in der letzten Runde im finalen Treffen in Basel, und es schien, als ob der FCB zum Titel-Hattrick gelangen würde.
Drei Minuten allerdings dauerte die Extrazeit, und nach zwei Minuten und 51 Sekunden bugsierte der aufgerückte rumänische Abwehrchef der Zürcher, Iulian Filipescu, den Ball zum 1:2 über die Linie. Schluss, Ende, aus: mit der letzten Aktion in der allerletzten Sekunde beförderte Filipescu seinen FCZ in den Himmel und stürzte den Favoriten aus Basel in die Hölle. Dank des besseren Torverhältnisses sicherte sich der Außenseiter aus Zürich den Titel.
»Das ist brutal«, sagte Basels Trainer Christian Gross nach der bitteren Niederlage, »wir lagen von der ersten Runde an der Tabellenspitze.« Es war nach dreieinhalb Jahren oder sechzig Partien die erste Niederlage für den FCB in Basel. »Sensationell«, jubelte dagegen Zürichs ruhiger Trainer Lucien Favre an diesem denkwürdigen Mai-Abend in Basel aber ebenfalls alle Hemmungen ablegte. Überschattet wurde der erste Meistertitel des einstigen Serienmeisters aus Zürich seit 1981 indes von wüsten Ausschreitungen auf dem Spielfeld.
Der rührige Sven Hotz ist seit zwanzig Jahren Präsident Zürichs und hatte unzählige Millionen in seinen Verein investiert. Er realisierte damit nach vielen leidvollen Saisons endlich sein großes Ziel. Aus dem guten Kollektiv der Meistermannschaft ragten der schnelle Angreifer Alhassane Keita und der junge, trickreiche, spielstarke und torgefährliche Brasilianer Rafael heraus. Im Mittelfeld etablierten sich die talentierten Schweizer Blerim Dzemaili und Xavier Margairaz als Taktgeber. Beide schafften mit starken Leistungen auch den Sprung zur WM in Deutschland. In der Defensive gab der routinierte Filipescu den Patron, und auch wenn der FC Zürich keineswegs die ganze Saison brillierte, so imponierte doch die beeindru-

ckende Rückrunde und die sensationelle Aufholjagd. »Wir hatten aber auch sehr wenig Verletzungen zu beklagen«, sagte Trainer Favre, »das war wichtig, denn über einen so breiten Kader wie der FC Basel verfügen wir nicht.«
Das Scheitern der Basler war freilich dennoch eine saftige Überraschung. Denn auch wenn der Branchenprimus Jahr für Jahr seine stärksten Akteure an Vereine im Ausland abgeben muss, so verfügte Christian Gross doch erneut über die stärksten Einzelspieler. Insbesondere Regisseur Matias Delgado, ein famoser Techniker, drückte den Auftritten seines Teams mit tollen Pässen und vielen Toren den Stempel auf. »Der FC Basel bleibt auch in Zukunft das Maß aller Dinge in der Schweiz«, sagte Favre deshalb bescheiden.
Im Schatten der beiden Größen sicherten sich die Berner Young Boys den dritten Rang und damit die Qualifikation für den UEFA-Cup. Der Deutsch-Franzose Gernot Rohr übernahm die kriselnden Hauptstädter nach einem enttäuschenden Saisonstart, vermochte mit seiner defensiven Strategie die Herzen der Zuschauer indes lange ebenfalls nicht zu erwärmen. Die Besucherzahlen im neuen Wankdorfstadion blieben jedenfalls überschaubar. Erst mit einem glänzenden Schlussspurt und dank eines gut aufgelegten Spielmachers Hakan Yakin, der lange verletzt gewesen war, versöhnte sich YB am Ende mit seinen Anhänger.

Die Entscheidung im St.-Jakob-Park: Dem Rumänen Iulian Filipescu (links) gelang der entscheidende Treffer in der Nachspielzeit.

Starker Spielmacher in Bern: Nationalspieler Hakan Yakin trieb die Young Boys auf Rang drei.

Die Grasshoppers aus Zürich verloren das Duell um den UEFA-Cup-Platz und schafften nur Rang vier. Hanspeter Latour, der bei GC sehr gute Arbeit geleistet hatte, zog es in der Winterpause zu Köln, und Nachfolger Krassimir Balakow schaffte es nicht, dem jungen Team Konstanz zu verleihen. Fünf von zehn Teams sahen sich derweil in den spannenden Abstiegskampf verwickelt. Aufsteiger Yverdon stieg nach einer dramatischen letzten Runde direkt wieder ab, während mit Xamax Neuchatel ein weiterer Verein aus der kriselnden Fussballregion Westschweiz nach den Relegationsspielen gegen Sion den Gang in die Zweitklassigkeit antreten musste. Neben Sion stieg mit dem FC Luzern ein weiterer Traditionsverein wieder in die Super League auf.
Für den absoluten Höhepunkt im helvetischen Fussballjahr sorgte jedoch der krasse Aussenseiter FC Thun, der nach seinem Vizemeistertitel in der Saison 2004/05 über die Stationen Dynamo Kiew und Malmö FF sensationell die Gruppenspiele der Champions League erreichte – und gegen Arsenal, Ajax Amsterdam und Sparta Prag nicht enttäuschte, nach dem dritten Rang im UEFA-Cup weiterspielen durfte und dort nur knapp an Hamburg scheiterte. Dabei vermochten es die Berner Oberländer sogar zu verkraften, dass sie innerhalb von 12 Monaten gleich elf Stammspieler an finanziell besser situierte Vereine abgeben mussten.

Fabian Ruch

Die Saison 2005/2006

Fußball in Europa

Erklärung zu den Tabellen:

M = Meister des Vorjahres
P = Pokalsieger des Vorjahres
N = Neuling
* = Absteiger dieser Saison

Albanien

1. KS Elbasani	36	50:22	73
2. KF Tirana (M)	36	54:33	62
3. Dinamo Tirana	36	53:35	61
4. Partizani Tirana	36	51:35	60
5. Besa Kavaje (N)	36	49:42	46
6. Vllaznia Shkoder	36	39:45	45
7. Shkumbini Peqin	36	32:49	43
8. Teuta Durres (P)	36	32:46	42
9. Skenderbeu Korce (N) *	36	33:50	42
10. KS Lushnja *	36	22:58	25

Aufsteiger: Flamurtari Vlore, Apolonia Fier, Kastrioti Kruje, Luftetari Gjirokaster – Die Liga spielt 2006/07 mit 12 Klubs.
Pokal-Endspiel: KF Tirana – Vllaznia Shkoder 1:0

Andorra

1. Ranger's Venecia	20	73:12	51
2. UE Sant Julia (M)	20	61:19	39
3. FC Santa Coloma (P)	20	47:17	36
4. FC Lusitans	20	30:41	28
5. Inter d'Escaldes	20	36:28	36
6. Atletic d'Escaldes	20	21:27	28
7. CE Principat	20	18:55	11
8. UE Extremenya (N) *	20	11:98	1

Nach einer Vorrunde (14 Spiele) spielten die ersten vier Mannschaften um die Meisterschaft, die letzten vier gegen den Abstieg.
Aufsteiger: Granvalira Encamp
Pokal-Endspiel: FC Santa Coloma – UE Sant Julia 2:1

Aserbaidschan

1. FK Baku (P)	26	42:12	58
2. Karvan Evlakh	26	50:9	57
3. Neftchi Baku (M)	26	51:16	54
4. Inter Baku	26	35:14	50
5. Karabach Agdam	26	32:32	40
6. Turan Tavuz	26	27:21	38
7. Hazar Lenkaran	26	27:18	36
8. Schahdag Gusar	26	26:36	35
9. MKT Araz Imisli	26	31:36	35
10. FK Ganja	26	35:44	28
11. Genclerbirligi Sumgayit	26	25:37	27
12. Olimpik Baku (N)	26	15:27	23
13. MOIK Baku *	26	11:67	9
14. Geyazan Gazakh *	26	14:52	9

Aufsteiger: Gilan Xanlar, Simurq Zaqatala – Olimpik Baku früher AMMK Baku.
Pokal-Endspiel: Karabach Agdam – Karvan Evlakh 2:1

Belgien

1. RSC Anderlecht	34	72:27	70
2. Standard Lüttich	34	51:28	65
3. FC Brügge (M)	34	51:33	64
4. KAA Gent	34	48:34	61
5. KRC Genk	34	52:38	57
6. GB Antwerpen (P)	34	50:45	49
7. SV Zulte-Waregem (N)	34	51:49	49
8. KSC Lokeren	34	48:49	47
9. KVC Westerlo	34	42:48	46
10. FC Brüssel	34	30:30	46
11. Sporting Charleroi	34	39:39	45
12. KSV Roeselare (N)	34	44:42	41
13. Cercle Brügge	34	38:61	37
14. Excelsior Mouscron	34	43:43	37
15. St. Tuidense VV	34	36:49	34
16. KSK Beveren	34	35:55	33
17. Lierse SK	34	22:52	32
18. RAA La Louviere *	34	26:56	26

Aufsteiger: RAEC Mons
Pokal-Endspiel: SV Zulte-Waregem – Excelsior Mouscron 2:1

Bosnien-Herzegowina

1. Siroki Brijeg (P)	30	38:19	63
2. FK Sarajevo	30	57:26	60
3. Zrinjski Mostar (M)	30	47:29	54
4. Modrica Maxima	30	53:30	53
5. Slavija Istocno Sarajevo	30	41:47	41
6. Zeljeznicar Sarajevo	30	38:33	40
7. Jedinstvo Bihac (N)	30	38:41	40
8. NK Zepce	30	29:40	40
9. Leotar Trebinje	30	43:48	39
10. NK Posusje	30	38:46	39
11. Sloboda Tuzla	30	31:40	39
12. HNK Orasje	30	51:51	38
13. Radnik Bijeljina (N)	30	37:52	38
14. Celik Zenica	30	33:45	35
15. NK Travnik *	30	33:41	34
16. Buducnost Banovici *	30	29:48	33

Aufsteiger: Velez Mostar, Borac Banja Luka
Pokal-Endspiele: Siroki Brijeg – HNK Orasje 0:0, 0:3

Bulgarien

1. Levski Sofia (P)	28	71:23	68
2. ZSKA Sofia (M)	28	73:22	65
3. Litex Lovetsch	28	51:22	60
4. Lokomotive Sofia	28	49:29	54
5. Lokomotive Plovdiv	28	43:42	40
6. Belasitza Petritsch	28	33:33	39
7. Slavia Sofia	28	33:34	39
8. Tscherno More Varna	28	29:27	37
9. Vihren Sandanski (N)	28	35:55	32
10. Beroe Stara Zagora	28	36:53	32
11. Marek Dupniza	28	23:37	31
12. Rodopa Smoljan	28	23:52	25
13. Botev Plovdiv (N)	28	20:38	24
14. Pirin 1922 Blagoevgrad (N) *	28	23:46	23
15. Naftex Burgas *	28	14:43	18
16. Pirin Blagoevgrad *	0	0:0	0

Aufsteiger: Rilski Sportist Samokov, Spartak Varna, Koleniano German
Pokal-Endspiel: ZSKA Sofia – Tscherno More Varna 3:1

Dänemark

1. FC Kopenhagen	33	62:27	73
2. Bröndby IF (M, P)	33	60:34	67
3. Odense BK	33	49:28	58
4. Viborg FF	33	62:43	54
5. Aalborg BK	33	48:44	45
6. Esbjerg fB	33	43:45	42
7. FC Midtjylland	33	42:52	41
8. Silkeborg IF	33	33:50	39
9. FC Nordsjaelland	33	49:55	38
10. AC Horsens (N)	33	29:41	37
11. Sönderjysk Elitesport (N) *	33	41:72	26
12. Aarhus GF *	33	36:63	22

Aufsteiger: Vejle BK, Randers FC
Pokal-Endspiel: Randers FC – Esbjerg fB 1:0

England

1. FC Chelsea (M)	38	72:22	91
2. Manchester United	38	72:34	83
3. FC Liverpool	38	57:25	82
4. FC Arsenal (P)	38	68:31	67
5. Tottenham Hotspur	38	53:38	65
6. Blackburn Rovers	38	51:42	63
7. Newcastle United	38	47:42	58
8. Bolton Wanderers	38	49:41	56
9. West Ham United (N)	38	52:55	55
10. Wigan Athletic (N)	38	45:52	51
11. FC Everton	38	34:49	50
12. FC Fulham	38	48:58	48
13. Charlton Athletic	38	41:55	47
14. FC Middlesbrough	38	48:58	45
15. Manchester City	38	43:48	43
16. Aston Villa	38	42:55	42
17. FC Portsmouth	38	37:62	38
18. Birmingham City *	38	28:50	34
19. West Bromwich Albion *	38	31:58	30
20. FC Sunderland (N) *	38	26:69	15

Aufsteiger: FC Reading, Sheffield United, FC Watford
Pokal-Endspiel: FC Liverpool – West Ham United n. V. 3:3, Elfmeterschießen 3:1

Frankreich

1. Olympique Lyon (M)	38	73:31	84
2. Girondins Bordeaux	38	43:25	69
3. OSC Lille	38	56:31	62
4. RC Lens	38	48:34	60
5. Olympique Marseille	38	44:35	60
6. AJ Auxerre (P)	38	50:39	59
7. Stade Rennes	38	48:49	59
8. OGC Nizza	38	36:31	58
9. Paris St. Germain	38	44:38	52
10. AS Monaco	38	42:36	52
11. UC 72 Le Mans (N)	38	33:36	52
12. AS Nancy (N)	38	35:37	48
13. AS St. Etienne	38	29:39	47
14. FC Nantes	38	37:41	45
15. FC Sochaux	38	34:47	44
16. FC Toulouse	38	36:47	41
17. ES Troyes AC (N)	38	37:47	39
18. AC Ajaccio *	38	27:53	33
19. Racing Straßburg *	38	33:56	29
20. FC Metz *	38	26:59	29

Aufsteiger: Valenciennes AFC, CS Sedan, FC Lorient
Pokal-Endspiel: Paris St. Germain – Olympique Marseille 2:1

Georgien

1. Sioni Bolnisi	30	57:17	73
2. WIT Georgia Tiflis	30	53:17	68
3. Dinamo Tiflis (M)	30	61:22	64
4. FC Zestafoni	30	44:22	61
5. FC Borjomi (N)	30	50:26	59
6. Dinamo Batumi	30	42:21	58
7. Ameri Tiflis (N)	30	32:26	49
8. Lokomotiwi Tiflis (P)	30	41:48	37
9. Kacheti Telawi (N)	30	33:46	34
10. Kolcheti Poti	30	26:36	32
11. Dila Gori	30	35:44	31
12. Torpedo Kutaissi	30	28:42	30
13. FC Tiflis	30	29:44	29
14. FC Tschinwali (N)	30	30:61	27
15. Dinamo Suchumi (N) *	30	26:70	18
16. Spartaki Tiflis (N) *	30	12:57	15

Aufsteiger: Chichura Sachchere, Merani Tiflis
Pokal-Endspiel: Ameri Tiflis – FK Zestafoni n. V. 2:2, Elfmeterschießen 4:3

Englisches Cup-Final: West Hams Sheringham trifft im Elfmeterschießen gegen Liverpools Reina.

Griechenland

1. Olympiakos Piräus (M, P)	30	63:23	70
2. AEK Athen	30	42:20	67
3. Panathinaikos Athen	30	55:23	67
4. Iraklis Saloniki	30	39:31	51
5. Skoda Xanthi	30	31:25	47
6. PAOK Saloniki	30	44:31	46
7. Atromitos Chalkidona	30	36:37	42
8. AE Larisa (N)	30	31:37	39
9. Apollon Kalamarias	30	32:36	38
10. Aigaleo Athen	30	23:41	33
11. Panionios Athen	30	33:45	32
12. Ionikos Nikaia	30	36:41	32
13. OFI Kreta	30	23:37	31
14. PAE Levadiakos (N) *	30	24:36	31
15. GS Kallithea *	30	28:49	20
16. Akratitos Ano Liosia (N) *	30	19:47	18

Aufsteiger: AE Ergotelis, AO Kerkyra, Aris Saloniki
Pokal-Endspiel: Olympiakos Piräus – AEK Athen 3:0

Israel

1. Maccabi Haifa (M)	33	65:25	75
2. Hapoel Tel Aviv	33	51:25	59
3. Beitar Jerusalem	33	51:33	58
4. Bnei Yehuda Tel Aviv	33	37:41	49
5. Maccabi Petah Tikva	33	37:38	44
6. Maccabi Tel Aviv (M)	33	35:37	44
7. Maccabi Netanya (N)	33	40:45	41
8. MS Ashdod	33	46:47	39
9. Hapoel Petah Tikva	33	38:50	37
10. Hapoel Kfar Saba (N)	33	30:41	34
11. Hapoel Nazrat-Ilit *	33	25:47	34
12. Hapoel Bnei Sachnin *	33	28:54	25

Aufsteiger: Maccabi Herzliya, Hakoah Amidar Ramat Gan.
Pokal-Endspiel: Hapoel Tel Aviv – Bnei Yehuda Tel Aviv 1:0

Italien

1. Inter Mailand (P)	38	68:30	76
2. AS Rom	38	70:42	69
3. AC Chievo Verona	38	54:49	54
4. US Citta di Palermo	38	50:52	52
5. AS Livorno Calcio	38	37:44	49
6. FC Empoli (N)	38	47:61	45
7. FC Parma	38	46:60	45
8. AC Mailand	38	85:31	44
9. Ascoli Calcio (N)	38	43:53	43
10. Udinese Calcio	38	40:54	43
11. Sampdoria Genua	38	47:51	41
12. Reggina Calcio	38	39:65	41
13. Cagliari Calcio	38	42:55	39
14. AC Siena	38	42:60	39
15. FC Messina	38	33:59	31
16. US Lecce	38	30:57	29
17. FBC Treviso (N)	38	24:56	21
18. Lazio Rom *	38	57:47	62
19. AC Florenz *	38	66:41	74
20. Juventus Turin *	38	71:24	91

Im Zusammenhang mit dem Korruptionsskandal wurden Juventus Turin, der AC Florenz und Lazio Rom in die »Serie B« strafversetzt. Juve wurden außerdem die Meistertitel 2005 und 2006 aberkannt. Dem AC Mailand wurden 44 Punkte aberkannt. Die Ergebnisse der Berufungsverhandlungen standen bei Redaktionsschluss noch nicht fest.
Aufsteiger: Atalanta Bergamo, Catania Calcio, FC Turin
Pokal-Endspiele: AS Rom – Inter Mailand 1:1, 1:3

Kroatien

1. Dinamo Zagreb	32	78:21	76
2. NK Rijeka (P)	32	61:36	65
3. Varteks Varazdin	32	51:48	47
4. NK Osijek	32	31:48	44
5. Hajduk Split (M)	32	40:35	40
6. Kamen Ingrad	32	33:47	38
7. NK Pula	32	44:36	45
8. Slaven Belupo Koprivnica	32	46:48	41
9. Cibalia Vinkovci (N)	32	33:47	37
10. NK Zagreb	32	26:43	37
11. Medjimurje Cakovec	32	40:51	36
12. Inter Zapresic *	32	30:53	31

Nach einer Vorrunde (22 Spiele) spielten die ersten sechs Mannschaften um die Meisterschaft, die letzten sechs gegen den Abstieg.
Aufsteiger: NK Sibenik
Pokal-Endspiele: NK Rijeka – Varteks Varazdin 4:0, 1:5

Liechtenstein

Keine eigene Meisterschaft – die Liechtensteiner Klubs spielen in Schweizer Ligen.
Pokal-Endspiel: FC Vaduz – FC Balzers n. V. 4:2

Luxemburg

Vorrunde

1. F91 Düdelingen (M)	22	63:15	51
2. Jeunesse Esch	22	49:19	44
3. Etzella Ettelbrück	22	48:36	40
4. CS Grevenmacher	22	51:27	38
5. FC Wiltz '71	22	36:27	34
6. UN Käerjeng (N)	22	36:33	34
7. RFC Union Luxemburg	22	31:30	34
8. CS Petingen (P)	22	29:33	32
9. Swift Hesperingen	22	31:37	26
10. Victoria Rosport	22	24:42	23
11. US Rümelingen (N)	22	20:58	12
12. Avenir Beggen	22	10:71	5

Meisterrunde

1. F91 Düdelingen (M)	28	83:22	64
2. Jeunesse Esch	28	58:36	53
3. Etzella Ettelbrück	28	59:47	49
4. CS Grevenmacher	28	58:39	42

Abstiegsrunde, Gruppe A

5. FC Wiltz '71	28	49:36	47
6. RFC Union Luxemburg	28	40:39	41
9. Swift Hesperingen	28	41:44	36
12. US Rümelingen (N) *	28	25:70	16

Abstiegsrunde, Gruppe B

7. CS Petingen (P)	28	39:40	40
8. UN Käerjeng (N)	28	44:46	37
10. Victoria Rosport	28	34:50	32
11. Avenir Beggen *	28	18:79	17

Aufsteiger: FC Differdingen 03, Progres Niederkorn, FC Monnerich, FC Mamer 32 – die Liga spielt 2006/07 mit 14 Klubs.
Pokal-Endspiel: F91Düdelingen – Jeunesse Esch 3:2

Malta

Vorrunde

1. FC Birkirkara (P)	18	48:21	41
2. Sliema Wanderers (M)	18	37:12	39
3. Hibernians Paola	18	37:19	37
4. FC Marsaxlokk	18	23:34	34
5. FC Valletta	18	22:31	23
6. Msida St. Joseph	18	28:33	21
7. FC Floriana	18	24:28	19
8. Hamrun Spartans (N)	18	29:41	19
9. Pieta Hotspurs	18	30:42	15
10. FC Mosta (N)	18	20:56	8

Meisterrunde

1. FC Birkirkara (P)	28	68:27	42 (21)
2. Sliema Wanderers (M)	28	58:27	37 (20)
3. FC Marsaxlokk	28	52:36	36 (17)
4. Hibernians Paola	28	49:37	28 (19)
5. FC Valletta	28	37:49	24 (12)
6. Msida St. Joseph	28	40:59	15 (11)

Abstiegsrunde

7. FC Floriana	24	36:37	18 (10)
8. Pieta Hotspurs	24	31:47	17 (8)
9. FC Mosta (N) *	24	34:65	16 (4)
10. Hamrun Spartans (N) *	24	35:56	12 (10)

(In Klammern Bonus-Punkte aus der Vorrunde)
Aufsteiger: FC St. George's, FC Marsa
Pokal-Endspiel: Hibernians Paola – FC Floriana 1:0

Mazedonien

1. Rabotnicki Skopje (M)	33	64:26	72
2. Makedonija GP Skopje (N)	33	55:23	69
3. Vardar Skopje	33	42:19	64
4. Pobeda Prilep	33	58:46	54
5. Shkendija Tetovo	33	48:47	49
6. Bashkimi Kumanovo (P)	33	50:49	45
7. Renova Cepciste (N)	33	45:49	44
8. Vlazrimi Kicevo (N)	33	44:57	43
9. Sileks Kratovo	33	54:58	41
10. Bregalnica Stip	33	44:55	36
11. Cementarnica Skopje *	33	38:51	32
12. Belasica Strumica *	33	22:84	8x

Aufsteiger: Pelister Bitola, Napredok Kicevo
Pokal-Endspiel: Makedonija GP Skopje – Shkendija Tetovo 3:2

Moldawien

1. Serif Tiraspol (M)	28	57:11	71
2. Zimbru Chisinau	28	47:20	53
3. FC Tiraspol	28	24:21	37
4. Tiligul Tiraspol	28	22:23	34
5. Nistru Otaci (P)	28	24:27	31
6. Dacia Chisinau	28	28:39	30
7. Politehnica Chisinau (N)	28	18:37	25
8. Dinamo Bender (N)	28	17:59	15

Aufsteiger: Olimpia Balti, Iskra-Stali Ribnita – die Liga spielt 2006/07 mit 10 Klubs.
Pokal-Endspiel: Serif Tiraspol – Nistru Otaci 2:0

Niederlande

1. PSV Eindhoven (M, P)	34	71:23	84
2. AZ Alkmaar	34	78:32	74
3. Feyenoord Rotterdam	34	79:34	71
4. Ajax Amsterdam	34	66:41	60
5. FC Groningen	34	46:43	56
6. FC Utrecht	34	48:44	55
7. SC Heerenveen	34	63:58	50
8. Roda JC Kerkrade	34	57:54	50
9. FC Twente Enschede	34	44:36	47
10. NEC Nimwegen	34	43:43	47
11. Vitesse Arnheim	34	52:54	44
12. RKC Waalwijk	34	48:58	39
13. Heracles Almelo (N)	34	35:58	39
14. Sparta Rotterdam (N)	34	34:50	37
15. ADO Den Haag	34	36:62	35
16. NAC Breda	34	45:66	33
17. Willem II Tilburg	34	45:66	28
18. RBC Roosendaal *	34	22:90	9

Im Anschluss an die Meisterschaft ermittelten die Klubs auf den Plätzen 2 bis 5, 6 bis 9 und 10 bis 13 in einer Play-off-Runde die Teilnehmer an der Champions League, am UEFA-Pokal und UI-Cup. Der 16. und 17. nahmen an einer Relegationsrunde teil. Nach Abschluss dieser Spiele ergab sich folgendes Klassement: 1. PSV Eindhoven, 2. Ajax Amsterdam, 3. FC Groningen, 4. AZ Alkmaar, 5. Feyenoord Rotterdam, 6. SC Heerenveen, 7. FC Twente Enschede, 8. FC Utrecht, 9. Roda JC Kerkrade, 10. Vitesse Arnheim, 11. NEC Nimwegen, 12. RKC Waalwijk, 13. Heracles Almelo, 14. Sparta Rotterdam, 15. ADO Den Haag, 16. NAC Breda, 17. Willem II Tilburg, 18. RBC Roosendaal.
Aufsteiger: Excelsior Rotterdam
Pokal-Endspiel: Ajax Amsterdam – PSV Eindhoven 2:1

Nordirland

1. FC Linfield	30	88:23	75
2. FC Glentoran (M)	30	60:28	63
3. FC Portadown (P)	30	56:36	54
4. Dungannon Swifts	30	61:41	49
5. FC Cliftonville	30	45:35	47
6. Newry City	30	45:35	45
7. Ballymena United	30	42:48	45
8. Lisburn Distillery	30	44:38	44
9. FC Coleraine	30	40:57	37
10. Limavady United	30	42:49	36
11. FC Loughgall	30	33:38	34
12. FC Larne	30	42:63	30
13. FC Glenavon (N)	30	35:59	30
14. Armagh City (N)	30	38:69	30
15. FC Institute *	30	37:58	26
16. FC Ards *	30	31:62	20

Aufsteiger: FC Crusaders, Donegal Celtic
Pokal-Endspiel: FC Linfield – FC Glentoran 2:1

Österreich

1. Austria Wien (P)	36	51:33	67
2. RB Salzburg	36	62:42	63
3. FCS Pasching	36	43:32	58
4. SV Ried (N)	36	48:47	52
5. Rapid Wien (M)	36	51:41	49
6. Grazer AK	36	47:48	45
7. SV Mattersburg	36	40:54	44
8. Sturm Graz	36	44:51	42
9. FC Wacker Tirol	36	44:55	42
10. VfB Admira/Wacker Mödling *	36	42:69	33

Aufsteiger: SC Rheindorf Altach
Pokal-Endspiel: Austria Wien – SV Mattersburg 3:0

Polen

1. Legia Warschau	30	47:17	66
2. Wisla Krakau (M)	30	50:20	64
3. Zaglebie Lubin	30	45:32	49
4. Amica Wronki	30	50:28	49
5. Korona Kielce (N)	30	46:33	47
6. Lech Posen	30	45:45	42
7. Odra Wodzislaw	30	23:27	40
8. Dyskobolia Groclin Grodzisk (P)	30	37:45	37
9. Cracovia Krakau	30	32:44	37
10. GKS Belchatow (N)	30	30:32	37
11. Pogon Stettin	30	29:34	37
12. Wisla Plock	30	30:45	34
13. Gornik Leczna	30	23:31	33
14. Gornik Zabrze	30	29:46	29
15. Arka Gdingen (N)	30	21:33	27
16. Polonia Warschau *	30	20:45	25

Aufsteiger: Widzew Lodz, Lodzki KS – Amica Wronki und Lech Posen fusionieren.
Pokal-Endspiele: Zaglebie Lubin – Wisla Plock 2:3, 1:3

Portugal

1. FC Porto	34	54:16	79
2. Sporting Lissabon	34	50:24	72
3. Benfica Lissabon (M)	34	51:29	67
4. Sporting Braga	34	38:22	58
5. CD Nacional	34	40:32	52
6. Boavista Porto	34	37:29	50
7. Uniao Leiria	34	44:42	47
8. Vitoria Setubal (P)	34	28:33	46
9. Estrela Amadora (N)	34	31:33	45
10. CS Maritimo	34	38:37	44
11. FC Pacos de Ferreira (N)	34	38:49	42
12. FC Gil Vicente	34	37:42	40
13. Ass. Naval 1 de Maio (N)	34	35:48	39
14. Academica Coimbra	34	37:48	39
15. Belenenses Lissabon *	34	40:42	39
16. FC Rio Ave *	34	34:53	34
17. Vitoria Guimaraes *	34	28:41	34
18. FC Penafiel *	34	21:61	15

Aufsteiger: SC Beira Mar, CD Aves – die Liga spielt 2006/07 mit 16 Klubs.
Pokal-Endspiel: FC Porto – Vitoria Setubal 1:0

Rumänien

1. Steaua Bukarest (M)	30	49:16	64
2. Rapid Bukarest	30	47:23	59
3. Dinamo Bukarest (P)	30	56:32	56
4. Sportul Studentesc Bukarest	30	54:35	56
5. CFR Cluj	30	36:27	50
6. National Bukarest	30	32:37	46
7. Farul Constanta	30	39:38	45
8. Politehnica Timisoara	30	34:31	40
9. Otelul Galati	30	35:37	39
10. Gloria Bistrita	30	27:34	39
11. Politehnica Iasi	30	28:31	39
12. Arges Pitesti	30	27:37	32
13. Jiul Petrosani (N)	30	28:39	30
14. FC Vaslui (N)	30	23:37	29
15. Pandurii Lignitul Targu Jiu (N) *	30	22:44	25
16. FCM Bacau *	30	16:55	14

Aufsteiger: Ceahlaul Piatra Neamt, Universitatea Craiova, CF Liberty Salonta (fusioniert mit UT Arad), Unirea Urziceni – die Liga spielt 2006/07 mit 18 Klubs.
Pokal-Endspiel: Rapid Bukarest – National Bukarest n. V. 1:0

San Marino

Gruppe A

1. Tre Fiori Fiorentino	21	37:12	47
2. SP Domagnano (M)	21	52:23	42
3. Tre Penne Galazzano	21	27:15	39
4. SS Folgore/Falciano	21	22:25	31
5. La Fiorita Montegiardino	21	31:35	28
6. SC Faetano	21	32:40	21
7. Cosmos Serravalle	21	13:22	20
8. SS San Giovanni	21	13:60	5

Gruppe B

1. SS Murata	20	49:20	49
2. Pennarossa Chiesanuova (N)	20	38:19	42
3. Libertas Borgo Maggiore	20	42:22	33
4. Virtus Acquaviva	20	23:33	25
5. Juvenes/Dogana Serravalle	20	27:44	17
6. Cailungo Borgo Maggiore	20	11:25	16
7. FC Fiorentino	20	30:52	12

Meisterschafts-Play-off:
1. Runde (Zweite – Dritte):
SP Domagnano – SP Libertas 1:4
SS Pennarossa – SP Tre Penne n. V. 1:1 (Elfm. 2:3)

2. Runde (Erste – Sieger 1. Runde):
SP Tre Fiori – SP Tre Penne 1:0
SS Murata – SP Libertas 3:1

Die Macher beim FC Barcelona: Kapitän Puyol, Präsident Laporta, Trainer Rijkaard und Direktor Beguiristain (v. l.).

3. Runde (Verlierer 1./2. Runde):
SP Tre Penne – SP Domagnano n. V. 1:1 (Elfm. 5:3)
SP Libertas – SS Pennarossa 0:2

4. Runde (Sieger 2./3. Runde):
SP Tre Fiori – SS Murata 0:1
SP Tre Penne – SS Pennarossa n. V. 2:3

Halbfinale:
SP Tre Fiori – SS Pennarossa 1:2
Endspiel: SS Murta – SS Pennarossa 1:0

Pokal-Endspiel: SP Libertas – SP Tre Penne 4:1

Schottland

1. Celtic Glasgow (P)	38	93:37	91
2. Heart of Midlothian	38	71:31	74
3. Glasgow Rangers (M)	38	67:37	73
4. Hibernian Edinburgh	38	61:56	56
5. FC Kilmarnock	38	63:64	55
6. FC Aberdeen	38	46:40	54
7. Inverness Caledonian Thistle	38	51:38	58
8. FC Motherwell	38	55:61	49
9. Dundee United	38	41:66	33
10. FC Falkirk (N)	38	35:64	33
11. Dunfermline Athletic	38	33:68	33
12. FC Livingston *	38	25:79	18

Nach einer Dreifachrunde (33 Spiele) spielten die ersten sechs Mannschaften um die Meisterschaft, die letzten sechs gegen den Abstieg.
Aufsteiger: FC St. Mirren
Pokal-Endspiel: Heart of Midlothian – FC Gretna n. V. 1:1, Elfmeterschießen 4:2

Schweiz

1. FC Zürich (P)	36	86:36	78
2. FC Basel (M)	36	87:42	78
3. Young Boys Bern	36	60:46	62
4. Grasshopper-Club Zürich	36	44:33	55
5. FC Thun	36	50:53	49
6. FC St. Gallen	36	51:56	40
7. FC Aarau	36	29:63	35
8. FC Schaffhausen	36	32:55	33
9. Neuchâtel Xamax *	36	41:70	33
10. Yverdon-Sport (N) *	36	38:64	32

Aufsteiger: FC Luzern, FC Sion
Pokal-Endspiel: FC Sion – Young Boys Bern n. V. 1:1, Elfmeterschießen 5:3

Serbien & Montenegro

1. Roter Stern Belgrad	30	73:23	78
2. Partizan Belgrad (M)	30	53:17	71
3. Vozdovac Belgrad	30	52:38	51
4. Hajduk Kula	30	41:26	50
5. Zeta Golubovci *	30	42:36	47
6. OFK Belgrad	30	35:29	44
7. Borac Cacak	30	32:27	44
8. Buducnost Banatski Dvor (N)	30	34:31	44
9. Vojvodina Novi Sad	30	28:27	43
10. FK Zemun	30	34:39	41
11. FK Smederevo	30	30:37	39
12. Javor Ivanjica (N) *	30	22:35	32
13. Rad Belgrad (N) *	30	27:35	31
14. Buducnost Podgorica *	30	24:43	28
15. Obilic Belgrad *	30	23:53	15
16. Jedinstvo Bijelo Polje (N) *	30	18:72	11

Aufsteiger: FK Bezanija, Mladost Apatin – Pokalsieger Zeleznik Belgrad fusionierte mit dem Zweitligisten Vozdovac Belgrad. Zeta Golubovci wechselt in die neue montenegrinische Liga. Die serbische Liga spielt 2006/07 mit 12 Klubs. – Die montenegrinische Liga besteht ebenfalls aus 12 Klubs: Zeta Golubovci, Buducnost Podgorica, Jedinstvo Bijelo Polje, Rudar Pljevlja, Sutjeska Niksic, Kom Podgorica, Grbalj Radanovici, Mogren Budva, FK Petrovac, Decic Tuzi, FK Berane, Mladost Podgorica.
Pokal-Endspiel: Roter Stern Belgrad – OFK Belgrad 4:2

Slowakei

1. MFK Ruzomberok	36	65:28	80
2. Artmedia Bratislava (M)	36	58:33	74
3. Spartak Trnava	36	57:31	68
4. MSK Zilina	36	69:44	60
5. FC Nitra (N)	36	42:48	45
6. Dukla Banska Bystrica (P)	36	37:42	42
7. AS Trencin	36	31:49	42
8. ZTS Dubnica	36	41:55	40
9. Inter Bratislava	36	27:62	30
10. Matador Puchov *	36	29:64	26

Aufsteiger: MFK Kosice, Slovan Bratislava, FC Senec – die Liga spielt 2006/07 mit 12 Klubs.
Pokal-Endspiel: MFK Ruzomberok – Spartak Trnava n. V. 0:0, Elfmeterschießen 4:3

Slowenien

1. ND Gorica (M)	36	75:30	73
2. NK Domzale	36	69:28	71
3. FC Koper	36	49:39	57
4. NK Maribor	36	51:42	54
5. Drava Ptuj	36	50:46	54
6. Publikum Celje (P)	36	48:59	49
7. Nafta Lendava (N)	36	42:52	46
8. Primorje Ajdovscina	36	43:50	43
9. Bela Krajina Crnomelj	36	35:61	34
10. Rudar Velenje (N) *	36	28:83	15

Aufsteiger: Factor Ljubljana
Pokal-Endspiel: FC Koper – Publikum Celje n. V. 1:1, Elfmeterschießen 5:3

Spanien

1. FC Barcelona (M)	38	80:35	82
2. Real Madrid	38	70:40	70
3. FC Valencia	38	58:33	69
4. CA Osasuna	38	49:43	68
5. FC Sevilla	38	54:39	68
6. Celta Vigo (N)	38	45:33	64
7. FC Villarreal	38	50:39	57
8. Deportivo La Coruna	38	47:45	55
9. FC Getafe	38	54:49	54
10. Atletico Madrid	38	45:37	52
11. Real Saragossa	38	46:51	46
12. Athletic Bilbao	38	40:46	45
13. RCD Mallorca	38	37:51	43
14. Real Betis Sevilla (P)	38	34:51	42
15. Espanyol Barcelona	38	36:56	41
16. Real Sociedad San Sebastian	38	48:65	40
17. Racing Santander	38	36:49	40
18. Deportivo Alaves (N) *	38	35:54	39
19. FC Cadiz (N) *	38	36:52	36
20. FC Malaga *	38	36:68	24

Aufsteiger: Gimnastic Tarragona, Recreativo Huelva, UD Levante
Pokal-Endspiel: Espanyol Barcelona – Real Saragossa 4:1

Tschechien

1. Slovan Liberec	30	43:22	59
2. FK Mlada Boleslav	30	50:36	54
3. Slavia Prag	30	56:34	54
4. FK Teplitz	30	38:24	52
5. Sparta Prag (M)	30	43:39	45
6. Banik Ostrau (P)	30	35:32	40
7. Slovacko Stare Mesto	30	29:28	38
8. FK Jablonec	30	35:39	37
9. Sigma Olmütz	30	34:44	37
10. FK Most (N)	30	34:41	36
11. FC Zlin	30	27:33	35
12. 1. FC Brünn	30	35:36	35
13. Marila Pribram	30	36:36	34
14. Viktoria Pilsen (N)	30	30:43	31
15. FC Jihlava (N) *	30	20:36	29
16. Chmel Blsany *	30	22:44	26

Aufsteiger: SK Kladno, Dynamo Budweis
Pokal-Endspiel: Sparta Prag – Banik Ostrau n. V. 0:0, Elfmeterschießen 4:2

Türkei

1. Galatasaray Istanbul (P)	34	82:34	83
2. Fenerbahce Istanbul (M)	34	90:34	81
3. Besiktas Istanbul	34	52:39	54
4. Trabzonspor	34	51:42	52
5. Kayserispor	34	59:42	51
6. Genclerbirligi Ankara	34	47:39	51
7. Konyaspor	34	39:43	46
8. Sivasspor (N)	34	34:44	43
9. Caykur Rizespor	34	35:44	41
10. Kayseri Erciyesspor (N)	34	36:47	40
11. Gaziantepspor	34	34:50	40
12. Vestel Manisaspor (N)	34	52:61	40
13. MKE Ankaragücü	34	43:48	39
14. BB Ankaraspor	34	44:51	39
15. Denizlispor	34	41:50	37
16. Malatyaspor *	34	34:50	36
17. Samsunspor *	34	45:62	36
18. Diyarbakirspor *	34	31:69	29

Aufsteiger: Bursaspor, Antalyaspor, Sakaryaspor
Pokal-Endspiel: Besiktas Istanbul – Fenerbahce Istanbul n. V. 3:2

Ukraine

1. Schachtjor Donezk (M)	30	64:14	75
2. Dynamo Kiew (P)	30	68:20	75
3. Tschernomorez Odessa	30	36:31	45
4. Ilyichevets Mariupol	30	30:34	43
5. Metalist Charkow	30	35:42	43
6. Dnjepr Dnjepropetrowsk	30	33:23	43
7. Tavria Simferopol	30	29:31	39
8. Metalurg Saporoschje	30	32:40	39
9. Metalurg Donezk	30	35:35	39
10. Vorskla Poltava	30	28:34	37
11. Stal Alchevsk (N)	30	26:39	36
12. Arsenal Kiew	30	31:39	35
13. FC Charkow (N)	30	29:36	33
14. Krivbas Krivoj Rog	30	27:35	33
15. Volin Luzk *	30	31:45	33
16. Zakarpattja Uschgorod *	30	17:53	15

Aufsteiger: Sarja Lugansk, Karpaty Lwow
Pokal-Endspiel: Dynamo Kiew – Metalurg Saporoschje 1:0

Ungarn

1. Debreceni VSC (M)	30	69:34	68
2. Ujpest Budapest	30	74:37	65
3. FC Fehervar	30	52:24	64
4. MTK Hungaria Budapest	30	65:33	60
5. Tatabanya FC (N)	30	46:45	41
6. Ferencvaros Budapest	30	43:38	41
7. Kaposvari Rakoczi	30	35:41	37
8. Diosgyöri VTK	30	33:44	37
9. FC ETO Györ	30	47:50	36
10. FC Sopron (P)	30	39:39	35
11. Zalaegerszegi TE	30	42:47	35
12. Pecsi MFC	30	37:41	33
13. Honved Budapest	30	33:52	33
14. Rakospalotai EAC (N)	30	30:59	26
15. Vasas Budapest *	30	32:47	25
16. LTFC Papa *	30	30:76	22

Aufsteiger: Dunakanyar-Vac FC, Paksi SE
Pokal-Endspiel: FC Fehervar – Vasas Budapest n. V. 2:2, Elfmeterschießen 6:5

Wales

1. TNS Llansantffraid (M, P)	34	87:17	86
2. AFC Llanelli	34	64:28	68
3. FC Rhyl	34	65:30	64
4. Carmarthen Town	34	62:42	57
5. Port Talbot Town	34	47:30	56
6. Welshpool Town	34	59:48	54
7. Aberystwyth Town	34	59:48	52
8. Haverfordwest County	34	49:36	50
9. Bangor City	34	51:54	45
10. FC Caersws	34	44:56	45
11. CPD Porthmadog	34	57:59	44
12. Connah's Quay Nomads	34	36:46	38
13. Caernarfon Town	34	47:55	37
14. Cefn Druids	34	42:58	32
15. Airbus UK	34	35:60	32
16. AFC Newtown	34	42:61	31
17. Cwmbran Town	34	42:73	19
18. Cardiff Grange Harlequins (N) *	34	23:110	15

Aufsteiger: keiner – die Liga spielt 2006/07 mit 17 Klubs.
Pokal-Endspiel: FC Rhyl – Bangor City 2:0

Zypern

1. Apollon Limassol	26	68:24	64
2. Omonia Nicosia	26	59:20	63
3. APOEL Nicosia	26	63:22	62
4. Anorthosis Famagusta	26	55:26	53
5. EN Paralimni	26	40:28	43
6. Nea Salamina Famagusta	26	53:48	41
7. AE Limassol	26	44:48	35
8. AEK Larnaca	26	39:37	31
9. Ethnikos Achnas	26	42:43	28
10. Digenis Morphou	26	33:45	28
11. Olympiakos Nicosia	26	40:50	27
12. APOP Kinyras Peyias (N) *	26	35:65	18
13. APEP Pitsilia (N) *	26	17:72	8
14. ENTHOI Lakatamia (N) *	26	15:75	7

Aufsteiger: AE Paphos, Aris Limassol, AO Agia Napa
Pokal-Endspiel: APOEL Nicosia – AEK Larnaca n. V. 3:2

Abschlusstabellen der Länder, die im Kalenderjahr spielen

Armenien

Vorrunde

1. Piunik Erewan (M, P)	16	32:6	38
2. MIKA Ashtarak	16	27:11	35
3. Banants Erewan	16	32:17	34
4. Esteghlal-Kotaik Abovian	16	28:15	28
5. Kilikia Erewan	16	29:25	21
6. Dinamo-Zenit Erewan	16	20:26	15
7. Shirak Giumri	16	18:34	11
8. Ararat Erewan	16	9:38	10
9. Lernayin-Artsakh Erewan (N)	16	14:37	9

Nach der Vorrunde spielten die ersten sechs Mannschaften um die Meisterschaft, die letzten drei gegen den Abstieg. In die Meisterrunde wurden wurden nur die Ergebnisse gegeneinander übernommen. Lernayin-Artsakh Erewan zog sich nach elf Spielen vom Spielbetrieb zurück. Alle restlichen Spiele wurden mit 0:3 gewertet.

Meisterrunde

1. Piunik Erewan (M)	20	35:15	39
2. MIKA Ashtarak (P)	20	30:16	35
3. Banants Erewan	20	31:27	33
4. Esteghlal-Kotayk Abovian *	20	22:19	31
5. Kilikia Erewan	20	20:32	17
6. Dinamo-Zenit Erewan	20	12:41	8

Abstiegsrunde

7. Ararat Erewan	18	11:39	14
8. Shirak Giumri	18	19:36	12
9. Lernayin-Artsakh Erewan (N) *	16	14:37	9

Aufsteiger: Gandzazar Kapan – Esteghlal-Kotayk Abovian löste sich kurz vor dem Saisonstart auf, Dinamo-Zenit jetzt Ulysses Erewan – Die Liga spielt 2006 mit 8 Klubs.
Pokal-Endspiel 2006: MIKA Ashtarak – Piunik Erewan 1:0

Estland

1. Tallinna VMK	36	138:21	95
2. Levadia Tallinn (M, P)	36	97:25	89
3. Trans Narva	36	99:34	75
4. Flora Tallinn	36	81:36	69
5. Tulevik Viljandi	36	46:48	47
6. Merkuur Tartu	36	52:86	40
7. Tammeka Tartu (N)	36	50:88	29
8. FC Valga	36	38:78	28
9. FC Kuressaare (N) *	36	40:96	27
10. Dünamo Tallinn (N) *	36	28:157	12

Aufsteiger: Vaprus Pärnu, Ajax Lasnamäe – Merkuur Tartu jetzt Maag Tartu, FC Valga jetzt Warrior Valga.
Pokal-Endspiel 2006: Tallinna VMK – Flora Tallinn 1:0

Färöer

1. B36 Torshavn	27	38:17	54
2. Skala IF	27	55:30	50
3. HB Torshavn (M, P)	27	66:35	50
4. NSI Runavik	27	58:44	50
5. EB/Streymur Eidi	27	48:35	43
6. IF Fuglafjördur	27	32:57	27
7. KI Klaksvik	27	40:52	25
8. VB Vagur	27	36:57	24
9. GI Göta	27	35:58	23
10. TB Tvöroyri (N) *	27	26:49	22

Aufsteiger: B68 Töftir – VB Vagur jetzt VB/Sumba Vagur
Pokal-Endspiel 2005: GI Göta – IF Fuglafjördur 4:1

Finnland

1. MyPa Anjalankoski (P)	26	51:18	56
2. HJK Helsinki	26	43:26	52
3. Tampere United	26	38:21	51
4. Haka Valkeakoski (M)	26	47:19	50
5. Inter Turku	26	38:20	44
6. FC Lahti	26	39:36	38
7. AC Allianssi Vantaa *	26	33:41	34
8. Kotka TP	26	35:42	33
9. Turku PS	26	30:35	30
10. Kuopio PS (N)	26	32:45	29
11. Jaro FF	26	21:31	26
12. IFK Mariehamn (N)	26	27:43	23
13. Rovaniemi PS *	26	18:50	17
14. TP-47 Tornio *	26	22:47	16

Aufsteiger: FC Honka Espoo, Vaasa PS – AC Allianssi Vantaa wurde die Lizenz entzogen. Die Liga spielt 2006 mit 13 Klubs.
Pokal-Endspiel 2005: Haka Valkeakoski – Turku PS 4:1

Irland

1. Cork City	33	53:18	74
2. Derry City	33	56:25	72
3. FC Shelbourne (M)	33	62:25	67
4. Drogheda United	33	40:33	48
5. Longford Town (P)	33	29:32	45
6. Bohemian FC	33	42:47	45
7. Bray Wanderers (N)	33	40:57	39
8. Waterford United	33	30:49	34
9. University College Dublin (N)	33	28:44	33
10. St. Patrick's Athletic	33	26:36	32
11. Shamrock Rovers *	33	33:52	27
12. Finn Harps (N) *	33	30:51	21

Aufsteiger: Sligo Rovers, Dublin City
Pokal-Endspiel 2005: Drogheda United – Cork City 2:0

Island

1. FH Hafnarfjördur (M)	18	53:11	48
2. Valur Reykjavik (N)	18	29:16	32
3. IA Akranes	18	24:20	32
4. IB Keflavik (P)	18	28:31	27
5. Fylkir Reykjavik	18	28:28	26
6. KR Reykjavik	18	22:24	25
7. UMF Grindavik	18	23:41	18
8. IB Vestmannaeyjar	18	18:30	17
9. Fram Reykjavik *	18	19:32	17
10. Throttur Reykjavik (N) *	18	21:32	16

Aufsteiger: UBK Breidablik, Vikingur Reykjavik
Pokal-Endspiel 2005: Valur Reykjavik – Fram Reykjavik 1:0

Kasachstan

1. FK Aktobe-Lento	30	50:27	70
2. Tobol Kostanai	30	53:21	69
3. Kairat Almaty (M)	30	56:22	62
4. Schachtjor Karaganda	30	37:22	59
5. Irtysch Pawlodar	30	51:24	57
6. Ordabasy Tschimkent	30	30:27	49
7. Yesil Petropawlowsk	30	38:25	48
8. Zhenis Astana	30	35:23	43
9. Oqjetpes Kokshetau	30	26:32	37
10. FK Atyrau	30	32:36	37
11. FK Taraz (P)	30	32:36	36
12. Ekibastuzets Ekibastuz	30	30:32	34
13. FK Almaty	30	30:43	30
14. Wostok Oskemen	30	24:49	28
15. Zhetysu Taldykorgan *	30	28:60	19
16. Bolat Temirtau (N) *	30	15:88	1

Aufsteiger: Energetik Pawlodar, Kaisar Kysylorda – Zhenis Astana jetzt FK Astana
Pokal-Endspiel 2005: Zhenis Astana – Kairat Almaty n. V. 2:1

Lettland

1. Metalurgs Liepaja	28	85:19	71
2. Skonto Riga (M)	28	59:25	58
3. FK Ventspils (P)	28	56:30	55
4. FC Dinaburg Daugavpils	28	37:43	35
5. FK Riga	28	32:46	34
6. FK Jurmala	28	37:38	32
7. Olimps Riga (N) *	28	24:68	19
8. Venta Kuldiga (N) *	28	18:79	9

Aufsteiger: Dizvanagi Rezekne, Ditton Daugavpils
Pokal-Endspiel 2005: FK Ventspils – Metalurgs Liepaja n. V. 2:1

Litauen

1. Ekranas Panevezys	36	87:23	92
2. FBK Kaunas (M, P)	36	89:25	82
3. Suduva Marijampole	36	67:43	59
4. Vetra Vilnius	36	45:45	57
5. FK Vilnius	36	36:29	47
6. FK Silute Laisve	36	44:61	44
7. Zalgiris Vilnius	36	40:52	41
8. Atlantas Klaipeda	36	40:52	41
9. KFK Siauliai (N)	36	40:61	33
10. Nevezis Kedainiai (N)	36	18:115	5

Keine Auf- und Absteiger
Pokal-Endspiel 2005: FBK Kaunas – Vetra Vilnius n. V. 2:0

Norwegen

1. Valerenga Oslo	26	40:27	46
2. Start Kristiansand (N)	26	47:35	45
3. Lyn Oslo	26	37:21	44
4. Lilleström SK	26	37:31	42
5. Viking Stavanger	26	37:32	41
6. Brann Bergen (P)	26	43:32	37
7. Rosenborg Trondheim (M)	26	50:42	34
8. Tromsö IL	26	31:30	34
9. Odd Grenland	26	28:51	33
10. Hamarkameratene	26	31:37	31
11. Fredrikstad FK	26	35:44	31
12. Molde FK	26	40:46	30
13. Aalesunds FK (N)*	26	30:42	27
14. FK Bodö/Glimt *	26	29:45	24

Aufsteiger: Stabaek IF, Sandefjord Fotboll
Pokal-Endspiel 2005: Molde FK – Lilleström SK n. V. 4:2

Russland

1. ZSKA Moskau (P)	30	48:20	62
2. Spartak Moskau	30	47:26	56
3. Lokomotive Moskau (M)	30	41:18	56
4. Rubin Kasan	30	45:31	51
5. FK Moskau	30	36:26	50
6. Zenit St. Petersburg	30	45:26	49
7. Torpedo Moskau	30	37:33	45
8. Dynamo Moskau	30	36:46	38
9. Schinnik Jaroslawl	30	26:31	38
10. Tom Tomsk (N)	30	28:33	37
11. Saturn Ramenskoje	30	23:25	33
12. Amkar Perm	30	25:36	33
13. FK Rostow	30	26:41	31
14. Krylia Sowjetow Samara	30	29:44	29
15. Alania Wladikawkas *	30	27:53	23
16. Terek Grozny (N) *	30	20:50	14

Aufsteiger: Luch Wladiwostok, Spartak Nalchik
Pokal-Endspiel 2006: ZSKA Moskau – Spartak Moskau 3:2

Schweden

1. Djurgardens IF (P)	26	60:26	53
2. IFK Göteborg	26	38:22	49
3. Kalmar FF	26	36:21	43
4. Hammarby IF	26	43:30	43
5. Malmö FF (M)	26	38:27	41
6. Helsingborgs IF	26	32:38	39
7. Elfsborg IF	26	35:43	37
8. BK Häcken (N)	26	29:29	36
9. Örgryte IS	26	37:38	35
10. Halmstads BK	26	38:38	32
11. Gefle IF (N)	26	27:33	31
12. Landskrona BoIS *	26	26:44	30
13. GIF Sundsvall *	26	31:46	25
14. Assyriska F. Södertälje (N) *	26	17:52	14

Aufsteiger: AIK Solna, Östers IF Växjö, GAIS Göteborg
Pokal-Endspiel 2005: Djurgardens IF – Atvidabergs FF 2:0

Weißrussland

1. Schachtjor Saligorsk	26	59:14	63
2. Dynamo Minsk (M)	26	50:26	50
3. MTZ-RIPA Minsk (P)	26	43:30	49
4. Torpedo Zhodina	26	40:25	47
5. BATE Borissow	26	42:27	47
6. Dnjepr Mogilew	26	48:36	43
7. FK Gomel (M)	26	34:32	39
8. Dynamo Brest	26	39:33	36
9. Naftan Nowopolozk	26	43:44	33
10. Daryda Kuntsaushchyna	26	30:36	29
11. Lokomotive Minsk (N)	26	30:43	26
12. Neman Grodno	26	20:50	24
13. Zvyazda Minsk *	26	24:60	14
14. Slavia Mosyr *	26	14:60	11

Aufsteiger: Belschina Bobruisk, Lokomotive Witebsk
Pokal-Endspiel 2006: BATE Borissow – Schachtjor Saligorsk n. V. 3:1

Meister gegen »Vize« in Russland: ZSKA-Profi Elvir Rahimic (hinten) gegen Spartaks Vladimir Bystrov.

ASTRA

Jena – ein Aufsteiger marschiert durch

Ein Traditionsklub aus dem Osten schafft den Durchmarsch in der Regionalliga – die dritte Liga ist immer für Überraschungen gut. Positiv wie negativ.

RWE-Mission geglückt – Aufsteiger Jena schafft die große Sensation

Tradition verbindet – gerade in der Regionalliga Nord. Zahlreiche renommierte Vereine tummelten sich in der dritthöchsten deutschen Spielklasse, die allesamt ein Ziel vor Augen hatten: raus aus dem viel zitierten »Bindeglied zwischen den beiden Bundesligen und dem Amateursport«.

Am ersten Spieltag ging es auch gleich entsprechend zur Sache: Sechs Platzverweise und 46 Gelbe Karten in neun Spielen sprechen eine deutliche Sprache. Gleich von Beginn redete auch Aufsteiger FC Carl Zeiss Jena ein gehöriges Wörtchen mit. Die Thüringer legten schnelle jede Scheu ab, mischten die Liga gehörig auf und waren nie schlechter als Rang acht platziert. Die Sensation kam zum Saisonfinale: 14 Spiele ohne Niederlage bescherten dem ehemaligen Europapokal-Finalisten im Schlussspurt den Sprung auf Platz zwei und somit die Rückkehr in den Profifußball. Wesentlichen Anteil daran hatte Stürmer Sebastian Hähnge, der 15 Tore erzielte. Nur Thomas Reichenberger vom VfL Osnabrück erzielte als einziger mehr – er traf 17 Mal. Eine wahrlich stolze Zahl. Genauso wie die der Zuschauer:

Spitzentanz: Jena (mit Tobias Werner, rechts) setzte sich auch gegen erfahrene Gegner wie St. Pauli (mit Jens Scharping) durch.

1 574 922 kamen zu den 342 Partien der abgelaufenen Saison, was einen Schnitt von 4605 pro Spiel bedeutet. Die meisten Zuschauer pilgerten wieder einmal ans Hamburger Millerntor: Durchschnittlich 17 231 Fans wollten den FC St. Pauli auf seinem Weg zurück in den Profifußball begleiten.

Im DFB-Pokal war für die Schützlinge von Trainer Andreas Bergmann im Halbfinale Endstation, in der Liga mussten sie ihre Aufstiegshoffnungen Ende März nach der 1:2-Niederlage beim VfB Lübeck endgültig begraben – zum Saisonschluss ging den Hanseaten die Luft aus.
Mit ähnlichen Problemen hatte auch Holstein Kiel und der VfB Lübeck zu kämpfen. Während die Lübecker die ersten 18 Spieltage lang ununterbrochen auf einem der beiden Aufstiegsplätze rangierten und Holstein sogar den Titel des Herbstmeisters einheimste, herrschte zum Saisonschluss Tristesse pur im hohen Norden – der avisierte Aufstieg wurde verpasst. Beim VfB musste Trainer Stefan Böger sogar noch vor dem letzten Spieltag seinen Hut nehmen, insgesamt gab es fünf Trainerwechsel – eine eher überraschend niedrige Quote.
Eine weitere Überraschung gab es für Rot-Weiß Oberhausen, allerdings eine negative. Gerade erst aus der Zweiten Liga abgestiegen, kämpften die Kleeblätter von Beginn an gegen den neuerlichen Absturz. Trainer Harry Pleß musste gehen, Günter Abel kam, der Misserfolg blieb. Lediglich acht Spieltag konnte sich der RWO auf einem Nichtabstiegsplatz halten, ehe es letztlich den Durchmarsch in die Oberliga zu verkraften galt. Diesen Gang musste mit dem SC Preußen Münster ein weiterer Traditionsverein antreten – und das, obwohl der SCP insgesamt das viertbeste Auswärtsteam der Liga stellte. Bei der SG Wattenscheid 09 gab es nicht einmal einen solchen Teilerfolg. Sowohl am ersten als auch am letzten Spieltag stand für die Kicker aus der Lohrheide ein Abstiegsplatz zu Buche. Der zwischenzeitliche Aufschwung war nur von kurzer Dauer, der Liganeuling verabschiedete sich gleich wieder in die Niederungen der Oberliga. Ein schwacher Trost: Wattenscheid stellte hinter RW Essen das zweitfairste Team der Liga, lediglich 75 Gelbe sowie nur eine Gelb-Rote und eine Rote Karte gab es. Zum Vergleich: Mit 83 Gelben, sechs Gelb-Roten und fünf Roten Karten war hier der Chemnitzer FC das Schlusslicht. Der CFC hatte am Ende auch in der Liga die Rote Laterne inne.
Den Ligaprimus stellte letztlich Rot-Weiss Essen. Das Team von der Hafenstraße kam aus der Zweiten Liga runter und peilte den sofortigen Wiederaufstieg an. Nach anfänglichen Startschwierigkeiten fanden die Schützlinge von Trainer Uwe Neuhaus immer besser in Tritt und ab dem 19. Spieltag war ihr Weg bestimmt: Die Essener rangierten fortan stets auf einem Aufstiegsplatz, sicherten sich letztlich sogar den Meistertitel. Die Rückkehr in den Profifußball war geschafft, Mission geglückt!
Darauf weiter warten müssen neben St. Pauli, Lübeck sowie Kiel nun auch noch die Fortuna aus Düsseldorf und der VfL Osnabrück. Während die Fortuna an ihrem schwachen Saisonstart zu knabbern hatte (am 13. Spieltag rangierte man noch auf Tabellenplatz 14), präsentierte sich der VfL über den gesamten Saisonverlauf mit zwei Gesichtern. Als Aufstiegskandidat gestartet, blieb das Team von Trainer Claus-Dieter Wollitz auf des Gegners Platz ganze 15 Spiele ohne Sieg. In der Heimtabelle konnte die Osnabrücker mit Rang fünf ja noch einigermaßen zufrieden sein, Rang 16 in der Auswärtstabelle war bezüglich der eigenen Ansprüche jedoch indiskutabel. Nächste Saison werden die Traditionsvereine einen neuen Anlauf nehmen, schließlich stirbt die Hoffnung auch in der Regionalliga zuletzt – etwas, das ebenfalls verbindet.

Marcus Lehmann

Hopp und topp – Frust in Hoffenheim, Freude in Augsburg und in Koblenz

Neuer Manager beim Aufsteiger: Der ehemalige Kölner Andreas Rettig heuerte beim FC Augsburg an.

Es war im Herbst 2005, als eine sensationell anmutende Meldung durch den Blätterwald rauschte. Dietmar Hopp, milliardenschwerer Mäzen und Mentor in Hoffenheim, plante, ein bundesligataugliches Stadion zu bauen und innerhalb kurzer Zeit mit einer Spielgemeinschaft, für die die TSG Lizenzgeber sein sollte, in die Erste Liga aufzusteigen.

Voraussetzung dafür: das Verlassen der Regionalliga nach oben in der Saison 2005/06, spätestens in der darauf folgenden. Dies hatte weit reichende Folgen für den Verein. Mitte November wurde Trainer Hansi Flick nach über fünf Jahren die Zusammenarbeit gekündigt, ihm folgte Lorenz-Günther Köstner. In der Winterpause holten die Hoffenheimer sechs neue Spieler, teilweise direkt aus Ersten Ligen: Jochen Seitz und Selim Teber vom 1. FC Kaiserslautern, Tomislav Maric von Denizlispor, Alexander Huber von Eintracht Frankfurt, Roland Bonimeier von Wacker Burghausen sowie Michael Rundio von der SpVgg Greuther Fürth. Doch die Runderneuerung brachte nicht den gewünschten Erfolg, viele der Neuen blieben weit unter ihren Möglichkeiten und noch viel weiter hinter den Erwartungen an sie. Lange vor Rundenschluss standen Augsburg und Koblenz als Aufsteiger fest, und auch Wehen platzierte sich in der Endtabelle noch vor der TSG.
Zum sportlichen Misserfolg gesellten sich weitere Brandherde. Das Engagement des sportlichen Beraters Karlheinz Förster ging ebenso zu Ende wie die nur kurze Tätigkeit des Trainers Köstner, der

sein Amt offiziell aus »persönlichen Gründen« niederlegte, hinter den Kulissen aber nicht mit den Planungen von Dietmar Hopp einverstanden war. Da zudem der Gemeinderat der Ortschaft Eppelheim bei Heidelberg den Hoppschen Stadion-Bauplänen die Zustimmung versagte, bleibt unter dem Strich nur die Bilanz, dass Hoffenheim sein Klassenziel in diesem Jahr in vielen Bereichen verfehlte.
Ganz knapp gescheitert war zwölf Monate zuvor der FC Augsburg, durch ein 1:2 gegen Regensburg wurde vor über 30 000 Zuschauern am letzten Spieltag der schon sicher geglaubte Aufstieg noch verspielt, die beiden Gegentreffer fielen in der Schlussminute. Jetzt konnte keiner den FCA aufhalten, der während der gesamten Runde nahezu unangefochten seine Kreise an der Tabellenführung zog und am Ende einen neuen Punkterekord aufstellte. 76 Zähler hatte noch kein Verein in einer 18-er-Liga geschafft, seit die Regionalliga im Jahr 2000 neu strukturiert worden war. Und quasi als Zugabe zum Erreichen des großen sportlichen Ziels verkündete Vereinsboss Walther Seinsch: »Wir bauen ein neues Stadion. Das ist für die Zukunft des Vereins existenziell wichtig. Mittelfristig werden wir versuchen, in die Erste Liga zu kommen.« Um die Strukturen des Klubs professioneller zu gestalten, wurde mit Andreas Rettig ein Manager verpflichtet, der in Leverkusen, Freiburg und Köln schon in der Ersten Liga gearbeitet hatte.
War der Augsburger Aufstieg abzusehen, so kam der Koblenzer sehr überraschend. Vor vier Jahren hatte Milan Sasic das Amt des Coaches bei der TuS übernommen. Zu diesem Zeitpunkt hockten am Tag des geplanten Trainingsauftaktes gerade vier Spieler in der Kabine, der Verein hatte eine Million Euro. Das geplante Engagement eines polnischen Investors sollte schnurstracks in die Zweite Liga führen. Allein, als es ans Bezahlen ging, war von dem Sponsor keine Spur mehr zu finden. Sasic baute von Grund auf eine neue Mannschaft zusammen, stieg nach zwei Jahren in die Regionalliga auf und erklomm wiederum zwei Jahre später die nächste Stufe. Unterstützt wurde er am Ende dabei von Stefan Kuntz. Der Europameister von 1996 arbeitete rund neun Monate als Manager in Koblenz, ehe ihn der VfL Bochum verpflichtete.
Stehen Augsburg und Koblenz für Kontinuität, so wurden Regensburg und Trier zum Sinnbild für hektische Aktivitäten und sportlichen Misserfolg. Der Jahn brauchte zwei Jahre, um von der Zweiten bis in die Oberliga abzustürzen, die Eintracht schaffte dieses Kunststück gar in nur zwölf Monaten. Die Regensburger verschlissen drei Trainer: Als Ex-Nationalspieler Mario Basler im September 2005 entlassen wurde, rückte sein Co Dariusz Pasieka auf und sammelte auch fleißig Punkte. Seine Tätigkeit war im April 2006 beendet, als es sechs Spiele ohne Sieg gab, zudem trat fast der gesamte Vorstand zu diesem Zeitpunkt zurück. Auf eine Empfehlung von Lothar Matthäus hin übernahm Ex-Profi Günter Güttler das Ruder, mit einer wild zusammen gewürfelten Mannschaft freilich auch ohne Erfolg.
In Trier war Trainer-Neuling Michael Prus im Oktober nach einem 2:6 zu Hause gegen Darmstadt gescheitert, aber auch Nachfolger Eugen Hach schaffte es nicht, die Reißleine zu ziehen. Die Folge war der direkte Durchmarsch des Traditionsvereins in die vierte Liga und der nahezu komplette Ausverkauf des kickenden Personals.

Thomas Roth

Im Mittelpunkt der Ovationen: Ein kleines Wunder vollbrachte Milan Sasic, Trainer von TuS Koblenz, mit dem Aufstieg.

RL NORD 2005/06	Rot-Weiss Essen	Carl Zeiss Jena	VfB Lübeck	Holstein Kiel	Fortuna Düsseldorf	FC St. Pauli	Hertha BSC II	Wuppertaler SV Bor.	Kickers Emden	VfL Osnabrück	Bayer Leverkusen II	Werder Bremen II	Hamburger SV II	Rot-Weiß Erfurt	Preußen Münster	SG Wattenscheid 09	Rot-Weiß Oberhausen	1. FC Köln II	Chemnitzer FC	Heimbilanz Auswärtsbilanz g.	u.	v.	Tore	Pkt.	Gesamt Tore	Punkte
1. Rot-Weiss Essen **	K	2:1 1:3	1:2 0:0	2:1 1:3	2:0 4:2	2:0 0:3	2:0 0:1	3:2 0:0	3:1 3:0	2:1 4:1	1:0 1:1	0:0 3:0	2:1 4:3	5:0 1:0	2:0 3:1	0:1 2:2	2:1 0:0	3:1 1:1	3:0 2:1	15 8	1 6	2 4	37:12 30:22	46 30	67:34	76
2. Carl Zeiss Jena **	3:1 1:2	I	0:0 0:0	0:2 2:1	2:3 1:3	1:0 2:1	4:1 3:1	1:2 3:1	2:0 2:1	1:0 2:2	1:1 1:2	0:0 2:0	2:1 1:0	2:0 1:0	0:1 1:0	1:0 3:0	4:1 0:1	2:1 1:1	3:1 3:1	11 11	3 3	4 4	29:15 29:17	36 36	58:32	72
3. VfB Lübeck	0:0 2:1	0:0 0:0	C	0:3 1:4	1:0 2:2	2:1 1:1	3:1 1:2	1:0 1:2	2:0 1:0	2:0 0:2	3:0 2:6	2:0 3:0	1:0 1:2	2:1 0:0	2:1 2:2	4:0 1:1	4:0 0:0	4:1 3:1	2:1 4:1	15 5	2 7	1 6	35:9 25:27	47 22	60:36	69
4. Holstein Kiel	3:1 1:2	1:2 2:0	4:1 3:0	K	3:3 0:3	4:1 2:2	2:0 1:1	0:0 0:0	2:2 1:2	3:2 3:2	2:0 1:0	1:1 0:3	2:0 0:3	0:0 3:1	0:1 1:3	2:2 2:1	1:0 1:0	5:1 2:0	3:2 3:0	10 9	6 3	2 6	38:19 26:23	36 30	64:42	66
5. Fortuna Düsseldorf	2:4 0:2	3:1 3:2	2:2 0:1	3:0 3:3	E	2:0 1:1	1:0 3:0	1:1 1:1	2:0 2:0	1:2 0:5	2:0 3:2	2:2 1:2	1:1 1:1	3:2 2:2	1:0 0:2	1:0 0:2	2:1 2:0	2:0 1:2	4:3 4:0	12 6	4 5	2 7	35:19 27:28	40 23	62:47	63
6. FC St. Pauli	3:0 0:2	1:2 0:1	1:1 1:2	2:2 1:4	1:1 0:2	R	1:1 0:0	0:0 1:1	4:2 4:0	2:1 0:2	1:0 1:2	4:2 1:0	1:1 4:0	1:0 1:2	1:0 2:1	2:1 1:0	3:1 0:0	3:1 2:1	3:2 0:0	11 6	6 4	1 8	34:18 19:20	39 22	53:38	61
7. Hertha BSC II	1:0 0:2	1:3 1:4	2:1 1:3	1:1 0:2	0:3 0:1	0:0 1:1	●	3:0 0:0	3:1 1:1	2:3 1:2	0:3 1:0	1:0 1:2	1:1 0:0	1:0 0:2	1:0 4:1	0:3 5:1	4:0 2:0	3:1 5:1	4:0 3:1	10 6	3 4	5 8	28:20 26:24	33 22	54:44	55
8. Wuppertaler SV Borussia	0:0 2:3	1:3 2:1	2:1 0:1	0:0 0:0	1:1 1:1	1:1 0:0	0:0 0:3	S	1:1 0:2	1:4 2:2	1:3 1:2	2:1 1:2	1:1 1:1	1:0 2:1	4:0 2:1	1:0 2:1	1:2 0:1	2:0 2:1	3:1 1:0	7 6	7 5	4 7	23:19 19:23	28 23	42:42	51
9. Kickers Emden	0:3 1:3	1:2 0:2	0:1 0:2	2:1 2:2	0:2 0:2	0:4 2:4	1:1 1:3	2:0 1:1	P	4:0 2:3	3:0 0:1	1:0 2:2	3:0 3:0	0:0 0:1	0:0 1:0	1:0 3:3	2:0 1:0	3:0 3:0	5:0 0:2	10 4	3 4	5 10	28:14 22:31	33 16	50:45	49
10. VfL Osnabrück	1:4 1:2	2:2 0:1	2:0 0:2	2:3 2:3	5:0 2:1	2:0 1:2	2:1 3:2	2:2 4:1	3:2 0:4	O	1:1 0:1	1:3 1:5	3:0 0:2	2:0 1:1	1:0 1:2	2:1 3:3	1:1 0:3	2:0 0:0	2:1 1:2	11 3	4 3	3 12	36:21 20:37	37 12	56:58	49
11. Bayer Leverkusen II	1:1 0:1	2:1 1:1	6:2 0:3	0:1 0:2	2:3 0:2	2:1 0:1	0:1 3:0	2:1 3:1	1:0 0:3	1:0 1:1	R	2:1 2:3	1:4 0:2	3:2 1:3	1:3 3:1	0:0 2:3	3:4 4:0	4:1 0:5	2:3 3:3	9 4	2 3	7 11	33:29 23:35	29 15	56:64	44
12. Werder Bremen II	0:3 0:0	0:2 0:0	0:3 0:2	3:0 1:1	2:1 2:2	0:1 2:4	2:1 0:1	2:1 1:2	2:2 0:1	5:1 3:1	3:2 1:2	T	2:1 0:2	3:0 0:1	1:1 1:0	1:1 4:0	2:2 0:1	2:2 0:1	1:1 0:1	8 3	6 4	4 11	31:25 15:22	30 13	46:47	43
13. Hamburger SV II	3:4 1:2	0:1 1:2	2:1 0:1	3:0 0:2	1:1 1:1	0:4 1:1	0:0 1:1	1:1 1:1	0:3 0:3	2:0 0:3	2:0 4:1	2:0 1:2	M	3:0 0:2	0:2 0:1	0:2 4:2	1:0 4:0	0:1 3:0	3:0 0:3	8 4	3 4	7 10	23:20 22:28	27 16	45:48	43
14. Rot-Weiß Erfurt	0:1 0:5	0:1 0:2	0:0 1:2	1:3 0:0	2:2 2:3	2:1 0:1	2:0 0:1	1:2 0:1	1:0 0:0	1:1 0:2	3:1 2:3	1:0 0:3	2:0 0:3	A	1:1 2:2	4:1 5:1	0:0 0:1	4:3 1:1	1:0 1:0	9 2	5 4	4 12	26:17 14:31	32 10	40:48	42
15. Preußen Münster *	1:3 0:2	0:1 1:0	2:2 1:2	3:1 1:0	2:0 0:1	1:2 0:1	1:4 0:1	1:2 0:4	0:1 0:0	2:1 0:1	1:3 3:1	0:1 1:1	1:0 2:0	2:2 1:1	G	0:4 2:0	1:2 2:1	0:2 2:0	2:1 1:1	5 7	2 4	11 7	20:32 17:17	17 25	37:49	42
16. SG Wattenscheid 09 *	2:2 1:0	0:3 0:1	1:1 0:4	1:2 2:2	2:0 0:1	0:1 1:2	1:5 3:0	1:2 0:1	3:3 0:1	3:3 1:2	3:2 0:0	0:4 1:1	2:4 2:0	1:5 1:4	0:2 4:0	A	1:1 3:1	4:2 1:1	2:1 3:1	4 6	5 4	9 8	27:43 23:22	17 22	50:65	39
17. Rot-Weiß Oberhausen *	0:0 1:2	1:0 1:4	0:0 0:4	0:1 0:1	0:2 1:2	0:0 1:3	0:2 0:4	1:0 2:1	0:1 0:2	3:0 1:1	0:4 4:3	1:0 2:2	0:4 0:1	1:0 0:0	1:2 2:1	1:3 1:1	Z	2:2 1:0	0:0 2:0	5 5	5 4	8 9	11:21 19:32	20 19	30:53	39
18. 1. FC Köln II *	1:1 1:3	1:1 1:2	1:3 1:4	0:2 1:5	2:1 0:2	1:2 1:3	1:5 1:3	1:2 0:2	0:3 0:3	0:0 0:2	5:0 1:4	1:0 2:2	0:3 1:0	1:1 3:4	0:2 2:0	1:1 2:4	0:1 2:2	I	1:1 3:0	3 3	6 2	9 13	17:29 22:45	15 11	39:74	26
19. Chemnitzer FC *	1:2 0:3	1:3 1:3	1:4 1:2	0:3 2:3	0:4 3:4	0:0 2:3	1:3 0:4	0:1 1:3	2:0 0:5	2:1 1:2	3:3 3:2	1:0 1:1	3:0 0:3	0:1 0:1	1:1 1:2	1:3 1:2	0:2 0:0	0:3 1:1	N	4 1	3 3	11 14	17:34 18:44	15 6	35:78	21

**) = Aufsteiger in die 2. Bundesliga – *) = Absteiger in die Oberligen. Aufsteiger aus den Oberligen: Borussia Mönchengladbach II, Borussia Dortmund II, SV Wilhelmshaven, 1. FC Union Berlin, 1. FC Magdeburg. Dazu kommen aus der 2. Bundesliga: Dynamo Dresden, LR Ahlen (ab 31. 5. 2006 Rot-Weiß Ahlen) – Das Spiel Fortuna Düsseldorf – Kickers Emden (9. Spieltag; 1:2) wurde vom DFB-Sportgericht wegen eines Dopingvergehens mit 2:0 für Düsseldorf gewertet.

RL SÜD 2005/06	FC Augsburg	TuS Koblenz	SV Wehen	TSG Hoffenheim	SV Darmstadt 98	VfR Aalen	VfB Stuttgart II	Stuttgarter Kickers	SV Elversberg	SpVgg Bayreuth	Karlsruher SC II	Bayern München II	1. FC Kaiserslautern II	SC Pfullendorf	TSV München 1860 II	Eintracht Trier	Jahn Regensburg	1. FC Eschborn	Heimbilanz Auswärtsbilanz g.	u.	v.	Tore	Pkt.	Gesamt Tore	Punkte
1. FC Augsburg **	K	0:1 1:1	3:0 1:3	1:0 3:1	3:0 1:0	2:0 2:0	1:1 0:2	2:0 2:1	1:1 1:1	7:2 3:2	1:0 2:2	1:0 3:0	2:0 1:0	2:0 2:2	2:1 2:1	2:3 1:1	2:0 4:0	7:0 5:0	13 10	2 5	2 2	39:9 34:17	41 35	73:26	76
2. TuS Koblenz **	1:1 1:0	I	1:2 1:6	1:0 2:1	2:1 2:1	1:0 1:1	2:2 1:2	1:0 1:0	0:0 0:0	2:2 1:1	0:2 2:0	4:0 2:0	2:1 1:1	1:1 0:0	2:1 1:0	2:1 3:0	3:3 0:0	5:0 6:1	9 9	6 6	2 2	30:17 25:14	33 33	55:31	66
3. SV Wehen	3:1 0:3	6:1 2:1	C	0:1 1:2	3:1 1:3	3:2 1:1	1:2 1:2	0:2 1:1	3:0 2:0	1:2 1:3	2:4 2:1	1:2 4:4	4:1 2:0	3:1 1:1	2:2 0:0	2:1 2:1	1:0 2:0	3:0 2:0	10 7	1 5	6 5	38:23 25:23	31 26	63:46	57
4. TSG Hoffenheim	1:3 0:1	1:2 0:1	2:1 1:0	K	2:2 1:0	1:1 2:3	1:2 1:2	1:1 0:1	0:1 1:0	2:0 1:1	3:1 0:1	1:0 0:2	2:1 2:1	1:0 3:0	0:2 4:0	3:1 3:0	1:1 3:1	1:0 2:1	8 9	4 1	5 7	23:19 24:15	28 28	47:34	56
5. SV Darmstadt 98	0:1 0:3	1:2 1:2	3:1 1:3	0:1 2:2	E	2:1 0:2	3:1 2:2	2:0 1:1	1:1 3:0	6:0 0:1	2:2 0:1	1:0 1:1	2:1 1:0	1:0 1:3	3:1 1:2	1:0 6:2	2:0 2:7	1:0 4:0	12 4	2 4	3 9	31:12 26:32	38 16	57:44	54
6. VfR Aalen	0:2 0:2	1:1 0:1	1:1 2:3	3:2 1:1	2:0 1:2	R	1:1 1:0	0:0 1:0	0:2 1:1	3:0 0:2	2:1 0:2	2:1 0:0	3:0 1:1	2:0 1:0	0:2 4:1	1:1 2:3	1:0 2:0	1:0 3:0	9 6	5 4	3 7	23:14 20:19	32 22	43:33	54
7. VfB Stuttgart II	2:0 1:1	2:1 2:2	2:1 2:1	2:1 2:1	2:2 1:3	0:1 1:1	S	2:4 0:0	3:0 0:1	2:0 1:1	4:2 2:3	1:1 0:2	2:0 0:1	0:0 0:0	1:4 0:1	3:2 1:1	1:0 3:3	2:1 3:1	11 3	3 8	3 6	31:20 19:23	36 17	50:43	53
8. Stuttgarter Kickers	1:2 0:2	0:1 0:1	1:1 2:0	1:0 1:1	1:1 0:2	0:1 0:0	0:0 4:2	P	3:0 0:3	2:2 1:1	3:1 1:1	3:2 0:1	2:3 2:4	3:1 2:0	2:0 1:1	3:2 1:1	0:0 2:2	1:0 3:0	8 4	5 7	4 6	26:17 20:22	29 19	46:39	48
9. SV Elversberg	1:1 1:1	0:0 0:0	0:2 0:3	0:1 1:0	0:3 1:1	1:1 2:0	1:0 0:3	3:0 0:3	O	1:1 2:2	3:0 2:0	1:0 0:0	0:1 0:1	0:0 1:3	2:2 4:1	3:2 0:2	1:1 2:1	4:0 3:1	6 6	7 5	4 6	21:15 19:22	25 23	40:37	48
10. SpVgg Bayreuth *	2:3 2:7	1:1 2:2	3:1 2:1	1:1 0:2	1:0 0:6	2:0 0:3	1:1 0:2	1:1 2:2	2:2 1:1	R	1:1 2:2	4:0 3:1	1:2 1:1	2:0 1:2	1:2 1:2	2:1 1:1	2:1 1:0	2:2 3:0	7 4	7 6	3 7	29:19 22:35	28 18	51:54	46
11. Karlsruher SC II	2:2 0:1	0:2 2:0	1:2 4:2	1:0 1:3	1:0 2:2	2:0 1:2	3:2 2:4	1:1 1:3	0:2 0:3	2:2 1:1	T	1:0 1:3	3:1 0:1	0:4 1:2	3:0 0:2	1:0 1:2	2:0 0:2	0:0 1:0	9 3	4 2	4 12	23:18 18:33	31 11	41:51	42
12. Bayern München II	0:3 0:1	0:2 0:4	4:4 2:1	2:0 0:1	1:1 0:1	0:0 1:2	2:0 1:1	1:0 2:3	0:0 0:1	1:3 0:4	3:1 0:1	M	3:2 0:3	0:0 1:0	1:0 2:2	1:1 1:0	1:0 0:1	0:0 4:1	7 4	7 2	3 11	20:17 14:27	28 14	34:44	42
13. 1. FC Kaiserslautern II	0:1 0:2	1:1 1:2	0:2 1:4	1:2 1:2	0:1 1:2	1:1 0:3	1:0 0:2	4:2 3:2	1:0 1:0	1:1 2:1	1:0 1:3	3:0 2:3	A	0:1 0:2	1:0 0:0	0:0 1:2	2:0 1:2	4:0 3:0	8 4	4 1	5 12	21:12 18:32	28 13	39:44	41
14. SC Pfullendorf	2:2 0:2	0:0 1:1	1:1 1:3	0:3 0:1	3:1 0:1	0:1 0:2	0:0 0:0	0:2 1:3	3:1 0:0	2:1 0:2	2:1 4:0	0:1 0:0	2:0 1:0	G	1:1 1:0	0:1 1:2	0:0 0:1	2:0 2:0	6 4	6 4	5 9	18:16 12:18	24 16	30:34	40
15. TSV München 1860 II	1:2 1:2	0:1 1:2	0:0 2:2	0:4 2:0	2:1 1:3	1:4 2:0	1:0 4:1	1:1 0:2	1:4 2:2	2:1 2:1	2:0 0:3	2:2 0:1	0:0 0:1	0:1 1:1	A	0:1 2:2	0:2 3:1	2:2 1:1	4 5	5 5	8 7	15:26 24:25	17 20	39:51	37
16. Eintracht Trier *	1:1 3:2	0:3 1:2	1:2 1:2	0:3 1:3	2:6 0:1	3:2 1:1	1:1 2:3	1:1 2:3	2:0 2:3	1:1 1:2	2:1 0:1	0:1 1:1	2:1 0:0	2:1 1:0	2:2 1:0	Z	0:4 2:2	1:0 1:2	6 3	5 4	6 10	21:30 20:28	23 13	41:58	36
17. Jahn Regensburg *	0:4 0:2	0:0 3:3	0:2 0:1	1:3 1:1	7:2 0:2	0:2 0:1	3:3 0:1	2:2 0:0	1:2 1:1	0:1 1:2	2:0 0:2	1:0 0:1	2:1 0:2	1:0 0:0	1:3 2:0	2:2 4:0	I	2:2 0:0	5 2	5 6	7 9	25:29 12:19	20 12	37:48	32
18. 1. FC Eschborn *	0:5 0:7	1:6 0:5	0:2 0:3	1:2 0:1	0:4 0:1	0:3 0:1	1:3 1:2	0:3 0:1	1:3 0:4	0:3 2:2	0:1 0:0	1:4 0:0	0:3 0:4	0:2 0:2	1:1 2:2	2:1 0:1	0:0 2:2	N	1 0	2 5	14 12	8:46 7:38	5 5	15:84	10

**) = Aufsteiger in die 2. Bundesliga – *) = Absteiger in die Oberligen. Der SpVgg Bayreuth wurde die Lizenz wegen fehlender wirtschaftlicher Leistungsfähigkeit verweigert. Aufsteiger aus den Oberligen: FC Ingolstadt 04, SSV Reutlingen, Hessen Kassel, FK Pirmasens. Dazu kommen aus der 2. Bundesliga: 1. FC Saarbrücken, Sportfreunde Siegen.

Matschiger Alltag in der Regionalliga: Auf tiefem Geläuf behaken sich Erfurts Pavel David (links) und Oberhausens Sead Mehic.

adidas
COMMERZBANK

Deutschlands Frauen sind das Maß der Dinge

Die internationale Dominanz des deutschen Frauen-Fußballs ist frappierend. Seit Jahren schon räumen sie alle Titel und Ehrungen ab.

Turbulenzen und die Turbine – Potsdam schockt den FFC Frankfurt

Der Titelgewinn für Potsdam: Die Frauen von Turbine sicherten sich zum zweiten Mal nach 2004 die Deutsche Meisterschaft.

Es war eine turbulente Saison – nicht nur auf, sondern auch neben dem Platz. Mit 21 Spielverlegungen musste die Frauenfußball-Bundesliga in der Saison 2005/2006 leben – manche wetter-, andere wettbewerbsbedingt.

Den Begegnungen des 1. FFC Frankfurt und Turbine Potsdam kamen regelmäßig UEFA-Cup-Partien dazwischen. So war es zeitweise kaum möglich, eine aussagekräftige Tabelle herzuzaubern. Die Gunst der Ausfälle nutzte der FCR Duisburg, der sich von Beginn an auf Platz eins festsetzte. Drei Kantersiege gegen den FSV Frankfurt (6:0), in Bad Neuenahr (9:1) und bei Heike Rheine (5:0) ließen auch die favorisierten Vereine aus Potsdam und Frankfurt aufhorchen. Turbine und der 1. FFC waren mit Meisterschaft, DFB-Pokal und UEFA-Cup zudem in drei Wettbewerben am Start, Duisburg konnte sich »nur« auf Liga und Pokal konzentrieren. Mit Inka Grings – Torschützenkönigin bei der EM 2005 (vier Treffer) – und Torfrau Silke Rottenberg standen dem FCR zwei erfahrene Nationalspielerinnen zur Verfügung. Zudem spielten mit Anne van Bonn, Annike Krahn, Simone Laudehr, Elena Hauer und Patricia Hanebeck fünf U-19-Weltmeisterinnen im Team. Krahn entwickelt sich auch im A-Kader der Nationalmannschaft immer mehr zur festen Größe. Die Duisburger Abwehr hatte sie trotz ihrer erst 21 Jahre voll im Griff. Lediglich elf Gegentore kassierte ihr Klub – so wenig wie kein anderer Verein in der vergangenen Saison. Nur die Offensive konnte nicht ganz mithalten, nach 17 Siegen, vier Unentschieden und einer Niederlage (gegen Turbine Potsdam) langte es zu einem herausragenden zweiten Rang.

Unwiderstehlich: Von Potsdams Torjägerin Conny Pohlers (rechts) sahen die Gegnerinnen meistens nur die Hacken.

Um die ersten beiden Tabellenplätze stritten sich lange Zeit wie gewohnt die Dauerrivalen Turbine und 1. FFC. Hatte 2005 noch Frankfurt das bessere Ende für sich, konnte diesmal Potsdam die zweite Meisterschaft nach 2004 verbuchen. Ausschlaggebend hierbei war wohl auch der 6:2-Auswärtssieg für die Spielerinnen von Trainer Bernd Schröder im direkten Duell bei den Hessinnen Mitte April – und 36 Tore von Stürmerin Conny Pohlers, die sich souverän die kicker-Torjägerinnen-Kanone sicherte. Letztendlich standen die Brandenburgerinnen bereits zwei Spieltage vor Saisonende als Meister fest. Ihre Bilanz: 19 Siege, zwei Remis, eine Niederlage (gegen Bad Neuenahr). »Das ist unglaublich schön, das ist das Größte überhaupt im deutschen Fußball«, freute sich denn auch Potsdams Vorzeigespielerin Pohlers.

Frankfurt mit einer eher blassen Weltfußballerin Birgit Prinz kassierte vier Niederlagen (zwei gegen Turbine, je eine gegen Duisburg und den SC Freiburg), spielte einmal Unentschieden und verbuchte 17 Siege. Dank des Erfolges im UEFA-Cup konnte sich der Tabellendritte Frankfurt wieder für den

Rekordkulisse bei Frankfurts Krönung

Am Ende stand sie ein wenig bedröppelt auf dem Platz am Bornheimer Hang in Frankfurt. Die Bäckchen im Gesicht leuchteten nach getaner Arbeit wie immer feuerrot. Nur diesmal war es vergebliche Müh: 2:3 verloren – sichtlich enttäuscht bedankte sich Conny Pohlers trotzdem bei den mitgereisten Fans.

finanziell lukrativen UEFA-Cup qualifizieren. Auch Potsdam ist als Meister automatisch dabei. Spannend bis zum letzten Spieltag verlief auch der Abstiegskampf. Nachdem der FSV Frankfurt schon frühzeitig die Segel strich (21 Niederlagen, ein Remis, 5:142 Tore) und sich zudem völlig aus dem Frauenfußball verabschiedet, mühten sich der VfL Sindelfingen und Brauweiler-Pulheim redlich um den Klassenverbleib. Letztendlich konnte sich Brauweiler durchsetzen. Den FSV und Sindelfingen ersetzen der VfL Wolfsburg (Nord) und der TSV Crailsheim (Süd) als Aufsteiger aus den Zweiten Ligen.
Der SC Bad Neuenahr etabliert sich mehr und mehr als vierte Kraft im deutschen Frauenfußball. Kreativspielerin Celia Okoyino da Mbabi setzte bei den Kurstädterinnen die entscheidenden Akzente. Die 18-Jährige gilt als talentierteste Nachfolgerin für Renate Lingor im Mittelfeld der deutschen Nationalmannschaft. Die Bilanz von Bad Neuenahr: 14 Siege, zwei Unentschieden, sechs Niederlagen. Der Hamburger SV, der SC Freiburg, Bayern München und Aufsteiger Essen-Schönebeck landeten fernab von Gut und Böse im Mittelfeld, spielten eine solide Saison. Freiburg gelang zumindest die Überraschung der Saison: Die Breisgauerinnen fügten dem 1. FFC Frankfurt eine bittere 1:2-Niederlage im Meisterschaftskampf zu. Heike Rheine quälte sich durch die Saison, konnte aber mit fünf Siegen, fünf Remis, elf Niederlagen und damit 20 Punkten die Klasse halten.

Jana Wiske

Nichts war's mit dem Triple für ihr Team. Die schmerzliche 0:4-Heimniederlage aus dem Hinspiel im UEFA-Pokal-Finale hing Potsdam noch nach. »Das war der Knackpunkt«, wusste auch die 27-jährige Offensivspielerin. Fünfmal standen sich Turbine und der große Rivale 1. FFC Frankfurt in dieser Saison gegenüber, dreimal gewann die Truppe von Trainer Bernd Schröder. Im europäischen Wettbewerb aber ging sie leer aus.
Das war am 20. Mai 2006 im Karl-Liebknecht-Stadion zu Potsdam so, als 4431 Zuschauer bei strömendem Regen einen ideenlosen Gastgeber sahen. Bereits in der 6. Spielminute gerieten die Brandenburgerinnen durch einen Freistoß von Renate Lingor in Rückstand. Sandra Albertz (64.), Kerstin Garefrekes (77.) und noch mal Lingor (84.) machten alles klar. Das Rückspiel eine Woche später versöhnte die Turbine-Anhänger ein wenig. Es bestand kaum noch Hoffnung auf den Titelgewinn, trotzdem gaben die Spielerinnen noch einmal alles. Allen voran Pohlers, die in Frankfurt in der neunten Minute zur frühen Führung traf. Vor 13 200 Zuschauern – Rekordkulisse im europäischen Vereinsfußball der Frauen – entwickelte sich ein munterer Schlagabtausch, bei dem sich

letztendlich Frankfurt verdient mit 3:2 durchsetzen konnte. Für den 1. FFC trafen Steffi Jones (24.), Renate Lingor (73., Foulelfmeter) und Birgit Prinz (90./+2). Pohlers hatte zwischenzeitlich wieder für die 2:1 Führung von Potsdam (36.) gesorgt. Die Hessinnen feierten mit dem Erfolg ihren zweiten UEFA-Cup-Triumph nach 2002 und den ersten Titel der Saison. Den Pokal gab es dann aus den Händen von Angela Merkel. Auch die Bundeskanzlerin – selbst eine gebürtige Brandenburgerin – musste neidlos anerkennen: »Frankfurt ist ein würdiger Sieger.«
Dennoch: Es war die Saison von Turbine Potsdam. Zum dritten Mal in Folge gewannen Conny Pohlers und Co. gegen den 1. FFC Frankfurt das DFB-Pokalendspiel in Berlin. In einer eher mäßigen Partie nutzte Potsdam seine Chancen durch Isabell Kerschowski (79.) und Petra Wimbersky (82). Und bereits zwei Spieltage vor Schluss stand der zweite Deutsche Meistertitel in der Bundesliga nach 2004 für die Brandenburgerinnen fest. Eine Erfolgsgeschichte, die deutlich die Handschrift von Bernd Schröder trägt. Seit nunmehr 35 Jahren mischt er bei Potsdam im Verein mit, hält die Fäden zusammen. War es vor wenigen Jahren noch der Vorzeigeverein 1. FFC Frankfurt, der im deutschen Frauenfußball alles abräumte, hat Turbine Potsdam zu den Hessinnen inzwischen aufgeschlossen.
Vielleicht lag es auch am Alter der Spielerinnen von Turbine, die im Vergleich zum 1.FFC den deutlich jüngeren Kader stellten. Bei englischen Wochen inklusive Liga, Pokal und UEFA-Cup war dies in der Saison 2005/2006 sicher kein Nachteil. Für Potsdams Stürmerin Pohlers aber ist das nicht der alleinige Grund: »Kann schon sein, dass die Knochen bei uns noch ein bisschen frischer sind. Aber es lag vor allem an unserer Einstellung, am Umfeld, am Team – wir waren top drauf.« Das galt insbesondere für Pohlers selbst. Mit 36 Treffern mischte sie die Liga auf und wurde letztendlich mit neun Treffern Abstand Torschützenkönigin (Zweite: Inka Grings vom FCR Duisburg mit 27 Toren). »Ja, die Saison lief schon nicht schlecht. Ich wurde früher oft Chancentod genannt – den Namen habe ich jetzt erst mal abgelegt«, sagt die gebürtige Hallenserin. Eine Saison will die Sportsoldatin Turbine mindestens noch treu bleiben. Danach liebäugelt Pohlers noch einmal mit einem Auslandsaufenthalt: »Skandinavien oder vielleicht kommt ja auch die US-Profiliga wieder auf die Beine.« Bei Atlanta Beat spielte der blonde Wirbelwind als Profi bereits 2003, stand sogar im Ligafinale. Wenige Wochen später aber ging die Vorzeige-Frauenfußball-Liga Pleite.

Jana Wiske

Eine Klasse für sich: Weltfußballerin Birgit Prinz hat Ariane Hingst abgeschüttelt und zieht im Finale des UEFA-Cups gegen Potsdam kraftvoll ab.

Frauen-Bundesliga

1.	Turbine Potsdam (P)	22	115:13	59
2.	FCR Duisburg	22	91:11	55
3.	1. FFC Frankfurt (M)	22	97:25	52
4.	SC Bad Neuenahr	22	61:40	44
5.	Hamburger SV	22	42:40	33
6.	SG Essen-Schönebeck	22	44:49	30
7.	SC Freiburg	22	45:48	29
8.	Bayern München	22	41:48	27
9.	Heike Rheine	22	39:56	20
10.	FFC Brauweiler Pulheim (N)	22	24:79	13
11.	VfL Sindelfingen (N) *	22	19:72	11
12.	FSV Frankfurt *	22	5:142	1

Der FSV Frankfurt löst seine Frauen-Mannschaft auf und verzichtet auf den Startplatz in der 2. Bundesliga.

M = Meister des Vorjahres
A = Absteiger des Vorjahres
* = Absteiger
P = Pokalsieger des Vorjahres
N = Neuling
** = Aufsteiger

2. Frauen-Bundesliga

GRUPPE NORD

1.	VfL Wolfsburg (A) **	22	80:21	55
2.	FC Gütersloh 2000	22	51:17	51
3.	Tennis Borussia Berlin	22	54:25	43
4.	SG Wattenscheid 09	22	68:38	41
5.	Victoria Gersten	22	49:36	37
6.	Holstein Kiel (N)	22	34:40	33
7.	Turbine Potsdam II	22	47:38	31
8.	Jahn Calden	22	34:41	27
9.	FFV Neubrandenburg (N)	22	36:49	23
10.	SuS Timmel	22	20:55	17
11.	SG Lütgendortmund *	22	33:58	16
12.	MTV Wolfenbüttel *	22	7:95	2

Aufsteiger:
Hamburger SV II, 1. FC Lokomotive Leipzig, Borussia Friedenstal

GRUPPE SÜD

1.	TSV Crailsheim (A) **	22	61:8	57
2.	1. FC Saarbrücken	22	78:15	56
3.	USV Jena	22	72:37	48
4.	TuS Köln rrh. (N)	22	49:20	44
5.	TuS Niederkirchen (N)	22	56:46	39
6.	SC Sand	22	25:32	31
7.	1. FFC Frankfurt II	22	39:46	28
8.	Wacker München	22	31:32	22
9.	Erzgebirge Aue	22	22:37	19
10.	VfL Sindelfingen II (N) *	22	22:60	18
11.	Karlsruher SC	22	19:87	7
12.	FSV Jägersburg *	22	14:68	6

Aufsteiger:
SC Regensburg, SC Bad Neuenahr II – Dazu kommt aus der Bundesliga: VfL Sindelfingen (dadurch Abstieg des VfL Sindelfingen II)

Frauen-DFB-Pokal

1. Runde

Eintracht Seekirch – TuS Niederkirchen	0:5
1. FC Gera 03 – SC Sand	0:6
SV Großdubrau – SG Lütgendortmund	0:3
Polizei SV Bremen – FFV Neubrandenburg	1:6
Fortuna Friedersdorf – Jahn Calden	0:6
Magdeburger FFC – SG Wattenscheid 09 n. V.	0:1
GSV Moers – MTV Wolfenbüttel	0:4
SV Lurup – Holstein Kiel	0:10
SuS Timmel – FC Gütersloh 2000 n. V.	3:1
SV Dirmingen – TuS Köln rrh.	0:4
SC Regensburg – USV Jena	3:0
VfR Niederfell – Karlsruher SC	0:3
1. FC Lokomotive Leipzig – Wacker München	4:1
Klinge Seckach – 1. FC Saarbrücken	0:6
SV Jungingen - Erzgebirge Aue	0:4
Arminia Ibbenbüren – Victoria Gersten	2:4
SV Titisee – VfL Sindelfingen	1:5
VfR Limburg – FSV Jägersburg	1:3
SpVgg Oberaußem-Fortuna – Tennis Borussia Berlin	(kampflos für Tennis Borussia)

2. Runde

1. FFC Frankfurt – SC Freiburg	3:0
SG Essen-Schönebeck – Turbine Potsdam	n. V. 2:2 (Elfmeterschießen 5:6)
Jahn Calden – Hamburger SV	1:2
SG Lütgendortmund – Tennis Borussia Berlin	3:1
Heike Rheine – Holstein Kiel	5:0
1. FC Lokomotive Leipzig – Bayern München	1:8
TuS Niederkirchen – 1. FC Saarbrücken	0:2
FSV Jägersburg – Karlsruher SC	1:3
FCR Duisburg – SuS Timmel	6:0
MTV Wolfenbüttel – FFV Neubrandenburg	3:5
Victoria Gersten – VfL Wolfsburg	1:2
FFC Brauweiler-Pulheim – SG Wattenscheid 09	n. V. 2:1
SC Regensburg – VfL Sindelfingen	1:4
Erzgebirge Aue – TSV Crailsheim n. V.	2:3
FSV Frankfurt – SC Bad Neuenahr	0:7
SC Sand – TuS Köln rrh.	4:0

Achtelfinale

FFV Neubrandenburg – TSV Crailsheim	0:4
1. FFC Frankfurt – FFC Brauweiler-Pulheim	5:0
VfL Wolfsburg – Bayern München	2:4
Karlsruher SC – SC Sand	1:2
VfL Sindelfingen – 1. FC Saarbrücken	n. V. 1:2
SC Bad Neuenahr – FCR Duisburg	n. V. 2:3
Turbine Potsdam – SG Lütgendortmund	7:1
Hamburger SV – Heike Rheine	2:1

Viertelfinale

Turbine Potsdam – SC Sand	10:0
FCR Duisburg – Hamburger SV	n. V. 4:2
1. FC Saarbrücken – 1. FFC Frankfurt	0:12
TSV Crailsheim – Bayern München	0:7

Halbfinale

FCR Duisburg – 1. FFC Frankfurt	1:2
Turbine Potsdam – Bayern München	3:1

Endspiel am 29. April in Berlin:

Turbine Potsdam – 1. FFC Frankfurt	2:0

Endloser Kreislauf statt Kontinuität – Nichts ist beständiger als der Wechsel

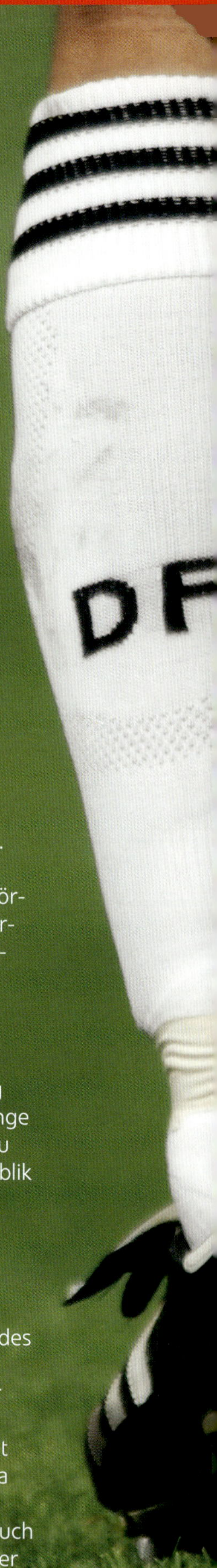

Die Kontinuität umschreibt der Duden mit lückenlosen Zusammenhang, Stetigkeit und Fortdauer. Nimmt man diese Formel, dann ist es nur konsequent, dass sich der Deutsche Fußball-Bund nach dem Rückzug von Jürgen Klinsmann für dessen Assistenten Joachim Löw entschied.

Klinsmann selbst hatte auf die Vorzüge »seines Partners« Löw hingewiesen. Der neue Bundestrainer, der am 12. Juli präsentiert wurde, kennt die Mannschaft, weiß wo die Stärken, Schwächen und Defizite der einzelnen Spieler liegen. Die Kontinuität des Aufbaus einer jungen Mannschaft scheint gewahrt.
Davon ist man bei den meisten Bundesligisten weit entfernt, um nicht zu sagen meilenweit. Elf Trainerstühle kippten im Verlaufe der vergangenen Saison. Der Rekord aus der Saison 2003/04 (14 Trennungen) blieb zwar unerreicht, die Zahl verdeutlicht aber dennoch, wie unsicher der Job eines Bundesliga-Trainers ist. Die einzige Kontinuität in dieser Beziehung: nichts ist beständiger als der Wechsel.
Dabei sind Trainerwechsel sehr kostspielig, schließlich steht der alte Übungsleiter bis zum Ende der Vertragsdauer auf der Gehaltsliste oder kassiert eine satte Abfindung für die vorzeitige Vertragsauflösung. Dazu kommen aber auch die Kosten des neu verpflichteten Trainers, eventuell die Kosten für den oder die neuen Assistenten. Hinzu kommen die Wünsche des neuen Trainers nach neuen Spielern, meistens in der Wintertransferperiode, in der nur selten leistungsstarke, aber preiswerte Schnäppchen zu bekommen sind.
Trainerwechsel scheinen nach den Erfahrungen ein endloser Kreislauf zu sein. Und welcher Wechsel auf der Kommandobrücke führt schon zu dem gewünschten Erfolg?
Selten hat ein Trainerwechsel so durchschlagenden Erfolg gebracht wie der beim 1. FC Nürnberg in der vergangenen Saison. Mit dem routinierten Hans Meyer für den glücklosen Wolfgang Wolf verließen die Nürnberger nicht nur die abstiegsgefährdete Zone der Tabelle, sondern starteten zu einer imponierenden Erfolgsserie durch, die den Club zeitweise gar an einen europäischen Wettbewerb denken ließ. Der erfahrene, listige Meyer fand den richtigen Ton für das zuvor verunsicherte Team, förderte die Talente der zuvor völlig verunsicherten Profis mit ruhiger Hand, so dass ein Stürmer wie der Slowake Robert Vittek mit 16 Treffern zum besten Torjäger der Rückrunde avancierte.
Trotz des großen Erfolgs, den der 63-jährige knorrige Hans Meyer mit dem 1. FC Nürnberg hatte (38 Punkte in 22 Spielen), zögerte er lange mit der Verlängerung seines Vertrages. Nur zu gut kennt der lange Zeit im Westen der Republik verkannte Erfolgstrainer aus der ehemaligen DDR die Mechanismen des Geschäfts. Bleiben die Punkte in der neuen Saison aus, wird er als erster in Frage gestellt – ob berechtigt oder nicht. Schließlich weiß Meyer auch, dass er im Herbst nicht der Wunschkandidat des Clubs war. Erst als ein Lothar Matthäus den Fans nicht vermittelbar war, die Not nach der SMS-Absage von Peter Neururer groß war, kam der entscheidende Hinweis ausgerechnet aus Berlin, wo Meyer bei der klammen Hertha noch als Scout auf der Lohnliste stand.
Mit 1,73 Punkten pro Spiel war Hans Meyer auch rechnerisch der zweiterfolgreichste Trainer, der einen Kollegen im Laufe der Saison abgelöst

hatte. Besser machte es nur Schalkes Mirko Slomka, der zur Rückrunde für Ralf Rangnick die Geschicke bei Schalke 04 leitete. Der Hannoveraner Slomka, bis dato nur als Jugend- bzw. als Assistenztrainer arbeitend, kam auf 1,76 Punkte im Schnitt. An die Erfolge seines Vorgängers Ralf Rangnick (1,94 Punkte pro Spiel) kam Slomka allerdings nicht heran. Immerhin wahrte Schalke so etwas ähnliches wie Kontinuität bei seinem Trainerwechsel, hatte doch Slomka zuvor Rangnick längere Jahre schon assistiert.

Von weitaus weniger Erfolg waren die anderen neun Wechsel in der Bundesliga geprägt. Symptomatisch, das alle Wechselspiele an den Regiepulten der drei Absteigern nicht viel half. Ob beim MSV Duisburg, wo sich gleich drei Übungsleiter versuchen durften, ob beim 1. FC Köln oder in Kaiserslautern – das oft zitierte Allheilmittel des Trainerwechsels verpuffte schnell, ohne dass sich entscheidendes änderte. Ähnlich verhielt es sich in Hannover, in Stuttgart und in Wolfsburg. Eine positivere Entwicklung stellte sich immerhin in Leverkusen ein. Doch auch hier benötigte der Ex-Bundestrainer Michael Skibbe eine lange Anlaufzeit, bevor sich die Erfolge einstellten.

Zu beklagen ist auch, dass nach einer Trainerentlassung immer die »üblichen Verdächtigen« als mögliche Nachfolger gehandelt werden. Neue, frische Impulse für die Liga bleiben somit aus, die Bundesliga köchelt in ihrem eigenen Sud. Dabei sind die Erfahrungen mit jungen Trainern, wie beispielsweise dem Hamburger Thomas Doll, dem Mainzer Jürgen Klopp, oder einem ausländischen Trainer wie Dortmunds niederländischem Trainer Bert van Marwijk alles andere als schlecht. Nur, der Mut, neue Namen und neue Köpfe zu präsentieren, fehlt den Managern und Präsidialen der Liga ganz offensichtlich.

Vielleicht sind aber auch die Mechanismen des Geschäfts längst zu unbarmherzig geworden. Der wirtschaftliche und auch der mediale Druck sind immens, oftmals drückt aber auch eine realitätsfremde Erwartungshaltung in den Klubs. Die wird eventuell auch der oben erwähnte neue Bundestrainer Joachim Löw zu spüren bekommen. Zwar wusste er, welch Sprüchlein die Klaqueure bei seiner Präsentation hören wollten (»Wie wollen Europameister werden«), aber zwischen Anspruch und Wirklichkeit liegt ein harter Weg. Fallen lauern ab der neuen Saison wieder in den Qualifikationsspielen zur EURO 2008 und vor allem muss die deutsche Mannschaft auch wieder auswärts antreten. Eine Reifeprüfung für Mannschaft und Trainer. Aber vielleicht zeichnet sich ja auch die Kontinuität aus.

Hardy Hasselbruch

Bundesliga: Der Spielplan 2006/2007

1. Fr.–So., 11.–13.8.	R Sa., 21.1.
FC Bayern München – Bor. Dortmund	___|___
FC Schalke 04 - Eintracht Frankfurt	___|___
VfB Stuttgart - 1. FC Nürnberg	___|___
Hamburger SV - DSC Arminia Bielefeld	___|___
Bayer 04 Leverkusen - TSV Alem. Aachen	___|___
1. FSV Mainz 05 - VfL Bochum	___|___
Bor. M'gladbach - FC Energie Cottbus	___|___
Hannover 96 - Werder Bremen	___|___
VfL Wolfsburg - Hertha BSC	___|___

2. Fr.–So., 18.–20.8.	R Di., 30.1.
1. FC Nürnberg - Bor. M'gladbach	___|___
Werder Bremen - Bayer 04 Leverkusen	___|___
Eintracht Frankfurt - VfL Wolfsburg	___|___
Borussia Dortmund - 1. FSV Mainz 05	___|___
FC Energie Cottbus - Hamburger SV	___|___
TSV Alemannia Aachen - FC Schalke 04	___|___
Hertha BSC - Hannover 96	___|___
VfL Bochum - FC Bayern München	___|___
DSC Arminia Bielefeld - VfB Stuttgart	___|___

3. Fr.–So., 25.–27.8.	R Sa., 3.2.
FC Schalke 04 – Werder Bremen	___|___
Bor. M'gladbach – DSC Arminia Bielefeld	___|___
VfL Bochum – FC Energie Cottbus	___|___
Bayer 04 Leverkusen – VfL Wolfsburg	___|___
FC Bayern München – 1. FC Nürnberg	___|___
Hannover 96 – TSV Alem. Aachen	___|___
VfB Stuttgart – Bor. Dortmund	___|___
1. FSV Mainz 05 – Eintracht Frankfurt	___|___
Hamburger SV – Hertha BSC	___|___

4. Fr.–So., 15.–17.9.	R Sa., 10.2.
VfL Wolfsburg – Hannover 96	___|___
Werder Bremen – VfB Stuttgart	___|___
Bor. Dortmund – Hamburger SV	___|___
TSV Alem. Aachen – Bor. M'gladbach	___|___
DSC Arm. Bielefeld – FC Bayern München	___|___
FC Energie Cottbus – 1. FSV Mainz 05	___|___
1. FC Nürnberg – VfL Bochum	___|___
Hertha BSC – FC Schalke 04	___|___
Eintr. Frankfurt – Bayer 04 Leverkusen	___|___

5. Fr.–So., 22.–24.9.	R Sa., 17.2.
Bor. M'gladbach – Bor. Dortmund	___|___
Hamburger SV – Werder Bremen	___|___
1. FSV Mainz 05 – Hertha BSC	___|___
Hannover 96 – Bayer 04 Leverkusen	___|___
FC Bayern München – TSV Alem. Aachen	___|___
VfB Stuttgart – Eintracht Frankfurt	___|___
FC Schalke 04 – VfL Wolfsburg	___|___
VfL Bochum – DSC Arminia Bielefeld	___|___
FC Energie Cottbus – 1. FC Nürnberg	___|___

6. Sa., 30.9.	R Sa., 24.2.
TSV Alem. Aachen – VfL Bochum	___|___
Werder Bremen – Bor. M'gladbach	___|___
Bayer 04 Leverkusen – FC Schalke 04	___|___
DSC Arm. Bielefeld – FC Energie Cottbus	___|___
Hertha BSC – VfB Stuttgart	___|___
1. FC Nürnberg – 1. FSV Mainz 05	___|___
Bor. Dortmund – Hannover 96	___|___
VfL Wolfsburg – FC Bayern München	___|___
Eintracht Frankfurt – Hamburger SV	___|___

7. Sa., 14.10.	R Sa., 3.3.
Bor. M'gladbach – VfL Wolfsburg	___|___
Hamburger SV – FC Schalke 04	___|___
1. FC Nürnberg – DSC Arminia Bielefeld	___|___
1. FSV Mainz 05 – TSV Alem. Aachen	___|___
Hannover 96 – Eintracht Frankfurt	___|___
VfB Stuttgart – Bayer 04 Leverkusen	___|___
VfL Bochum – Werder Bremen	___|___
FC Energie Cottbus – Bor. Dortmund	___|___
FC Bayern München – Hertha BSC	___|___

8. Sa., 21.10.	R Sa., 10.3.
DSC Arminia Bielefeld – 1. FSV Mainz 05	___|___
Werder Bremen – FC Bayern München	___|___
Bayer 04 Leverkusen – Hamburger SV	___|___
FC Schalke 04 – Hannover 96	___|___
Bor. Dortmund – VfL Bochum	___|___
TSV Alem. Aachen – FC Energie Cottbus	___|___
VfL Wolfsburg – VfB Stuttgart	___|___
Hertha BSC – Bor. M'gladbach	___|___
Eintracht Frankfurt – 1. FC Nürnberg	___|___

9. Sa., 28.10.	R Sa., 17.3.
VfL Bochum – VfL Wolfsburg	___|___
FC Bayern München – Eintr. Frankfurt	___|___
VfB Stuttgart – FC Schalke 04	___|___
Bor. M'gladbach – Bayer 04 Leverkusen	___|___
Hamburger SV – Hannover 96	___|___
1. FSV Mainz 05 – Werder Bremen	___|___
DSC Arm. Bielefeld – TSV Alem. Aachen	___|___
1. FC Nürnberg – Bor. Dortmund	___|___
FC Energie Cottbus – Hertha BSC	___|___

10. Sa., 4.11.	R Sa., 31.3.
Bayer 04 Leverkusen – 1. FSV Mainz 05	
VfL Wolfsburg – Hamburger SV	
FC Schalke 04 – FC Bayern München	
Hertha BSC – 1. FC Nürnberg	
Eintracht Frankfurt – Bor. M'gladbach	
Werder Bremen – FC Energie Cottbus	
Hannover 96 – VfL Bochum	
TSV Alem. Aachen – VfB Stuttgart	
Bor. Dortmund – DSC Arm. Bielefeld	

11. Di., 7.11.	R Sa., 7.4.
Bor. Dortmund – TSV Alem. Aachen	
1. FC Nürnberg – Werder Bremen	
FC Energie Cottbus – Eintracht Frankfurt	
VfB Stuttgart – Hamburger SV	
Bor. M'gladbach – FC Schalke 04	
VfL Bochum – Bayer 04 Leverkusen	
1. FSV Mainz 05 – VfL Wolfsburg	
FC Bayern München – Hannover 96	
DSC Arm. Bielefeld – Hertha BSC	

12. Sa., 11.11.	R Sa., 14.4.
Bayer 04 Leverk. – FC Bayern München	
Werder Bremen – Bor. Dortmund	
Eintracht Frankfurt – DSC Arm. Bielefeld	
Hannover 96 – VfB Stuttgart	
VfL Wolfsburg – FC Energie Cottbus	
FC Schalke 04 – 1. FSV Mainz 05	
TSV Alem. Aachen – 1. FC Nürnberg	
Hertha BSC – VfL Bochum	
Hamburger SV – Bor. M'gladbach	

13. Sa., 18.11.	R Sa., 21.4.
TSV Alem. Aachen – Werder Bremen	
DSC Arminia Bielefeld – VfL Wolfsburg	
FC Energie Cottbus – FC Schalke 04	
1. FSV Mainz 05 – Hamburger SV	
Bor. M'gladbach – Hannover 96	
FC Bayern München – VfB Stuttgart	
VfL Bochum – Eintracht Frankfurt	
1. FC Nürnberg – Bayer 04 Leverkusen	
Bor. Dortmund – Hertha BSC	

14. Sa., 25.11.	R Sa., 28.4.
VfB Stuttgart – Bor. M'gladbach	
Hannover 96 – 1. FSV Mainz 05	
FC Schalke 04 – VfL Bochum	
Eintracht Frankfurt – Bor. Dortmund	
Hamburger SV – FC Bayern München	
Hertha BSC – TSV Alem. Aachen	
VfL Wolfsburg – 1. FC Nürnberg	
Werder Bremen – DSC Arminia Bielefeld	
Bayer 04 Leverkusen – FC En. Cottbus	

15. Sa., 2.12.	R Sa., 5.5.
VfL Bochum – Hamburger SV	
1. FC Nürnberg – FC Schalke 04	
TSV Alem. Aachen – Eintracht Frankfurt	
FC Energie Cottbus – Hannover 96	
1. FSV Mainz 05 – VfB Stuttgart	
Werder Bremen – Hertha BSC	
DSC Arm. Bielefeld – Bayer 04 Leverk.	
Bor. Dortmund – VfL Wolfsburg	
FC Bayern München – Bor. M'gladbach	

16. Sa., 9.12.	R Sa., 12.5.
Hannover 96 – DSC Arminia Bielefeld	
Bor. M'gladbach – 1. FSV Mainz 05	
VfB Stuttgart – VfL Bochum	
VfL Wolfsburg – TSV Alem. Aachen	
Eintracht Frankfurt – Werder Bremen	
Bayer 04 Leverkusen – Hertha BSC	
Hamburger SV – 1. FC Nürnberg	
FC Bayern München – FC En. Cottbus	
FC Schalke 04 – Bor. Dortmund	

17. Sa., 16.12.	R Sa., 19.5.
Bor. Dortmund – Bayer 04 Leverkusen	
VfL Bochum – Bor. M'gladbach	
1. FC Nürnberg – Hannover 96	
TSV Alem. Aachen – Hamburger SV	
FC Energie Cottbus – VfB Stuttgart	
1. FSV Mainz 05 – FC Bayern München	
Werder Bremen – VfL Wolfsburg	
Hertha BSC – Eintracht Frankfurt	
DSC Arminia Bielefeld – FC Schalke 04	

Redaktionelle Konzeption:
Hardy Hasselbruch

Autoren:
Jean-Julien Beer, Christian Biechele, Oliver Birkner, Oliver Bitter, Thomas Böker, Michael Ebert, Martin Gruener, Hardy Hasselbruch, Thomas Hennecke, Harald Kaiser, Sebastian Karkos, Hans-Günter Klemm, Markus Lehmann, Frank Linkesch, Jan Lustig, George Moissidis, Manfred Münchrath, Jürgen Nöldner, Michael Richter, Steffen Rohr, Thomas Roth, Fabian Ruch, Johann Strotkötter, Stephan von Nocks, Karlheinz Wild, Hubert Winklbauer, Jana Wiske, Sebastian Wolff, Jörg Wolfrum, Mounir Zitouni

Schlussredaktion:
Hardy Hasselbruch

Statistik:
Kicker-Datenredaktion

Lektorat und Bildredaktion:
Pierre Sick

Titelfoto und alle Fotos Innenteil: Imago

Produktion, Satz und Layout:
VerlagsService Dr. Helmut Neuberger & Karl Schaumann GmbH, Heimstetten

Reproduktion:
K-rossMedia

Redaktionsschluss: 20. Juli 2006

Gesamtherstellung: Stiebner, München.
www.stiebner.com
Printed in Germany
ISSN 0941-3375
ISBN-10: 3-7679-0902-2
ISBN-13: 978-3-7679-0902-1